Qiaoliang Yingji Jiance yu Pinggu Jishu Shouce

桥梁应急检测与评估技术手册

武警交通指挥部应急救援工程技术研究所 编著

人民交通出版社股份有限公司
China Communications Press Co.,Ltd.

内 容 提 要

本书结合交通部队遂行应急救援任务实战经验，在参考借鉴国内相关行业标准规范及相关领域现有研究成果的基础上，总结了自然灾害及现代战争条件下桥梁易出现的损毁破坏形式，重点对应急检测技术手段、快速通过性评估方法进行探讨性研究，并详细介绍了目前国内外适用于应急检测的几种先进仪器设备，以提高技术人员的快速检测能力。

本书既可作为桥梁应急抢险保通技术人员的常备工具书，也可作为开展桥梁检测培训的实用教材。

图书在版编目(CIP)数据

桥梁应急检测与评估技术手册/武警交通指挥部应急救援工程技术研究所编著. — 北京 ：人民交通出版社股份有限公司，2017.11

ISBN 978-7-114-14280-2

Ⅰ. ①桥… Ⅱ. ①武… Ⅲ. ①桥梁结构—无损检验—技术手册②桥梁结构—评估—技术手册 Ⅳ. ①U443-62

中国版本图书馆 CIP 数据核字(2017)第 260062 号

书　　名：桥梁应急检测与评估技术手册
著 作 者：武警交通指挥部应急救援工程技术研究所
责任编辑：尤　伟
出版发行：人民交通出版社股份有限公司
地　　址：(100011)北京市朝阳区安定门外外馆斜街 3 号
网　　址：http://www.ccpress.com.cn
销售电话：(010)59757973
总 经 销：人民交通出版社股份有限公司发行部
经　　销：各地新华书店
印　　刷：北京市密东印刷有限公司
开　　本：787×1092　1/16
印　　张：21
字　　数：510 千
版　　次：2017 年 11 月　第 1 版
印　　次：2017 年 11 月　第 1 次印刷
书　　号：ISBN 978-7-114-14280-2
定　　价：100.00 元
(有印刷、装订质量问题的图书，由本公司负责调换)

本书编审委员会

前 言

我国是一个自然灾害活动频繁的国家，地震、山洪、泥石流、滑坡等自然灾害的发生，极易导致桥梁受损。桥梁作为公路路网系统中的关键节点，其损坏程度直接影响所在路段的通行能力，可能导致交通阻断，甚至危及交通安全。2008年"5·12"四川汶川地震和2010年"4·14"青海玉树地震时大量桥梁损毁严重，抢修工作曾因缺乏科学的检测评估手段而严重滞后，救援力量的快速投入受到严重影响，暴露了我国在公路桥梁应急检测与评估方面技术储备的不足。

本手册针对这一重大技术需求，结合交通部队遂行应急救援任务实战经验，在参考借鉴国内相关行业标准规范及相关领域现有研究成果的基础上，总结了自然灾害及现代战争条件下桥梁易出现的损毁破坏形式，重点对应急检测技术手段、快速通过性评估方法进行探讨性研究，并详细介绍了目前国内外适用于应急检测的几种先进仪器设备，以提高技术人员的快速检测能力。本手册的出版发行旨在为我国公路桥梁应急检测与评估方面的技术人员和管理决策者提供有益借鉴，可作为应急状态下桥梁快速检测与评估技术指南，同时也为我国开展桥梁应急检测与评估技术研究起到抛砖引玉的作用。

本手册编写过程中参考了大量国内外有关的著作及文献资料，谨在此向作者表示诚挚的谢意。

由于编者水平有限，本手册的内容在深度和广度上也许不能满足读者的需求，难免存在诸多不足之处，敬请读者批评指正。

编 者

二〇一七年七月

目　　录

第一章　桥梁经常、定期检查与技术状况评定

第一节　引　言

根据《公路桥梁承载能力检测评定规程》(JTG/T J21—2011)(以下简称《承评规程》)和《公路桥梁荷载试验规程》(JTG/T J21-01—2015)(以下简称《荷载规程》)相关规定:桥梁承载能力检算评定所需技术参数,宜依据竣工资料或设计文件,按相关标准规范取用;检测评定前,应通过实地调查和桥梁检查,掌握桥梁技术状况、病害成因、使用荷载和养护维修等情况。搜集相关技术资料,确定检算参数。当桥梁技术资料缺失时,应进行现场调查,调查内容包括桥梁结构的总体尺寸,主要构件的截面尺寸,主要部位的高程,桥面平整度,支座工作状况,材料的物理力学性能,结构的裂缝、缺陷、损伤和钢筋的锈蚀状况等。所以在应急救援过程中,需按《公路桥涵养护规范》(JTG H11—2004)(以下简称《养护规范》)和《公路桥梁技术状况评定标准》(JTG/T H21—2011)(以下简称《技评标准》)各种检查相关内容,对桥梁的技术状态和安全状态进行全面检查和评定,对桥梁技术状况等级进行准确划分。本章结合《养护规范》和《技评标准》相关内容就桥梁的检查方法、检查内容和技术状况评定等分别进行介绍。

桥梁检查分为常规检查和特殊检查两大类。常规检查又分为经常检查和定期检查两类。

(1)经常检查:主要指对桥面设施、上部结构、下部结构及附属构造物的技术状况进行的检查。

(2)定期检查:为评定桥梁使用功能及制订管理养护计划提供基本数据,对桥梁主体结构及其附属构造物的技术状况进行的全面检查,并为桥梁养护管理系统搜集结构技术状态的动态数据。

(3)特殊检查:是查清桥梁的病害原因、破损程度、承载能力、抗灾能力,确定桥梁技术状况的工作。

特殊检查分为专门检查和应急检查。

(1)专门检查:根据经常检查和定期检查的结果,对需要进一步判明损坏原因、缺损程度或使用功能的桥梁,针对病害进行专门的现场试验检测、验算与分析等鉴定工作。

(2)应急检查:当桥梁遭受洪水、流冰、漂浮物、船舶撞击,滑坡,地震,台风和超重车辆通过等自然灾害和事故,受到灾害性损伤后,为了查明破损状况,采取应急措施,组织恢复交通,对结构进行的详细检查和鉴定工作。

第二节　经 常 检 查

根据《养护规范》,经常检查一般包括下列内容:

(1)外观是否整洁,有无杂物堆积、杂草蔓生。构件表面的涂装层是否完好,有无损坏、老化变色、开裂、起皮、剥落、锈迹。

(2)桥面铺装层是否平整,有无裂缝、局部坑槽、积水、沉陷、波浪、碎边;混凝土桥面是否有剥离、渗漏,钢筋是否露筋、锈蚀,缝料是否老化、损坏,桥头有无跳车。

(3)排水设施是否良好,桥面泄水管是否堵塞和破损。

(4)伸缩缝是否堵塞卡死,连接部件有无松动、脱落、局部破损。

(5)人行道、缘石、栏杆、扶手、防撞护栏和引道护栏(柱)有无撞坏、断裂、松动、错位、缺件、剥落、锈蚀等。

(6)观察桥梁结构有无异常变形,异常的竖向振动、横向摆动等情况,然后检查各部件的技术状况,查找异常原因。

(7)支座是否有明显缺陷,活动支座是否灵活,位移量是否正常。支座的经常检查一般可以每季度一次。

(8)桥位区段河床冲淤变化情况。

(9)基础是否受到冲刷损坏、外露、悬空、下沉,墩台及基础是否受到生物腐蚀。

(10)墩台是否受到船只或漂浮物撞击而受损。

(11)翼墙(侧墙、耳墙)有无开裂、倾斜、滑移、沉降、风化剥落和异常变形。

(12)锥坡、护坡、调治构造物有无塌陷,铺砌面有无缺损、勾缝脱落、灌木杂草丛生。

(13)交通信号、标志、标线、照明设施以及桥梁其他附属设施是否完好。

(14)其他显而易见的损坏或病害。

经常检查采用目测方法,也可配以简单工具进行测量。

第三节　定期检查

桥梁的定期检查是采集桥梁技术状况动态数据的工作,通过定期检查对结构的损坏做出评估,评定结构构件和整体结构的技术状况,确定特殊检查的需求与结构维修、加固或更换的优先顺序。

定期检查的主要工作包括以下内容:

(1)现场校核桥梁基本数据;

(2)当场填写“桥梁定期检查记录表”,记录各部件缺损状况并做出技术状况评分;

(3)实地判断缺损原因,确定维修范围及方式;

(4)对难以判断损坏原因和程度的部件,提出特殊检查(专门检查)的要求;

(5)对损坏严重、危及安全运行的危桥,提出限制交通或改建的建议;

(6)根据桥梁的技术状况,确定下次检查时间。

此外,定期检查还应对特大型、大型桥梁进行控制检测。桥梁主体结构维修、加固后,须进行控制测量,以保持观测资料的连续性。若控制点有变动,应及时检测,建立基准数据。

定期检查以目测观察结合仪器观测进行,必须接近各部件,仔细检查其缺损情况。

一、桥面系构造检查

(1)桥面铺装层纵、横坡是否顺适,有无严重的裂缝(龟裂、纵横裂缝)、坑槽、波浪、桥头跳车、防水层漏水。

桥面铺装层是车轮直接作用的部分,其功能是:保护主梁遭受雨水侵蚀,防止桥面板受车辆轮胎(或履带)的直接磨耗,并分布车轮的集中荷载。

各类桥面铺装层的常见缺陷(图 1-1～图 1-6)及检测方法:

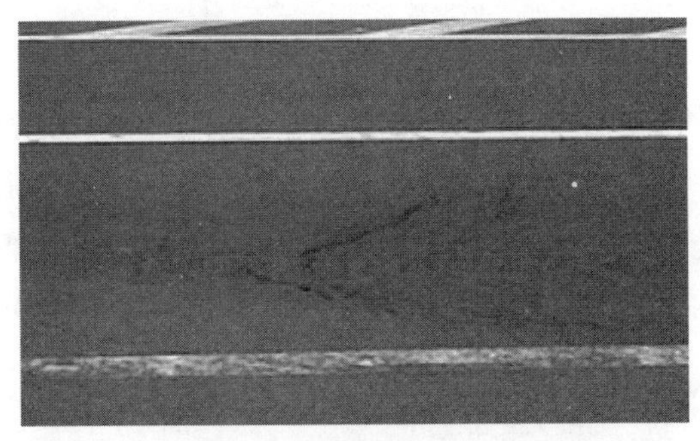

图 1-1　面层推移

图 1-2　面层脱落

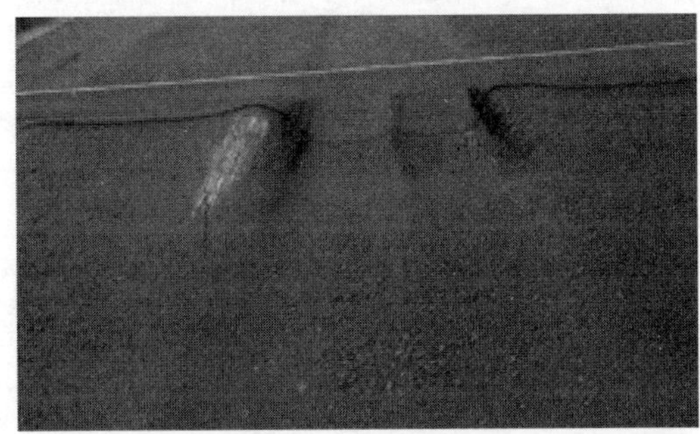

图 1-3　桥面车辙

图 1-4　桥面拥包

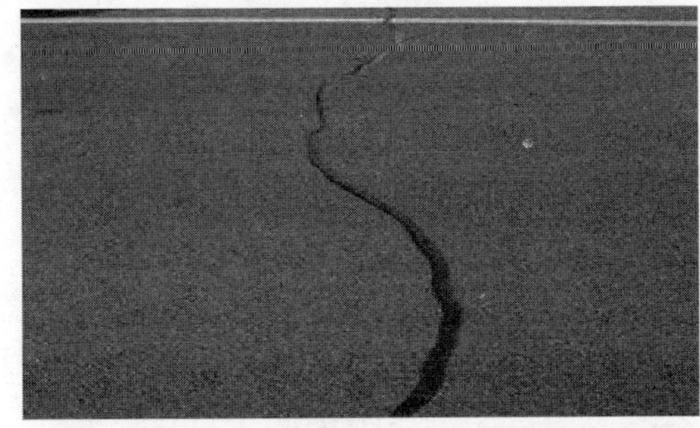

图 1-5　桥面裂缝

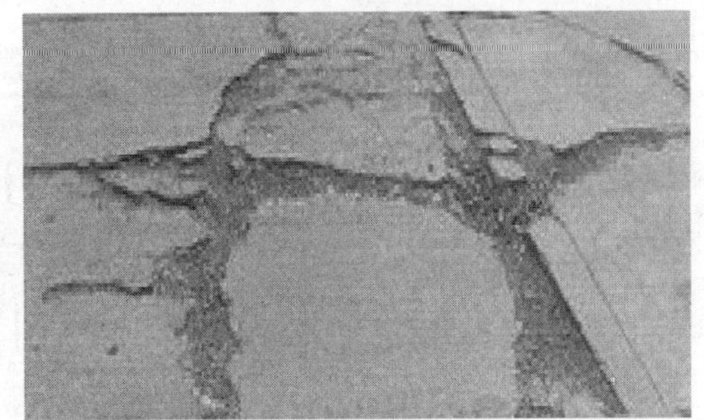

图 1-6　面层龟裂

①沥青混凝土桥面铺装常见缺陷及检测方法。

a. 常见缺陷。

沥青混凝土桥面铺装常见缺陷有:变形(车辙、拥包、高低不平等)、破损(剥落、松散、坑槽、露骨等)、裂缝(纵向裂缝、横向裂缝、龟裂、老化开裂、块裂等)以及车辙、泛油等。

b. 检测方法。

(a)桥面铺装层裂缝的检测。

裂缝的长度和宽度可以用直尺进行量测。

(b)桥面铺装层平整度的检测。

对于平整度的检测常用的检测方法有 3m 直尺法或连续式平整度仪法。

(c)桥面铺装层车辙的检测。

对于桥面铺装层车辙的检测采用的是路面横断面尺或路面横断面仪，测试沥青路面的车辙情况。

(d)桥面铺装层抗滑性能检测。

抗滑性能是指车辆轮胎在制动时沿表面滑动所产生的力。通常抗滑性能被看作是桥面的表面特性，并用轮胎与桥面间的摩阻系数来表示。表面特性通常包括桥面细构造(通常用石料磨光值 PSV 表示)和粗构造(用构造深度表示)。影响抗滑性能的因素有桥面表面特性、桥面潮湿程度和行车速度。检测方法有构造深度测试法(手工铺砂法、激光构造深度仪法、电动铺砂法)、摆式仪法、横向力系统测试法等。

②水泥混凝土桥面铺装常见缺陷及检测方法。

a. 常见缺陷。

水泥混凝土桥面铺装常见缺陷有：露骨、脱皮、磨光、错台、坑洞、剥落、起拱、裂缝(破碎板、板角断裂)以及接缝料损坏等。

b. 检测方法。

(a)桥面铺装层裂缝的检测。

裂缝的长度和宽度可以用直尺进行量测，也可用混凝土裂缝缺陷综合测试仪进行检测。

(b)桥面铺装层平整度的检测。

平整度的检测方法可以采用 3m 直尺法或连续式平整度仪法。

(c)桥面铺装层抗滑性能检测。

检测方法有：构造深度测试法(手工铺砂法、激光构造深度仪法、电动铺砂法)、摆式仪法、横向力系统测试法等。

(2)伸缩缝是否有异常变形、破损、脱落、漏水，是否造成明显的跳车。

桥梁伸缩缝装置的主要作用是调节由车辆荷载和桥梁建筑材料热胀冷缩所引起的上部结构之间的位移和连接；起到缓冲位移的作用，以满足桥面变形的要求。常用的伸缩缝按照材料可分为锌铁皮伸缩缝、钢板伸缩缝和橡胶伸缩缝三种。

各种伸缩缝的常见缺陷如下：

①锌铁皮伸缩缝的常见缺陷。

a. 软性防水材料，如沥青砂或聚氯乙烯胶泥等的老化、脱落；

b. 伸缩缝凹槽填入其他硬物，不能自由变形；

c. 锌铁皮上压填的铺装层，如水泥混凝土或沥青混凝土等断裂、剥离；

d. 伸缩缝上后铺压镇部分发生沉陷，高低不平；

e. 由于墩台下沉，出现异常的伸缩，车辆行驶时出现冲击及噪声。

②钢板伸缩缝(包括梳形钢板伸缩缝)的常见缺陷。

a. 角钢与钢筋混凝土锚固不牢，使钢板松动，在车辆行驶时受到冲击振动，更加速了它的破损；

b. 缝内塞进石块或铁夹物，使伸缩缝接头活动异常，不能自由变形；

c. 排水管发生破坏损伤或被土沙堵塞；

d. 表面钢板焊接部位破坏损伤；

e. 梳形钢板伸缩缝在梳齿与承托板的焊接处出现裂缝，更严重者出现剪断现象。

③橡胶伸缩缝的常见缺陷。

a. 橡胶条的破坏损伤或被土沙堵塞；

b. 橡胶条剥离；

c. 在橡胶嵌条连接部位漏水；

d. 锚固构件破损、锚固螺栓松脱；

e. 伸缩缝构造部位下陷或凸出；

f. 车辆行驶时不舒适，发生噪声。

几种常见伸缩缝病害，如图 1-7～图 1-10 所示。

图 1-7　伸缩缝附近混凝土破损

图 1-8　伸缩缝堵塞

图 1-9　止水带破坏

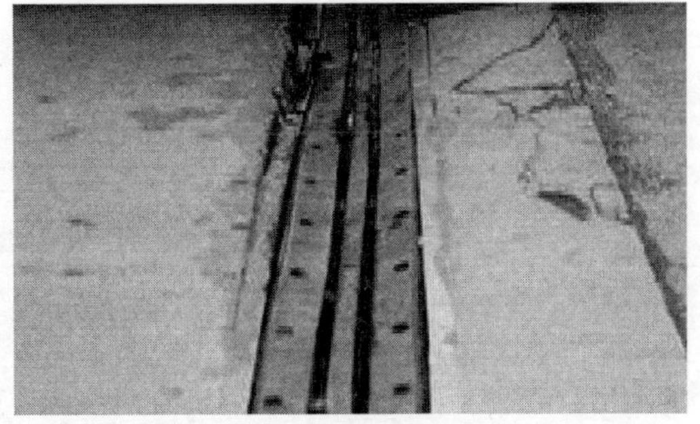

图 1-10　伸缩缝处跳车

(3)人行道构件、栏杆、护栏有无撞坏、断裂、错位、缺件、剥落、锈蚀等。

公路桥梁的栏杆及防撞护栏都是桥面上的安全防护设施，其目的是为了防止失控车辆越出桥外，同时栏杆给行人和车辆以视觉上的安全，可以保障行人的安全；但由于栏杆和防撞护栏长期暴露在自然环境条件下，加之受到人为的或车辆的撞击、地震的破坏及落石的砸击，出现各种各样的缺陷或损伤。

(4)桥面排水是否顺畅,泄水管是否完好、畅通,桥头排水沟功能是否完好,锥坡有无冲蚀、塌陷。

桥面排水设施包括桥面本身、桥面过水断面、进水口、排水管、落水管和桥头积水设施等。其作用主要是为了迅速排除桥面积水,防止雨水滞留在桥面并渗入梁体而影响桥梁结构的耐久性。

几种常见桥面排水系统缺陷,如图 1-11 和图 1-12 所示。

图 1-11　桥面未设泄水管

图 1-12　泄水管堵塞桥面积水

(5)桥面交通信号、标志、标线、照明设施是否损坏、老化、失效,是否需要更换。

(6)桥上避雷装置是否完善,避雷系统性能是否良好。

(7)桥上航空灯、航道灯是否完好,能否保证正常照明;结构物内供养护检修的照明系统是否完好。

(8)桥上的路用通信、供电线路及设备是否完好。

二、桥梁上部结构检查

对于桥梁上部结构的定期检查,首先观察桥梁结构有无异常的变形、振动或摆动,如上部结构竖向线形是否平顺、拱轴线变位状况等情况,然后检查各部件的技术状况,查找异常原因。

(一)桥梁上部结构检查要点

包括混凝土裂缝、混凝土状况、钢筋锈蚀三个方面。

1. 裂缝检查

对于混凝土来说,不论是钢筋混凝土,还是预应力混凝土都是普遍存在裂缝的。对于钢筋混凝土梁,当钢筋应力达 20～30MPa 时,混凝土拉应变达到极限值,而梁在运营活荷载下钢筋应力可达 100MPa。因此,裂缝出现是必然的。但这些裂缝的宽度和深度必须在有关规定允许的范围内,否则会影响桥梁的耐久性,甚至影响承载力。梁、拱、墩台裂缝的最大限值规定见表 1-1。

裂缝限值　　表 1-1

结构类型	裂缝种类	允许最大缝宽(mm)	其他要求
钢筋混凝土梁	主筋附近竖向裂缝	0.25	
	腹板斜向裂缝	0.30	
	组合梁结合面	0.50	不允许贯通结合面
	横隔板与梁体端部	0.30	
	支座垫石	0.50	

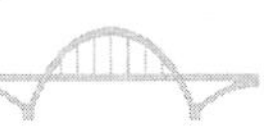

续上表

<table>
<tr><th>结构类型</th><th colspan="2">裂 缝 种 类</th><th>允许最大缝宽(mm)</th><th>其 他 要 求</th></tr>
<tr><td rowspan="2">预应力混凝土梁</td><td colspan="2">梁体竖向裂缝</td><td>不允许</td><td></td></tr>
<tr><td colspan="2">梁体横向裂缝</td><td>0.20</td><td></td></tr>
<tr><td rowspan="3">砖、石混凝土拱</td><td colspan="2">拱圈横向</td><td>0.30</td><td>裂缝高度小于截面高度 1/2</td></tr>
<tr><td colspan="2">拱圈纵向</td><td>0.50</td><td>裂缝长度小于跨径 1/8</td></tr>
<tr><td colspan="2">拱波与拱肋结合处</td><td>0.20</td><td></td></tr>
<tr><td rowspan="7">墩台</td><td colspan="2">墩台帽</td><td>0.30</td><td rowspan="7">不允许贯通墩身截面 1/2</td></tr>
<tr><td rowspan="2">经常受侵蚀性影响</td><td>有筋</td><td>0.20</td></tr>
<tr><td>无筋</td><td>0.30</td></tr>
<tr><td rowspan="2">常年有水，但无侵蚀性水影响</td><td>有筋</td><td>0.25</td></tr>
<tr><td>无筋</td><td>0.35</td></tr>
<tr><td colspan="2">干沟或季节性有水河流</td><td>0.40</td></tr>
<tr><td colspan="2">有冻结作用部分</td><td>0.20</td></tr>
</table>

注：表中所列除特指外，适用于一般条件。对于潮湿环境和空气中含有较强腐蚀性气体条件下的缝宽限值应要求严格一些。预应力混凝土梁指全预应力 A 类结构。

裂缝检查一般采用刻度放大镜，也可以采用超声、声波发射、红外线热检测及雷达检测等技术。

几种常见桥梁裂缝，如图 1-13～图 1-16 所示。

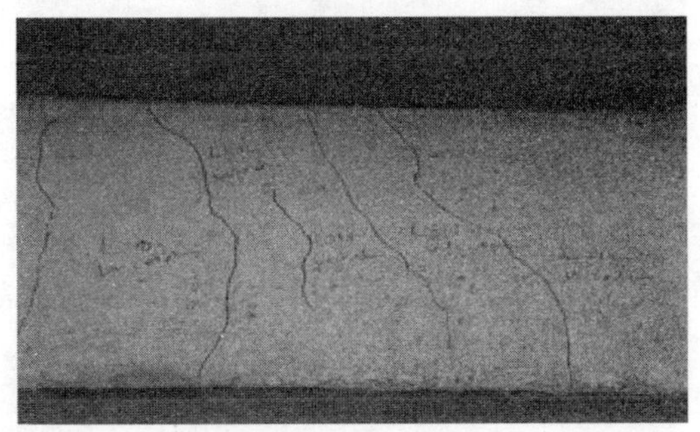

图 1-13　腹板裂缝

图 1-14　腹板斜截面裂缝

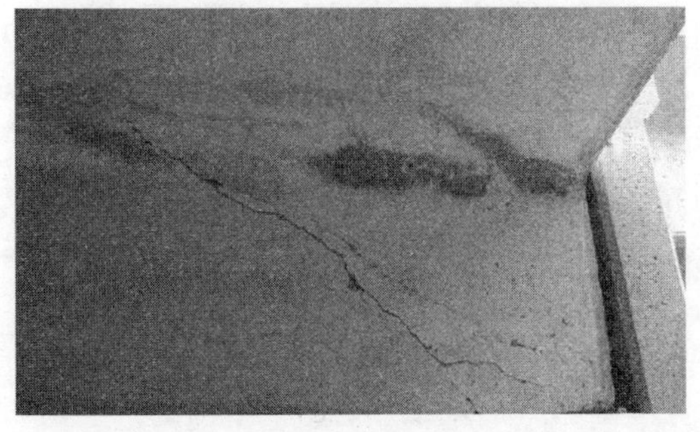

图 1-15　压力过大造成的裂缝

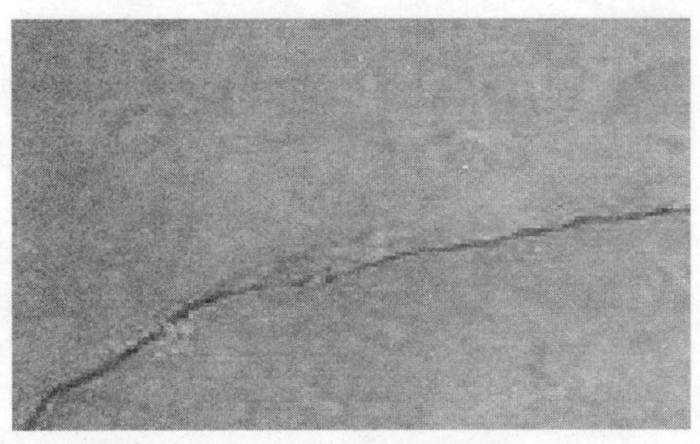

图 1-16　底板裂缝

2.混凝土状况检查

混凝土状况检查除上面介绍的裂缝外，一般还包括蜂窝、麻面、剥落、掉角、空洞、渗水、碳化及碱集料反应引起的整体龟裂等病害。

几种常见的混凝土缺陷，如图1-17～图1-20所示。

图1-17 混凝土蜂窝麻面

图1-18 混凝土空洞

图1-19 混凝土析白

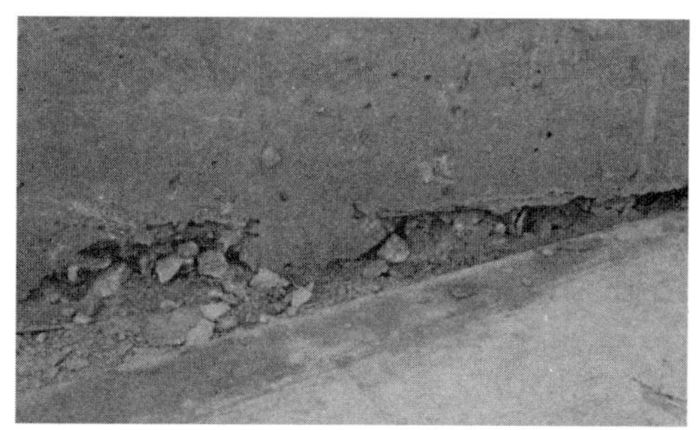

图1-20 混凝土剥落

3.钢筋锈蚀检查

当混凝土品质(如密实度、含氯盐量、含水率等)差、开裂或保护层厚度出现不能满足规范要求时，可能造成钢筋锈蚀。

检查上部结构有无锈蚀斑、有无露筋、有无锈蚀及部分钢筋屈服或锈断。对重点部位可在特殊检查中利用锈蚀分析仪进行检测。

几种常见的钢筋锈蚀缺陷，如图1-21～图1-24所示。

图1-21 钢筋锈蚀引起混凝土脱落

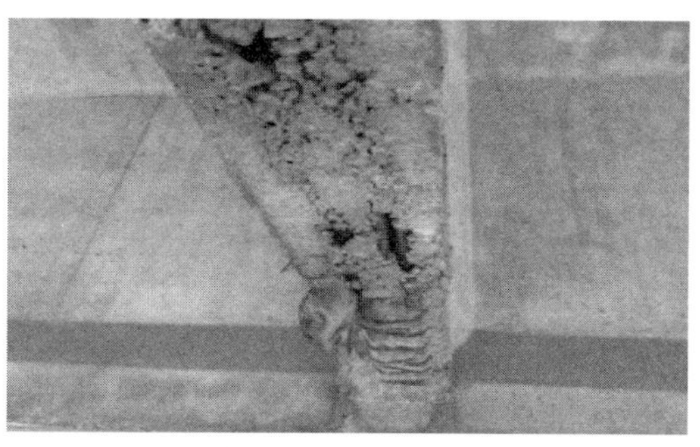

图1-22 钢筋锈蚀

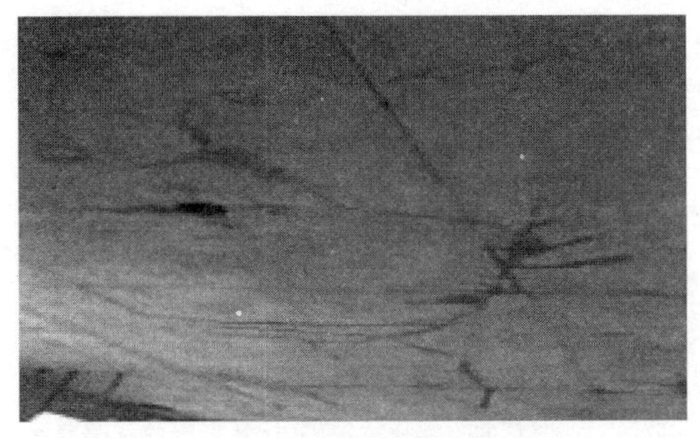

图 1-23　箱梁底锈蚀引起空洞

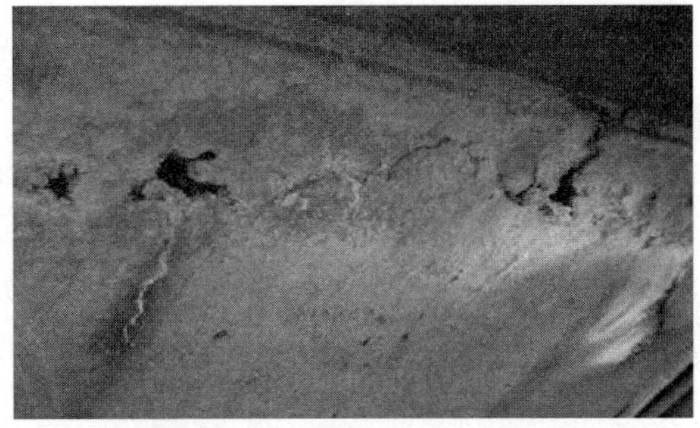

图 1-24　梁体底板锈蚀病害

(二)梁式桥、拱桥、钢桥、悬索桥和斜拉桥上部结构定期检查内容

1. 钢筋混凝土和预应力混凝土梁式桥

所谓梁式桥，是指用梁或桁架梁做主要承重结构，结构在铅垂向荷载作用下，支座只产生竖向反力的无推力梁式体系的桥梁。其上部结构(也就是梁)，以受弯为主；下部结构(也就是桥墩和基础)，以垂直受压为主。

钢筋混凝土和预应力混凝土梁桥定期检查内容主要包括：

(1)梁端头、底面是否损坏，箱形梁内是否有积水，通风是否良好。

(2)混凝土有无裂缝、渗水、表面风化、剥落、露筋和钢筋锈蚀，有无碱集料反应引起的整体龟裂现象。混凝土表面有无严重碳化。

(3)预应力钢束锚固区段混凝土有无开裂，沿预应力筋的混凝土表面有无纵向裂缝。

(4)梁(板)式结构的跨中、支点及变截面处，悬臂端牛腿或中间铰部位，刚构的固结处和桁架节点部位，混凝土是否开裂、缺损和出现钢筋锈蚀。

(5)装配式梁桥应注意检查连接部位的缺损状况。

①组合梁的桥面板与梁的连接部位及预制桥面板之间的接头处混凝土有无开裂、渗水；

②横向连接构件是否开裂，连接钢板的焊缝有无锈蚀、断裂，边梁有无横移或向外倾斜。

现将普通钢筋混凝土简支梁和预应力混凝土简支梁常见的裂缝总结于表 1-2 和表 1-3。鉴于梁式桥在受力方面类似性，所以对其他梁式桥型而言，表 1-2 和表 1-3 亦有参考价值。

普通钢筋混凝土简支梁常见裂缝　　表 1-2

种　类	状　态
网状裂纹	1. 裂纹多属于表面龟裂，无固定规律，其深度不致触及钢筋； 2. 裂纹宽度一般很小(0.01～0.05mm)，宽度在 0.05 时肉眼可见，以手触之有凸起之感
下翼缘受拉区的短细竖向裂纹	1. 裂纹在跨中分布较密(间距 0.1～0.2m)，两端逐渐减少； 2. 裂纹大致与主筋垂直，有下翼缘向上发展，至下梗肋即告终止； 3. 裂纹宽度较细，一般在 0.03～0.1mm 之间，跨度在 10m 以下的梁，裂纹宽度多在 0.03mm 以下； 4. 裂纹一般在动载作用下变化不大，经过较长时间运营已趋稳定
横隔板处竖向裂纹	1. 裂纹在梁端及腹板变断面的梁上均有发生，有棱角边缘向上延伸，焊缝开裂； 2. 裂纹宽度一般为 0.2～0.3mm

续上表

种　　类	状　　态
人行道长悬臂上平面顺梁长纵向裂纹	1. 裂纹一般由梁端向跨中延伸； 2. 裂纹宽度一般在 0.2mm 以上
腹板上竖向裂纹	1. 腹板上竖向裂缝是运营线上最常见、最严重的一种裂纹，梁的跨度越大，裂纹越宽越长； 2. 裂纹在混凝土浇筑两三个月后陆续发生，经荷载作用裂纹发展，数量增多(质量好的梁则变化不大)，随梁的使用时间增长而逐渐停止发展； 3. 跨度在 12～20m 变截面梁普遍存在于腹板较薄部分，在梁半高线附近裂纹宽度较大；跨度在 6.7～10m 等截面梁裂纹较少，多分布在跨间 1/4 跨长范围内，最宽裂纹在主筋以上部位附近；跨度 5.5m 以下的梁则少见； 4. Ⅱ形梁一般以外梗外侧为多，当外梗外侧裂纹宽度超过 0.2mm 时，其内侧均有相应裂纹； 5. 变截面梁裂纹由中间向上下两端延伸，等截面梁裂纹由主筋以上向上延伸，上端未到达腹板顶部，外梗外侧面裂纹随使用期增长而增多，其他面变化不大，如外侧侧面裂纹发展过甚，可使内侧重新开裂形成环状裂纹或对裂； 6. 裂纹宽度一般为 0.2mm，最大 0.5mm，间距无一定规律
腹板斜裂纹	1. 腹板斜裂纹也是钢筋混凝土梁中最多的一种裂纹，各种跨度均有发生，但 10m 以下裂纹较少，其倾斜角也较小； 2. 斜裂纹在梁每个侧面的分布规律与剪力分布相同； 3. 跨度在 12～20m 梁裂纹分布在距支点 1m 至 1/4 跨度处，最宽 0.4mm(少数)，一般宽 0.2～0.3mm，与水平轴成 45°～60°；跨度 8～10m 梁端部腹板虽较厚，但有时也有发现； 4. 变截面梁斜裂纹在梁半高线附近宽度最大，向两端发展形成枣核状；等截面梁斜裂纹在主筋附近宽度最大； 5. 外梗斜裂纹比内梗多，宽度超过 0.2mm 者两侧多形成对裂； 6. 裂纹间距为 0.5～1.0m，裂纹由几条至几十条不等
顺主筋方向的纵向裂纹	1. 裂纹顺主筋方向延伸，长度可发展得很长，最严重的长达跨度的 1/2，宽达 4mm； 2. 这种裂纹对结构有很大的危害，它破坏钢筋和混凝土的共同作用条件(黏着力)，可使钢筋应力骤增，以致突然破坏

预应力混凝土简支梁常见裂缝　　表 1-3

种　　类	状　　态
桥面板横向裂纹	1. 发生在断面削弱部位(中间几个泄水孔)，一般比较轻微，严重的可达上梗肋外，个别可裂到腹板中部； 2. 有时在 1/4 跨度附近出现，多数贯通上翼，有些则仅出现在上翼一侧，裂纹状如刀切，一般宽度 0.1～0.2mm，个别达到 0.8mm； 3. 在无外荷载作用的情况下，随着徐变上拱，产生裂纹，此种裂纹将继续发展或产生新的裂纹； 4. 当桥面铺设上部结构物之后，即处于受压状态，产生裂纹，这类裂纹在经过环氧树脂修补之后，在使用过程中不再开裂

续上表

种　类	状　态
沿梁端钢丝束的裂纹	1. 裂纹与钢丝束方向一致，在后张法中通常在端部扩大部分，裂纹比较细小，长度 2m 及以上，宽度 0.1～0.2mm，深度约 35mm，在厂内时裂纹很少发现，但可能已有微裂，在运营中受各种因素作用而逐渐显露； 2. 先张法预应力梁有直线配筋的单向预应力与双向预应力两种，由于钢丝束布置方式的不同，端部裂纹亦不同，裂纹始于张拉端面，近水平状向跨中延伸，通常位于自梁底起 50～130mm 高度范围内，一般有 1～5 条，宽度 0.1mm，长度延伸至扩大部分变截面处
下翼缘的纵向裂纹	1. 早期生产的预应力梁，沿管道的裂纹相当普遍，1964 年后由于改善梁体的构造以及采用底模振捣和胶管制孔等工艺，梁体质量提高，但仍有不同程度较细小的纵向裂纹； 2. 裂纹多发生在端部第一、二节间的下翼缘侧面或腹板与下翼缘交界处，但也有在腹板上； 3. 裂纹一般都位于最外一排的钢丝束部位，通常在锚头后面或压浆孔附近首先开裂，然后沿钢丝束走向，继续延伸至第二横隔板为止，个别向跨中延伸
腹板竖向裂纹	1. 厂制过程中的一种主要裂纹，一般出现数量不多，大多在脱模后第二天发生； 2. 裂纹长度一般在 50cm 以上，发生在两隔板的中部较多，裂纹宽度为 0.05～0.2mm，呈枣核状，中间宽两端窄，裂纹大致由腹板的半高线向上下延伸； 3. 有的裂纹通常从上梗肋至下梗肋，个别严重的桥面及梁底板都被裂断，宽度 0.2～0.4mm； 4. 预施应力后，裂纹大部分闭合，但孔道压浆时还会从裂纹中挤出浆； 5. 仅限于腹板部分的竖向裂纹在静载试验中证明对梁体结构性能无多大影响，但梁底裂通的梁，尤其裂纹处于跨中附近时，则由于丧失下翼缘混凝土本身的抗拉强度，将导致梁体挠曲抗裂性有显著降低
桥面板及下翼缘斜面上的龟裂	1. 裂纹的方向无一定规律，长度不小，但裂纹有的很宽，达 1～2mm； 2. 下翼缘斜面上，由于水泥砂浆容易聚积该处，龟裂现象较普遍
上翼缘底面竖向裂纹	有这类裂纹的梁片不多。裂纹宽度在 0.1mm 左右，裂纹不延伸至梁面
上梗肋桥面板底部的纵向裂纹	在第一节间出现的机会较多，常发生在桥面板底部变坡的折线处，桥面板上却看不到这种裂纹
横隔板裂缝	1. 在厂制过程中已发生一些不规则的裂纹，在拆模过程中往往也有发生，有的出现在横隔板与腹板交接处，长度甚至延伸至翼底面交接处，裂纹宽 0.05～0.2mm，多出现在隔板一侧； 2. 运营中的预应力梁有两种横隔板裂纹：一种是横隔板留方孔的，裂纹在方孔下角处的垂直方向，有的裂通，宽度约 0.1mm；另一种是整体式横隔板，裂纹由隔板底部垂直向上，运营中有所发展，最长至桥面板交界处，宽度一般小于 0.1mm； 3. 此种裂纹与普通钢筋混凝土梁的隔板裂纹性质完全一样，由预应力梁的隔板未受到预应力的作用所导致
端部斜向裂缝	1. 这种裂纹近年来发现不多，早期预制梁则较普遍，一般发生在具有梨状内锚的先张法梁内； 2. 端部腹板上的斜裂纹少则 1、2 条，多则 4、5 条； 3. 裂纹倾斜度以靠近梁端者较大，近跨中者较小，与水平轴倾角成 25°～45°； 4. 裂纹中间宽两头窄，宽一般为 0.1mm，严重者 0.3mm，长为 0.5～1.1mm，个别严重者延伸到上梗肋，继续向跨中延伸至第一横隔板以后，方渐趋稳定

续上表

种　类	状　态
板梁底纵向裂缝	1.一般出现在施工完成阶段，在桥梁并未投入运营期就出现该种裂缝，初期裂缝较窄并伴有渗水析白现象； 2.多发生在底板靠支座及跨中附近，裂缝长度较长，最大裂宽部分在0.2mm以上
T梁马蹄腹板纵向裂缝	裂缝发生的部位位于T梁腹板、马蹄上的跨中部位，且为纵向裂缝长度较长，一般4～5m，宽度在0.2mm左右

2.拱桥

拱桥是指在竖直平面内以拱作为结构主要承重构件的桥梁。拱桥与梁桥的区别不仅在于外观形式的不同，更重要的是两者受力性能有区别。梁桥在竖向荷载作用下无水平反力，主要承受弯矩。而拱桥在竖向荷载作用下，桥墩或桥台将承受水平推力，且全拱均相等，这种水平推力将显著抵消荷载所引起在拱圈内的弯矩作用，而使拱的弯矩和变形很小，主拱主要承受弯压内力，主要以承压为主。拱桥是我国公路上常用的一种桥梁形式，其形式多样，主要有箱形拱、双曲拱、肋拱、桁架拱、钢架拱等。

拱桥定期检查主要包括：

(1)主拱圈的拱板或拱肋是否开裂。钢筋混凝土拱有无露筋、钢筋锈蚀。圬工拱桥砌块有无压碎、局部掉块，砌缝有无脱离或脱落、渗水，表面有无苔藓、草木滋生，拱铰工作是否正常。空腹杆的小拱有无较大变形、开裂、错位，立墙或立柱有无倾斜、开裂。

(2)拱上立柱(或立墙)上下端、盖梁和横系梁的混凝土有无开裂、剥落、露筋和锈蚀。中、下承式拱桥的吊杆上下锚固区的混凝土有无开裂、渗水，吊杆锚头附近有无锈蚀现象，外罩是否有裂纹，锚头夹片、楔块是否发生滑移，吊杆钢索有无断丝。采用型钢或钢管混凝土芯的劲性骨架拱桥，混凝土是否沿骨架滑移，出现纵向和横向裂缝。

(3)拱的侧墙与主拱圈间有无脱落，侧墙有无鼓突变形、开裂，实腹拱拱上填料有无沉陷。肋拱桥的肋间横向连接是否开裂、表面剥落、钢筋外露、锈蚀等。

(4)双曲拱桥拱肋间横向连接拉杆是否松动或断裂，拱波与拱肋结合处是否开裂、脱开，拱波之间砂浆有无松散脱落，拱波顶是否开裂、渗水等。

(5)薄壳拱桥壳体纵、横向及斜向是否出现裂缝及系杆是否开裂。

(6)系杆拱的系杆是否开裂、无混凝土包裹的系杆是否锈蚀。

(7)钢管混凝土拱桥裸露部分的钢管及构件检查，参见钢桥检查有关内容，同时还应检查管内混凝土是否填充密实。

钢管混凝土系杆拱桥还应特别对以下关键部位进行重点检查。

1)钢管混凝土拱肋(含横向联结系)的检查

(1)拱肋及横向连接系所有焊缝有无裂缝或脱开，尤其是拱座与拱肋交界的转折区及混凝土有无裂缝、积水。

(2)构件是否扭曲变形、局部损伤、腐蚀生锈。

(3)涂层有损坏或剥落，构件是否腐蚀生锈。

(4)在应急现场应对裸露的钢管混凝土做一次全面的探测。以手锤敲击四周，依次延及全

拱，以此方法来初测，判断管内混凝土是否填充密实或黏附良好。如出现异声，就可能有空洞存在，或有其他病变，应进行探测处治。

2）吊杆及锚具的检查

（1）吊杆与主拱肋及横梁的锚固部位，包括上下锚头处、吊杆出口密封处、减振器等部位。

（2）吊杆的减振器是否良好，防护套是否破坏，钢丝是否疲劳断丝。

（3）横梁锚垫板下混凝土周围是否有微裂缝。

（4）吊杆下锚端的防水渗透装置是否良好，吊杆不锈钢护套和缠包带是否损坏；吊杆套管等是否有浸水、锈蚀和开裂、松动。

（5）钢绞线或平行钢丝是否存在断丝或截面削弱。

（6）防护层有无裂纹、破损、老化和积水等。

3）系杆的检查

系杆应注意检查锚头防护套外部涂层有无损坏，连接是否松动，防护油脂是否向外渗漏，锚头、防护套是否破坏，钢丝是否腐蚀或疲劳断丝。应定期检查系杆预应力束的应力，如发现应力损失超过设计容许值或各束松紧不均匀，应予补拉或调整。

4）钢管混凝土拱的混凝土检查

主要检查混凝土芯是否密实、充满，有无裂缝、渗水、表面风化、剥落、露筋锈蚀等。可以采用敲击法判定脱空的大致范围。

3. 钢桥

钢桥是用钢材作为主要建筑材料的桥梁。公路钢桥应用最多的结构形式是钢板梁、钢箱梁、钢桁梁。钢拱桥和钢框架也基本是以钢板梁、钢箱梁和钢桁梁为基本单元组成。

1）钢板梁桥

钢板梁桥是用钢板梁作为主梁的桥梁，是一种同时承受弯曲和剪力的结构。它由上、下翼板和腹板构成工字形。上、下翼板主要承受弯矩，腹板主要承受剪力。

2）钢箱梁桥

钢箱梁桥是以钢薄壁闭合截面形式作为主梁的桥梁。跨度较大、桥面较宽，由于偏载要求较大抗扭刚度时，则选用钢箱梁。钢箱梁是板梁进一步加大梁高和翼缘宽度构成板梁的闭合截面形式。一般钢箱梁都配置加劲肋等加劲构件，加劲肋的刚度满足板梁极限承载力要求；翼缘为承担局部荷载和传递荷载设计成正交异性钢板；为了加强抗扭刚度，也为给正变异性桥面板以支撑，箱梁横向设置了横隔板。

3）钢桁梁桥

钢桁梁桥可以看作是将实腹的钢板梁桥按着一定规则空腹化的结构形式。结构整体上为梁的受力方式，即主要承受弯矩和剪力的结构。钢桁梁桥主要由主桁、连接系、桥面系、制动连接系、支座及桥墩（桥台）组成。主桁常采用平面桁架，由上弦杆、下弦杆和腹杆组成；联结系分为纵向联结系和横向联结系，将两榀主桁架联成空间桁架结构；采用纵横梁体系作为桥面系，由横梁、纵梁及纵梁之间的联结系组成。承受由桥面传来的竖向和纵向荷载，并传递给主桁节点。

钢桥定期检查主要包括：

（1）构件（特别是受压构件）是否扭曲变形、局部损伤。

(2)铆钉和螺栓有无松动、脱落或断裂,节点是否滑动、错裂。

(3)焊缝边缘(热影响区)有无裂缝或脱开。

(4)油漆层有无裂纹、起皮、脱落,构件有无锈蚀。

(5)钢箱梁封闭环境的湿度是否符合要求,除湿设施是否工作正常。

钢桥的防腐蚀涂层在大气环境作用下钢结构会受到环境介质的腐蚀,将不可避免地随时间的增大出现腐蚀缺陷,且防腐蚀涂层的腐蚀区域随着钢桥服役年限的延伸将增大,到一定程度后,不仅该涂层将会失去保护作用,同时钢桥的金属基体也将受到腐蚀破坏,造成应力截面减小,表面缺陷增多,承载力及冲击韧性降低,甚至造成脆性断裂。另外,当桥梁受到机械撞击或局部受力过大时,可能危及整个结构的承载能力,所以在检查中要特别注意对防腐涂层和裂纹局部变形缺陷的检查。

4.悬索桥和斜拉桥

悬索桥又称吊桥,是指以通过索塔悬挂并锚固于两岸(或桥两端)的缆索(或钢链)作为上部结构主要承重构件的桥梁。斜拉桥是将主梁用许多拉索直接拉在桥塔上的一种桥梁,是由承压的塔、受拉的索和承弯的梁体组合起来的一种结构体系,可看作是拉索代替支墩的多跨弹性支承连续梁。它们从结构受力方面的区别主要是:悬索桥主要靠主缆承受荷载,并通过主缆将拉力传给锚固系统;加劲梁仅仅起到局部承受荷载,传递荷载的作用;采用地锚时加劲梁中不受轴向力作用,由加劲梁自重引起的恒载内力较小。斜拉桥是斜拉索与主梁共同承受荷载,斜拉索的纵桥向水平分力在主梁中引起较大的轴向力,恒载内力所占比重较大。

悬索桥和斜拉桥定期检查主要包括:

(1)检查索塔高程、塔柱倾斜度、桥面高程及梁体纵向位移,注意是否有异常变位。

(2)检测索体振动频率、索力有无异常变化,索体振动频率观测应在多种典型气候下进行。每观测周期不超过6年。

(3)主梁或加劲梁的检查,按预应力混凝土及钢结构的相应要求进行。

(4)悬索桥的锚碇及锚杆有无异常的拨动,锚头、散索鞍有无锈蚀破损,锚室(锚洞)有无开裂、变形、积水,温湿度是否符合要求。

(5)主缆、吊杆及斜拉索的表面封闭、防护是否完好,有无破损、老化。

(6)悬索桥的索鞍是否有异常的错位、卡死、辊轴歪斜,构件是否有锈蚀、破损,主缆索跨过索鞍部分是否有挤扁现象。

(7)悬索桥吊杆上端与主缆索的索夹是否有松动、移位和破损,下端与梁连接的螺栓有无松动。

(8)逐束检测索体是否开裂、鼓胀挤变形,必要时可剥开护套检查索内干湿情况和钢索的锈蚀情况。检查后应做好保护套剥开处的防护处理。

(9)逐个检查锚具及周围混凝土的情况,锚具是否渗水、锈蚀,是否有锈水流出的痕迹,周围混凝土是否开裂。必要时可打开锚具后盖检查锚杯内是否积水、潮湿,防锈油是否结块、乳化失效,锚杯是否锈蚀。

(10)逐个检查索端出索处钢护筒、钢管与索套管连接处的外观情况。检查钢护筒是否松动脱落、锈蚀、渗水,抽查连接处钢护筒内防水垫圈是否老化失效,筒内是否潮湿积水。

(11)索塔的爬梯、检查门、工作电梯是否可靠安全,塔内的照明系统是否完好。

悬索桥和斜拉桥几种常见缺陷，如图 1-25～图 1-28 所示。

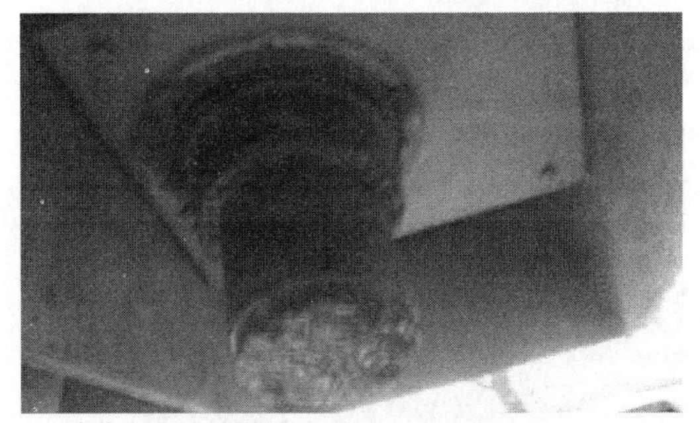

图 1-25　斜拉索锚头锈蚀

图 1-26　悬索桥主缆索股锈蚀

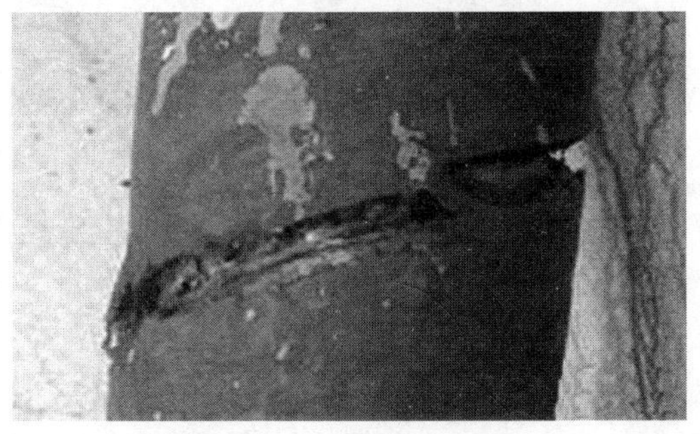

图 1-27　护套环状开裂

图 1-28　锚头锈蚀

5. 支座

支座是桥梁的主要连接传递构件，设置在桥梁上部结构与墩台之间，它的作用是：

(1)传递上部结构的支承反力，包括恒载和活载引起的竖向力和水平力。

(2)保证结构在活载、温度变化、混凝土收缩和徐变等因素作用下能自由变形，以使上、下部结构的实际受力情况符合结构的静力图式。

支座定期检查主要包括：

(1)支座组件是否完好、清洁，有无断裂、错位、脱空。

(2)活动支座是否灵活，实际位移量是否正常，固定支座的锚销是否完好。

(3)支承垫石是否有裂缝。

(4)简易支座的油毡是否老化、破裂或失效。

(5)橡胶支座是否老化、开裂，有无过大的剪切变形或压缩变形，各夹层钢板之间的橡胶层外凸是否均匀。

(6)四氟滑板支座是否脏污、老化，四氟乙烯板是否完好，橡胶块是否滑出钢板。

(7)盆式橡胶支座的固定螺栓是否剪断，螺母是否松动，钢盆外露部分是否锈蚀，防尘罩是否完好。

(8)组合式钢支座是否干涩、锈蚀，固定支座的锚栓是否紧固，销板或销钉是否完好。

(9)摆柱支座各组件相对位置是否准确，受力是否均匀。

(10)辊轴支座的辊轴是否出现不允许的爬动、歪斜。

(11)摇轴支座是否倾斜。

(12)钢筋混凝土摆柱支座的柱体有无混凝土脱皮、开裂、露筋,钢筋及钢板有无锈蚀。

支座几种常见病害,如图 1-29 和图 1-30 所示。

图 1-29　支座严重变形

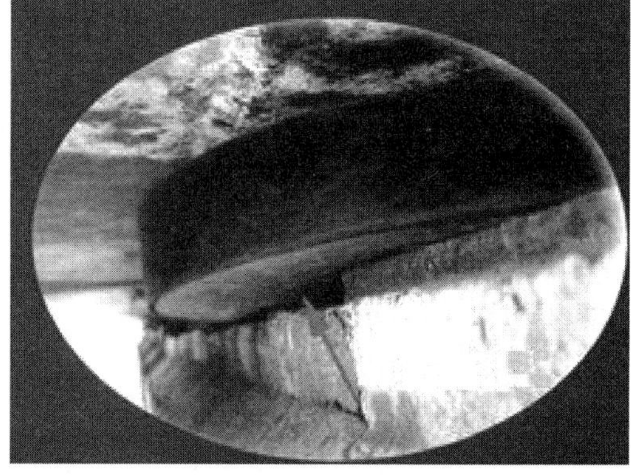
图 1-30　支座偏离中心位置

目前我国常见的支座有板式橡胶支座、铸钢支座、盆式橡胶支座等。定期检查时应根据不同类型的支座分别有所侧重。现将以上三种支座常见的检查内容进行介绍。

1)板式橡胶支座定期检查内容

(1)支座是否存在滑移或脱空现象。

(2)支座是否产生过大的压缩变形。

(3)支座的剪切位移是否过大(剪切角应不大于 35°)。

(4)支座橡胶保护层是否出现开裂、变硬等老化现象,并记录裂缝位置、开裂长度及宽度。

(5)支座各层加劲钢板之间的橡胶板外凸是否均匀和正常。

2)铸钢支座的缺陷类型

(1)支座固定螺栓是否松动、锈蚀、损伤、断裂,锚固件及定位件是否失效,上下座板是否变形,活动支座是否无法正常活动,位移、转角是否超限。

(2)支座上下是否错位过大,有无倾倒脱落的危险。包括铸铁件及锻钢件是否裂损、脱焊、锈蚀,支座钢件是否磨损和发生塑性变形。

(3)支座锚固件及定位件是否失效。包括销钉是否剪断,支座锚(螺)栓是否松动及剪断,牙板是否挤死或折断,辊轴连杆螺栓是否剪断。

(4)活动支座是否活动正常。包括位移、转角是否超限,锚栓是否剪断,摇轴或削扁辊轴倾斜度是否超差不能恢复。

(5)支承垫石部位是否存在支承垫石不平、翻浆、积水和开裂。

3)盆式橡胶支座缺陷类型

(1)盆式橡胶支座的杆件表面是否出现肉眼可见的裂纹,支座盆底钢板四角是否出现翘起。

(2)钢板和盆底之间的焊接是否脱开。

(3)聚四氟乙烯板和不锈钢之间是否磨损。

(4)盆式橡胶支座的聚四氟乙烯板是否滑出不锈钢板面范围。

(5)钢盆的外表保护漆是否脱落,钢件是否锈蚀。

三、桥梁下部结构检查

桥梁的下部结构是桥台、桥墩和基础的总称。其作用是支撑上部结构的各种荷载,并将荷载传递给地基。

墩台与基础定期检查主要包括:

(1)墩台及基础有无滑动、倾斜、下沉或冻拔。

(2)台背填土有无沉降或挤压隆起。

(3)混凝土墩台及帽梁有无冻胀、风化、开裂、剥落、露筋等。

(4)石砌墩台有无砌块断裂、通缝脱开、变形,砌体泄水孔是否堵塞,防水层是否损坏。

(5)墩台顶面是否清洁,伸缩缝处是否漏水。

(6)基础下是否发生不许可的冲刷或淘空现象,扩大基础的地基有无侵蚀。桩基顶段在水位涨落、干湿交替变化处有无冲刷磨损、颈缩、露筋,有无环状冻裂,是否受到污水、咸水或生物的腐蚀。必要时应派潜水员对大桥、特大桥的深水基础进行潜水检查。

基础几种常见病害,如图1-31和图1-32所示。

图1-31　基础冲刷

图1-32　桩基冲刷露筋

四、调治构造物检查

调治构造物是为了引导和改变水流方向,使水流平顺通过桥孔并减缓水流对桥位附近河床、河岸的冲刷而修建的水工构造物。

定期检查时应检查:调治构造物是否完好,功能是否适用,桥位段河床是否有明显的冲淤或漂流物堵塞现象。

第四节　桥梁技术状况评定

目前对公路桥梁技术状况等级评定方法主要依据《养护规范》和《技评标准》的相关内容进行。《养护规范》中的桥梁技术状况等级评定方法简单明了,概括性强,适用范围广,运用方便,同时给检测人员留有较大余地,可借助个人经验对桥梁进行评定。但等级评定结果相对于以《技评标准》中的评定方法进行的等级评定结果准确性偏低。

现将公路桥梁技术状况等级评定的两种方法分别进行介绍。

一、基于《养护规范》规定的方法进行桥梁一般性评定

《养护规范》一般规定明确：一般评定依据桥梁定期检查资料，通过对桥梁各部件技术状况的综合评定，确定桥梁的技术状况等级，提出各类桥梁的养护措施。

全桥总体技术状况等级评定，宜采用考虑桥梁各部件权重的综合评定方法，亦可按重要部件最差的缺损状况评定，或对照桥梁技术状况评定标准(表1-4)进行评定。

(一)桥梁技术状况评定等级

桥梁技术状况评定等级分为一类、二类、三类、四类、五类。桥梁总体及部件技术状况评定标准见表1-4。

桥梁技术状况评定标准 表1-4

评定等级	一类	二类	三类	四类	五类
总体评定	完好、良好状态 1. 重要部件功能与材料均良好； 2. 次要部件功能良好，材料有少量(3%以内)轻度缺损或污染； 3. 承载能力和桥面行车条件符合设计指标	较好状态 1. 重要部件功能良好，材料有局部(3%以内)轻度缺损或污染，裂缝宽小于限值； 2. 次要部件有较多(10%以内)中等缺损或污染； 3. 承载能力和桥面行车条件达到设计指标	较差状态 1. 重要部件材料有较多(10%以内)中等缺损，裂缝宽超限值，或出现轻度功能性病害，但发展缓慢，尚能维持正常使用功能； 2. 次要部件有大量(10%～20%)严重缺损，功能降低，进一步恶化，将不利于重要部件和影响正常交通； 3. 承载能力比设计降低10%以内，桥面行车不舒适	差的状态 1. 重要部件材料有大量(10%～20%)严重缺损，裂缝宽超限值，风化、剥落、露筋、锈蚀严重，或出现轻度功能性病害且发展较快。结构变形小于或等于规范值，功能明显降低； 2. 次要部件有20%以上的严重缺损，失去应有功能，严重影响正常交通； 3. 承载能力比设计降低10%～25%	危险状态 1. 重要部件出现严重的功能性病害，且有继续扩张现象，关键部位的部分材料强度达到极限，出现部分钢筋断裂、混凝土压碎或杆件失稳变形的破损现象，变形大于规范值，结构的强度、刚度、稳定性和动力响应不能达到平时交通安全通行的要求； 2. 承载能力比设计降低25%以上
墩台与基础	1. 墩台各部分完好； 2. 基础及地基状况良好	1. 墩台基本完好； 2. 3%以内的表面有风化、麻面、短细裂缝，缝宽小于限值，砌体灰缝脱落； 3. 表面长有青苔、杂草； 4. 基础无冲蚀现象	1. 墩台3%～10%的表面有各种缺损，裂缝宽超限值，有风化、剥落、露筋、锈蚀现象；砌体灰缝脱落，局部变形等； 2. 出现轻微的下沉、倾斜、滑动等现象，发展缓慢或趋向稳定； 3. 基础有局部冲蚀现象，桩基顶段被磨损	1. 墩台10%～20%的表面有各种缺损，裂缝宽而密，剥落、露筋、锈蚀严重；砌体大面积松动、变形。 2. 墩台出现下沉、倾斜、滑动、冻拔现象，变形小于或等于规范值，台背填土有沉降裂缝或挤压隆起，变形发展较快。 3. 基础冲刷大于设计值，基底冲空面在10%～20%以内。桩基顶段被侵蚀、露筋、缩颈，或有环状冻裂，木桩腐蚀、蛀蚀严重	1. 墩台不稳定，下沉、倾斜、滑动、冻拔现象严重，变形大于规范值，造成上部结构和桥面变形过大，不能正常行车； 2. 墩台、桩基出现结构性裂缝，裂缝宽度超过限值； 3. 基底冲刷深度大于设计值，冲空面达20%以上，地基承载力降低，桥台岸坡滑移

续上表

评定等级	一类	二类	三类	四类	五类
支座	1. 各部分清洁完好，位置正确； 2. 支座工作状态正常	1. 支座有尘土堆积、略有腐蚀； 2. 支座滑动面干涩	1. 钢支座固定螺栓松动，锈蚀严重； 2. 橡胶支座开始老化； 3. 混凝土支座有剥落、漏筋、锈蚀现象	1. 钢支座的组件出现断裂； 2. 橡胶支座老化开裂 3. 混凝土支座碎裂 4. 活动支座坏死，不能活动； 5. 支座上下错位过大，有倾倒脱落的危险	支座错位、变形、破损严重，已失去正常支承功能，使上下部结构受到异常约束，造成支撑部位的缺损和桥面的不平顺
砖、石、混凝土上部结构	1. 结构完好，无渗水，无污染； 2. 次要部件有少量短细裂纹，裂纹宽度小于限值	1. 结构基本完好； 2. 3%以内的表面有风化、麻面、短细裂缝，缝宽小于限值，砌体灰缝脱落； 3. 上下游侧表面有水迹污染，砌体滋生杂草	1. 结构 3%～10%的表面有各种缺损，裂缝宽超限值，有风化、剥落、露筋、锈蚀，桥面板裂缝渗水； 2. 石砌拱桥砌体灰缝脱落，局部松动、外鼓； 3. 横向连接件断裂、脱焊或松动，边梁或边拱肋有横移或外倾迹象	1. 结构 10%～20%的表面有各种缺损，重点部位出现接近全截面的开裂，裂缝宽超限值，顺主筋方向有纵向裂缝，钢筋锈蚀和混凝土剥落严重，砌体有较大松动、变形； 2. 结构存在明显的永久变形，变形小于或等于规范值，桥面竖向成波形	1. 结构永久变形大于规范值； 2. 重点部分出现全截面开裂、裂缝宽度超过限值，部分钢筋屈服或断裂，混凝土压碎，主拱圈出现四铰，成不稳定结构； 3. 受压构件有严重的横向扭曲变形； 4. 承载能力比设计降低 25%以上
钢结构	1. 各部件及焊缝均完好； 2. 各节点铆钉、螺栓无松动； 3. 各部分油漆均匀、完整、色泽鲜明	1. 各部件完好，焊缝无开焊； 2. 少数节点有个别铆钉、螺栓松动变形； 3. 油漆变色、起泡剥落，面积在 10%以内	1. 个别次要构件有局部变形，焊缝有裂纹； 2. 连接铆钉、螺栓损坏在 10%以内； 3. 油漆失效面积在 10%～20%之间	1. 个别主要构件有扭曲变形、损伤裂纹、开焊、严重锈蚀； 2. 连接铆钉、螺栓损坏在 10%～20%之间 3. 油漆失效面积在 20%以上	1. 主要构件有严重扭曲变形、开焊，锈蚀削弱截面 10%以上，钢材变质，强度性能恶化，油漆失效面积在 50%以上； 2. 节点板及连接铆钉、螺栓损坏在 20%以上； 3. 结构永久变形大于规范值； 4. 结构振动或摆动过大，行车和行人有不安全感

续上表

评定等级	一类	二类	三类	四类	五类
桥面铺装、伸缩缝	1. 铺装层完好，平整、清洁，或有个别细裂缝； 2. 防水层完好、泄水管完好、畅通； 3. 伸缩缝完好、清洁； 4. 桥头平顺，无跳车现象	1. 铺装层10%以内的表面有严重的龟裂、深坑槽、波浪； 2. 防水层基本完好；泄水管堵塞，周围渗水； 3. 伸缩缝局部破损； 4. 桥头轻度跳车，台背路面下沉在2cm以内	1. 铺装层10%～20%的表面有严重的龟裂、深坑槽、波浪； 2. 桥面板接缝处防水层断裂渗水，泄水管破损、脱落； 3. 伸缩缝普遍缺损； 4. 桥头跳车明显，台背路面下沉在2～5cm	1. 铺装层20%以上表面有严重的破坏，桥面普遍坑洼不平、积水； 2. 防水层老化失效，普遍断裂、渗水，泄水管脱落，泄水孔堵塞； 3. 伸缩缝严重破损、失效，难以修补； 4. 桥头跳车严重，台背路面下沉大于5cm	
调治构造物	1. 构造设置合理，功能正常； 2. 构造物完好	1. 构造功能基本正常； 2. 构造物局部断裂，砌体松动、变形	1. 构造本身抗洪能力不足，基础局部冲蚀； 2. 构造物20%以内出现下沉、倾斜、局部坍塌	1. 构造本身抗洪能力太低，基础冲蚀严重； 2. 构造物20%以上被破坏，部分丧失功能或功能下降	
翼(耳)墙、锥(护)坡	1. 翼(耳)墙完好无损，清洁； 2. 锥(护)坡完好，无垃圾堆积，无草木滋生； 3. 桥头排水沟和行人台阶完好	1. 翼(耳)墙出现个别裂缝，缝宽小于限值，局部剥落，砌体灰缝脱落，面积在10%以内； 2. 锥(护)坡局部坍塌，铺砌缺损，垃圾堆积，草木丛生； 3. 桥头排水沟的堵塞不畅通，行人台阶局部塌落	1. 翼墙断裂与桥台前墙脱开，但无明显外倾、下沉，砌体灰缝脱落、局部松动外鼓，面积小于20%； 2. 锥(护)坡出现大面积塌陷，铺砌缺损，形成冲沟或积水坑，坡脚有局部冲蚀； 3. 桥头排水沟和行人台阶损坏，功能降低	1. 翼墙断裂、下沉、外倾失稳，砌体变形，部分严重倒塌； 2. 锥(护)坡体和坡脚冲蚀严重，有滑移、坍塌，坡顶下降较大，作用明显减小； 3. 桥头排水沟和行人台阶全部损坏，几乎消失	

注：梁、拱、墩台裂缝的最大限值见本章表1-1。

(二)桥梁各部件技术状况的评定方法

(1)根据缺损程度(大小、多少或轻重)、缺损对结构使用功能的影响程度(无、小、大)和缺损发展变化状况(趋向稳定、发展缓慢、发展较快)三个方面，以累加评分方法对各部件缺损状况做出等级评定。评定方法见表1-5。

(2)重要部件(如墩台与基础、上部承重构件、支座)以其中缺损最严重的构件评分；其他部件，根据多数构件缺损状况评分。

(3)推荐的各部件权重见表1-6。各地区也可根据本地区的环境条件和养护要求，采用专家评估法修订各部件的权重。

桥梁部件缺损状况评定方法　　表 1-5

<table>
<tr><td colspan="2">缺损状况及标度</td><td colspan="2">组合评定标度</td></tr>
<tr><td rowspan="4">缺损程度及标度</td><td rowspan="3">程度</td><td colspan="2">小→大</td></tr>
<tr><td colspan="2">少→多</td></tr>
<tr><td colspan="2">轻度→严重</td></tr>
<tr><td>标度</td><td colspan="2">0　1　2</td></tr>
<tr><td rowspan="3">缺损对结构使用功能的影响程度</td><td>无、不重要</td><td>0</td><td>0　1　2</td></tr>
<tr><td>小、次要</td><td>+1</td><td>1　2　3</td></tr>
<tr><td>大、重要</td><td>+2</td><td>2　3　4</td></tr>
<tr><td colspan="2">以上两项评定组合标度</td><td></td><td>0　1　2　3　4</td></tr>
<tr><td rowspan="3">缺损发展变化状况的修正</td><td>趋向稳定</td><td>−1</td><td>0　1　2　3</td></tr>
<tr><td>发展缓慢</td><td>0</td><td>1　2　3　4</td></tr>
<tr><td>发展较快</td><td>+1</td><td>1　2　3　4　5</td></tr>
<tr><td colspan="2">最终评定结果</td><td></td><td>0　1　2　3　4　5</td></tr>
<tr><td colspan="3" rowspan="2">桥梁技术状况及分类</td><td>完好　良好　较好　较差　差的　危险</td></tr>
<tr><td>一类　二类　三类　四类　五类</td></tr>
</table>

注：1.“0”表示完好状态，或表示没有设置的构造部件。当缺损程度标度为“0”时，不再进行叠加。

2.“5”表示危险状态，或表示原未设置，而调查表明需要补设的部件。

推荐的桥梁各部件权重及综合评定方法　　表 1-6

<table>
<tr><td>序号</td><td>部 件 名 称</td><td>权重 W_i</td><td>桥梁技术状况评定方法</td></tr>
<tr><td>1</td><td>翼墙、耳墙</td><td>1</td><td rowspan="17">(1)综合评定采用下列计算式：
$$D_r = 100 - \sum_{i=1}^{n} R_i W_i / 5$$
式中：R_i——按表 1-5 方法对各部件确定的评定标度（0～5）；
W_i——各部件权重，$\sum W_i = 100$；
D_r——全桥结构技术状况评分（0～100）；评分高表示结构状况好，缺损少。
(2)评定分类采用下列界限：
$D_r \geqslant 88$　　一类
$88 > D_r \geqslant 60$　　二类
$60 > D_r \geqslant 40$　　三类
$40 > D_r$　　四类、五类
$D_r \geqslant 60$ 的桥梁，并不排除其中有评定标度 $R_i \geqslant 3$ 的部件，仍有维修的需要</td></tr>
<tr><td>2</td><td>锥坡、护坡</td><td>1</td></tr>
<tr><td>3</td><td>桥台及基础</td><td>23</td></tr>
<tr><td>4</td><td>桥墩及基础</td><td>24</td></tr>
<tr><td>5</td><td>地基冲刷</td><td>8</td></tr>
<tr><td>6</td><td>支座</td><td>3</td></tr>
<tr><td>7</td><td>上部主要承重构件</td><td>20</td></tr>
<tr><td>8</td><td>上部一般承重构件</td><td>5</td></tr>
<tr><td>9</td><td>桥面铺装</td><td>1</td></tr>
<tr><td>10</td><td>桥头与路堤连接部</td><td>3</td></tr>
<tr><td>11</td><td>伸缩缝</td><td>3</td></tr>
<tr><td>12</td><td>人行道</td><td>1</td></tr>
<tr><td>13</td><td>栏杆、护栏</td><td>1</td></tr>
<tr><td>14</td><td>灯具、标志</td><td>1</td></tr>
<tr><td>15</td><td>排水设施</td><td>1</td></tr>
<tr><td>16</td><td>调治构造物</td><td>3</td></tr>
<tr><td>17</td><td>其他</td><td>1</td></tr>
</table>

二、基于《技评标准》推荐的方法进行的桥梁技术状况评定

《技评标准》是将《养护规范》中的第三章第六节桥梁评定内容扩充编写而成，并单独成册。属于行业推荐性标准。该标准改进了桥梁技术状况评定模型。根据桥梁各部件不同材料、结构形式将桥梁进行分类，按各部件不同特点制定相应的评定标准，并进行细化和量化。依据桥梁检查资料，对桥梁各部件技术状况分层综合评定，并按桥梁单项控制指标（关键病害的控制），确定桥梁技术状况等级，对保证公路桥梁的结构安全和通行安全有着非常重要的意义。

（一）评定方法及等级分类

1. 桥梁技术状况评定方法

公路桥梁技术状况评定包括桥梁构件、部件、桥面系、上部结构、下部结构和全桥评定。公路桥梁技术状况评定应采用分层综合评定与五类桥梁单项控制指标相结合的方法，先对桥梁各构件进行评定，然后对桥梁各部件进行评定，再对桥面系、上部结构和下部结构分别进行评定，最后进行桥梁总体技术状况的评定。

当单个桥梁存在不同结构形式时，可根据结构形式的分布情况划分评定单元，分别对各评定单元进行桥梁技术状况的等级评定。

2. 桥梁技术状况等级分类

1）各结构类型桥梁主要部件和次要部件

根据《评定标准》桥梁部件分为主要部件和次要部件。各结构类型桥梁主要部件分别有：

（1）梁式桥：上部承重构件、桥墩、桥台、基础、支座。

（2）板拱桥（圬工、混凝土）、肋拱桥、箱形拱桥、双曲拱桥：主拱圈、拱上结构、桥面板、桥墩、桥台、基础。

（3）刚架拱桥、桁架拱桥：刚架（桁架）拱片、横向连接系、桥面板、桥墩、桥台、基础。

（4）钢—混凝土组合拱桥：拱肋、横向连接系、立柱、吊杆、系杆、行车道板（梁）、支座、桥墩、桥台、基础。

（5）悬索桥：主缆、吊索、加劲梁、索塔、锚碇、桥墩、桥台、基础、支座。

（6）斜拉桥：斜拉索（包括锚具）、主梁、索塔、桥墩、桥台、基础、支座。

各结构类型桥梁除以上主要部件外，其他部件均为次要部件。

2）桥梁总体技术状况评定等级分类

桥梁总体技术状况评定等级分为五类，即1类、2类、3类、4类和5类，见表1-7。

桥梁总体技术状况评定等级 表1-7

技术状况评定等级	桥梁技术状况描述
1类	全新状态，功能完好
2类	有轻微缺损，对桥梁使用功能无影响
3类	有中度缺损，尚能维持正常使用功能
4类	主要构件有大的缺损，严重影响桥梁使用功能；或影响承载能力，不能保证正常使用
5类	主要构件存在严重缺损，不能正常使用，危及桥梁安全，桥梁处于危险状态

3)桥梁主要部件技术状况评定标度分类

桥梁主要部件技术状况评定标度分为五类,即1类、2类、3类、4类和5类,见表1-8。

桥梁主要部件技术状况评定标度　　表1-8

技术状况评定标度	桥梁技术状况描述
1类	全新状态,功能完好
2类	功能良好,材料有局部轻度缺损或污染
3类	材料有中度缺损;或出现轻度功能性病害,但发展缓慢,尚能维持正常使用功能
4类	材料有严重缺损,或出现中等功能性病害,且发展较快;结构变形小于或等于规范值,功能明显降低
5类	材料严重缺损,出现严重的功能性病害,且有继续扩展现象;关键部位的部分材料强度达到极限,变形大于规范值,结构的强度、刚度、稳定性不能达到安全通行的要求

4)桥梁次要部件技术状况评定标度

桥梁次要部件技术状况评定标度分为四类,即1类、2类、3类和4类,见表1-9。

桥梁次要部件技术状况评定标度　　表1-9

技术状况评定标度	桥梁技术状况描述
1类	全新状态,功能完好;或功能良好,材料有轻度缺损、污染等
2类	有中等缺损或污染
3类	材料有严重缺损,出现功能降低,进一步恶化将不利于主要部件,影响正常交通
4类	材料有严重缺损,失去应有功能,严重影响正常交通;或原无设置,而调查需要补设

(二)桥梁技术状况评定

1.桥梁技术状况评定计算

(1)桥梁构件的技术状况评分,按式(1-1)计算。

$$\mathrm{PMCI}_l(\mathrm{BMCI}_l\text{ 或 }\mathrm{DMCI}_l) = 100 - \sum_{x=1}^{k} U_x \tag{1-1}$$

当$x=1$时

$$U_1 = \mathrm{DP}_{i1}$$

当$x \geqslant 2$时

$$U_x = \frac{\mathrm{DP}_{ij}}{100 \times \sqrt{x}} \times (100 - \sum_{y=1}^{x-1} U_y) \qquad (\text{其中},j = x,x\text{ 取 }2,3,\cdots,k)$$

当$k \geqslant 2$时,$U_1,\cdots,U_x$,计算公式中的扣分值DP_{ij}按照从大到小的顺序排列。

当$\mathrm{DP}_{ij}=100$时

$$\mathrm{PMCI}_l(\mathrm{BMCI}_l\text{ 或 }\mathrm{DMCI}_l) = 0$$

式中:PMCI_l——上部结构第i类部件l构件的得分,值域为0～100分;

BMCI_l——下部结构第i类部件l构件的得分,值域为0～100分;

DMCI_l——桥面系第i类部件l构件的得分,值域为0～100分;

k——第i类部件l构件出现扣分的指标的种类数;

U_x、U_y——引入的中间变量;

i——部件类别,例如i表示上部承重构件、支座、桥墩等;

j——第 i 类部件 l 构件的第 j 类检测指标；

DP_{ij}——第 i 类部件 l 构件的第 j 类检测指标的扣分值；根据构件各种检测指标扣分值进行计算，扣分值按表 1-10 规定取值。

构件各检测指标扣分值　　表 1-10

检测指标所能达到的最高标度类别	指标标度				
	1类	2类	3类	4类	5类
3类	0	20	35	—	—
4类	0	25	40	50	—
5类	0	35	45	60	100

(2)桥梁部件的技术状况评分，按式(1-2)计算。

$$PCCI_i = \overline{PMCI} - (100 - PMCI_{min})/t \tag{1-2}$$

或

$$BCCI_i = \overline{BMCI} - (100 - BMCI_{min})/t$$

或

$$DCCI_i = \overline{DMCI} - (100 - DMCI_{min})/t$$

式中：$PCCI_i$——上部结构第 i 类部件的得分，值域为 0～100 分；当上部结构中的主要部件某一构件评分值 $PMCI_l$ 在[0,40)区间时，其相应的部件评分值 $PCCI_i = PMCI_l$；

$\overline{PMCI}$——上部结构第 i 类部件各构件的得分平均值，值域为 0～100 分；

$BCCI_i$——下部结构第 i 类部件的得分，值域为 0～100 分；当下部结构中的主要部件某一构件评分值 $BMCI_l$ 在[0,40)区间时，其相应的部件评分值 $BCCI_i = BMCI_l$；

$\overline{BMCI}$——下部结构第 i 类部件各构件的得分平均值，值域为 0～100 分；

$DCCI_i$——桥面系第 i 类部件的得分，值域为 0～100 分；

$\overline{DMCI}$——桥面系第 i 类部件各构件的得分平均值，值域为 0～100 分；

$PMCI_{min}$——上部结构第 i 类部件中分值最低的构件得分值；

$BMCI_{min}$——下部结构第 i 类部件中分值最低的构件得分值；

$DMCI_{min}$——桥面系第 i 类部件分值最低的构件得分值；

t——随构件的数量而变的系数，见表 1-11。

(3)桥梁上部结构、下部结构、桥面系的技术状况评分，按式(1-3)计算。

$$SPCI(SBCI 或 BDCI) = \sum_{i=1}^{m} PCCI_i(BCCI_i 或 DCCI_i) \times W_i \tag{1-3}$$

式中：SPCI——桥梁上部结构技术状况评分，值域为 0～100 分；

SBCI——桥梁下部结构技术状况评分，值域为 0～100 分；

BDCI——桥面系技术状况评分，值域为 0～100 分；

m——上部结构(下部结构或桥面系)的部件种类数；

W_i——第 i 类部件的权重，按表 1-12～表 1-18 规定取值；对于桥梁中未设置的部件，应根据此部件的隶属关系，将其权重值分配给各既有部件，分配原则按照各既有部件权重在全部既有部件权重中所占比例进行分配。

(4)桥梁总体的技术状况评分，按式(1-4)计算。

$$D_r = BDCI \times W_D + SPCI \times W_{SP} + SBCI \times W_{SB} \tag{1-4}$$

式中：D_r——桥梁总体技术状况评分，值域为 0～100 分；

W_D——桥面系在全桥中的权重，按表 1-18 规定取值；

W_{SP}——上部结构在全桥中的权重，按表 1-18 规定取值；

W_{SB}——下部结构在全桥中的权重，按表 1-18 规定取值；

t　值　　表 1-11

n(构件数)	t	n(构件数)	t
1	∞	20	6.6
2	10	21	6.48
3	9.7	22	6.36
4	9.5	23	6.24
5	9.2	24	6.12
6	8.9	25	6.00
7	8.7	26	5.88
8	8.5	27	5.76
9	8.3	28	5.64
10	8.1	29	5.52
11	7.9	30	5.4
12	7.7	40	4.9
13	7.5	50	4.4
14	7.3	60	4.0
15	7.2	70	3.6
16	7.08	80	3.2
17	6.96	90	2.8
18	6.84	100	2.5
19	6.72	≥200	2.3

注：1. n 为第 i 类部件的构件总数。

2. 表中未列出的 t 值采用内插法计算。

(5)桥梁技术状况评定时应特别注意的几个问题

①在桥梁技术状况评定时，当满足本节(二)桥梁技术状况评定(三)条规定的任一情况时，桥梁总体技术状况应评为 5 类；

②当上部结构和下部结构技术状况等级为 3 类、桥面系技术状况等级为 4 类，且桥梁总体技术状况评分为 $40 \leqslant D_r < 60$ 时，桥梁总体技术状况等级可评定为 3 类；

③全桥整体技术状况等级评定时，当主要部件评分达到 4 类或 5 类且影响桥梁安全时，可按照桥梁主要部件最差的缺损状况评定。

2. 各结构形式桥梁部件分类及权重值

(1)梁式桥各部件权重值宜按表 1-12 的规定取值。

梁式桥各部件权重值 表 1-12

部位	类　别　i	评价部件	权　　重
上部结构	1	上部承重构件(主梁、挂梁)	0.70
	2	上部一般构件(湿接缝、横隔板等)	0.18
	3	支座	0.12
下部结构	4	翼墙、耳墙	0.02
	5	锥坡、护坡	0.01
	6	桥墩	0.30
	7	桥台	0.30
	8	墩台基础	0.28
	9	河床	0.07
	10	调治构造物	0.02
桥面系	11	桥面铺装	0.40
	12	伸缩缝装置	0.25
	13	人行道	0.10
	14	栏杆、护栏	0.10
	15	排水系统	0.10
	16	照明、标志	0.05

(2)拱式桥各部件权重值宜按表 1-13～表 1-15 的规定取值。

板拱桥、肋拱桥、箱形拱桥、双曲拱桥各部件权重值 表 1-13

部位	类　别　i	评价部件	权　　重
上部结构	1	主拱圈	0.70
	2	拱上结构	0.20
	3	桥面板	0.10
下部结构	4	翼墙、耳墙	0.02
	5	锥坡、护坡	0.01
	6	桥墩	0.30
	7	桥台	0.30
	8	墩台基础	0.28
	9	河床	0.07
	10	调治构造物	0.02
桥面系	11	桥面铺装	0.40
	12	伸缩缝装置	0.25
	13	人行道	0.10
	14	栏杆、护栏	0.10
	15	排水系统	0.10
	16	照明、标志	0.05

刚架拱桥、桁架拱桥各部件权重值　　表1-14

部位	类　别　i	评价部件	权　重
上部结构	1	刚架拱片（桁架拱片）	0.50
	2	横向连接系	0.25
	3	桥面板	0.25
下部结构	4	翼墙、耳墙	0.02
	5	锥坡、护坡	0.01
	6	桥墩	0.30
	7	桥台	0.30
	8	墩台基础	0.28
	9	河床	0.07
	10	调治构造物	0.02
桥面系	11	桥面铺装	0.40
	12	伸缩缝装置	0.25
	13	人行道	0.10
	14	栏杆、护栏	0.10
	15	排水系统	0.10
	16	照明、标志	0.05

钢—混凝土组合拱桥各部件权重值　　表1-15

部位	类　别　i	评价部件	权　重
上部结构	1	拱肋	0.28
	2	横向连接系	0.05
	3	立柱	0.13
	4	吊杆	0.13
	5	系杆（含锚具）	0.28
	6	桥面板（梁）	0.08
	7	支座	0.05
下部结构	8	翼墙、耳墙	0.02
	9	锥坡、护坡	0.01
	10	桥墩	0.30
	11	桥台	0.30
	12	墩台基础	0.28
	13	河床	0.07
	14	调治构造物	0.02
桥面系	15	桥面铺装	0.40
	16	伸缩缝装置	0.25
	17	人行道	0.10

续上表

部位	类　别　i	评 价 部 件	权　　重
桥面系	18	栏杆、护栏	0.10
	19	排水系统	0.10
	20	照明、标志	0.05

(3)悬索桥各部件权重值宜按表1-16的规定取值。

悬索桥各部件权重值　　表1-16

部位	类　别　i	评 价 部 件	权　　重
上部结构	1	加劲梁	0.15
	2	索塔	0.20
	3	支座	0.05
	4	主鞍	0.04
	5	主缆	0.25
	6	索夹	0.04
	7	吊索及钢护筒	0.17
	8	锚杆	0.10
下部结构	9	锚碇	0.40
	10	索塔基础	0.30
	11	散索鞍	0.15
	12	河床	0.10
	13	调治构造物	0.05
桥面系	14	桥面铺装	0.40
	15	伸缩缝装置	0.25
	16	人行道	0.10
	17	栏杆、护栏	0.10
	18	排水系统	0.10
	19	照明、标志	0.05

(4)斜拉桥各部件权重值宜按表1-17的规定取值。

斜拉桥各部件权重值　　表1-17

部位	类　别　i	评 价 部 件	权　　重
上部结构	1	斜拉索系统(斜拉索、锚具、拉索护套、减振装置等)	0.40
	2	主梁	0.25
	3	索塔	0.25
	4	支座	0.10
下部结构	5	翼墙、耳墙	0.02
	6	锥坡、护坡	0.01

续上表

部位	类　别　i	评 价 部 件	权　　重
下部结构	7	桥墩	0.30
	8	桥台	0.30
	9	墩台基础	0.28
	10	河床	0.07
	11	调治构造物	0.02
桥面系	12	桥面铺装	0.40
	13	伸缩缝装置	0.25
	14	人行道	0.10
	15	栏杆、护栏	0.10
	16	排水系统	0.10
	17	照明、标志	0.05

(5)桥梁结构组成权重值宜按表1-18的规定取值。

桥梁结构组成权重值　　表1-18

桥 梁 部 位	权　　重	桥 梁 部 位	权　　重
上部结构	0.40	桥面系	0.20
下部结构	0.40		

(6)桥梁技术状况分类界限宜按表1-19规定执行。

桥梁技术状况分类界限表　　表1-19

技术状况评分	技术状况等级 D_j				
D_r (SPCI、SBCI、BDCI)(PCCI、BCCI、DCCI)	1类	2类	3类	4类	5类
	[95,100]	[80,95)	[60,80)	[40,60)	[0,40)

3.5类桥梁技术状况单项控制指标

在桥梁技术状况评价中，有下列情况之一时，整座桥应评为5类桥：

(1)上部结构有落梁；或有梁、板断裂现象。

(2)梁式桥上部承重构件控制截面出现全截面开裂；或组合结构上部承重构件结合面开裂贯通，造成截面组合作用严重降低。

(3)梁式桥上部承重构件有严重的异常位移，存在失稳现象。

(4)结构出现明显的永久变形，变形大于规范值。

(5)关键部位混凝土出现压碎或杆件失稳倾向，或桥面板出现严重塌陷。

(6)拱式桥拱脚严重错台、位移，造成拱顶挠度大于限值；或拱圈严重变形。

(7)圬工拱桥拱圈大范围砌体断裂，脱落现象严重。

(8)腹拱、侧墙、立墙或立柱产生破坏，造成桥面板严重塌落。

(9)系杆或吊杆出现严重锈蚀或断裂现象。

(10)悬索桥主缆或多根吊索出现严重锈蚀、断丝。

(11)斜拉桥拉索钢丝出现严重锈蚀、断丝,主梁出现严重变形。

(12)扩大基础冲刷深度大于设计值,冲空面积达20%以上。

(13)桥墩(桥台或基础)不稳定,出现严重滑动、下沉、位移、倾斜等现象。

(14)悬索桥、斜拉桥索塔基础出现严重沉降或位移,或悬索桥锚碇有水平位移或沉降。

(三)梁式桥上部结构构件技术状况评定

1.混凝土梁式桥

钢筋混凝土或预应力混凝土梁式桥上部承重构件和上部一般构件评定指标及分级评定标准见表1-20~表1-31。

蜂窝、麻面评定标准 表1-20

标度	评定标准	
	定性描述	定量描述
1	完好,无蜂窝麻面	—
2	较大面积蜂窝麻面	累计面积≤构件面积的50%
3	大面积蜂窝麻面	累计面积>构件面积的50%

剥落、掉角评定标准 表1-21

标度	评定标准	
	定性描述	定量描述
1	完好,无剥落、掉角	—
2	局部混凝土剥落或掉角	累计面积≤构件面积的5%,或单处面积≤$0.5m^2$
3	较大范围混凝土剥落或掉角	累计面积>构件面积的5%且小于构件面积的10%,或单处面积>$0.5m^2$且小于$1.0m^2$
4	大范围混凝土剥落或掉角	累计面积≥构件面积的10%,或单处面积≥$1.0m^2$

空洞、孔洞评定标准 表1-22

标度	评定标准	
	定性描述	定量描述
1	完好,无空洞、孔洞	—
2	局部混凝土空洞、孔洞	累计面积≤构件面积的5%,或单处面积≤$0.5m^2$
3	较大范围混凝土空洞、孔洞	累计面积>构件面积的5%且小于构件面积的10%,或单处面积小于$0.5m^2$且<$1.0m^2$
4	大范围混凝土空洞、孔洞	累计面积≥构件面积的10%,或单处面积≥$1.0m^2$

混凝土保护层厚度评定标准 表1-23

标度	评定标准
	定性描述
1	完好
2	承重构件混凝土保护层厚度符合要求,对钢筋耐久性有轻度影响
3	承重构件混凝土保护层厚度不足,对钢筋耐久性有较大影响,造成钢筋锈蚀
4	承重构件混凝土保护层厚度严重不足,对钢筋耐久性有很大影响,钢筋失去碱性保护,发生较严重锈蚀

钢筋锈蚀评定标准　表 1-24

标度	评定标准	
	定性描述	定量描述
1	完好	承重构件钢筋锈蚀电位水平为 0～－200mV，或电阻率＞20000Ω·cm
2	承重构件有轻微锈蚀现象	承重构件钢筋锈蚀电位水平为－200～－300mV，或电阻率为 15000～20000Ω·cm
3	承重构件钢筋发生锈蚀，混凝土表面有沿钢筋的裂缝或混凝土表面有锈蚀	承重构件钢筋锈蚀电位水平为－300～－400mV，或电阻率为 10000～15000Ω·cm
4	承重构件钢筋锈蚀引起混凝土剥落，钢筋裸露，表面膨胀性锈层显著	承重构件钢筋锈蚀电位水平为－400～－500mV，或电阻率为 5000～10000Ω·cm
5	承重构件大量钢筋锈蚀引起混凝土剥落，部分钢筋屈服或锈断，混凝土表面严重开裂，影响结构安全	承重构件钢筋锈蚀电位水平＜－500mV，或电阻率＜5000Ω·cm

混凝土碳化评定标准　表 1-25

标度	评定标准
	定性描述
1	完好
2	承重构件有少量碳化现象，且所有碳化深度均小于混凝土保护层厚度
3	承重构件的主要受力部位部分位置出现碳化现象，局部碳化深度大于混凝土保护层厚度，混凝土表面少量胶凝料松散粉化
4	承重构件的主要受力部位全部测点碳化且碳化深度大于混凝土保护层厚度，混凝土表面胶凝料大量松散粉化

混凝土强度评定标准　表 1-26

标度	评定标准	
	定性描述	定量描述
1	承重构件混凝土强度处于良好状态	承重构件混凝土推定强度均质系数 $K_{bt}\geq 0.95$，平均强度均质系数 $K_{bm}\geq 1.00$
2	承重构件混凝土强度处于较好状态	承重构件混凝土推定强度均质系数 $0.95>K_{bt}\geq 0.90$，平均强度均质系数 $K_{bm}\geq 0.95$
3	承重构件混凝土强度处于较差状态，造成承重构件出现缺损现象	承重构件混凝土推定强度均质系数 $0.90>K_{bt}\geq 0.80$，平均强度均质系数 $K_{bm}\geq 0.90$
4	承重构件混凝土强度处于很差状态，造成承重构件出现较严重缺损或变形现象	承重构件混凝土推定强度均质系数 $0.80>K_{bt}\geq 0.70$，平均强度均质系数 $K_{bm}\geq 0.85$
5	承重构件混凝土强度处于非常差状态，造成承重构件有严重的变形、位移、失稳等现象，显著影响承载力和行车安全	承重构件混凝土推定强度均质系数 $K_{bt}<0.70$，平均强度均质系数 $K_{bm}<0.85$

跨中挠度评定标准 表 1-27

标度	评定标准	
	定性描述	定量描述
1	完好	—
2	较好，梁体无明显变形	—
3	出现明显下挠，挠度小于限值，或个别构件出现弯曲变形，行车稍感振动或摇晃	跨中最大挠度≤计算跨径的1/1000； 悬臂端最大挠度≤悬臂长度的1/500
4	出现显著下挠，挠度接近限值，或构件存在明显的永久变形，变形小于或等于规范值，梁板出现较严重病害	跨中最大挠度>计算跨径的1/1000且不大于计算跨径的1/600；悬臂端最大挠度>悬臂长度的1/500且不大于悬臂长度的1/300
5	挠度或其他变形大于限值，造成结构出现明显的永久变形，梁板出现严重病害，显著影响承载力和行车安全	跨中最大挠度>计算跨径的1/600； 悬臂端最大挠度>悬臂长度的1/300

结构变位评定标准 表 1-28

标度	评定标准
	定性描述
1	完好
2	较好，结构无明显位移
3	横向连接件松动，纵向接缝开裂较大
4	边梁有横移或外倾现象，行车振动或摇晃明显，有异常声音
5	构件有严重的横向位移，存在失稳现象，结构振动或摇晃显著

预应力构件损伤评定标准 表 1-29

标度	评定标准
	定性描述
1	完好
2	锚头、钢绞线等无明显缺陷
3	钢绞线裸露出现极个别断丝现象，或锚头出现开裂等现象，或齿板位置处出现部分裂缝，裂缝未超限
4	部分钢绞线断裂或失效，或锚头开裂较严重但未完全失效，或齿板位置处裂缝严重，裂缝超限
5	预应力钢绞线大量断裂，预应力损耗严重，或锚头损坏失效，梁板出现严重变形

简支梁（板）桥、刚架桥裂缝评定标准 表 1-30

标度	评定标准	
	定性描述	定量描述
1	完好	—
2	局部出现网状裂缝，或主梁出现少量轻微裂缝，缝宽未超限	网状裂缝累计面积≤构件面积的20%，单处面积≤1.0m^2，或主梁裂缝缝长≤截面尺寸的1/3
3	出现大面积网状裂缝，或主梁出现较多横向裂缝（钢筋混凝土梁、板），或顺主筋方向出现纵向裂缝，或出现斜裂缝、水平裂缝、竖向裂缝等，缝宽未超限	网状裂缝累计面积>构件面积的20%，单处面积>1.0m^2，或主梁裂缝缝长>截面尺寸的1/3且不大于截面尺寸的2/3

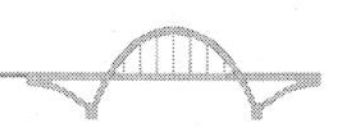

续上表

标度	评定标准	
	定性描述	定量描述
4	主梁控制截面出现较多横向裂缝(钢筋混凝土梁、板),或顺主筋方向出现严重纵向裂缝并伴有钢筋锈蚀等,或出现斜裂缝、水平裂缝、竖向裂缝等,裂缝宽超限	主梁裂缝缝长>截面尺寸的 2/3,间距<20cm
5	主梁控制截面出现大量结构性裂缝,裂缝大多贯通,且缝宽超限,主梁出现变形	主梁裂缝缝宽>1.0mm,间距≤10cm

连续梁桥、连续刚构桥、悬臂梁桥和 T 形刚构桥裂缝评定标准　　表 1-31

标度	评定标准	
	定性描述	定量描述
1	无裂缝	—
2	局部出现网状裂缝,或主梁出现少量轻微裂缝,缝宽未超限	网状裂缝累计面积≤构件面积的 20%,单处面积≤1.0m²,或主梁裂缝缝长≤截面尺寸的 1/3
3	出现大面积网状裂缝,或主梁出现横向裂缝(钢筋混凝土梁),或顺主筋方向出现纵向裂缝,或出现斜裂缝、水平裂缝、竖向裂缝等,缝宽未超限	网状裂缝累计面积>构件面积的 20%,单处面积>1.0m²,或主梁缝长>截面尺寸的 1/3 且不大于截面尺寸的 1/2
4	主梁控制截面出现较多横向裂缝(钢筋混凝土梁),或顺主筋方向出现严重纵向裂缝并伴有钢筋锈蚀等,或出现斜裂缝、水平裂缝、竖向裂缝等,缝宽超限	主梁裂缝缝长>截面尺寸的 1/2,间距<30cm
5	主梁控制截面出现大量结构性裂缝,裂缝大多贯通,且缝宽严重超限,主梁出现变形	主梁裂缝缝宽>1.0mm,间距<20cm

2. 钢梁桥

钢梁桥上部结构构件评定指标及分级评定标准见表 1-32～表 1-39。

涂层劣化评定标准　　表 1-32

标度	评定标准	
	定性描述	定量描述
1	完好	—
2	涂层个别位置出现流痕、气泡、白化、漆膜发黏、针孔、起皱或皱纹、表面粉化、变色起皮、脱落等缺陷	累计面积≤构件面积的 10%
3	涂层出现较严重流痕、气泡、白化、漆膜发黏、针孔、起皱或皱纹、表面粉化、变色起皮、脱落等缺陷	累计面积>构件面积的 10%且不大于构件面积的 50%
4	涂层出现严重流痕、气泡、白化、漆膜发黏、针孔、起皱或皱纹、表面粉化、变色起皮、脱落等缺陷	累计面积>构件面积的 50%

锈蚀评定标准 表 1-33

标度	评定标准	
	定性描述	定量描述
1	完好	—
2	构件表面发生轻微锈蚀,部分氧化皮或油漆层出现剥落	锈蚀累计面积≤构件面积的 5%
3	构件表面有较多点蚀现象,氧化皮、油漆层因锈蚀而部分剥落或可以刮除,重要部位有锈蚀成洞现象	锈蚀累计面积>构件面积的 5%且≤构件面积的 15%,或锈蚀孔洞≤3 个,工字梁孔洞直径≤30mm,板梁≤50mm,且边缘完好;桁梁孔洞直径≤30mm,且不大于杆件宽度的 15%
4	构件表面有大量点蚀现象,氧化皮、油漆层因锈蚀而全面剥离,重要部位被锈蚀成洞	锈蚀累计面积>构件面积的 15%,或锈蚀孔洞>3 个,工字梁孔洞直径>30mm,板梁>50mm,且边缘完好;桁梁孔洞直径>30mm,或>杆件宽度的 15%

焊缝开裂评定标准 表 1-34

标度	评定标准	
	定性描述	定量描述
1	完好	—
2	焊缝部位涂层有少量裂纹	—
3	焊缝部位涂层有大量裂纹,受拉翼缘边焊缝存在裂缝,其他部位焊缝无裂缝	主梁、纵横梁受拉翼缘边焊缝开裂长度≤5mm
4	主要构件焊缝出现较多裂缝,构件出现变形	主梁、纵横梁受拉翼缘边焊缝开裂长度>5mm 且不大于 10mm,其他位置焊缝开裂长度≤5mm
5	主要构件焊缝存在大量裂缝甚至完全开裂,主要构件存在明显的变形,变形大于规范值	主梁、纵横梁受拉翼缘边焊缝开裂长度>10mm,其他位置焊缝开裂长度>5mm

铆钉(螺栓)损失评定标准 表 1-35

标度	评定标准	
	定性描述	定量描述
1	完好	—
2	铆钉(螺栓)少量损坏、松动或丢失,造成连接部位铆钉(螺栓)失效	损坏、失效数量≤总量的 1%
3	铆钉(螺栓)有较多损坏、松动或丢失,造成连接部位铆钉(螺栓)失效	损坏、失效数量>总量的 1%且不大于总量的 10%
4	主要构件铆钉(螺栓)有较多损坏、松动或丢失,造成连接部位铆钉(螺栓)失效,构件出现明显变形	损坏、失效数量>总量的 10%且不大于总量的 30%
5	主要构件铆钉(螺栓)有大量损坏、松动或丢失,造成连接部位铆钉(螺栓)失效,主要构件存在明显的永久变形,变形大于规范值	损坏、失效数量>总量的 30%

构件裂缝评定标准　　表 1-36

标度	评定标准	
	定性描述	定量描述
1	完好	—
2	钢构件出现极少量细小裂纹	—
3	钢构件出现较多细小裂纹，截面削弱，但不影响正常使用	主梁、纵横梁受拉翼缘边裂缝长度≤3mm，或受拉翼缘焊接盖板端部裂缝长度≤10mm，或桁梁端横梁与纵梁连接处下端以及腹杆接头处裂缝长度≤20mm
4	主要构件出现较多裂缝，截面削弱	主梁、纵横梁受拉翼缘边裂缝长度＞3mm 且不大于 5mm，或受拉翼缘焊接盖板端部裂缝长度＞10mm 且≤20mm，或桁梁端横梁与纵梁连接处下端以及腹杆接头处裂缝长度＞20mm 且≤50mm
5	主要构件出现较多严重裂缝，截面削弱，主要构件存在明显的永久变形，变形大于限值	主梁、纵横梁受拉翼缘边裂缝长度＞5mm，或受拉翼缘焊接盖板端部裂缝长度＞20mm，或桁梁端横梁与纵梁连接处下端以及腹杆接头处裂缝长度＞50mm

跨中挠度评定标准　　表 1-37

标度	评定标准	
	定性描述	定量描述
1	完好	—
2	—	—
3	挠度小于限值	简支或连续板梁跨中最大挠度≤计算跨径的 1/800；或简支或连续桁架跨中最大挠度≤计算跨径的 1/1000
4	主要构件挠度接近限值，裂缝状况较严重	简支或连续板梁跨中最大挠度＞计算跨径的 1/800 且≤计算跨径的 1/600；或简支或连续桁架跨中最大挠度＞计算跨径的 1/1000 且≤计算跨径的 1/800
5	主要构件挠度大于限值，存在明显的永久变形，裂缝状况严重，严重影响承载力，有不正常位移并影响结构安全	简支或连续板梁跨中最大挠度＞计算跨径的 1/600；或简支或连续桁架跨中最大挠度＞计算跨径的 1/800

构件变形评定标准　　表 1-38

标度	评定标准	
	定性描述	定量描述
1	完好	—
2	—	—
3	个别次要构件出现异常变形，行车稍感振动或摇晃	构件竖向弯曲矢度≤跨度的 1/1500；或板梁、纵梁、横梁及工字梁横向弯曲矢度≤自由长度的 1/8000 且＜15mm；或桁梁的压力杆件弯曲矢度≤杆件自由长度的 1/1500；或拉力杆件弯曲矢度≤杆件自由长度的 1/800，腹杆、连接杆件弯曲矢度≤杆件自由长度的 1/500

续上表

标度	评定标准	
	定性描述	定量描述
4	个别主要承重构件出现异常变形，行车有明显振动或摇晃并伴有异常声音	构件竖向弯曲矢度>跨度的1/1500且不大于跨度的1/1000；或板梁、纵梁、横梁及工字梁横向弯曲矢度>自由长度的1/8000且≤自由长度的1/5000且<20mm；或桁梁的压力杆件弯曲矢度>自由长度的1/1500且≤自由长度的1/1000；或拉力杆件弯曲矢度>杆件自由长度的1/800且≤杆件自由长度的1/500，腹杆、连接杆件弯曲矢度>杆件自由长度的1/500且≤杆件自由长度的1/300
5	较多主要承重构件有异常变形，变形大于规范值，影响桥梁结构安全	构件竖向弯曲矢度>跨度的1/1000；或板梁、纵梁、横梁及工字梁横向弯曲矢度>自由长度的1/5000且>20mm；或桁梁的压力杆件弯曲矢度>杆件自由长度的1/1000；或拉力杆件弯曲矢度>杆件自由长度的1/500，腹杆、连接杆件弯曲矢度>杆件自由长度的1/300

结构变位评定标准 表1-39

标度	评定标准
	定性描述
1	完好
2	—
3	横向连接件出现松动，纵向接缝开裂较大
4	主要构件存在明显的永久变形，变形小于或等于规范值，或桥面竖向呈波形
5	主要构件存在明显的永久变形，变形大于规范值，结构振动或摇晃显著、有不正常移动

3. 支座评定指标及分级评定标准

(1)橡胶支座评定指标及分级评定标准见表1-40～表1-45。

板式支座老化变质、开裂评定标准 表1-40

标度	评定标准	
	定性描述	定量描述
1	完好	—
2	轻微老化，表面有脏污，出现裂缝	裂缝宽度≤1.0mm，裂缝长度>相应边长10%
3	橡胶支座老化变形，裂缝较严重	裂缝宽度>1mm且≤2mm，裂缝长度>相应边长的25%
4	橡胶支座老化破裂，裂缝严重，且造成其他构件产生较严重病害	裂缝宽度>2mm，裂缝长度>相应边长的25%
5	橡胶支座老化破裂，裂缝非常严重，已经失去正常支承功能，且使相关上下部结构受到异常约束，造成严重损坏，主梁出现严重变形	裂缝宽度>2mm，裂缝长度>相应边长的50%

板式支座缺陷评定标准　　表 1-41

标度	评定标准	
	定性描述	定量描述
1	完好	—
2	有外鼓现象	沿支座一侧外鼓长度≤相应边长的 10%
3	外鼓现象较严重，或钢板局部外露	沿支座一侧外鼓长度>相应边长的 10%且不大于相应边长的 25%，或钢板外露长度>100mm
4	外鼓现象严重，或钢板大部分外露	沿支座一侧外鼓长度>相应边长的 25%，或钢板外露长度>100mm

板式支座位置窜动、脱空或剪切超限评定标准　　表 1-42

标度	评定标准	
	定性描述	定量描述
1	完好	—
2	支座出现剪切变形或位置略有偏移	—
3	支座出现剪切变形或位置有较大偏移	剪切角度≤45°
4	支座窜动较严重，或出现脱空现象，或出现严重变形	窜动长度≤相应边长的 25%，或剪切角度>45°且不大于 60°
5	窜动严重并造成桥梁其他构件出现较严重病害	窜动长度>相应边长的 25%
	支座错位、窜动、变形严重，已经失去正常支承功能，造成相关上下部结构严重损坏，主梁出现严重变形	剪切角度>60°

盆式支座组件损坏评定标准　　表 1-43

标度	评定标准	
	定性描述	定量描述
1	完好	—
2	盆底四角翘起，或钢盆出现较多锈蚀，或支座底板局部裂纹、掉角	—
3	钢件非主要受力部位出现脱焊，或钢盆出现较多锈蚀并伴有剥落，或除盆底、盆环外其他部位开裂，或底板产生变形，混凝土酥裂，露筋、掉角	—
4	大量锚栓剪断，或底板变形，大部分压碎、剥离，造成相关上下部结构受到异常约束，损坏严重	锚栓剪断≤50%
5	有大量的锚栓剪断或盆环开裂、脱焊，支座破损、缺失严重，已经失去正常支承功能，造成相关上下部结构严重损坏，主梁出现严重变形	锚栓剪断>50%

聚四氟乙烯滑板磨损评定标准 表 1-44

标度	评定标准	
	定性描述	定量描述
1	完好	—
2	磨损较少	聚四氟乙烯滑板外露高度≥0.5mm
3	磨损较多	聚四氟乙烯滑板外露高度≥0.2mm且<0.5mm
4	磨损严重，并造成其他构件出现病害	聚四氟乙烯滑板外露高度<0.2mm

盆式支座位移、转角超限评定标准 表 1-45

标度	评定标准	
	定性描述	定量描述
1	完好	—
2	—	—
3	有位移现象，或有较大转角，转角超出设计值	位移≤10mm，或转角≤设计转角20%
4	位移现象较明显，或有很大转角，转角远超出设计值	位移>10mm，或转角>设计转角20%

(2)钢支座评定指标及分级评定标准见表1-46～表1-48。

钢支座组件或功能缺陷评定标准 表 1-46

标度	评定标准	
	定性描述	定量描述
1	完好	—
2	有锈蚀现象；或牙板咬死；或个别锚栓出现剪断现象；或底板与垫石没有密贴，出现较大缝隙	锚栓剪断数量≤5%；或底板与垫石间缝隙宽度≤2.0mm，深度>50mm
3	大部分有锈蚀现象，并有剥落，或非主要受力部件出现脱焊；或牙板折断，辊轴连杆螺丝剪断；或锚栓剪断数量较多，螺杆松动；或底板与垫石没有密贴，出现很大的缝隙，出现翻浆、积水	锚栓剪断数量>5%且不大于30%；或底板与垫石缝隙宽度>2.0mm，深度≥支座相应边长的25%
4	主要受力部件脱焊；或支座不能活动；或大量锚钉或锚栓剪断；或垫石出现严重裂损	锚钉或锚栓剪断数量>30%

钢支座位移、转角超限评定标准 表 1-47

标度	评定标准	
	定性描述	定量描述
1	完好	—
2	—	—
3	位移大于限值	纵向位移≤5mm，或横向位移≤2.0mm
4	位移大于限值严重，或倾斜度超标	纵向位移>5mm，或横向位移>2.0mm

钢支座部件磨损、裂缝评定标准　表1-48

标度	评定标准	
	定性描述	定量描述
1	完好	—
2	钢部件磨损出现凹陷，或出现裂缝	磨损凹陷≤1.0mm，或裂缝深度≤5.0mm
3	钢部件磨损出现凹陷，或出现较大裂缝	磨损凹陷>1.0mm且不大于3.0mm，或裂缝深度>5.0mm且不大于10.0mm
4	钢部件磨损出现严重凹陷，或出现较严重裂缝	磨损凹陷>3.0mm，或裂缝深度>10.0mm

(3)混凝土摆式支座评定指标及分级评定标准见表1-49～表1-51。

混凝土缺损评定标准　表1-49

标度	评定标准	
	定性描述	定量描述
1	完好	—
2	局部混凝土脱皮、露筋、裂纹、剥离、掉角	累计面积≤构件面积的5%
3	较大范围混凝土脱皮、露筋、酥裂	累计面积>构件面积的5%且不大于构件面积的20%，或单处面积≤1.0m^2
4	大范围混凝土脱皮、露筋、压碎	累计面积>构件面积的20%

活动支座滑动面不平整、生锈咬死评定标准　表1-50

标度	评定标准
	定性描述
1	完好
2	—
3	滑动面不平整、出现生锈现象
4	滑动面不平整、生锈咬死，支座不活动

轴承有裂纹、切口或偏移评定标准　表1-51

标度	评定标准
	定性描述
1	完好
2	—
3	轴承有裂纹、切口或偏移，影响活动能力
4	轴承有裂纹、切口或偏移，失去活动能力

(4)悬索桥横向支座和竖向支座评定指标及分级评定标准见表1-52～表1-54。

螺纹、螺帽松动或锚螺杆剪切评定标准　表1-52

标度	评定标准	
	定性描述	定量描述
1	完好	—
2	个别螺纹、螺母轻微松动，或个别锚螺杆出现轻微剪切变形	—
3	螺纹、螺母出现松动，个别出现脱落，或锚螺杆出现剪切变形甚至剪断	螺纹、螺母松动数量≤3%，或锚螺杆剪切变形数量≤10%
4	螺纹、螺母出现松动、脱落甚至个别出现断裂，或锚螺杆出现剪切变形、剪断现象，并造成相关上下部结构受到异常约束，出现损坏	螺纹、螺母出现松动、脱落甚至断裂的数量>3%且不大于10%，或锚螺杆出现剪切变形数量>10%且不大于20%，锚螺杆剪断数量≤10%
5	螺纹、螺母出现松动、脱落、断裂现象，或锚螺杆出现剪切变形、剪断现象，支座已经失去正常支承功能，并造成相关上下部结构受到异常约束，严重损坏，主梁出现严重变形或挠度大于限值	螺纹、螺母出现松动、脱落甚至断裂的数量>10%，或锚螺杆出现剪切变形数量>20%，锚螺杆剪断数量>10%

上下座板(盆)锈蚀评定标准　表1-53

标度	评定标准	
	定性描述	定量描述
1	完好	—
2	局部出现锈蚀	锈蚀面积≤5%
3	出现锈蚀，个别位置有剥落	锈蚀面积>5%且不大于20%
4	出现锈蚀，大多数位置有剥落	锈蚀面积>20%

纵横线扭转评定标准　表1-54

标度	评定标准	
	定性描述	定量描述
1	完好	—
2	—	—
3	纵横线发生轻微扭转	纵横线扭转≤1.0mm
4	纵横线发生较大扭转	纵横线扭转>1.0mm

(四)拱式桥上部结构构件技术状况评定

1.圬工拱桥

(1)主拱圈评定指标及分级评定标准见表1-55～表1-61。

主拱圈变形评定标准　表 1-55

标度	评定标准
	定性描述
1	完好
2	—
3	主拱圈线形有轻微变形，或边拱有横移或外倾现象
4	主拱圈线形有较明显的变形，如拱顶变形、桥面竖向呈波形
5	主拱圈严重变形，或拱顶挠度大于限值，严重影响桥梁结构安全

主拱圈裂缝评定标准　表 1-56

标度	评定标准	
	定性描述	定量描述
1	完好	—
2	有少量轻微横向裂缝	横向裂缝缝长≤截面尺寸的 1/8，缝宽≤0.1mm
3	结合面开裂或有纵向、横向裂缝，缝宽未超限	纵向裂缝缝长≤截面尺寸的 1/8，缝宽≤0.5mm，或横向裂缝缝长>截面尺寸的 1/8 且≤截面尺寸的 1/2，缝宽>0.1mm 且不大于 0.3mm
4	结合面开裂或有较严重纵向、横向裂缝，缝宽超限	纵向裂缝缝长>截面尺寸的 1/8，缝宽>0.5mm，或横向裂缝缝长>截面尺寸的 1/2，缝宽>0.3mm
5	裂缝贯通截面或跨长，发生开合现象，或拱圈砌体严重断裂	缝宽>2.0mm

灰缝松散脱落评定标准　表 1-57

标度	评定标准	
	定性描述	定量描述
1	完好	—
2	局部灰缝松散脱落	累计长度≤截面长度的 10%，或单处长度≤1.0m
3	较大范围灰缝松散脱落	累计长度>截面长度的 10%，或单处长度>1.0m

渗水评定标准　表 1-58

标度	评定标准
	定性描述
1	完好
2	拱圈局部有明显渗水现象
3	拱圈多处有明显渗水现象，渗水处伴有晶体析出现象，流膏处混凝土松散

砌块断裂、脱落评定标准　表 1-59

标度	评定标准	
	定性描述	定量描述
1	完好	—
2	拱圈局部砌体小块断裂	断裂累计面积≤构件面积的 1%，或单处面积≤0.5m^2

续上表

标度	评定标准	
	定性描述	定量描述
3	拱圈小范围砌体断裂，甚至脱落	断裂累计面积>构件面积的1%且不大于构件面积的10%，或单处面积>0.5m^2，或砌体脱落面积≤构件面积的3%
4	拱圈较大范围砌体断裂，脱落现象较多	断裂累计面积>构件面积的10%，或砌体脱落面积>构件面积3%且≤构件面积的5%
5	拱圈大范围砌体断裂，脱落现象严重，严重影响桥梁结构安全	断裂累计面积>构件面积的10%，或砌体脱落面积>构件面积的5%

风化评定标准 表1-60

标度	评定标准	
	定性描述	定量描述
1	完好	—
2	部分位置有风化现象，造成砌体表面剥落	风化面积≤构件面积的20%，或表面剥落面积≤构件面积的10%
3	存在大范围风化现象，并造成砌体表面剥落	风化面积>构件面积的20%，或表面剥落面积>构件面积的10%

拱脚位移评定标准 表1-61

标度	评定标准
	定性描述
1	完好
2	—
3	—
4	拱脚出现水平、竖向位移和转角
5	拱脚严重错台、位移，造成结构和桥面变形过大，严重影响桥梁结构安全

(2)拱上结构评定指标及分级评定标准见表1-62～表1-68。

实腹拱的侧墙与主拱圈脱裂评定标准 表1-62

标度	评定标准
	定性描述
1	完好
2	个别位置出现脱裂，缝宽较小且不连续
3	侧墙与主拱圈间较大范围出现断裂、脱开，且断裂脱开连续
4	侧墙与主拱圈间大范围出现断裂、脱开，且断裂脱开连续，造成桥面变形
5	侧墙与主拱圈间严重脱裂，造成桥面板严重塌落或结构和桥面变形过大，严重影响结构安全

实腹拱的侧墙变形、位移评定标准　表 1-63

标度	评定标准
	定性描述
1	完好
2	—
3	侧墙出现鼓肚现象
4	侧墙出现倾斜、外移等变形现象，填料或桥面出现沉陷
5	侧墙产生严重倾斜、外移、鼓肚等现象，导致桥面出现严重塌陷或沉降，不能正常行车

实腹拱的拱上填料沉陷或开裂评定标准　表 1-64

标度	评定标准
	定性描述
1	完好
2	拱上填料出现轻微沉陷或开裂
3	拱上填料出现明显沉陷或开裂，但变形不影响正常行车
4	拱上填料出现较大范围沉陷或开裂，导致桥面出现塌陷或沉降

实腹拱的腹拱或横向联结系变形、错位评定标准　表 1-65

标度	评定标准
	定性描述
1	完好
2	—
3	个别腹拱或横向联结系出现变形、错位，但不影响行车
4	较多腹拱或横向联结系出现变形、错位，影响正常行车
5	腹拱或横向联结系产生严重变形、错位，导致桥面出现严重塌陷或沉降，变形过大，不能正常行车

立墙或立柱倾斜、开裂或脱落评定标准　表 1-66

标度	评定标准
	定性描述
1	完好
2	—
3	个别立墙或立柱出现倾斜、开裂甚至脱落
4	较多立墙或立柱出现倾斜，或大范围出现开裂、脱落，影响正常行车
5	立墙或立柱产生严重倾斜，或出现严重开裂、脱落，导致桥面出现严重塌陷或沉降，变形过大，不能正常行车

拱上结构裂缝评定标准　表 1-67

标度	评定标准	
	定性描述	定量描述
1	完好	—

续上表

标度	评定标准	
	定性描述	定量描述
2	拱上立柱(立墙)上下端水平裂缝:少量裂缝,缝宽未超限	拱上立柱(立墙)上下端水平裂缝:缝长≤立柱直径或立墙截面长的1/8
	盖梁和横系梁裂缝:少量裂缝,缝宽未超限	盖梁和横系梁裂缝:缝长≤截面尺寸的1/3
	腹拱拱顶、拱脚径向裂缝:少量裂缝,缝宽未超限	腹拱拱顶、拱脚径向裂缝:缝长≤截面尺寸的1/3
	梁板跨中竖向裂缝:少量裂缝,缝宽未超限	梁板跨中竖向裂缝:缝长≤截面尺寸的1/3
3	拱上立柱(立墙)上下端水平裂缝:较多裂缝,缝宽未超限	拱上立柱(立墙)上下端水平裂缝:缝长>立柱直径或立墙截面长的1/8且≤立柱直径或立墙截面长的1/2
	盖梁和横系梁裂缝:较多裂缝,缝宽未超限	盖梁和横系梁裂缝:缝长>截面尺寸的1/3且≤截面尺寸的1/2,间距≥20cm
	腹拱拱顶、拱脚径向裂缝:较多裂缝,缝宽未超限	腹拱拱顶、拱脚径向裂缝:缝长>截面尺寸的1/3且≤截面尺寸的2/3
	梁板跨中竖向裂缝:较多裂缝,缝宽未超限	梁板跨中竖向裂缝:缝长>截面尺寸的1/3且≤截面尺寸的1/2,间距≥20cm
4	拱上立柱(立墙)上下端水平裂缝:有大量裂缝,部分缝宽超限	拱上立柱(立墙)上下端水平裂缝:缝长>立柱直径或立墙截面长的1/2
	盖梁和横系梁裂缝:有大量裂缝,部分缝宽超限	盖梁和横系梁裂缝:缝长>截面尺寸的1/2,间距<20cm
	腹拱拱顶、拱脚径向裂缝:有大量裂缝,部分缝宽超限	腹拱拱顶、拱脚径向裂缝:缝长>截面尺寸的2/3
	梁板跨中竖向裂缝:有大量裂缝,部分缝宽超限	梁板跨中竖向裂缝:缝长>截面尺寸的1/2,间距<20cm

拱上填料排水不畅评定标准 表1-68

标度	评定标准
	定性描述
1	完好
2	排水不畅,导致侧墙出现渗水
3	排水不畅,填土聚积水分,导致侧墙出现轻微鼓肚
4	排水不畅,填土聚积大量水分,导致侧墙出现渗水甚至变形

2.钢筋混凝土拱桥

(1)板拱桥、肋拱桥和箱拱桥主拱圈评定指标及分级评定标准见表1-69～表1-73;蜂窝、麻面评定标准见表1-20;剥落、掉角评定标准见表1-21;空洞、孔洞评定标准见表1-22;混凝土保护层厚度评定标准见表1-23;钢筋锈蚀评定标准见表1-24;混凝土碳化评定标准见表1-25;混凝土强度评定标准见表1-26。

主拱圈变形评定标准　　表1-69

标度	评定标准
	定性描述
1	完好
2	—
3	有轻微变形，或边拱有横移或外倾现象
4	拱圈存在明显的永久变形，拱顶下挠在限值内，桥面竖向呈波形
5	拱圈严重变形，拱顶挠度大于限值，受压构件有严重的横向扭曲变形，严重影响结构安全

主拱圈裂缝评定标准　　表1-70

标度	评定标准	
	定性描述	定量描述
1	完好，无裂缝	—
2	有少量轻微横向裂缝	横向裂缝缝长≤截面尺寸的1/8，缝宽不大于0.1mm
3	结合面开裂或有纵向、横向裂缝，缝宽未超限	纵向裂缝缝长≤截面尺寸的1/8，缝宽≤0.5mm，或横向裂缝缝长>截面尺寸的1/8且≤截面尺寸的1/2，缝宽>0.1mm且≤0.3mm
4	结合面开裂或有较严重纵向、横向裂缝，缝宽超限	纵向裂缝缝长>截面尺寸的1/8，缝宽>0.5mm，或横向裂缝缝长>截面尺寸的1/2，缝宽>0.3mm
5	裂缝贯通截面或跨长，发生开合现象，甚至主拱圈发生明显变形	缝宽>2.0mm

渗水评定标准　　表1-71

标度	评定标准
	定性描述
1	完好
2	有轻微渗水现象
3	拱圈局部有明显渗水现象
4	拱圈多处有明显渗水现象，渗水处伴有晶体析出或锈蚀现象，流膏处混凝土松散

拱铰功能受损评定标准　　表1-72

标度	评定标准
	定性描述
1	完好
2	—
3	拱铰部分受损，但功能尚存
4	拱铰受损较严重，有错位、拉开现象，甚至部分压裂，部分丧失功能
5	拱铰严重受损，有错位、拉开现象，混凝土压裂或功能丧失，拱圈出现严重变形

拱脚位移评定标准 表 1-73

标度	评定标准
	定性描述
1	完好
2	—
3	—
4	拱脚出现水平、竖向位移和转角,位移小于限值
5	拱脚不稳定,出现严重错台、位移或转角,造成结构和桥面变形过大,严重影响结构安全

(2)板拱桥、肋拱桥和箱拱桥拱上结构评定指标及分级评定标准见表 1-74～表 1-81。

实腹拱的侧墙与主拱圈间脱裂评定标准 表 1-74

标度	评定标准
	定性描述
1	完好
2	个别位置出现脱裂,缝宽较小且不连续
3	侧墙与主拱圈间较大范围出现断裂、脱开,且断裂脱开连续
4	侧墙与主拱圈间大范围出现断裂、脱开,且断裂脱开连续,结构出现变形
5	侧墙与主拱圈间严重脱裂,造成桥面板严重塌落,结构或桥面变形过大

侧墙变形评定标准 表 1-75

标度	评定标准
	定性描述
1	完好
2	—
3	侧墙出现鼓肚现象
4	侧墙出现倾斜、外移等变形现象,填料出现轻微沉陷
5	侧墙产生严重倾斜、外移、鼓肚等现象,导致桥面出现塌陷或沉降,变形大于限值或不能正常行车

拱上填料沉陷或开裂评定标准 表 1-76

标度	评定标准
	定性描述
1	完好
2	拱上填料出现轻微沉陷或开裂
3	拱上填料出现明显沉陷或开裂,但变形不影响正常行车
4	拱上填料出现严重沉陷或开裂,导致桥面出现塌陷或沉降,变形过大,不能正常行车

腹拱、横向联结系变形、错位评定标准 表 1-77

标度	评定标准
	定性描述
1	完好
2	—

续上表

标度	评定标准
	定性描述
3	个别腹拱或横向连接系出现变形、错位,但不影响行车
4	较多腹拱或横向连接系出现变形、错位,影响正常行车
5	腹拱或横向连接系产生严重变形、错位,导致桥面出现严重塌陷或沉降,变形过大,不能正常行车,造成安全隐患

立墙或立柱倾斜评定标准　表 1-78

标度	评定标准
	定性描述
1	完好
2	—
3	个别立墙或立柱出现轻微倾斜
4	较多立墙或立柱出现倾斜,影响正常行车
5	立墙或立柱产生严重倾斜,桥面出现严重塌陷或沉降,变形过大,不能正常行车

表面缺陷评定标准　表 1-79

标度	评定标准	
	定性描述	定量描述
1	完好	—
2	出现蜂窝麻面、剥落、掉角、空洞、孔洞、碳化、腐蚀等现象	累计面积≤构件面积的 10%,单处面积≤1.0m^2
3	较大面积出现蜂窝麻面、剥落、掉角、空洞、孔洞等现象;或部分位置出现碳化,局部碳化深度大于混凝土保护层厚度;或混凝土受到腐蚀、冻融,钢筋出现锈蚀或混凝土胀裂	累计面积>构件面积的 10%且不大于构件面积的 20%,单处面积>1.0m^2
4	大面积出现严重空洞、孔洞、剥落、掉角现象;或大部分位置碳化,碳化深度大于混凝土保护层厚度,混凝土表面胶凝料大量松散粉化;或构件腐蚀、冻融,钢筋大量锈蚀或混凝土胀裂	累计面积>构件面积的 20%,单处面积>1.0m^2

拱上结构裂缝评定标准　表 1-80

标度	评定标准	
	定性描述	定量描述
1	完好	—
2	拱上立柱(立墙)上下端水平裂缝:少量裂缝,缝宽未超限	拱上立柱(立墙)上下端水平裂缝:缝长≤立柱直径或立墙截面长的 1/8
	盖梁和横系梁裂缝:有少量裂缝,缝宽未超限	盖梁和横系梁裂缝:缝长≤截面尺寸的 1/3
	腹拱拱顶、拱脚径向裂缝:出现裂缝,缝宽未超限	腹拱拱顶、拱脚径向裂缝:缝长≤截面尺寸的 1/3
	梁板跨中竖向裂缝:少量裂缝,缝宽未超限	梁板跨中竖向裂缝:缝长≤截面尺寸的 1/3

续上表

标度	评定标准	
	定性描述	定量描述
3	拱上立柱(立墙)上下端水平裂缝:较多裂缝,缝宽未超限	拱上立柱(立墙)上下端水平裂缝:缝长>立柱直径或立墙截面长的1/8且≤立柱直径或立墙截面长的1/2
	盖梁和横系梁裂缝:较多裂缝,缝宽未超限	盖梁和横系梁裂缝:缝长>截面尺寸的1/3且≤截面尺寸的1/2,间距≥20cm
	腹拱拱顶、拱脚径向裂缝:较多裂缝,缝宽未超限	腹拱拱顶、拱脚径向裂缝:缝长>截面尺寸的1/3且≤截面尺寸的2/3
	梁板跨中竖向裂缝:较多裂缝,缝宽未超限	梁板跨中竖向裂缝:缝长>截面尺寸的1/2且≤截面尺寸的2/3,间距≥20cm
4	拱上立柱(立墙)上下端水平裂缝:大量裂缝,缝宽超限	拱上立柱(立墙)上下端水平裂缝:缝长>立柱直径或立墙截面长的1/2
	盖梁和横系梁裂缝:大量裂缝,缝宽超限	盖梁和横系梁裂缝:缝长>截面尺寸的1/2,间距<20cm
	腹拱拱顶、拱脚径向裂缝:大量裂缝,缝宽超限	腹拱拱顶、拱脚径向裂缝:缝长>截面尺寸的2/3
	梁板跨中竖向裂缝:大量裂缝,缝宽超限	梁板跨中竖向裂缝:缝长>截面尺寸的2/3,间距<20cm

拱上填料排水不畅评定标准 表1-81

标度	评定标准
	定性描述
1	完好
2	排水不畅,导致侧墙出现渗水
3	排水不畅,填土聚积水分,导致侧墙出现轻微鼓肚
4	排水不畅,填土聚积大量水分,导致侧墙出现大量渗水,侧墙出现鼓肚、松动

(3)双曲拱桥主拱圈评定指标及分级评定标准见表1-82~表1-84;拱脚位移评定标准见表1-73;蜂窝、麻面评定标准见表1-20;剥落、掉角评定标准见表1-21;空洞、孔洞评定标准见表1-22。

主拱圈、横向联结系变形评定标准 表1-82

标度	评定标准
	定性描述
1	完好
2	主拱圈无明显变形,或个别横向连接系轻微松动、开裂,或横向连接系出现轻微扭曲变形,拱肋各肋间变形趋于一致
3	边拱肋有轻微横移或外倾,或少部分横向连接拉杆松动、开裂,横向连接系出现明显变形,但强度足够,拱肋变形比较均匀

续上表

标度	评 定 标 准
	定性描述
4	拱圈存在明显的变形，拱顶下挠，变形过大，桥面竖向呈波形，或横向连接系出现明显永久变形，产生损坏，横向稳定性弱，拱波出现较严重的纵向裂缝且裂缝大于限值
5	拱圈出现严重异常变形、开裂、拱顶下沉，变形过大；或受压构件有严重的横向扭曲变形；或横向连接系强度严重不足甚至没有设置，横向连接系产生严重损坏，横向稳定性严重不足，拱肋横桥向变形非常不均匀，拱波出现贯通纵向裂缝且裂缝大于限值，大量横向连接拉杆松动、断裂导致拱肋严重变形，不能正常行车

渗水评定标准　　表 1-83

标度	评 定 标 准
	定性描述
1	完好
2	有轻微渗水现象
3	局部拱圈有明显渗水现象
4	多处拱圈有明显渗水现象，渗水处伴有晶体析出或锈蚀现象，流膏处混凝土松散

主拱圈裂缝评定标准　　表 1-84

标度	评 定 标 准	
	定性描述	定量描述
1	完好，无裂缝	—
2	横向裂缝：有少量裂缝，缝宽未超限	横向裂缝：缝长≤截面尺寸的 1/3
	拱波和拱肋结合部位的纵向裂缝：出现开裂，缝宽未超限	拱波和拱肋结合部位的纵向裂缝：缝长≤截面尺寸的 1/3
	跨中截面肋波结合面的环向裂缝：出现少量开裂，缝宽未超限	跨中截面肋波结合面的环向裂缝：缝长≤截面尺寸的 1/3
	拱波纵向裂缝：结合面开裂或有纵向裂缝，缝宽未超限	拱波纵向裂缝：缝长≤结合面长度或跨长的 1/8
	横向联结系构件裂缝：有少量裂缝，缝宽未超限	横向连接系构件裂缝：缝长≤截面尺寸的 1/3
3	横向裂缝：较多裂缝，缝宽未超限	横向裂缝：缝长＞截面尺寸的 1/3 且≤截面尺寸的 2/3，间距≥30cm
	拱波和拱肋结合部位的纵向裂缝：结合部出现较多纵向裂缝	拱波和拱肋结合部位的纵向裂缝：缝长＞截面尺寸的 1/3 且≤截面尺寸的 2/3，缝宽≤0.2mm
	跨中截面肋波结合面的环向裂缝：出现较多环向裂缝，缝宽未超限	跨中截面肋波结合面的环向裂缝：缝长＞截面尺寸的 1/3 且≤截面尺寸的 1/2
	拱波纵向裂缝：较多纵向裂缝	拱波纵向裂缝：缝长＞结合面长度或跨长的 1/8 且≤接合面长度或跨长的 1/2，缝宽≤0.5mm
	横向联结系构件裂缝：有较多裂缝，缝宽未超限	横向连接系构件裂缝：缝长＞截面尺寸的 1/3 且≤截面尺寸的 2/3，间距≥20cm

续上表

标度	评定标准	
	定性描述	定量描述
4	横向裂缝:重点部位缝宽超限	横向裂缝:缝长>截面尺寸的 2/3,间距<30cm
	拱波和拱肋结合部位的纵向裂缝:接合部出现大量裂缝	拱波和拱肋结合部位的纵向裂缝:缝长>截面尺寸的 2/3,部分缝宽>0.2mm
	跨中截面肋波结合面的环向裂缝:出现大量环向裂缝,缝宽超限	跨中截面肋波结合面的环向裂缝:缝长>截面尺寸的 1/2
	拱波纵向裂缝:出现大量纵向裂缝	拱波纵向裂缝:缝长>结合面长或跨长的 1/2,缝宽>0.5mm
	横向连接系构件裂缝:大量裂缝,缝宽超限	横向连接系构件裂缝:缝长>截面尺寸的 2/3,间距<20cm
5	控制截面出现大量结构性裂缝,裂缝大多贯通,且缝宽超限,主梁出现变形	—

(4)双曲拱桥拱上结构评定指标及分级评定标准依照板拱桥、肋拱桥、箱拱桥拱上结构相关规定。

(5)钢架拱桥的钢架拱片以及微弯板评定指标及分级评定标准见表 1-85～表 1-88;拱脚位移评定标准见表 1-73;蜂窝、麻面评定标准见表 1-20;剥落、掉角评定标准见表 1-21;空洞、孔洞评定标准见表 1-22。

跨中挠度评定标准 表 1-85

标度	评定标准	
	定性描述	定量描述
1	完好	—
2	—	—
3	跨中下挠,拱轴线偏离	跨中最大挠度≤计算跨径的 1/1000
4	下挠较严重,拱轴线偏离	跨中最大挠度>计算跨径的 1/1000 且≤计算跨径的 1/800
5	下挠严重,拱圈严重变形、开裂,拱轴线严重偏离,变形随时间发展迅速,影响结构安全	跨中最大挠度>计算跨径的 1/800

横系梁与拱片连接松动、开裂评定标准 表 1-86

标度	评定标准
	定性描述
1	完好
2	个别横系梁与拱片连接松动、开裂
3	横系梁与拱片连接松动、开裂,个别横系梁出现竖向开裂
4	横系梁与拱片连接松动、开裂导致拱片变形、位移大于限值,同时横系梁出现脱落现象
5	横系梁与拱片连接严重松动、开裂,拱片出现严重变形、位移,甚至导致桥面严重塌陷或沉降

微弯板穿孔、塌陷、露筋评定标准　　表 1-87

标度	评定标准 定性描述
1	完好
2	微弯板出现极个别露筋、穿孔
3	微弯板出现较多露筋、穿孔现象
4	微弯板出现大量露筋、穿孔，出现少量塌陷现象
5	微弯板严重塌陷，不能正常行车，并造成严重安全隐患

裂缝评定标准　　表 1-88

标度	评定标准	
	定性描述	定量描述
1	完好，无裂缝	—
2	竖向裂缝：有少量裂缝，缝宽未超限	竖向裂缝：缝长≤截面尺寸的 1/3
	微弯板或肋腋板纵向开裂：出现开裂，缝宽未超限	微弯板或肋腋板纵向开裂：缝长≤截面尺寸的 1/8
	横向裂缝：有少量裂缝，缝宽未超限	横向裂缝：缝长≤截面尺寸的 1/3
	实腹段、拱腿斜裂缝：有少量裂缝，缝宽未超限	实腹段、拱腿斜裂缝：缝长≤截面尺寸的 1/3
3	竖向裂缝：较多裂缝，缝宽未超限	竖向裂缝：缝长＞截面尺寸的 1/3 且≤截面尺寸的 1/2，间距≥30cm
	微弯板或肋腋板纵向开裂：接合部出现较多纵向裂缝，缝宽未超限	微弯板或肋腋板纵向开裂：长度＞截面尺寸的 1/8 且≥截面尺寸的 1/3
	横向裂缝：较多裂缝，缝宽未超限	横向裂缝：缝长＞截面尺寸的 1/3 且≤截面尺寸的 2/3，间距≥20cm
	实腹段、拱腿斜裂缝：较多裂缝，缝宽未超限	实腹段、拱腿斜裂缝：缝长＞截面尺寸的 1/3 且≤截面尺寸的 1/2
4	竖向裂缝：大量裂缝，缝宽超限	竖向裂缝：缝长＞截面尺寸的 1/2，间距＜30cm
	微弯板或肋腋板纵向开裂：接合部出现大量裂缝，缝宽超限	微弯板或肋腋板纵向开裂：缝长＞截面尺寸的 1/3
	横向裂缝：大量裂缝，缝宽超限	横向裂缝：缝长＞截面尺寸的 2/3，间距＜20cm
	实腹段、拱腿斜裂缝：缝宽超限	实腹段、拱腿斜裂缝：缝长＞截面尺寸的 1/2
5	控制截面出现大量结构性裂缝，裂缝大多贯通，且缝宽超限，主梁出现变形	缝宽＞1.0mm，间距＜10cm

(6)刚架拱桥横向联结系评定指标及分级评定标准见表 1-89～表 1-92；蜂窝、麻面评定标准见表 1-20；剥落、掉角评定标准见表 1-21；空洞、孔洞评定标准见表 1-22。

(7)桁架拱桥的桁架拱片及微弯板的评定指标及分级评定标准见表 1-93～表 1-96；微弯板穿孔、塌陷、露筋评定标准见表 1-87；拱脚位移评定标准见表 1-73；蜂窝、麻面评定标准见表 1-20；剥落、掉角评定标准见表 1-21；空洞、孔洞评定标准见表 1-22。

混凝土压碎评定标准 表 1-89

标度	评定标准
	定性描述
1	完好
2	混凝土局部裂缝、剥落、掉角
3	混凝土出现酥裂
4	混凝土部分压碎，非关键杆件有失稳隐患
5	关键部位混凝土压碎或杆件失稳，造成桥面板严重塌陷

连接部钢板锈蚀、断裂评定标准 表 1-90

标度	评定标准
	定性描述
1	完好
2	基本完好，极少量钢板锈蚀，无断裂现象
3	较多钢板锈蚀，少部分钢板出现穿孔或断裂
4	大量钢板出现锈蚀、断裂，造成主拱变形
5	大量钢板严重锈蚀、断裂，造成主拱严重变形并产生破坏，影响结构安全

裂缝评定标准 表 1-91

标度	评定标准	
	定性描述	定量描述
1	无裂缝	—
2	较少裂缝，缝宽未超限	缝长≤截面尺寸的 1/3，间距>30cm
3	较多裂缝，缝宽未超限	缝长>截面尺寸的 1/3 且≤截面尺寸的 2/3，间距≥20cm
4	大量裂缝，缝宽超限，部分贯通	缝长>截面尺寸的 2/3，间距<20cm

变形评定标准 表 1-92

标度	评定标准
	定性描述
1	完好
2	—
3	轻微变形，变形小于限值
4	明显永久变形，变形过大，造成拱片出现裂缝
5	明显变形异常，拱片变形过大，产生严重破坏，或者造成桥面板严重塌落

构件变形评定标准　　表 1-93

标度	评定标准
	定性描述
1	完好
2	—
3	个别次要构件出现弯曲变形,行车稍感振动或摇晃
4	个别主要构件出现异常弯曲变形,行车振动或摇晃明显或有异常声音
5	较多主要构件出现严重变形或开裂,显著影响承载力,结构振动或摇晃显著,有不正常移动

拱片连接处混凝土断裂评定标准　　表 1-94

标度	评定标准
	定性描述
1	完好
2	—
3	少量拱片连接处混凝土出现轻微碎裂
4	大量拱片连接处混凝土出现大面积碎裂
5	大量拱片连接处混凝土出现完全碎裂,拱圈严重变形,显著影响承载力

上弦杆缺陷评定标准　　表 1-95

标度	评定标准
	定性描述
1	完好
2	个别上弦杆出现拉裂现象
3	部分位置上弦杆与行车道板出现脱空现象
4	较多位置上弦杆与行车道板脱空,拱圈或桥面板有变形现象
5	几乎所有位置上弦杆与行车道板脱空,拱圈或桥面板严重变形,甚至桥面板出现严重塌陷

裂缝评定标准　　表 1-96

标度	评定标准	
	定性描述	定量描述
1	完好,无裂缝	—
2	竖向裂缝:有少量裂缝,缝宽未超限	竖向裂缝:缝长≤截面尺寸的 1/3
	纵向开裂:有少量开裂,缝宽未超限	纵向开裂:缝长≤截面尺寸的 1/3
	连接处裂缝:有少量杆件连接处出现开裂,缝宽未超限	连接处裂缝:缝长≤截面尺寸的 1/3
	横向裂缝:有少量裂缝,缝宽未超限	横向裂缝:缝长≤截面尺寸的 1/3
	实腹段斜裂缝:有少量裂缝,缝宽未超限	实腹段斜裂缝:缝长≤截面尺寸的 1/3

续上表

标度	评定标准	
	定性描述	定量描述
3	竖向裂缝:较多裂缝,缝宽未超限	竖向裂缝:缝长>截面尺寸的1/3且≤截面尺寸的1/2,间距≥30cm
	纵向开裂:接合部出现较多纵向裂缝,缝宽未超限	纵向开裂:缝长>截面尺寸的1/3且≤截面尺寸的2/3
	连接处裂缝:有少量杆件连接处出现开裂,缝宽未超限	连接处裂缝:缝长>截面尺寸的1/3且≤截面尺寸的1/2
	横向裂缝:较多裂缝,缝宽未超限	横向裂缝:缝长>截面尺寸的1/2且≤截面尺寸的2/3,间距≥20cm
	实腹段斜裂缝:较多裂缝,缝宽未超限	实腹段斜裂缝:缝长>截面尺寸的1/3且≤截面尺寸的1/2
4	竖向裂缝:大量裂缝,缝宽超限	竖向裂缝:缝长>截面尺寸的1/2,间距<30cm
	纵向开裂:接合部出现大量裂缝,缝宽超限	纵向裂缝:缝长>截面尺寸的2/3
	连接处裂缝:有大量杆件连接处出现开裂,缝宽超限	连接处裂缝:缝长>截面尺寸的1/2
	横向裂缝:大量裂缝,缝宽超限	横向裂缝:缝长>截面尺寸的2/3,间距<20cm
	实腹段斜裂缝:大量裂缝,缝宽超限	实腹段斜裂缝:缝长>截面尺寸的1/2
5	控制截面出现大量结构性裂缝,裂缝大多贯通,且缝宽超限,主梁出现变形	缝宽>1.0mm,间距<10cm

(8)桁架拱桥的横向联结系评定指标及分级评定标准见表1-97～表1-98;混凝土压碎评定标准见表1-89;蜂窝、麻面评定标准见表1-20;剥落、掉角评定标准见表1-21;空洞、孔洞评定标准见表1-22。

变形评定标准 表1-97

标度	评定标准
	定性描述
1	完好
2	—
3	出现轻微变形现象,变形小于限值
4	明显永久变形,变形过大,造成桁架拱片产生较严重破坏
5	明显变形异常,桁架拱片变形过大,拱片失稳,产生严重破坏,或者造成桥面板严重塌落

裂缝评定标准 表1-98

标度	评定标准	
	定性描述	定量描述
1	完好	—
2	有少量裂缝,缝宽未超限	缝长≤截面尺寸的1/3,间距>30cm

续上表

标度	评 定 标 准	
	定性描述	定量描述
3	裂缝较多，缝宽未超限	缝长>截面尺寸的1/3且≤截面尺寸的2/3，间距>20cm
4	有大量裂缝且缝宽超限	缝长>截面尺寸的2/3，间距<20cm

3. 钢—混凝土组合拱桥

(1)肋拱、横向连接系评定指标及分级评定标准见表1-99～表1-106；蜂窝、麻面评定标准见表1-20；剥落、掉角评定标准见表1-21；空洞、孔洞评定标准见表1-22；混凝土保护层厚度评定标准见表1-23；钢筋锈蚀评定标准见表1-24；混凝土碳化评定标准见表1-25。

涂层缺陷评定标准　　表1-99

标度	评 定 标 准	
	定性描述	定量描述
1	完好	—
2	涂层有轻微损坏、裂纹、起皮或剥落	累计面积≤构件面积的10%，单处面积≤1.0m²
3	较大范围涂层有损坏、裂纹、起皮或剥落	累计面积>构件面积的10%且≤构件面积的20%，单处面积>1.0m²
4	大范围涂层有损坏、裂纹、起皮或剥落	累计面积>构件面积的20%，单处面积>1.0m²

焊缝开裂评定标准　　表1-100

标度	评 定 标 准
	定性描述
1	完好
2	焊缝部位涂层有少量裂纹，但符合相关规范要求
3	较多焊缝存在裂缝，且不符合相关规范要求
4	大量焊缝存在裂缝，且不符合相关规范要求

混凝土裂缝评定标准　　表1-101

标度	评 定 标 准	
	定性描述	定量描述
1	完好	—
2	局部出现网状裂纹，或有少量裂缝，缝宽未超限	网状裂纹累计面积≤构件面积的20%，单处面积≤1.0m²，或裂缝缝长≤截面尺寸的1/3
3	大面积出现网状裂纹，或有较多裂缝，缝宽未超限	网状裂纹累计面积>构件面积的20%，单处面积>1.0m²，或裂缝缝长>截面尺寸的1/3且≤截面尺寸的1/2，间距<20cm
4	有大量裂缝，大多贯通且重点部位缝宽超限	缝长>截面尺寸的1/2，间距<20cm

构件扭曲变形、局部损伤评定标准　　表 1-102

标度	评定标准 定性描述
1	完好
2	—
3	构件存在轻微扭曲现象，横向连接件出现松动
4	构件存在明显的永久变形，桥面线形变化明显，行车振动或摇晃明显或有异常声音，变形过大
5	构件存在明显的永久变形，桥面线形变化明显，结构振动或摇晃显著，有不正常移动，变形过大，严重影响结构安全

构件腐蚀、生锈评定标准　　表 1-103

标度	评定标准	
	定性描述	定量描述
1	完好	—
2	构件表面有少量油脂和污垢，且没有附着不牢的氧化皮、铁锈和油漆层	锈蚀累计面积≤构件面积的 5%
3	构件表面发生锈蚀，并且部分氧化皮或油漆层已经剥落或者可以刮除，部位出现锈蚀成洞现象	诱蚀累计面积＞构件面积的 5%且≤构件面积的 10%，或锈蚀孔洞≤2 个，孔洞直径≤杆件宽度的 15%(或≤30mm)
4	构件表面存在严重点蚀现象，氧化皮或油漆层因锈蚀而全面剥离，较多部位被锈蚀成洞，影响结构安全	锈蚀累计面积＞构件面积的 10%，或锈蚀孔洞＞2 个，孔洞直径＞杆件宽度的 15%(或＞30mm)

管内混凝土填充不密实或脱空评定标准　　表 1-104

标度	评定标准 定性描述
1	完好
2	管内混凝土存在数量极少的脱空现象
3	管内混凝土存在少部分脱空现象
4	管内混凝土存在较多脱空现象

主拱圈挠度评定标准　　表 1-105

标度	评定标准	
	定性描述	定量描述
1	完好	—
2	—	—
3	挠度小于限值	跨中最大挠度≤计算跨径的 1/1000
4	挠度大于限值	跨中最大挠度＞计算跨径的 1/1000 且≤计算跨径的 1/800
5	挠度严重大于限值，显著影响承载力，有不正常移动，或造成梁板出现严重病害，影响行车安全	跨中最大挠度＞计算跨径的 1/800

拱肋位移评定标准　　表 1-106

标度	评定标准
	定性描述
1	完好
2	—
3	—
4	拱肋沿顺桥向或横桥向出现异常位移变形,行车振动或摇晃明显或有异常声音
5	拱肋沿顺桥向或横桥向出现严重的位移变形,存在失稳现象,桥面线形、纵向位移伸缩量出现显著异常,结构振动或摇晃显著

(2)立柱评定指标及分级评定标准:

混凝土裂缝评定标准见表 1-107;涂层缺陷评定标准见表 1-99;焊缝开裂评定标准见表 1-100;构件扭曲变形、局部损伤评定标准见表 1-102;构件腐蚀、生锈评定标准见表 1-103;管内混凝土填充不密实或脱空评定标准见表 1-104;蜂窝、麻面评定标准见表 1-20;剥落、掉角评定标准见表 1-21;空洞、孔洞评定标准见表 1-22;钢筋锈蚀评定标准见表 1-24。

混凝土裂缝评定标准　　表 1-107

标度	评定标准	
	定性描述	定量描述
1	完好	—
2	局部出现网状裂纹,或有少量裂缝,缝宽未超限	网状裂纹累计面积≤构件面积的 20%,单处面积≤1.0m²,或裂缝缝长≤截面尺寸的 1/2,间距>30cm
3	大面积出现网状裂纹,或有较多裂缝,缝宽未超限	网状裂纹累计面积>构件面积的 20%,单处面积>1.0m²,或裂缝缝长>截面尺寸的 1/2 且≤截面尺寸的 2/3,间距≥20cm
4	有大量裂缝,大多贯通且重点部位缝宽超限	缝长>截面尺寸的 2/3,间距<20cm

(3)吊杆评定指标及分级评定标准见表 1-108～表 1-114;蜂窝、麻面评定标准见表 1-20;剥落、掉角评定标准见表 1-21;空洞、孔洞评定标准见表 1-22。

渗水评定标准　　表 1-108

标度	评定标准
	定性描述
1	完好
2	有轻微渗水现象
3	个别构件防水渗透装置损坏,有明显渗水现象,并有锈蚀
4	构件防水渗透装置损坏,多处构件有明显渗水现象并伴有较严重锈蚀现象

注:渗水部位包括:吊杆两端的锚固部位、锚头、横梁锚固构造、吊杆套管及减振器等。

锈蚀(锚头、螺栓、钢管护套等)评定标准 表 1-109

标度	评定标准	
	定性描述	定量描述
1	完好	—
2	构件表面有少量油脂和污垢,且没有附着不牢的氧化皮、铁锈和油漆层	锈蚀累计面积≤构件面积的3%
3	构件表面发生锈蚀,且部分氧化皮或油漆层已经剥落	锈蚀累计面积>构件面积的3%且≤构件面积的10%
4	构件表面有大量点蚀现象,氧化皮或油漆层因锈蚀而部分剥落或者可以刮除,出现锈蚀成洞现象	锈蚀累计面积>构件面积的10%,有2个以内的锈蚀孔洞
5	构件表面有严重点蚀现象,氧化皮或油漆层因锈蚀而全面剥离,较多部位被锈蚀成洞,影响结构安全	锈蚀累计面积>构件面积的10%,有2个以上的锈蚀孔洞

锚头损坏评定标准 表 1-110

标度	评定标准
	定性描述
1	完好
2	个别锚头出现轻微破损现象
3	个别锚头出现破损、松动现象
4	多数锚头出现破损、松动或裂缝现象

橡胶老化变质(吊杆端部及减震器)评定标准 表 1-111

标度	评定标准
	定性描述
1	完好
2	吊索端部及减振器部位橡胶轻微老化,表面有脏污,或减振措施有极个别处表面轻微损坏
3	吊索端部及减振器部位橡胶老化变形,或减振措施较多处出现松动或损坏
4	吊索端部及减振器部位橡胶老化变形,并有破裂渗水现象,或减振措施出现大量损坏,失去效用

防护套损坏评定标准 表 1-112

标度	评定标准	
	定性描述	定量描述
1	完好	—
2	个别防护套以及连接处有轻微松动现象,或防护套油漆变色、轻微损坏、裂纹、起皮、剥落	防护套油漆失效面积≤构件面积的10%
3	较多防护套以及连接处有松动或套管顶未密封,或防护套较大范围涂层有较严重损坏、裂纹、起皮、剥落	防护套油漆累计失效面积>构件面积的10%且≤构件面积的20%
4	大量防护套以及连接处有松动或套管顶未密封,造成渗水现象,或防护套大范围涂层有严重损坏、裂纹、起皮、剥落	防护套油漆累计失效面积>构件面积的20%

注:防护套损坏包括吊杆端部出口处钢管护套以及钢管护套与PE护套连接处。

吊杆的防护层破坏评定标准 表 1-113

标度	评定标准
	定性描述
1	完好
2	个别吊杆防护层存在轻微老化或破损现象
3	较多吊杆防护层存在老化、破损、裂纹现象
4	大量吊杆防护层严重老化、破损、裂纹、积水，造成吊杆锈蚀严重

断丝评定标准 表 1-114

标度	评定标准
	定性描述
1	完好
2	极个别吊杆钢丝有少量疲劳现象，无断裂情况，满足设计要求
3	个别吊杆有钢丝锈蚀、损坏现象，无断裂现象
4	部分吊杆钢丝锈蚀或损坏较严重，个别有断裂现象
5	部分吊杆钢丝严重锈蚀、断裂或损坏，或造成梁体严重变形

(4)系杆及防护板评定指标及分级评定标准见表 1-115～表 1-120；蜂窝、麻面评定标准见表 1-20；剥落、掉角评定标准见表 1-21；空洞、孔洞评定标准见表 1-22。

锈蚀(锚头、防护罩、箱梁)评定标准 表 1-115

标度	评定标准
	定性描述
1	完好
2	防锈油脂轻微渗漏，但没有继续渗漏迹象，或表面有少量油脂和污垢，但没有附着不牢的氧化皮、铁锈和油漆层
3	防锈油脂渗漏，渗漏数量较多，或渗漏速度较快；表面发生锈蚀，氧化皮或油漆层因锈蚀而部分剥落或者可以刮除
4	防锈油脂基本已经漏完，失去效用；表面有严重点蚀现象，氧化皮或油漆层因锈蚀而全面剥离，影响构件安全

系杆外部涂层脱落评定标准 表 1-116

标度	评定标准	
	定性描述	定量描述
1	完好	—
2	油漆变色、轻微损坏、裂纹、起皮或剥落	累计失效面积≤构件面积的 10%
3	较大范围涂层有损坏、裂纹、起皮或剥落	累计失效面积>构件面积的 10%且≤构件面积的 20%
4	大范围涂层有损坏、裂纹、起皮或剥落	累计失效面积>构件面积的 20%

系杆连接松动评定标准 表 1-117

标度	评定标准
	定性描述
1	完好
2	—
3	系杆连接处明显轻微松动，但不影响使用功能
4	系杆连接处明显松动，存在安全隐患

锚头、防护套损坏评定标准 表 1-118

标度	评定标准
	定性描述
1	完好
2	个别防护套轻微老化或破损
3	个别防护套老化、破损、裂纹；锚头存在老化、破损、裂纹现象
4	部分防护套老化、破损、裂纹或积水，造成局部渗水或锈蚀；锚头存在老化、破损、裂纹现象，造成局部渗水或锈蚀

断丝评定标准 表 1-119

标度	评定标准
	定性描述
1	完好
2	极个别吊杆钢丝有少量锈蚀现象，无断裂情况
3	个别吊杆钢丝有锈蚀、损坏现象，无断裂现象
4	部分吊杆钢丝有疲劳、锈蚀现象，个别有断裂，已经不满足设计要求
5	部分吊杆钢丝严重锈蚀、断裂或损坏，梁体出现严重变形，造成安全隐患

混凝土裂缝（混凝土防护板、系杆锚固区等）**评定标准** 表 1-120

标度	评定标准	
	定性描述	定量描述
1	完好	—
2	局部出现网状裂纹，或混凝土构件出现少量细裂缝或环形细裂缝，缝宽未超限	网状裂纹累计面积≤构件面积的20%，单处面积≤1.0m^2，或混凝土构件裂缝缝长≤截面尺寸的1/3，间距＞30cm
3	大面积出现网状裂纹，或混凝土构件出现较多细裂缝或环形细裂缝，缝宽未超限	网状裂纹累计面积＞构件面积的20%，单处面积＞1.0m^2，或混凝土构件裂缝缝长＞截面尺寸的1/3且≤截面尺寸的1/2，间距＜30cm
4	混凝土构件有大量细裂缝或环形裂缝，重点部位缝宽超限	缝长＞截面尺寸的1/2，间距＜20cm

(5)桥面板(梁)评定指标及分级评定标准依照梁式桥上部结构构件相关规定。

4. 钢拱桥

钢拱桥评定指标及分级评定标准：涂层劣化评定标准见表1-32；锈蚀评定标准见表1-33；焊缝开裂评定标准见表1-34；铆钉（螺栓）损失评定标准见表1-35；构件裂缝评定标准见表1-36；跨中挠度评定标准见表1-37；构件变形评定标准见表1-38；结构变位评定标准见表1-39；拱脚位移评定标准见表1-121。

拱脚位移评定标准　　表1-121

标度	评定标准
	定性描述
1	完好
2	—
3	—
4	拱脚出现滑动、位移，导致桥面线形或拱线形异常
5	拱脚不稳定，出现严重错台、滑动、位移现象，造成拱顶挠度大于限值或拱圈严重变形，桥面线形或拱线形明显异常

（五）悬索桥主要构件技术状况评定

1. 主缆

主缆评定指标及分级评定标准见表1-122～表1-126。

主缆防护损坏评定标准　　表1-122

标度	评定标准	
	定性描述	定量描述
1	完好	—
2	主缆防护表面有局部面漆变色起皮，个别位置出现破损、老化、漏水	面漆变色起皮面积≤3%，或防护破损面积≤1%
3	主缆表面面漆有部分损坏、裂纹、变色起皮或剥落；局部位置出现破损、老化、漏水	防护破损面积>1%且≤10%
	极少的部位缠丝外露，且没有生锈	缠丝外露数量≤3%
4	主缆表面较大范围面漆有轻微损坏、裂纹、变色起皮或剥落；局部位置出现破损、老化、漏水	防护破损面积>10%
	局部缠丝外露并伴有生锈	缠丝外露数量>3%

主缆线形评定标准　　表1-123

标度	评定标准
	定性描述
1	主缆线形完好
2	主缆线形正常
3	主缆变形，但小于设计允许值
4	主缆变形较大，不可恢复的变化小于或等于设计允许值
5	主缆变形较为严重，不可恢复的变化大于设计允许值

扶手绳及栏杆绳损坏评定标准 表 1-124

标度	评定标准	
	定性描述	定量描述
1	完好	—
2	检修道上扶手绳及栏杆绳有伤痕并有起丝现象	—
3	扶手绳、栏杆绳出现多处伤痕	截面损失>30%
4	扶手绳或栏杆绳有断裂现象	—

主缆腐蚀或索股损坏(脱皮、锈蚀、伤痕)评定标准 表 1-125

标度	评定标准
	定性描述
1	完好
2	主缆局部出现轻微脱皮、锈蚀、伤痕或有麻点,或镀锌钢丝出现少量锌腐蚀亮斑,失去光泽
3	主缆出现少量脱皮、伤痕或轻度至中度腐蚀,缠丝层有较多麻坑,或镀锌钢丝出现较多锌腐蚀,并有白色腐蚀产物,尚未见铁腐蚀
4	主缆出现较多脱皮、伤痕或密布的中等大小腐坑,缠丝层有大量的麻坑,或镀锌钢丝锌层减少,出现铁腐蚀斑点和腐坑
5	主缆缠丝防锈层已经严重腐蚀、断丝,或出现严重脱皮、伤痕、断丝,或镀锌钢丝严重腐蚀、断丝

涂膜劣化评定标准 表 1-126

标度	评定标准	
	定性描述	定量描述
1	完好	—
2	构件表面出现轻微起泡、裂纹、脱落现象,或构件表面出现轻微粉化现象	起泡、裂纹、脱落、粉化累计面积≤构件面积的 10%
3	构件表面出现中等起泡、裂纹、脱落现象,或构件表面出现中等粉化或锈蚀现象	起泡、裂纹、脱落、粉化、锈蚀累计面积>构件面积的 10%且≤构件面积的 20%
4	构件表面出现较严重起泡、裂纹、脱落现象,或构件表面出现较严重粉化或锈蚀现象,轻轻擦抹涂层,粘有大量颜料粒子,甚至出现漏底	起泡、裂纹、脱落粉化、锈蚀累计面积>构件面积的 20%

2. 索夹

索夹评定指标及分级评定标准见表 1-127~表 1-130。

错位、滑移评定标准 表 1-127

标度	评定标准	
	定性描述	定量描述
1	无移动	—
2	—	—
3	个别索夹有错位、移动	滑移量≤10mm
4	较多索夹有明显错位、滑动现象;个别索夹位移超限	滑移量>10mm

面漆起皮评定标准　　表 1-128

标度	评定标准	
	定性描述	定量描述
1	完好	—
2	索夹面漆局部起皮	索夹起皮的数量≤总数量的 5%
3	索夹面漆局部起皮，并伴有锈蚀	索夹起皮的数量>总数量的 5%且≤总数量的 20%
4	索夹面漆起皮，锈蚀严重	索夹起皮、锈蚀的数量>总数量的 20%

索夹密封填料损坏评定标准　　表 1-129

标度	评定标准	
	定性描述	定量描述
1	完好	—
2	索夹填料局部轻微老化，表面有脏污	数量≤总数量的 3%
3	索夹填料老化、局部有开裂剥落，部分发生变形	数量>总数量的 3%且≤总数量的 10%
4	索夹填料老化、局部有开裂剥落	数量>总数量的 10%

裂纹和锈蚀评定标准　　表 1-130

标度	评定标准
	定性描述
1	完好
2	索夹个别部位出现明显轻微裂纹，或表面有少量点蚀、锈斑
3	大量索夹外观有较多明显裂缝，或表面普遍有点蚀、锈斑或锈坑
4	大量夹壁开裂，索夹眼板开裂，索夹严重锈蚀

3. 吊索

吊索评定指标及分级评定标准见表 1-131～表 1-138。

渗水（吊索两端的锚固部位、冷铸锚头、横梁锚固构造、吊索套管、减振器等）**评定标准**

表 1-131

标度	评定标准
	定性描述
1	完好
2	有轻微渗水现象
3	个别构件防水渗透装置损坏，明显渗水，构件有锈蚀现象
4	较多构件防水渗透装置损坏，多处构件明显渗水，构件渗水处伴有较严重的锈蚀现象

锈蚀、腐蚀（钢丝、锚头、螺栓、钢管护套等）**评定标准**　　表 1-132

标度	评定标准	
	定性描述	定量描述
1	完好	—

续上表

标度	评定标准	
	定性描述	定量描述
2	表面有少量油脂和污垢，没有附着不牢的氧化皮、铁锈和油漆层，或表面有少量点蚀、锈斑，或镀锌钢丝出现锌腐蚀亮斑	—
3	表面普遍有点蚀、锈斑、锈坑，或氧化皮、油漆层因锈蚀而部分剥落或者可以刮除，或钢丝发生较严重锈蚀，或镀锌钢丝锌层出现铁腐蚀斑点和腐坑	锈蚀面积≤构件面积5%，或构件表面锈蚀孔洞≤2个
4	表面普遍有点蚀现象，氧化皮或油漆层因锈蚀而全面剥离，或钢丝发生较严重锈蚀并有部分断裂，或镀锌钢丝严重腐蚀，有开裂现象	锈蚀面积>构件面积5%，或构件表面锈蚀孔洞>2个

锚头(松动、裂缝或破损)损坏评定标准 表1-133

标度	评定标准
	定性描述
1	完好
2	个别锚头轻微破损
3	个别锚头破损、松动
4	较多锚头破损、松动或开裂，个别冷铸锚头破损严重或裂缝超限，严重影响构件安全

橡胶老化变质(吊索端部及减震器)评定标准 表1-134

标度	评定标准
	定性描述
1	完好
2	吊索端部及减振器部位橡胶轻微老化，表面有脏污；或减振措施极个别处表面轻微损坏
3	吊索端部及减振器部位橡胶老化变形；或减振措施个别处出现松动或损坏
4	吊索端部及减振器部位橡胶老化变形，并有破裂现象，局部还造成渗水；或减振措施出现较多处损坏，失去效用

掉漆、起皮评定标准 表1-135

标度	评定标准	
	定性描述	定量描述
1	完好	—
2	吊索表面局部面漆变色、起泡	累计面积≤构件面积的5%
3	吊索表面较大范围面漆轻微起皮、起泡或剥落	累计面积>构件面积的5%且≤构件面积的15%
4	吊索表面较大范围面漆起皮、起泡或剥落	累计面积>构件面积的15%

防护套破坏评定标准　　表 1-136

标度	评 定 标 准
	定性描述
1	完好
2	个别防护套及连接处轻微松动
3	部分防护套以及连接处松动或套管顶没有密封
4	较多防护套以及连接处松动或套管顶没有密封，局部造成渗水

吊索的防护层破坏（裂纹、破损、老化和积水）评定标准　　表 1-137

标度	评 定 标 准
	定性描述
1	完好
2	个别吊索防护层轻微老化或破损
3	个别吊索防护层老化、破损、裂纹
4	吊索防护层老化、破损、裂纹或积水，造成局部渗水或锈蚀并伴有钢丝严重锈蚀现象

钢丝断丝评定标准　　表 1-138

标度	评 定 标 准
	定性描述
1	完好
2	—
3	钢丝少量锈蚀，无断丝
4	钢丝锈蚀，防腐层有大量麻坑，甚至出现断丝
5	吊索钢丝大量严重锈蚀或损坏，钢丝断裂，甚至主梁出现变形，造成安全隐患

4. 加劲梁

（1）预应力混凝土加劲梁评定指标及分级评定标准见表 1-139～表 1-142；蜂窝、麻面评定标准见表 1-20；剥落、掉角评定标准见表 1-21；空洞、孔洞评定标准见表 1-22；混凝土保护层厚度评定标准见表 1-23；钢筋锈蚀评定标准见表 1-24；混凝土碳化评定标准见表 1-25。

剥落、露筋评定标准　　表 1-139

标度	评 定 标 准	
	定性描述	定量描述
1	完好	—
2	局部混凝土剥落或露筋	累计面积≤构件面积的 3%，单处面积≤0.5m²
3	较大范围混凝土剥落或露筋	累计面积>构件面积的 3%且≤构件面积的 10%，单处面积≤0.5m²
4	大范围混凝土剥落或露筋	累计面积>构件面积的 10%，单处面积>0.5m²

跨中挠度评定标准 表 1-140

标度	评定标准	
	定性描述	定量描述
1	完好	—
2	—	—
3	挠度未大于限值	跨中最大挠度<计算跨径的 1/800
4	挠度接近限值,主梁有明显变形,影响结构安全	跨中最大挠度≥计算跨径的 1/800 且不大于计算跨径的 1/500
5	主梁严重变形,挠度大于限值,梁板出现严重病害,有不正常移动并影响结构安全	跨中最大挠度>计算跨径的 1/500

构件变形评定标准 表 1-141

标度	评定标准
	定性描述
1	完好
2	—
3	加劲梁横隔板等次要构件出现弯曲变形
4	加劲梁出现异常弯曲变形或线形明显变化,行车振动或摇晃明显或有异常声音
5	加劲梁出现严重变形,导致梁板出现严重病害,显著影响承载力,结构振动或摇晃显著,有不正常移动

混凝土裂缝评定标准 表 1-142

标度	评定标准	
	定性描述	定量描述
1	完好,无裂缝	—
2	网状裂缝:局部网状开裂	网状裂缝:累计面积≤构件面积的 20%,单处面积≤0.5m^2
	竖向裂缝:少量裂缝,缝宽未超限	竖向裂缝:缝长≤截面尺寸的 1/3
	纵向裂缝:结合面开裂或有其他纵向裂缝	纵向裂缝:缝长≤结合面长度或跨长的 1/8
	斜裂缝:少量裂缝,缝宽未超限	斜裂缝:缝长≤截面尺寸的 1/3
3	网状裂缝:局部网状开裂	网状裂缝:累计面积>构件面积的 20%,单处面积>0.5m^2
	竖向裂缝:较多裂缝,缝宽未超限	竖向裂缝:缝长>截面尺寸的 1/3 且≤截面尺寸的 1/2,间距≥30cm
	纵向裂缝:接合面开裂或有纵向裂缝	纵向裂缝:缝长>接合面长度或跨长的 1/8 且≤结合面长度或跨长的 1/2
	斜裂缝:较多裂缝,缝宽未超限	斜裂缝:缝长>截面尺寸的 1/3 且≤截面尺寸的 2/3

续上表

标度	评定标准	
	定性描述	定量描述
4	竖向裂缝：主梁控制截面出现大量裂缝，缝宽超限	竖向裂缝：缝长＞截面尺寸的1/2，缝宽＞限值，间距＜30cm
	纵向裂缝：存在严重接合面开裂现象或有大量纵向裂缝	纵向裂缝：缝长＞接合面长或跨长的1/2
	斜裂缝：主梁控制截面出现大量裂缝，缝宽超限	斜裂缝：缝长＞截面尺寸的2/3，缝宽＞限值
5	竖向裂缝：主梁控制截面出现大量裂缝，裂缝大多贯通且缝宽超限，主梁出现严重变形	竖向裂缝：缝长＞截面尺寸的1/2，缝宽＞1.0mm，间距＜10cm
	斜裂缝：主梁控制截面出现大量裂缝且缝宽超限，主梁出现严重变形	斜裂缝：缝长＞截面尺寸的2/3，缝宽＞1.0mm

(2)钢桁架加劲梁评定指标及分级评定标准见表1-143～表1-146；涂层劣化评定标准见表1-32；焊缝开裂评定标准见表1-34；铆钉(螺栓)损失评定标准见表1-35；结构变位评定标准见表1-39。

构件变形评定标准　　表1-143

标度	评定标准	
	定性描述	定量描述
1	完好	—
2	—	—
3	构件轻微变形	压力杆件弯曲矢度≤杆件自由长度的1/1500，或拉力杆件弯曲矢度≤杆件自由长度的1/800，或腹杆、连接杆件弯曲矢度＜杆件自由长度的1/500
4	构件明显变形	压力杆件弯曲矢度＞杆件自由长度的1/1500且≤杆件自由长度的1/1000，或拉力杆件弯曲矢度＞杆件自由长度的1/800且≤杆件自由长度的1/500，或腹杆、连接杆件弯曲矢度＞杆件自由长度的1/500且不大于杆件自由长度的1/300
5	构件严重变形，存在失稳现象，结构振动或摇晃显著	压力杆件弯曲矢度＞杆件自由长度的1/1000，或拉力杆件弯曲矢度＞杆件自由长度的1/500，或腹杆、连接杆件弯曲矢度＞杆件自由长度的1/300

锈蚀评定标准　　表1-144

标度	评定标准	
	定性描述	定量描述
1	完好	—
2	构件表面少量锈蚀，部分氧化皮或油漆层剥落	锈蚀累计面积≤构件面积的3%
3	构件表面有大量点蚀现象，氧化皮或油漆层因锈蚀而部分剥落或者可以刮除	锈蚀累计面积＞构件面积的3%且≤构件面积的5%，或锈蚀孔洞≤2个，孔洞直径≤30mm且≤杆件宽度的15%

续上表

标度	评定标准	
	定性描述	定量描述
4	构件表面有严重点蚀现象，氧化皮或油漆层因锈蚀而全面剥离，较多部位被锈蚀成洞，影响结构安全	锈蚀累计面积＞构件面积的5%，或锈蚀孔洞＞2个，孔洞直径＞30mm且＞杆件宽度的15%

跨中挠度评定标准 表1-145

标度	评定标准	
	定性描述	定量描述
1	完好	—
2	—	—
3	挠度未大于限值	跨中最大挠度≤计算跨径的1/1200
4	挠度接近限值	跨中最大挠度＞计算跨径的1/1200且≤计算跨径的1/800
5	主梁严重变形，挠度超出限值，有不正常移动，影响结构安全	跨中最大挠度＞计算跨径的1/800

裂缝评定标准 表1-146

标度	评定标准	
	定性描述	定量描述
1	完好	—
2	钢构件出现极少量细小裂纹	—
3	钢构件出现较多细小裂缝，截面削弱	受拉翼缘焊接盖板端部裂缝长度≤10mm，或桁梁端横梁与纵梁连接处下端处裂缝长度≤20mm，或主桁腹杆铆接、栓接头处裂缝长度≤20mm
4	钢构件出现较多裂缝，截面削弱	受拉翼缘焊接盖板端部裂缝长度＞10mm且≤20mm，或桁梁端横梁与纵梁连接处下端处裂缝长度＞20mm且≤50mm，或主桁腹杆铆接、栓接头处裂缝长度＞20mm且≤50mm
5	钢构件严重裂缝，主梁变形，造成严重安全隐患	受拉翼缘焊接盖板端部裂缝长度＞20mm，或桁梁端横梁与纵梁连接处下端处裂缝长度＞50mm，或主桁腹杆铆接、栓接头处裂缝长度＞50mm

(3)钢箱加劲梁评定指标及分级评定标准见表1-147～表1-150；涂层劣化评定标准见表1-32；焊缝开裂评定标准见表1-34；铆钉(螺栓)损失评定标准见表1-35；结构变位评定标准见表1-39。

构件变形评定标准 表1-147

标度	评定标准	
	定性描述	定量描述
1	完好	—
2	—	—

续上表

标度	评定标准	
	定性描述	定量描述
3	钢构件轻微变形	钢构件竖向弯曲矢度≤跨度的1/1500，或钢材料纵梁、横梁横向弯曲矢度≤杆件自由长度的1/8000
4	钢构件明显变形	钢材构件竖向弯曲矢度>跨度的1/1500且≤跨度的1/1000，或钢材纵梁、横梁横向弯曲矢度>杆件自由长度的1/8000且≤杆件自由长度的1/5000
5	钢构件严重变形，结构振动或摇晃显著，有不正常移动	钢构件竖向弯曲矢度>跨度的1/1000，或钢材料纵梁、横梁横向弯曲矢度>杆件自由长度的1/5000

锈蚀评定标准　　表1-148

标度	评定标准	
	定性描述	定量描述
1	完好	—
2	构件表面锈蚀，且部分氧化皮或油漆层剥落	锈蚀累计面积≤构件面积的2%
3	构件表面有较多点蚀现象，氧化皮或油漆层因锈蚀而部分剥落或者可以刮除，出现锈蚀成洞现象	锈蚀累计面积>构件面积的2%且≤构件面积的5%，或锈蚀孔洞≤2个，孔洞直径≤30mm，边缘完好，或腹板、横隔板洞孔直径≤50mm
4	构件表面有严重的点蚀现象，氧化皮或油漆层因锈蚀而全面剥离，较多部位被锈蚀成洞，影响构件安全	锈蚀累计面积>构件面积的5%，或锈蚀孔洞>2个，孔洞直径>30mm，或腹板、横隔板孔洞直径>50mm

跨中挠度评定标准　　表1-149

标度	评定标准	
	定性描述	定量描述
1	完好	—
2	—	—
3	跨中挠度未大于限值	跨中最大挠度≤计算跨径的1/600
4	跨中挠度大于限值	跨中最大挠度>计算跨径的1/600且不大于计算跨径的1/400
5	跨中挠度大于限值，主梁严重变形，梁体出现严重病害，有不正常移动并影响结构安全	跨中最大挠度>计算跨径的1/400

裂缝评定标准　　表1-150

标度	评定标准	
	定性描述	定量描述
1	完好	—
2	钢构件出现极少量细小裂纹	—
3	钢构件出现较多细小裂缝，截面削弱	加劲梁、纵横梁受拉翼缘边裂缝长度≤3mm，或受拉翼缘焊接盖板端部裂缝长度≤10mm

续上表

标度	评定标准	
	定性描述	定量描述
4	钢构件出现较多裂缝，截面削弱	加劲梁、纵横梁受拉翼缘边裂缝长度＞3mm 且≤5mm，或受拉翼缘焊接盖板端部裂缝长度＞10mm 且≤20mm
5	钢构件严重开裂，主梁变形，截面削弱，造成严重安全隐患	加劲梁、纵横梁受拉翼缘边裂缝长度＞5mm，或受拉翼缘焊接盖板端部裂缝长度＞20mm

5. 索塔

索塔评定指标及分级评定标准见表 1-151～表 1-157。

倾斜变形评定标准 表 1-151

标度	评定标准
	定性描述
1	完好
2	—
3	有倾斜变形现象或存在扭转现象，但较轻微，不影响结构安全
4	有较大倾斜变形或存在明显扭转，造成安全隐患
5	索塔出现严重倾斜变形，塔根明显裂缝，塔顶偏移超过限值，严重影响结构安全

蜂窝、麻面评定标准 表 1-152

标度	评定标准	
	定性描述	定量描述
1	完好	—
2	局部蜂窝麻面	累计面积≤构件面积的 20%，单处面积≤3.0m^2
3	大面积蜂窝麻面	累计面积＞构件面积的 20%，单处面积＞3.0m^2

剥落、露筋评定标准 表 1-153

标度	评定标准	
	定性描述	定量描述
1	完好	—
2	局部混凝土剥落或露筋	累计面积≤构件面积的 3%，单处面积≤0.5m^2
3	较大范围混凝土剥落或露筋	累计面积＞构件面积的 3%且≤构件面积的 10%，单处面积＞0.5m^2
4	大范围混凝土剥落或露筋	累计面积＞构件面积的 10%，单处面积＞0.5m^2

钢筋锈蚀评定标准 表 1-154

标度	评定标准	
	定性描述	定量描述
1	完好，无锈蚀现象	钢筋锈蚀电位水平≤0mV 且≥－200mV；或电阻率＞20000Ω·cm

续上表

标度	评定标准	
	定性描述	定量描述
2	有锈蚀现象，混凝土表面有沿钢筋的裂缝或混凝土表面有锈迹	钢筋锈蚀电位水平＜－200mV 且≥－400mV；或电阻率≥10000Ω·cm 且≥20000Ω·cm
3	钢筋锈蚀，主筋锈蚀或混凝土表面保护层剥落	钢筋锈蚀电位水平＜－400mV 且≤－500mV；或电阻率≥5000Ω·cm 且＜10000Ω·cm
4	钢筋严重锈蚀，混凝土表面开裂严重	钢筋锈蚀电位水平为＜－500mV；或电阻率＜5000Ω·cm

混凝土裂缝评定标准　　表 1-155

标度	评定标准	
	定性描述	定量描述
1	完好，无裂缝	—
2	网状裂缝：局部网状裂缝	网状裂缝：累计面积≤构件面积的 20%，单处面积≤$1.0m^2$
	其他裂缝：有少量裂缝，缝宽未超限	其他裂缝：缝长≤截面尺寸的 1/3
3	网状裂缝：局部网状裂缝	网状裂缝：累计面积＞构件面积的 20%，单处面积＞$1.0m^2$
	其他裂缝：有大量裂缝，缝宽未超限	其他裂缝：缝长＞截面尺寸的 1/3 且≤截面尺寸的 2/3，间距≥20cm
4	有大量裂缝，缝宽超限	缝宽＞限值，缝长＞截面尺寸的 2/3，间距＜20cm

沉降评定标准　　表 1-156

标度	评定标准
	定性描述
1	完好
2	索塔有轻微沉降，但沉降稳定
3	索塔有小幅度沉降，但沉降稳定
4	索塔沉降较大，但沉降稳定
5	索塔或索塔基础出现严重不均匀沉降或位移，影响结构安全

基础冲刷评定标准　　表 1-157

标度	评定标准
	定性描述
1	完好
2	基础基本无局部冲刷现象
3	基础出现局部冲刷现象，程度较轻
4	基础出现较严重的局部冲刷现象
5	基础出现严重的局部冲刷现象，基础不稳定，出现严重滑动、下沉、位移、倾斜等现象

6. 索鞍

索鞍评定指标及分级评定标准见表 1-158～表 1-160。

上座板与下座板的相对位移评定标准 表 1-158

标度	评定标准
	定性描述
1	完好
2	—
3	—
4	上座板与下座板有相对位移

鞍座螺杆、螺栓状况评定标准 表 1-159

标度	评定标准
	定性描述
1	完好
2	个别螺杆、锚栓连接出现松动
3	少部分螺杆、锚栓连接出现松动
4	较多数量的螺杆、锚栓连接松动，个别螺杆、锚栓连接脱落

锈蚀评定标准 表 1-160

标度	评定标准	
	定性描述	定量描述
1	完好	—
2	构件表面有轻微锈蚀，但无可见油脂和污垢，且没有附着不牢的氧化皮、铁锈和油漆层	锈蚀面积≤构件面积的 3%
3	构件表面锈蚀，且部分氧化皮或油漆层剥落	锈蚀面积>构件面积的 3%且≤构件面积的 5%
4	构件表面有大量点蚀现象，氧化皮或油漆层因锈蚀而部分剥落或者可以刮除	锈蚀面积>构件面积的 5%

7. 锚碇

悬索桥锚碇评定指标及分级评定标准见表 1-161～表 1-165。

锚坑漏水评定标准 表 1-161

标度	评定标准
	定性描述
1	锚坑内无渗漏水现象
2	锚坑有明显渗漏水现象
3	锚坑漏水较严重，伴有锈蚀现象
4	锚坑渗漏水严重，多处锈蚀

顶板、侧墙损坏评定标准　　表 1-162

标度	评 定 标 准
	定性描述
1	顶板、侧墙表面状况完好
2	顶板、侧墙有局部麻面沉积物
3	顶板、侧墙出现锈迹、蜂窝、渗出物，伴有细微裂缝
4	顶板及侧墙出现大面积锈迹，混凝土剥落，钢筋外露锈蚀，有较大裂缝

锚碇均匀沉降评定标准　　表 1-163

标度	评 定 标 准	
	定性描述	定量描述
1	锚碇无沉降	—
2	—	—
3	锚碇有轻微沉降	沉降≤10mm
4	锚碇沉降较严重	沉降＞10mm 且≤50mm
5	锚碇沉降严重	沉降＞50mm

表观病害评定标准　　表 1-164

标度	评 定 标 准
	定性描述
1	完好
2	—
3	锚碇个别部位出现明显表观病害，如裂缝、剥落、露筋、钢筋锈蚀、空洞等
4	锚碇外观有较多表观病害且情况严重，如裂缝、剥落、露筋、钢筋锈蚀、空洞等，不符合相关规范要求

水平位移评定标准　　表 1-165

标度	评 定 标 准
	定性描述
1	完好
2	—
3	—
4	—
5	有水平位移

8. 锚杆

锚杆评定指标及分级评定标准见表 1-166～表 1-168。

掉皮评定标准　　表 1-166

标度	评 定 标 准	
	定性描述	定量描述
1	完好	—

续上表

标度	评定标准	
	定性描述	定量描述
2	较小范围涂层有轻微损坏、裂纹、起皮或剥落	累计面积≤构件面积的10%，单处面积≤0.5m^2
3	较大范围涂层有轻微损坏、裂纹、起皮或剥落	累计面积>构件面积的10%且≤构件面积的20%，单处面积>0.5m^2且≤1.0m^2
4	大范围涂层有轻微损坏、裂纹、起皮或剥落	累计面积>构件面积的20%，单处面积>1.0m^2

锈蚀评定标准 表1-167

标度	评定标准	
	定性描述	定量描述
1	完好	—
2	构件表面有轻微锈蚀，但无可见油脂和污垢，且没有附着不牢的氧化皮、铁锈和油漆层	锈蚀面积≤构件面积的5%
3	构件表面锈蚀，且部分氧化皮或油漆层剥落，个别有明显变位	锈蚀面积>构件面积的5%且≤构件面积的10%
4	构件严重锈蚀，个别板件锈蚀，极易撕裂，氧化皮或油漆层因锈蚀而部分剥落或者可以刮除	锈蚀面积>构件面积的10%

裂纹评定标准 表1-168

标度	评定标准
	定性描述
1	完好
2	锚杆存在轻微裂纹，但符合相关规范要求
3	锚杆有较多裂纹，不符合相关规范要求，局部有锈蚀现象
4	锚杆外观有大量裂纹，个别部位裂纹超限，不符合相关规范要求，锈蚀现象严重，严重影响结构安全

(六)斜拉桥主要构件技术状况评定

1.斜拉索

斜拉索评定指标及分级评定标准见表1-169～表1-174。

拉索锈蚀、断丝评定标准 表1-169

标度	评定标准
	定性描述
1	完好
2	钢丝有极少量锈蚀
3	钢丝少量锈蚀，钢丝无断裂
4	钢丝较多锈蚀或损坏，钢丝断裂，截面出现削弱
5	钢索裸露，钢丝大量严重锈蚀或损坏，钢丝断裂，主梁出现严重变形，造成安全隐患

滑移变位评定标准　　表 1-170

标度	评定标准
	定性描述
1	完好
2	—
3	—
4	斜拉索出现异常位移变形，且无法复位
5	斜拉索异常位移变形过大，导致桥面线形、纵向位移伸缩量出现显著异常，结构振动或摇晃显著，影响结构安全

涂层损坏评定标准　　表 1-171

标度	评定标准	
	定性描述	定量描述
1	完好	—
2	涂层有轻微损坏、裂纹、起皮或剥落	累计面积≤构件面积的 10%，单处面积≤0.5m²
3	较大范围涂层有损坏、裂纹、起皮、剥落	累计面积＞构件面积的 10%且≤构件面积的 20%，单处面积≤1.0m²
4	大范围涂层有损坏、裂纹、起皮或剥落	累计面积＞构件面积的 20%，单处面积＞1.0m²

护套内的材料老化变形评定标准　　表 1-172

标度	评定标准
	定性描述
1	完好
2	护套内的材料轻微老化，表面有脏污
3	护套内的材料老化变形
4	护套内的材料老化变形，并有破裂现象，局部还造成渗水

锚固区损坏评定标准　　表 1-173

标度	评定标准
	定性描述
1	完好
2	个别锚头或锚拉板出现轻微破损
3	个别锚头出现破损、松动或出现不密封现象，但未造成拉索锈蚀，个别锚拉板出现疲劳损伤状况
4	较多锚头或锚拉板出现破损、松动或裂缝，锚头锈蚀，锚固区有明显的受力裂缝
5	较多锚头或锚拉板出现严重破损、松动、裂缝，锚头积水锈蚀严重，锚固区有明显的受力裂缝，且缝宽＞0.2mm

拉索线形异常评定标准　　表 1-174

标度	评定标准
	定性描述
1	完好

续上表

标度	评定标准
	定性描述
2	—
3	—
4	拉索线形出现明显异常或有异常声音
5	拉索线形出现显著异常，桥面线形出现显著异常，结构振动摇晃明显，主梁出现严重变形

2.斜拉索护套

斜拉索护套评定指标及分级评定标准见表1-175～表1-180。

漆膜损坏评定标准 表1-175

标度	评定标准	
	定性描述	定量描述
1	各部分油漆均匀平光、完整，色泽鲜明	—
2	油漆变色、轻微损坏、裂纹、起皮或剥落	累计失效面积≤构件面积的10%
3	较大范围涂层有轻微损坏、裂纹、起皮或剥落	累计失效面积>构件面积的10%且≤构件面积的20%
4	大范围涂层有轻微损坏、裂纹、起皮或剥落	累计失效面积>构件面积的20%

护套裂缝评定标准 表1-176

标度	评定标准
	定性描述
1	完好
2	PE管或金属管轻微胀裂，未造成渗水等；或热挤PE护套轻微开裂，未造成其他影响，符合相关要求
3	PE管或金属管胀裂，出现较多纵向裂缝，造成渗水，钢丝有锈迹或护套内有氧化物，钢束截面削弱，但在规范范围内；或热挤PE护套产生环状开裂或PE层断开，造成渗水，导致钢丝锈蚀，但在规范范围内
4	PE管或金属管胀裂，出现很多纵向裂缝，渗水造成钢丝锈蚀和护套内有氧化物，钢束截面削弱超出规范范围；或热挤PE护套产生严重环状开裂或PE层断开，造成渗水，导致钢丝锈蚀超出规范范围

护套锈蚀评定标准 表1-177

标度	评定标准
	定性描述
1	完好
2	护套表面发生轻微锈蚀，并且少部分氧化皮或油漆层已经剥落
3	护套表面部分发生锈蚀，并且部分氧化皮或油漆层已经剥落
4	护套表面发生锈蚀，有大量点蚀现象，氧化皮或油漆层因锈蚀而部分剥落或者可以刮除

防护层破损评定标准 表1-178

标度	评定标准
	定性描述
1	完好

续上表

标度	评定标准
	定性描述
2	个别防护层轻微老化或破损
3	个别防护层老化、破损、松动
4	部分防护层老化、破损、裂纹或积水，造成局部渗水或锈蚀；个别护筒甚至脱落

护套上端浆液离析评定标准　　表 1-179

标度	评定标准	
	定性描述	定量描述
1	完好	—
2	—	—
3	局部离析	≤10%的浆液没有凝固
4	局部离析，浆液有流动性	＞10%的浆液没有凝固

渗水评定标准　　表 1-180

标度	评定标准
	定性描述
1	完好
2	个别护套轻微渗水
3	个别护套明显渗水；个别渗水处伴有锈蚀
4	多处护套明显渗水，渗水处伴有锈蚀

3. 主梁

(1)预应力混凝土主梁评定指标及分级评定标准依照悬索桥预应力混凝土加劲梁的相关规定。

(2)钢桁架主梁评定指标及分级评定标准依照悬索桥钢桁架加劲梁的相关规定。

(3)钢箱梁主梁评定指标及分级评定标准依照悬索桥钢箱加劲梁的相关规定。

4. 索塔

索塔评定指标及分级评定标准见表 1-181～表 1-184；蜂窝、麻面评定标准见表 1-152；剥落、露筋评定标准见表 1-153；钢筋锈蚀评定标准见表 1-154；基础冲刷评定标准见表 1-157。

倾斜变形评定标准　　表 1-181

标度	评定标准
	定性描述
1	无倾斜变形
2	—
3	有倾斜变形现象或存在扭转现象，但情况较轻微，不影响结构安全
4	存在倾斜变形或存在扭转，两塔不对称变位，存在安全隐患
5	索塔出现明显倾斜，或两塔不对称变位严重，造成主梁出现严重变形，严重影响结构安全

裂缝评定标准 表 1-182

标度	评定标准	
	定性描述	定量描述
1	完好，无裂缝	—
2	网状裂缝：局部网状裂缝	网状裂缝：累计面积≤构件面积的 20%，单处面积≤1.0m²
	其他裂缝：有少量裂缝，缝宽未超限	其他裂缝：缝长≤截面尺寸的 1/3
3	网状裂缝：局部网状裂缝	网状裂缝：累计面积>构件面积的 20%，单处面积>1.0m²
	其他裂缝：有大量裂缝，缝宽未超限	其他裂缝：缝长>截面尺寸的 1/3 且≤截面尺寸的 2/3，间距≥20cm
4	有大量裂缝，缝宽超限	缝宽>限值，缝长>截面尺寸的 2/3，间距<20cm

沉降评定标准 表 1-183

标度	评定标准
	定性描述
1	完好
2	—
3	索塔有小幅度沉降，但沉降稳定
4	索塔沉降较大，但沉降稳定
5	索塔沉降量异常且不稳定，或索塔基础出现严重沉降或位移

锚固区渗水评定标准 表 1-184

标度	评定标准
	定性描述
1	完好
2	锚固区有轻微渗水
3	锚固区有局部明显渗水，渗水量较大
4	锚固区多处有明显渗水，渗水量大；个别渗水处伴有晶体析出或锈蚀，流膏处混凝土松散

5. 锚具

锚具评定指标及分级评定标准见表 1-185～表 1-188。

锚杯积水评定标准 表 1-185

标度	评定标准
	定性描述
1	完好，锚杯无积水
2	锚杯积水较少，空气湿度较大
3	锚杯积水严重，空气湿度很大

锚具内潮湿评定标准　　表1-186

标度	评定标准	
	定性描述	定量描述
1	完好，空气干燥	—
2	锚具内有少量水汽，空气较潮湿	湿度≤40%
3	锚具内水汽较多，空气潮湿，锚具锈蚀	湿度>40%且≤50%
4	锚具内空气潮湿，造成锚具严重锈蚀	湿度>50%

防锈油结块评定标准　　表1-187

标度	评定标准
	定性描述
1	防锈油无结块
2	防锈油有少量结块
3	防锈油结块面积较大

锚具锈蚀评定标准　　表1-188

标度	评定标准
	定性描述
1	完好
2	个别锚具轻微锈蚀
3	部分锚具锈蚀、疲劳或损坏等，个别处有少量点蚀现象，氧化皮或油漆层因锈蚀而部分剥落或者可以刮除
4	锚具锈蚀、疲劳或损坏等严重，防护普遍开裂，并大量脱落，表面普遍有点蚀现象，氧化皮或油漆层因锈蚀而全面剥离

6.减振装置

减振装置损坏评定标准见表1-189。

减振装置损坏评定标准　　表1-189

标度	评定标准
	定性描述
1	完好
2	减振装置极个别处轻微损坏
3	减振装置出现较多处损坏，部分功能失效

(七)桥梁下部结构构件技术状况评定

1.桥墩

(1)墩身评定指标及分级评定标准见表1-190～表1-198。

蜂窝、麻面评定标准　　表1-190

标度	评定标准	
	定性描述	定量描述
1	完好	—
2	轻微蜂窝、麻面	累计面积≤构件面积的20%，单处面积≤1.0m²
3	较多蜂窝、麻面	累计面积>构件面积的20%，单处面积>1.0m²

剥落、露筋评定标准 表1-191

标度	评定标准	
	定性描述	定量描述
1	完好	—
2	局部混凝土剥落、露筋	累计面积≤构件面积的3%，单处面积≤0.5m^2
3	较大范围混凝土剥落、露筋	累计面积>构件面积的3%且≤构件面积的10%，单处面积≤1.0m^2
4	大范围混凝土剥落、露筋	累计面积>构件面积的10%，单处面积>1.0m^2

空洞、孔洞评定标准 表1-192

标度	评定标准	
	定性描述	定量描述
1	完好	—
2	局部空洞、孔洞	累计面积≤构件面积的3%，单处面积≤0.5m^2
3	较大范围空洞、孔洞	累计面积>构件面积的3%且≤构件面积的10%，单处面积≤0.5m^2或最大深度≤25mm
4	大范围空洞、孔洞	累计面积>构件面积10%，单处面积>0.5m^2或最大深度>25mm

钢筋锈蚀评定标准 表1-193

标度	评定标准
	定性描述
1	完好
2	有锈蚀现象
3	钢筋锈蚀，混凝土表面有沿主筋方向的裂缝或混凝土表面有锈迹
4	大量主筋锈蚀，混凝土表面保护层剥落，钢筋裸露，甚至出现主筋锈断现象
5	钢筋严重锈蚀，主筋锈断，混凝土表面开裂严重，出现严重滑动或倾斜等现象

混凝土碳化、腐蚀评定标准 表1-194

标度	评定标准
	定性描述
1	无碳化现象
2	有少量碳化或腐蚀现象，且所有碳化深度均小于混凝土保护层厚度
3	部分位置出现碳化现象，局部碳化深度大于混凝土保护层厚度，混凝土表面少量胶凝料松散粉化，或构件受强酸性液体或气体腐蚀，造成混凝土受到腐蚀，或钢筋出现少量锈蚀，或有冻融现象，造成混凝土出现胀裂
4	大部分位置碳化，碳化深度大于混凝土保护层厚度，混凝土表面胶凝料大量松散粉化，或构件受强酸性液体或气体腐蚀，造成混凝土腐蚀或钢筋大量锈蚀，或有冻融现象，造成混凝土严重胀裂

磨损评定标准　　表 1-195

标度	评定标准	
	定性描述	定量描述
1	完好	—
2	有磨损现象，个别部位表面磨耗，粗集料显露	累计面积≤构件面积的 5%
3	较大范围有磨损、缩颈现象，并出现露筋或锈蚀	累计面积>构件面积的 5%且≤构件面积的 20%
4	大范围有磨损、缩颈现象，混凝土剥蚀，大范围出现露筋现象，裸露钢筋锈蚀	累计面积>构件面积的 20%

圬工砌体缺陷评定标准　　表 1-196

标度	评定标准	
	定性描述	定量描述
1	完好	—
2	砌体局部出现灰缝脱落现象，或砌体局部出现破损、剥落等现象	灰缝脱落累计长度≤构件截面长度的 10%，或破损、剥落累计面积≤构件面积的 3%
3	砌体大范围出现灰缝脱落现象，或砌体较大范围出现破损、剥落、局部变形等现象	灰缝脱落累计长度>构件截面长度的 10%，或破损、剥落、局部变形等累计面积>构件面积的 3%且≤构件面积的 10%
4	砌体大范围出现破损、剥落、松动、变形等现象	破损、剥落、松动、变形等累计面积>构件面积的 10%

位移评定标准　　表 1-197

标度	评定标准
	定性描述
1	完好
2	—
3	桥墩出现轻微下沉、倾斜滑动等，发展缓慢或趋向稳定
4	桥墩出现滑动、下沉、倾斜，变形小于或等于规范值
5	桥墩不稳定，出现严重滑动、下沉、位移、倾斜现象，造成结构和桥面变形过大，变形大于规范值或不能正常行车

注：简支梁墩台允许沉降——均匀总沉降值（不包括施工中沉降）：$2.0\sqrt{L}$；相邻墩台均匀沉降值（不包括施工中沉降）：$1.0\sqrt{L}$；顶面水平位移：$0.5\sqrt{L}$。L 为相邻墩台间最小跨径长度，以 m 计。跨径<25m 时仍以 25m 计。

裂缝评定标准　　表 1-198

标度	评定标准	
	定性描述	定量描述
1	完好，无裂缝	—
2	网状裂缝：局部网状裂缝	网状裂缝：累计面积≤构件面积的 20%，单处面积≤1.0m²
	墩身的水平裂缝：较少裂缝，缝宽未超限	墩身的水平裂缝：缝长≤墩身直径或墩身宽度的 1/8

续上表

标度	评定标准	
	定性描述	定量描述
2	竖向裂缝:较少裂缝,缝宽未超限	竖向裂缝:缝长≤截面尺寸的1/5
	不等高的墩盖梁上的竖向裂缝:较少裂缝,缝宽未超限	不等高的墩盖梁上的竖向裂缝:缝长≤截面尺寸的1/3
	悬臂桥墩角隅处的裂缝:较少裂缝,缝宽未超限	悬臂桥墩角隅处的裂缝:缝长≤截面尺寸的1/3
	镶面石突出的裂缝:局部开裂	镶面石突出的裂缝:累计面积≤构件面积的10%,单处面积≤0.5m^2
3	网状裂缝:局部网状裂缝	网状裂缝:累计面积>构件表面积的20%,单处面积>1.0m^2
	从基础向上发展至墩身的裂缝:较多裂缝,缝宽未超限	从基础向上发展至墩身的裂缝:缝长≤截面尺寸的1/3,间距≥50cm
	墩身的水平裂缝:较多裂缝,缝宽未超限	墩身的水平裂缝:缝长>墩身直径或墩身宽度的1/8且≤墩身直径或墩身宽度的1/2
	墩身的剪切破坏:较多裂缝,缝宽未超限	墩身的剪切破坏:缝长≤截面尺寸的1/3
	竖向裂缝:较多裂缝,缝宽未超限	竖向裂缝:缝长>截面尺寸的1/5且≤截面尺寸的1/3,间距≥30cm
	不等高的墩盖梁上的竖向裂缝:较多裂缝,缝宽未超限	不等高的墩盖梁上的竖向裂缝:缝长>截面尺寸的1/3且≤截面尺寸的2/3
	悬臂桥墩角隅处的裂缝:较多裂缝,缝宽未超限	悬臂桥墩角隅处的裂缝:缝长>截面尺寸的1/3且≤截面尺寸的1/2
	镶面石突出的裂缝:局部开裂,少量裂缝宽度超限	镶面石突出的裂缝:累计面积>构件面积的10%且≤构件面积的20%,单处面积≤1.0m^2
4	从基础向上发展至墩身的裂缝:存在大量裂缝,缝宽大多超限	从基础向上发展至墩身的裂缝:缝长>截面尺寸的1/3,间距<50cm
	墩身的水平裂缝:存在大量裂缝,缝宽大多超限	墩身的水平裂缝:缝长>墩身直径或墩身宽度的1/2
	墩身的剪切破坏:缝宽超限	墩身的剪切破坏:缝长>截面尺寸的1/3
	竖向裂缝:存在大量裂缝,缝宽大多超限	竖向裂缝:缝长>截面尺寸的1/3,间距<30cm
	悬臂桥墩角隅处的裂缝:缝宽超限	悬臂桥墩角隅处的裂缝:缝长>截面尺寸的1/2
	不等高的墩盖梁上的竖向裂缝:存在大量裂缝,缝宽大多超限,少部分混凝土出现剥落、露筋	不等高的墩盖梁上的竖向裂缝:缝长>截面尺寸的2/3
	镶面石突出的裂缝:多处开裂,裂缝宽度大多超限	镶面石突出的裂缝:累计面积>构件面积的20%
5	桥墩出现结构性裂缝,缝宽超限,裂缝有开合现象,桥墩变形失稳	—

(2)盖梁和系梁评定指标及分级评定标准

盖梁和系梁评定指标及分级评定标准见表 1-190～表 1-194；裂缝评定标准见表 1-199。

裂缝评定标准　　表 1-199

标度	评定标准	
	定性描述	定量描述
1	完好，无裂缝	—
2	网状裂缝：局部网状开裂	网状裂缝：累计面积≤构件面积的 20%，单处面积≤1.0m²
	墩帽顶面水平裂缝：少量裂缝，缝宽未超限	墩帽顶面水平裂缝：缝长≤截面尺寸的 1/3
	由支承垫石从下向上发展的裂缝：缝宽未超限	由支承垫石从下向上发展的裂缝：缝长≤截面尺寸的 1/3
	盖梁自上而下的垂直裂缝：缝宽未超限	盖梁自上而下的垂直裂缝：缝长≤截面尺寸的 1/5，间距>80cm
3	网状裂缝：局部网裂	网状裂缝：累计面积>构件面积的 20%，单处面积>1.0m²
	墩帽顶面水平裂缝：缝宽未超限	墩帽顶面水平裂缝：缝长>截面尺寸的 1/3 且≤截面尺寸的 2/3，间距≥20cm
	由支承垫石从下向上发展的裂缝：缝宽未超限	由支承垫石从下向上发展的裂缝：缝长>截面尺寸的 1/3 且≤截面尺寸的 2/3
	盖梁自上而下的垂直裂缝：缝宽未超限	盖梁自上而下的垂直裂缝：缝长>截面尺寸的 1/5 且≤截面尺寸的 1/3，间距≥50cm
4	墩帽顶面水平裂缝：存在大量裂缝，缝宽超限	墩帽顶面水平裂缝：缝长>截面尺寸的 2/3，间距<20cm
	由支承垫石从下向上发展的裂缝：存在大量裂缝，缝宽超限	由支承垫石从下向上发展的裂缝：缝长>截面尺寸的 2/3
	盖梁自上而下的垂直裂缝：裂缝贯通，缝宽超限	盖梁自上而下的垂直裂缝：缝长>1/3 截面尺寸，间距<50cm

2. 桥台

(1)台身评定指标及分级评定标准见表 1-200～表 1-208。

剥落评定标准　　表 1-200

标度	评定标准	
	定性描述	定量描述
1	完好	—
2	局部混凝土剥落	累计面积≤构件面积的 5%，单处面积≤0.5m²
3	较大范围混凝土剥落	累计面积>构件面积的 5%且≤构件面积的 20%，单处面积≤1.0m²
4	大范围混凝土剥落	累计面积>构件面积的 20%，单处面积>1.0m²

空洞、孔洞评定标准 表 1-201

标度	评定标准	
	定性描述	定量描述
1	完好	—
2	局部空洞、孔洞	累计面积≤构件面积的 5%，单处面积≤0.5m^2
3	较大范围空洞、孔洞	累计面积>构件面积的 5%且≤构件面积的 20%，单处面积≤1.0m^2或深度≤25mm
4	大范围空洞、孔洞	累计面积>构件面积的 20%，单处面积>1.0m^2或深度>25cm

磨损评定标准 表 1-202

标度	评定标准	
	定性描述	定量描述
1	完好	—
2	出现磨损，个别部位表面磨耗，粗集料显露	累计面积≤构件面积的 10%
3	大范围有磨损，粗集料显露	累计面积>构件面积的 10%

混凝土碳化、腐蚀评定标准 表 1-203

标度	评定标准
	定性描述
1	完好
2	有局部碳化或腐蚀现象，且所有碳化深度均小于混凝土保护层厚度
3	大部分出现碳化或腐蚀现象，局部碳化深度大于混凝土保护层厚度，混凝土表面少量胶凝料松散粉化

圬工砌体缺陷评定标准 表 1-204

标度	评定标准	
	定性描述	定量描述
1	完好	—
2	砌体局部出现灰缝脱落现象，或砌体局部出现破损、剥落等现象	灰缝脱落累计长度≤构件截面长度的 10%，或破损、剥落累计面积<构件面积的 3%
3	砌体大范围出现灰缝脱落现象，或砌体较大范围出现破损、剥落、局部变形等现象	灰缝脱落累计长度>构件截面长度的 10%，或破损、剥落、局部变形等累计面积>构件面积的 3%且≤构件面积的 10%
4	砌体大范围出现破损、剥落、松动、变形等现象	破损、剥落、松动、变形等累计面积>构件面积的 10%

桥头跳车评定标准 表 1-205

标度	评定标准	
	定性描述	定量描述
1	完好	—
2	台背路面轻微沉降，有轻度跳车现象	沉降值≤2cm

续上表

标度	评定标准	
	定性描述	定量描述
3	台背路面沉降较大，桥头跳车明显	沉降值＞2cm且不大于5cm
4	台背路面明显沉降，桥头跳车严重	沉降值＞5cm

台背排水状况评定标准　　表1-206

标度	评定标准
	定性描述
1	完好
2	台背排水不良，造成桥台被渗水污染
3	台背填土排水不畅，填土出现膨胀或冻胀现象，造成挤压隆起，变形发展较快
4	台背填土排水不畅，填土出现膨胀或冻胀现象，造成台身、翼墙等构件出现大面积鼓肚或砌体松动，甚至出现严重变形

位移评定标准　　表1-207

标度	评定标准
	定性描述
1	完好
2	—
3	出现轻微下沉、倾斜滑动，发展缓慢或趋向稳定
4	桥台出现滑动、下沉、倾斜、冻拔等，台背填土有沉降裂缝或挤压隆起，变形发展较快，变形小于或等于规范值
5	桥台不稳定，出现严重滑动、下沉、位移、倾斜、冻拔等，造成结构和桥面变形过大，变形大于规范值或不能正常行车

注：简支梁墩台允许沉降见表1-197的表注。

裂缝评定标准　　表1-208

标度	评定标准	
	定性描述	定量描述
1	完好，无裂缝	—
2	网状裂缝：局部网状开裂	网状裂缝：累计面积≤构件面积的20%，单处面积≤1.0m^2
	从基础向上发展至台身的裂缝：缝宽未超限	从基础向上发展至台身的裂缝：缝长≤截面尺寸1/5
	台身的水平裂缝：缝宽未超限	台身的水平裂缝：缝长≤台身宽的1/8
	竖向裂缝：缝宽未超限	竖向裂缝：缝长≤截面尺寸的1/3
	翼墙和前墙断裂的裂缝：出现开裂，缝宽未超限	翼墙和前墙断裂的裂缝：缝长≤截面尺寸的1/3
	镶面石突出的裂缝：局部开裂	镶面石突出的裂缝：累计面积≤构件面积的10%，单处面积≤0.5m^2

续上表

标度	评定标准	
	定性描述	定量描述
3	网状裂缝：局部网状裂缝	网状裂缝：累计面积＞构件面积的 20%，单处面积＞1.0m^2
	从基础向上发展至台身的裂缝：缝宽未超限	从基础向上发展至台身的裂缝：缝长＞截面尺寸的 1/5 且≤截面尺寸的 1/3，间距≥20cm
	台身的水平裂缝：缝宽未超限	台身的水平裂缝：缝长＞台身宽的 1/8 且≤台身宽的 1/2
	竖向裂缝：缝宽未超限	竖向裂缝：缝长＞截面尺寸的 1/3 且≤截面尺寸的 1/2，间距≥20cm
	翼墙和前墙断裂的裂缝：出现开裂，缝宽超限	翼墙和前墙断裂的裂缝：缝长＞截面尺寸的 1/3 且≤截面尺寸的 2/3
	镶面石突出的裂缝：局部开裂	镶面石突出的裂缝：累计面积＞构件面积的 10%，单处面积＞1.0m^2
4	从基础向上发展至台身的裂缝：重点部位缝宽超限	从基础向上发展至台身的裂缝：缝长＞截面尺寸的 1/3，间距＜20cm
	台身的水平裂缝：重点部位缝宽超限	台身的水平裂缝：缝长＞台身宽的 1/2
	竖向裂缝：重点部位缝宽超限	竖向裂缝：缝长＞截面尺寸的 1/2，间距＜20cm
	翼墙和前墙断裂的裂缝：出现开裂，缝宽超限	翼墙和前墙断裂的裂缝：缝长＞截面尺寸的 2/3，缝宽＞1.0mm
5	桥台出现结构性裂缝，桥台变形失稳	缝宽＞1.0cm，缝长＞台身宽的 2/3

(2)台帽评定指标及分级评定标准见表 1-209～表 1-211；空洞、孔洞评定标准见表 1-201。

破损评定标准 表 1-209

标度	评定标准	
	定性描述	定量描述
1	完好	—
2	局部混凝土剥落、磨损等	累计面积≤构件面积的 10%，单处面积≤0.5m^2
3	较大范围混凝土剥落、磨损等	累计面积＞构件面积的 10%且≤构件面积的 20%，单处面积≤1.0m^2
4	大范围混凝土剥落、磨损等	累计面积≥构件面积的 20%，单处面积＞1.0m^2

混凝土碳化、腐蚀评定标准 表 1-210

标度	评定标准
	定性描述
1	无碳化现象
2	有局部碳化或腐蚀现象，且所有碳化深度均小于混凝土保护层厚度
3	大部分出现碳化或腐蚀现象，局部碳化深度大于混凝土保护层厚度，混凝土表面松散粉化

裂缝评定标准　　表 1-211

标度	评定标准	
	定性描述	定量描述
1	完好，无裂缝	—
2	由支承垫石从下向上发展的裂缝：缝宽未超限	由支承垫石从下向上发展的裂缝：缝长≤截面尺寸的2/3
	台帽自上而下的垂直裂缝：缝宽未超限	台帽自上而下的垂直裂缝：缝长≤截面尺寸的2/3，间距≥20cm
3	由支承垫石从下向上发展的裂缝：缝宽超限	由支承垫石从下向上发展的裂缝：缝长>截面尺寸的2/3
	台帽自上而下的垂直裂缝：缝宽超限	台帽自上而下的垂直裂缝：缝宽>限值且≤1.0mm，缝长>截面尺寸的2/3，间距<20cm
4	台帽自上而下的垂直裂缝：缝宽超限	台帽自上而下的垂直裂缝：缝宽>1.0mm，缝长>截面尺寸的2/3，间距<20cm

3.基础

应对基础及河底铺砌的缺损情况进行详细检查。水下部分可通过相关辅助手段（水下摄像机、水下腐蚀电位测量仪等）进行检查，了解构件的损伤、损坏情况。

基础（包括水下基础）评定指标及分级评定标准见表1-212～表1-218。

冲刷、淘空评定标准　　表 1-212

标度	评定标准	
	定性描述	定量描述
1	完好	—
2	基础无冲蚀现象，表面长有青苔、杂草	—
3	基础有局部冲蚀现象，部分外露，但未露出基底	基础冲空面积≤10%
4	浅基被冲空，露出底面，冲刷深度大于设计值	基础冲空面积>10%且≤20%
5	冲刷深度大于设计值，地基失效，承载力降低，或桥台岸坡滑移或基础无法修复	基础冲空面积>20%

剥落、露筋评定标准　　表 1-213

标度	评定标准	
	定性描述	定量描述
1	完好	—
2	承台出现少量剥落、露筋、锈蚀现象，或基础少量混凝土剥落	累计面积≤构件面积的3%，单处面积≤0.25m²
3	承台较大范围出现剥落、露筋、锈蚀现象，或基础小范围出现剥落、露筋、锈蚀现象	剥落、露筋累计面积>构件面积的3%且≤构件面积的10%，单处面积>0.25m²且≤1.0m²
4	承台大范围出现严重剥落、露筋、锈蚀现象且混凝土出现严重锈蚀裂缝，或基础较大范围出现剥落、露筋，主筋严重锈蚀	剥落、露筋累计面积>构件面积的10%且≤构件面积的20%，单处面积>1.0m²
5	基础大量剥落、露筋且主筋有锈断现象，基础失稳	基础剥落、露筋累计面积>构件面积的20%，单处面积>1.0m²

冲蚀评定标准 表 1-214

标度	评定标准	
	定性描述	定量描述
1	完好	—
2	基础或承台有轻微磨损、腐蚀现象，个别部位表面磨耗，粗骨料显露	累计面积≤构件面积的 3%
3	基础或承台大范围被侵蚀，有磨损、缩颈、露筋或者环状冻裂现象；或桩基顶面出现较大空洞	累计面积>构件面积的 3%且≤构件面积的 10%
4	混凝土腐蚀或钢筋大量锈蚀并有锈断现象；或有严重冻融现象，造成大面积混凝土胀裂	累计面积>构件面积的 10%

河底铺砌损坏评定标准 表 1-215

标度	评定标准
	定性描述
1	河底铺砌完好，无冲刷现象
2	河底铺砌局部轻微冲刷或损坏
3	河底铺砌冲刷较重或损坏严重
4	河底铺砌出现严重冲刷淘空或损坏

沉降评定标准 表 1-216

标度	评定标准
	定性描述
1	完好
2	—
3	出现轻微的下沉，发展缓慢或下沉趋于稳定
4	出现下沉现象，沉降量小于或等于规范值
5	基础不稳定，下沉现象严重，沉降量大于规范值，造成上部结构和桥面系变形过大

注：简支梁墩台允许沉降——均匀总沉降值（不包括施工中沉降）：$2.0\sqrt{L}$；相邻墩台均匀沉降值（不包括施工中沉降）：$1.0\sqrt{L}$。L 为相邻墩台间最小跨径长度，以 m 计。跨径小于 25m 时仍以 25m 计。

滑移和倾斜评定标准 表 1-217

标度	评定标准
	定性描述
1	完好
2	—
3	出现滑移或倾斜，导致支座和墩台支承面轻微损坏，或导致伸缩装置破坏、接缝减小、伸缩机能受损，但发展缓慢或下沉趋于稳定
4	基础出现滑移或倾斜，导致支座和墩台支承面被严重破坏，或导致伸缩装置破坏、接缝减小、伸缩机能完全丧失，或滑移量过大，梁端与胸墙紧贴
5	滑移量过大导致前墙破坏或局部破碎、压曲，或基础不稳定，滑移或倾斜现象严重，或导致梁体从支承面上滑落

裂缝评定标准　　表 1-218

标度	评定标准	
	定性描述	定量描述
1	完好	—
2	结构应力异常，出现剪切裂缝，缝宽未超限	缝长≤截面尺寸的 1/3
3	结构应力异常，出现剪切裂缝，缝宽未超限	缝长>截面尺寸的 1/3 且≤截面尺寸的 1/2
4	结构应力异常，出现剪切裂缝或混凝土出现碎裂	缝宽>限值且≤1.0mm，缝长>截面尺寸的 1/2
5	结构应力异常，出现剪切裂缝，裂缝贯通，基础处于失稳状态，或基础出现结构性裂缝甚至断裂	缝宽>1.0mm，缝长>截面尺寸的 1/2

4. 翼墙、耳墙

翼墙、耳墙评定指标及分级评定标准见表 1-219～表 1-222。

破损评定标准　　表 1-219

标度	评定标准	
	定性描述	定量描述
1	完好	—
2	局部混凝土出现空洞、孔洞、剥落，或砖石表面小块脱落	累计面积≤构件面积的 5%，单处面积≤0.5m^2
3	较大范围混凝土或砖石出现空洞、孔洞、剥落	累计面积>构件面积的 5%且≤构件面积的 20%，单处面积≤1.0m^2
4	大范围混凝土或砖石出现空洞、孔洞、剥落	累计面积>构件面积的 20%

位移评定标准　　表 1-220

标度	评定标准
	定性描述
1	完好
2	—
3	存在明显的永久变形，但无明显的外倾、下沉，或出现填料损失，但仍可起到挡土的作用
4	有下沉、滑动现象，造成翼墙断裂，外倾失稳，砌体变形，部分倒塌，或填料严重流失，失去挡土功能

鼓肚、砌体松动评定标准　　表 1-221

标度	评定标准
	定性描述
1	完好
2	局部鼓肚，砌体松动
3	大面积鼓肚，砌体松动
4	大面积鼓肚，砌体松动，甚至出现严重渗漏

裂缝评定标准 表 1-222

标度	评定标准	
	定性描述	定量描述
1	完好或有轻微网裂	网裂总面积≤10%
2	较多网裂。出现个别裂缝，缝宽未超限	网裂总面积>10%
3	出现多处裂缝，未贯通，缝宽超限，或翼墙或耳墙有断裂，与前墙脱开	—
4	出现通缝，裂缝超限，或翼墙或耳墙断裂，与前墙完全脱开	—

5. 锥坡、护坡

锥坡、护坡评定指标及分级评定标准见表 1-223 和表 1-224。

缺陷评定标准 表 1-223

标度	评定标准	
	定性描述	定量描述
1	完好	—
2	铺砌面局部隆起、凹陷、开裂，砌缝砂浆脱落，或局部铺砌面下滑，坡角损坏	缺陷面积≤10%
3	铺砌面出现大面积隆起、凹陷、开裂，砌缝砂浆脱落	缺陷面积>10%且≤20%
4	出现孔洞，破损等，丧失锥坡、护坡功能，或锥坡体和坡脚损坏严重，大面积滑坡、坍塌，坡顶下降较大，锥坡、护坡作用明显降低	缺陷面积>20%

冲刷松动评定标准 表 1-224

标度	评定标准
	定性描述
1	完好
2	局部冲成浅坑
3	坡脚局部冲蚀，冲成深坑、沟或槽
4	锥坡体和坡脚冲蚀严重，基础有淘空现象

6. 河床及调治构造物

(1)河床评定指标及分级评定标准见表 1-225～表 1-227。

堵塞评定标准 表 1-225

标度	评定标准
	定性描述
1	完好
2	局部有漂流物，堵塞河道
3	多处有漂流物，堵塞河道
4	河道被完全堵塞

冲刷评定标准

表 1-226

标度	评定标准
	定性描述
1	河床稳定，无冲刷现象
2	局部轻微冲刷
3	冲刷较重，墩台底有淘空现象，防护体损坏严重
4	河床压缩，出现严重冲刷淘空，危及桥梁安全

河床变迁评定标准

表 1-227

标度	评定标准
	定性描述
1	完好
2	局部轻微淤积
3	河床淤泥严重，河床扩宽有变迁趋势
4	已出现变迁、扩宽现象，并有发展趋势

(2)调治构造物评定指标及分级评定标准见表 1-228 和表 1-229。

损坏评定标准

表 1-228

标度	评定标准
	定性描述
1	完好
2	构造物局部断裂，砌体松动、鼓肚、凹陷或灰浆脱落
3	表面出现大面积损坏或坡脚局部损坏
4	需要设置但没有设置调治构造物

冲刷、变形评定标准

表 1-229

标度	评定标准
	定性描述
1	完好
2	边坡局部下滑，基础局部冲空
3	边坡大面积下滑，构造物出现下沉、倾斜，局部坍塌
4	构造物出现下沉、倾斜、坍塌，基础冲蚀严重

(八)桥面系构件技术状况评定

1.桥面铺装

(1)沥青混凝土桥面铺装评定指标及分级评定标准见表1-230～表1-233。

变形(车辙、拥包、高低不平等)评定标准 表1-230

标度	评定标准	
	定性描述	定量描述
1	完好	—
2	局部出现波浪拥包	波浪拥包面积≤10%,波峰波谷高差≤25mm
	局部有高低不平的现象	高低差≤25mm
	局部出现车辙,深度较浅	铺装层出现车辙的面积≤10%,深度≤25mm
3	多处出现波浪拥包	波浪拥包面积>10%且≤20%,波峰波谷高差≤25mm
	多处有高低不平的现象	高低差≤25mm
	较大面积出现车辙,深度较浅	铺装层出现车辙的面积>10%且≤20%,深度≤25mm
4	大面积出现波浪拥包	波浪拥包面积>20%,波峰波谷高差>25mm
	普遍有高低不平的现象	高低差>25mm
	大面积出现车辙,深度较深	铺装层出现车辙的面积>20%,深度>25mm

泛油评定标准 表1-231

标度	评定标准	
	定性描述	定量描述
1	完好	—
2	局部出现泛油	面积≤10%
3	多处出现泛油	面积>10%且≤20%
4	大面积出现泛油、磨光	面积>20%

破损评定标准 表1-232

标度	评定标准	
	定性描述	定量描述
1	完好	—
2	面层局部松散、露骨	松散、露骨累计面积≤10%
	局部浅坑槽	坑槽深度≤25mm,累计面积≤3%,单处面积≤0.5m^2
3	多处松散、露骨	松散、露骨累计面积>10%且≤20%
	或多处出现坑槽	坑槽深度≤25mm,累计面积>3%且≤10%,单处面积>0.5m^2且≤1.0m^2
4	大部分松散、露骨	松散、露骨累计面积>20%
	大部分有坑槽	坑槽深度>25mm,累计面积>10%,单处面积>1.0m^2

裂缝(龟裂、块裂、纵向裂缝、横向裂缝等)评定标准　　表 1-233

标度	评定标准	
	定性描述	定量描述
1	完好	—
2	局部龟裂,裂缝区无变形、无散落	龟裂缝宽≤2.0mm,部分裂缝块度≤5.0m
	局部块裂,裂缝区无散落	块裂缝宽≤3.0mm,大部分裂缝块度>1.0m
	有纵横裂缝,裂缝壁无散落,无支缝	纵横裂缝缝长≤1.0m,缝宽≤3.0mm
3	局部龟裂,状态明显,裂缝区有轻度散落或变形	龟裂缝宽>2.0mm 且≤5.0mm,部分裂缝块度≤2.0m
	局部块裂,裂缝区有散落	块裂缝宽>3.0mm,大部分裂缝块度>0.5m 且≤1.0m
	有纵横裂缝,裂缝壁有散落,有支缝	纵横裂缝缝长>1.0m 且≤2.0m,缝宽>3.0mm
4	多处龟裂,特征显著,裂缝区变形明显、散落严重	龟裂缝宽>5.0mm,大部分裂缝块度≤2.0m
	多处块裂,裂缝区散落严重	块裂缝宽>3.0mm,大部分裂缝块度≤0.5m
	有纵横通缝,裂缝壁散落,支缝严重	纵横裂缝缝长>2.0m,缝宽>3.0mm

注:裂缝包括龟裂、块裂、纵向裂缝、横向裂缝等。

(2)水泥混凝土桥面铺装评定指标及分级评定标准见表 1-234～表 1-240。

磨光、脱皮、露骨评定标准　　表 1-234

标度	评定标准	
	定性描述	定量描述
1	完好	—
2	局部出现磨光、脱皮、露骨	面积≤10%
3	多处出现磨光、脱皮、露骨	面积>10%且≤20%
4	大面积出现磨光、脱皮、露骨	面积>20%

错台评定标准　　表 1-235

标度	评定标准	
	定性描述	定量描述
1	完好	—
2	局部接缝两侧出现高差现象	高差≤10mm
3	多处接缝两侧出现高差现象	高差>10mm
4	绝大多数接缝两侧出现高差现象	高差>10mm

坑洞评定标准　　表 1-236

标度	评定标准	
	定性描述	定量描述
1	完好	—
2	局部出现坑洞	深度≤1cm,直径≤3cm,或累计面积≤3%
3	多处坑洞	深度>1cm,直径>3cm,或累计面积>3%且≤10%
4	大部分有坑洞	深度>1cm,直径>3cm,或累计面积>10%

剥落评定标准 表 1-237

标度	评定标准
	定性描述
1	完好
2	局部接缝处出现浅层边角剥落，局部出现层状剥落
3	多处接缝处出现中、深层边角剥落，局部出现层状剥落
4	大部分接缝处出现深层边角剥落，局部出现层状剥落

拱起评定标准 表 1-238

标度	评定标准	
	定性描述	定量描述
1	完好	—
2	接缝两侧出现轻微抬高	接缝拱起条数≤总数的 10%
3	接缝两侧出现较大抬高	接缝拱起条数>总数的 10%且≤总数的 20%
4	接缝两侧出现明显抬高	接缝拱起条数>总数的 20%

接缝料损坏评定标准 表 1-239

标度	评定标准	
	定性描述	定量描述
1	完好	—
2	接缝处填料老化、漏水，但尚未出现剥落、脱空，或被杂物填塞	填料老化、漏水≤整条缝的 10%
3	接缝处填料老化、漏水，部分填料脱空，或被杂物填塞	填料老化、漏水>整条缝的 10%且≤整条缝的 20%，或脱空、填塞长度≤接缝长的 1/3
4	接缝处填料老化、漏水，多处填料脱空，或被杂物填塞	填料老化、漏水>整条缝 20%，或脱空、填塞长度>接缝长的 1/3

裂缝评定标准 表 1-240

标度	评定标准	
	定性描述	定量描述
1	完好	—
2	局部存在横向裂缝、纵向裂缝或斜裂缝，但未贯通	裂缝缝宽<3mm
	板角处裂缝与纵横接缝相交	交点距角点≤1/2 板块边长，裂缝缝宽<3mm
	局部出现破碎板，但未发生松动、沉陷等病害	每块板被分成 2～3 块
3	多数存在横向裂缝、纵向裂缝或斜裂缝，边缘有碎裂	裂缝缝宽≥3mm 且≤10mm
	板角处裂缝与纵横向接缝相交，边缘存在碎裂	交点距角点≤1/2 板块边长，裂缝缝宽≥3mm 且≤10mm
	出现较多破碎板，板块伴有松动、沉陷、唧泥等现象	每块板被分成 3～4 块

续上表

标度	评定标准	
	定性描述	定量描述
4	大部分存在横向裂缝、纵向裂缝或斜裂缝，边缘有碎裂，并伴有错台出现	裂缝缝宽>10mm
	板角处裂缝与纵横向接缝相交，断角有松动	交点距角点≤1/2板块边长，缝宽>10mm
	出现大量破碎板，板块伴有松动、沉陷、唧泥等现象	每块板被分成4块以上

2. 伸缩缝装置

伸缩缝装置评定指标及分级评定标准见表1-241～表1-244。

凹凸不平评定标准　　表1-241

标度	评定标准	
	定性描述	定量描述
1	完好	—
2	略有凹凸不平	差值≤1cm
3	有明显凹凸不平	差值>1cm且≤3cm
4	严重凹凸不平	差值>3cm

锚固区评定标准　　表1-242

标度	评定标准	
	定性描述	定量描述
1	完好	—
2	锚固构件松动，或锚固螺栓松脱	数量≤10%
	混凝土轻微损坏，出现裂缝、剥落现象	面积≤10%
3	锚固构件松动，或锚固螺栓松脱但功能尚存	数量>10%且≤20%
	混凝土局部损坏	面积>10%且≤20%
4	锚固构件松动，或锚固螺栓松脱，基本失效	数量>20%
	混凝土大面积破损	面积>20%

破损评定标准　　表1-243

标度	评定标准	
	定性描述	定量描述
1	完好	—
2	锚固构件松动、缺失，或焊缝开裂	数量≤10%
	橡胶条轻微损坏、老化	面积≤20%
	排水管发生轻微破损，但不影响功能	—
3	锚固构件松动、缺失，或焊缝开焊，造成钢板破损	数量>10%且≤20%
	橡胶条老化、剥离	面积>20%
	焊接处大部分出现裂缝，但未断裂	—

续上表

标度	评定标准	
	定性描述	定量描述
3	防水材料老化并有局部脱落现象，或排水管破损、堵塞，尚能维持功能	—
4	严重老化，锚固构件松动、缺失，或焊缝开焊，造成钢板破损失效	数量>20%
	焊接处出现剪断现象，或钢板其他部位出现剪断现象	—
	橡胶条完全剥离或脱落	—
	防水材料老化，完全脱落，或排水管完全堵塞失效	—

失效评定标准 表 1-244

标度	评定标准
	定性描述
1	完好
2	上层槽口堵塞、卡死等原因，造成伸缩缝伸缩异常，车辆行驶时出现冲击和噪声
3	上层槽口堵塞、卡死等原因，造成伸缩缝不能自由变形，伸缩异常现象严重，伸缩缝出现明显损坏
4	伸缩异常导致失效

3.人行道

人行道评定指标及分级评定标准见表 1-245 和表 1-246。

破损评定标准 表 1-245

标度	评定标准	
	定性描述	定量描述
1	完好	—
2	出现少量坑槽、孔洞、裂缝、剥落、松动等现象	面积≤10%
3	出现较多坑槽、孔洞、裂缝、剥落、松动等现象	面积>10%且≤20%
4	出现大量坑槽、孔洞、裂缝、剥落、松动等现象	面积>20%

缺失评定标准 表 1-246

标度	评定标准	
	定性描述	定量描述
1	完好	—
2	人行道出现少量缺失现象	面积≤3%
3	人行道出现较大面积缺损	面积>3%且≤10%
4	人行道出现大面积缺损	面积>10%

4.栏杆、护栏

栏杆、护栏评定指标及分级评定标准见表 1-247 和表 1-248。

撞坏、缺失评定标准　　表 1-247

标度	评定标准	
	定性描述	定量描述
1	完好	—
2	局部受到车辆冲撞，不影响功能，或构件脱落、缺失	损坏长度≤3%
3	多处出现车辆冲撞引起的损坏，不影响功能，或构件脱落、缺失	损坏长度>3%且≤10%
4	受到车辆冲撞，失去效用，或构件脱落、缺失	损坏长度>10%

破损评定标准　　表 1-248

标度	评定标准	
	定性描述	定量描述
1	完好	—
2	个别构件出现蜂窝麻面、剥落、锈蚀、裂缝、变形错位等现象	累计面积≤10%
3	较多构件出现蜂窝麻面、剥落、露筋、锈蚀、裂缝、变形错位等等现象	累计面积>10%且≤20%
4	大量构件出现剥落、露筋、锈蚀、裂缝、变形错位等现象	累计面积>20%

5. 防排水系统

防排水系统评定指标及分级评定标准见表 1-249 和表 1-250。

排水不畅评定标准　　表 1-249

标度	评定标准
	定性描述
1	完好
2	局部排水不畅，桥下出现漏水现象，或桥台支承面、翼墙面等平面受到污水污染
3	桥下多处出现漏水现象，或桥台支承面、翼墙面、前墙面等平面受到污水污染，支座锈蚀，或桥台后填料排水不畅，造成路堤轻微沉降
4	桥下普遍出现漏水现象，或桥台支承面、翼墙面、前墙面等平面被污水严重污染，支座严重锈蚀，或桥台后填料排水不畅，造成路堤明显沉降

破损评定标准　　表 1-250

标度	评定标准	
	定性描述	定量描述
1	完好	—
2	较少泄水管、引水槽、排水孔出现堵塞，或排水设施构件破损、缺件、管体脱落	数量≤5%
3	较多泄水管、引水槽、排水孔出现堵塞，或排水设施构件破损、缺件、管体脱落	数量>5%

6. 照明、标志

照明、标志评定指标及分级评定标准见表1-251～表1-253。

污损或损坏评定标准　表1-251

标度	评定标准
	定性描述
1	完好
2	个别设施松动、锈蚀、损坏，或出现污损标志不清现象
3	多处设施松动、锈蚀、损坏，或出现污损标志不清现象
4	大部分设施松动、锈蚀、损坏，危及行车安全

照明设施缺失评定标准　表1-252

标度	评定标准	
	定性描述	定量描述
1	完好	—
2	少量照明设施缺失	数量≤10%
3	较多照明设施缺失	数量>10%且≤20%
4	大量照明设施缺失，危及行车安全	数量>20%

标志脱落、缺失评定标准　表1-253

标度	评定标准	
	定性描述	定量描述
1	完好	—
2	个别标志脱落、缺失，或需要标志的位置没有相应标志	—
3	多处标志脱落、缺失，或需要标志的位置没有相应标志	—

对于桥面系如照明、标志、栏杆、护栏、人行道、防排水系统、桥面铺装等以及桥梁的其他次要构部件，在应急救援情况下对这些构部件的检查可能是无关紧要的，但《养护规范》和《技评标准》在桥梁技术状况评定时都分别给予了一定的权重，故此本章也对该部分内容进行了介绍。在应急救援检查时可根据具体情况进行参考。

第二章　桥梁特殊检查与适应性评定

第一节　桥梁特殊检查

特殊检查应根据桥梁的破损状况和性质，采用仪器设备进行现场测试、荷载试验及其他辅助试验，并针对桥梁现状进行检算分析，形成鉴定结论。特殊检查的目的，在于查清桥梁的病害原因、破损程度、承载能力、抗灾能力，从而确定桥梁的技术状况，为桥梁整体性评定提供基础依据。

当桥梁出现下列情况时应做特殊检查：

(1)定期检查中难以判明损坏原因及程度的桥梁。

(2)按第一章介绍方法对桥梁技术状况评定为四、五类者。

(3)遭受洪水、流冰、泥石流、滑坡、漂流物、地震或船舶撞击等特别事件之后。

(4)应急救援过程中拟通过加固手段提高荷载等级的桥梁。

实施定期检查前，承担单位负责检查的工程师应充分收集资料，包括设计资料(设计文件，计算所用程序、方法及计算结果)、竣工图、材料试验报告、施工记录、历次桥梁定期检查和特殊检查报告，以及历次维修资料等。原始资料如有不全或疑问时，可现场测绘构造尺寸，测试构件材料组成及性能，勘查水文地质情况等。

桥梁特殊检查应根据需要对以下三个方面问题做出鉴定。

(1)桥梁结构材料缺损状况。包括对材料物理、化学性能退化程序及原因的测试鉴定，结构或构件开裂状态的检测与评定。可根据鉴定要求和缺损的类型、位置，选择表面测量、无破损检测和局部取样等有效可靠的方法。试样应在有代表性的构件的次要部位获取。

(2)桥梁结构承载能力。包括对结构强度、稳定性和刚度的检算、试验和鉴定。桥梁结构验算及承载力试验应按国家及行业有关标准和技术规范进行。

(3)桥梁防灾能力。包括桥梁抵抗洪水、流冰、风、地震及其他地质灾害等能力的检测鉴定。一般采用现场测试与检算的方法。

特殊检查报告包括以下主要内容。

(1)概述检查的一般情况。包括桥梁的基本情况，检查的组织、时间、背景和工作过程等。

(2)概述目前的桥梁技术状况。包括现场调查、试验与检测的项目及方法、检测数据与分析结果和桥梁技术状况评价等。

(3)详细叙述检查部位的损坏程度及原因，并提出结构部件及桥梁总体的维修、加固或改建的建议方案。

第二节　桥梁无损检测技术

无损检测技术是指在不影响结构或构件性能的前提下，通过测定某些适当的物理量来判断结构或构件某些性能的检测方法。

混凝土无损检测技术主要用于推定既有构件的强度、均匀性、连续性、耐久性等。随着对混凝土制作全过程质量控制要求的不断提高，对既有结构物维修养护的日益重视，无损检测技术在工程建设中会发挥越来越重要的作用。

一、混凝土无损检测技术

（一）混凝土无损检测常用方法的分类

根据无损检测技术应用检测目的，通常将无损检测方法分为三类：一是检测结构构件混凝土强度值；二是检测结构构件混凝土内部缺陷，如裂缝、不密实区、孔洞、混凝土结合面质量、损伤层等；三是检测混凝土其他性能。桥梁无损检测方法的分类见表 2-1。

桥梁无损检测方法的分类　　表 2-1

<table>
<tr><td rowspan="22">混凝土无损检测</td><td rowspan="5">混凝土强度测定</td><td colspan="2">回弹法</td></tr>
<tr><td colspan="2">超声回弹综合法</td></tr>
<tr><td colspan="2">探针贯入法</td></tr>
<tr><td colspan="2">拉拔、拉脱试验法</td></tr>
<tr><td colspan="2">钻芯法</td></tr>
<tr><td rowspan="8">构件材料缺损的检验</td><td colspan="2">冲击回波检测</td></tr>
<tr><td colspan="2">超声波探伤法</td></tr>
<tr><td colspan="2">声发射检测</td></tr>
<tr><td colspan="2">射线照相技术</td></tr>
<tr><td colspan="2">红外线—热检测技术</td></tr>
<tr><td colspan="2">雷达检测</td></tr>
<tr><td rowspan="2">其他新方法</td><td>涡流检测</td></tr>
<tr><td>漏磁检测</td></tr>
<tr><td rowspan="9">钢筋锈蚀检测</td><td rowspan="4">直接评定法</td><td>预埋探测元件</td></tr>
<tr><td>线性极化电流测量</td></tr>
<tr><td>半电池电位测量</td></tr>
<tr><td>局部破损质量损失测量</td></tr>
<tr><td rowspan="5">间接评定法</td><td>保护层测量</td></tr>
<tr><td>混凝土电阻率测量</td></tr>
<tr><td>氯离子含量测量</td></tr>
<tr><td>碳化深度测量</td></tr>
<tr><td>透气性测量</td></tr>
</table>

续上表

<table>
<tr><td rowspan="2">钢结构无损检测</td><td rowspan="2">钢筋、预应力管道位置检测</td><td>雷达检测</td></tr>
<tr><td>电磁检测</td></tr>
<tr><td rowspan="5">钢结构无损检测</td><td rowspan="4">钢材焊缝无损探伤</td><td>超声波探伤</td></tr>
<tr><td>射线探伤</td></tr>
<tr><td>磁粉检测法</td></tr>
<tr><td>渗透检测法</td></tr>
<tr><td colspan="2">漆膜厚度现场监测</td></tr>
<tr><td rowspan="2">索结构无损检测</td><td colspan="2">索力测试</td></tr>
<tr><td colspan="2">索的锈蚀与断丝检测</td></tr>
</table>

(二)结构混凝土的强度检测

对于既有桥梁结构，在使用过程中，有些桥梁已不能满足当前通行荷载的要求，有些桥梁由于各种自然原因而产生不同程度的损伤与破坏，有些桥梁由于设计或施工不当而产生各种缺陷。对于这些桥梁的维修、加固、改建，可通过无损检测方法推定混凝土强度，以便提供加固、改建设计时的基本强度参数和其他设计依据。

混凝土强度的无损检测方法根据原理可分为三种——半破损法、非破损法和综合法。

1. 半破损法

半破损法是以不影响构件的承载能力为前提，在构件上直接进行局部破坏性试验，或直接钻取芯样进行破坏性试验。属于这类的方法有钻芯法、拨出法、射击法等。这类方法的特点是以局部破坏性试验获得混凝土强度，因而较为直观可靠。其缺点是造成结构物的局部破坏，需进行修补，因而不宜用于大面积的全面检测。

钻芯法是利用专用钻机，从结构混凝土中钻取芯样以检测混凝土强度或观察混凝土内部质量的方法。钻芯法检测混凝土强度具有直观准确的优点，但其缺点是对构件的损伤较大，检测成本较高。因此，一般宜将钻芯法与其他非破损方法结合使用。

拔出法是使用拔出仪器拉拔埋在混凝土表层内的锚固件，将混凝土拔出一锥形体，根据混凝土抗拔力推算抗压强度的方法。该法分为预埋法和后装法两种，前者是浇筑混凝土时预先将锚杆埋入，后者是在硬化后的混凝土上钻孔，装入(黏结或胀嵌)锚杆。

射击法也称穿透探针法或贯入阻力法，是采用一种称为温泽探针的射击装置，将硬质合金钉打入混凝土中，根据钉的外露长度作为混凝土贯入阻力的度量并以此推算混凝土强度。钉的外露长度越多，表明其混凝土强度越高。这种方法适用于混凝土早期强度发展情况的测定，也适用于同一结构不同部位混凝土强度的相对比较。该法的优点是测量迅速简便，由于有一定的射入深度(20～70mm)，受混凝土表面状况及碳化层影响较小，但受混凝土粗集料的影响十分明显。

2. 非破损法

非破损法以混凝土强度与某些物理量之间的相关性为基础，检测时在不影响混凝土任何性能的前提下，测试这些物理量，然后根据相关关系推算被测混凝土的强度。属于这类方法的有回弹法、超声脉冲法、射线吸收与散射法、成熟度法等。这类方法的特点是测试方便、费用低廉，但其测试结果的可靠性主要取决于混凝土的强度与所测试物理量之间的相关性。

回弹法是用弹簧驱动重锤，通过弹击杆弹击混凝土表面，并测出重锤被反弹回来的距离，以回弹值（反弹距离与弹簧初始长度之比）作为与强度相关的指标，来推定混凝土强度的一种方法。由于测量在混凝土表面进行，所以属于表面硬度法的一种。

超声波法检测混凝土强度是利用超声波在不同密度和不同弹性模量的混凝土传播速度也不同的原理，根据波速与混凝土强度的相关关系来推定混凝土的强度的方法。在计算超声波速值时，一般把混凝土看成匀质的弹塑性材料，通过归纳统计，建立强度与声速的关系曲线和经验公式，作为超声测强的依据。

成熟度法主要以“度时积”$M_t=\sum(T_s-T_0)\Delta t$ 作为推定强度的依据，M_t 为成熟度，T_0 为基准温度，T_S 为时间，Δt 为区间内混凝土的平均温度。主要用于现场测量控制混凝土早期强度发展状况，一般多用于施工质量控制手段。

射线法主要根据 γ 射线在混凝土中的穿透衰减或散射强度推算混凝土的密实度，并据此推定混凝土的强度。这种方法由于涉及射线防护问题，目前在国内外应用比较少。

3. 综合法

所谓综合法就是采用两种或两种以上的无损检测方法，获取多种物理参量，并建立混凝土强度与多项物理参量的综合相关关系，从多个角度综合评定混凝土强度。因而它比单一物理量的无损检测方法具有更高的准确性和可靠性。目前已被采用的综合法有超声回弹综合法、超声钻芯综合法、超声衰减综合法等，实践表明该法是一种较为成熟、可靠的混凝土强度检测方法。

（三）结构混凝土内部缺陷的检测

所谓混凝土的缺陷，是指混凝土中宏观材质不连续、性能参数有明显变异，而且对结构的承载能力和使用性能产生影响的区域，即使整个结构的混凝土普遍强度已达到设计要求，这些缺陷的存在也会使结构整体承载力严重下降，或影响结构的耐久性。

混凝土缺陷现象大致有：内部空洞、孔洞、蜂窝、麻面、酥松脱落、结合面不密实、裂缝、碳化、冻融、化学腐蚀等。

混凝土缺陷的无损检测方法主要有超声脉冲法、脉冲回波法、雷达扫描法、红外成像法、声发射法等。

超声波脉冲检测内部缺陷分为穿透法和反射法。穿透法是根据超声脉冲穿过混凝土时，在缺陷区的声时、波幅、波形、接收信号的频率等参数所发生的变化来判断缺陷的，因此它只能在结构物的两个相对面上或在同一面上进行测试。反射法则根据超声脉冲在缺陷表面产生反射波的现象进行缺陷判断。由于它不必像穿透法那样在两个测试面上进行，因此对某些只能在一个测试面上检测的结构物具有特殊意义，也取得了广泛的工程应用。

脉冲回波法是采用落球、锤击等方法在被测物件上产生应力波，用传感器接收回波，然后采用时域或频域方法分析回波的反射位置，以判断混凝土中缺陷位置的方法。其特点是激励足以产生较强的回波，因而可检测尺寸较大的构件，如深度达数十米的基桩或厚度较大的混凝土板等。

雷达扫描法是利用混凝土反射电磁波的原理，先向被检测的结构物发射电磁波，当遇到电

磁性质不同的缺陷或钢筋时，产生反射电磁波，接收此反射电磁波可得到一波形图，根据波形图可得知混凝土内部缺陷的状况及钢筋的位置等。雷达法主要根据混凝土内部介质之间电磁性质的差异来工作，差异越大反射波信号越强。但该法受钢筋低阻屏蔽作用影响较大，且仪器价格昂贵，故实际工程上很少应用。

红外成像法是通过测量混凝土的热量及热流来判断其质量的一种方法。当混凝土内部存在缺陷时，将改变混凝土的热传导，使混凝土表面的温度场分布产生异常，用红外成像仪测出表示这种异常的热像图，由热像图中异常的特征可判断出混凝土内部缺陷的类型和位置特征等。红外成像法是一种检测精度较高、使用较方便的检测方法，并且有快速、直观、适合大面积扫描的特点。

声发射法是利用混凝土受力时因内部微小区域破坏而发声的现象，根据发射信号分析混凝土损伤程度的一种方法，这种方法常用于混凝土受力破坏过程的监视，用以确定混凝土的受力历史和损伤程度。

(四)混凝土其他性能的无损检测方法

除了强度和缺陷检测以外，混凝土还有许多其他性能可用无损检测方法予以测定。其他性能主要是指与结构物使用功能相关的各种性能，如碳化深度、保护层厚度、受冻层深度、含水率、钢筋位置与钢筋腐蚀状况、水泥含量等。常用的检测方法有共振法、敲击法、磁测法、电测法、微波吸收法、中子散射法、中子活化法、渗透法等。

二、混凝土强度的无损检测

混凝土强度的无损检测方法有回弹法、超声波法、超声回弹综合法、射线吸收与散射法等；混凝土强度的半破损方法主要有后拔法和钻芯法。不同检测方法的检测原理、检测精度和检测技术要求都是不同的，实际检测时，应综合考虑各种因素选择一种或几种方法。

(一)回弹法检验混凝土强度

1. 原理

回弹法是采用回弹仪的弹簧驱动重锤，通过弹击杆弹击混凝土表面，并以重锤被反弹回来的距离(称回弹值，指反弹距离与弹簧初始长度之比)作为强度相关指标来推算混凝土强度的一种方法。回弹法的原理示意图，如图 2-1 所示。

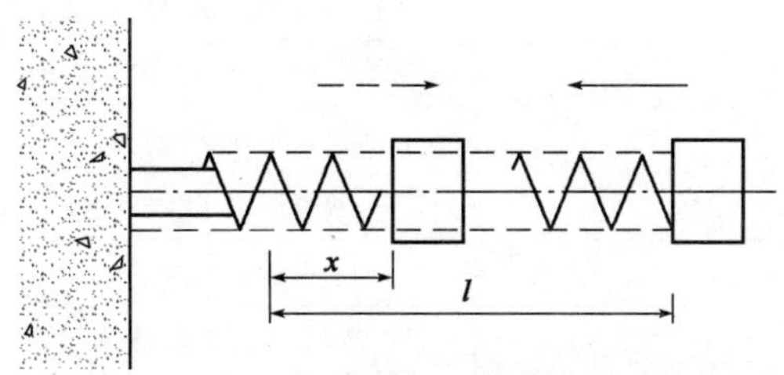

图 2-1　回弹法原理示意图

当重锤被拉到冲击前的起始状态时，若重锤的质量等于 1，则这时重锤所具有的势能 e 为：

$$e=\frac{1}{2}E_{s}l^{2} \tag{2-1}$$

式中：E_s——拉力弹簧的刚度系数；

l——拉力弹簧起始拉伸长度。

混凝土受冲击后产生瞬时弹性变形，其恢复力使重锤回弹，重锤被回弹到 x 位置时所具有的势能 e_x 为：

$$e_x = \frac{1}{2}E_s x^2 \tag{2-2}$$

式中：x——重锤反弹位置或重锤回弹时弹簧拉伸长度。

重锤在弹击过程中所消耗的能量 Δ_e 为：

$$\Delta_e = e - e_x = \frac{1}{2}E_s(l^2 - x^2) = e\left[l - \left(\frac{x}{l}\right)^2\right] \tag{2-3}$$

令

$$R = \frac{x}{l} \tag{2-4}$$

在回弹仪中，l 为定值，故 R 与 x 成正比，称为回弹值。将 R 代入式(2-4)得：

$$R = \sqrt{1 - \frac{\Delta_e}{e}} = \sqrt{\frac{e_x}{e}} \tag{2-5}$$

从式(2-5)可知，回弹值 R 是重锤弹击混凝土表面后剩余的势能与原有势能之比的平方根。回弹值是重锤弹击过程中能量损失的反映，能量损失越小，说明混凝土表面硬度越大，其相应的回弹值也就越高。由于混凝土表面硬度与其抗压强度有一致的变化关系，因此，回弹值 R 的大小也反映了混凝土抗压强度的大小。

2. 回弹仪

1）回弹仪的类型、构造及工作原理

回弹仪分类见表 2-2，其中，以中型应用最为广泛，这种回弹仪是一种指针直读的直接锤击式仪器，其构造如图 2-2 所示。使用时，先对回弹仪施压，弹击杆 1 徐徐向机壳内推进，弹击拉簧被拉伸，使连接弹击拉簧的弹力锤获得恒定的冲击能量。

回弹仪分类 表 2-2

类别	名称	冲击能量(J)	主要用途	备注
L 型(小型)	L 型	0.735	小型构件或刚度稍差的混凝土	
	LR 型	0.735	小型构件或刚度稍差的混凝土	有回弹仪自动画线装置
	LB 型	0.735	烧结材料和陶瓷	
N 型(中型)	N 型	2.207	普通混凝土构件	
	NA 型	2.207	水下混凝土构件	
	NR 型	2.207	普通混凝土构件	有回弹仪自动画线装置
	ND-740 型	2.207	普通混凝土构件	高精度数显式
	NP-750 型	2.207	普通混凝土构件	数字处理式
	MTC-850 型	2.207	普通混凝土构件	有专用计算机自动记录处理
	WS-200 型	2.207	普通混凝土构件	远程自动显示记录

续上表

类　别	名　称	冲击能量(J)	主 要 用 途	备　注
P型(摆式)	P型	0.883	轻质建材、砂浆、饰面等	
	PT型	0.883	用于低强度胶凝制品	冲击面较大
M型(大型)	M型	29.40	大型实心块体、机场跑道及公路路面的混凝土	

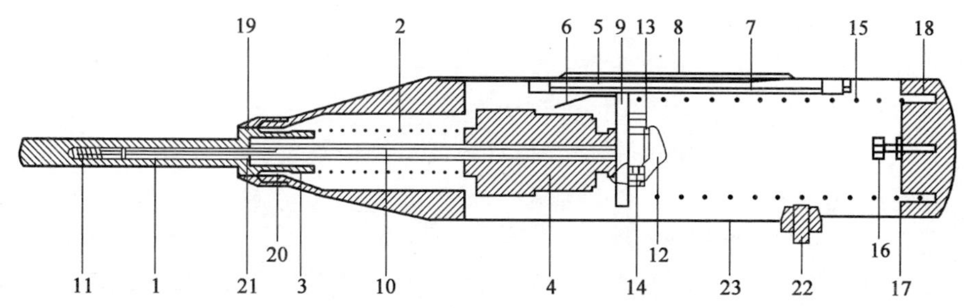

图 2-2　回弹仪构造

1-弹击杆；2-弹击拉簧；3-拉簧座；4-弹击锤；5-指针块；6-指针片；7-指针轴；8-刻度尺；9-导向法兰；10-中心导杆；11-缓冲压簧；12-挂钩；13-挂钩压簧；14-挂钩销子；15-压簧；16-调零螺钉；17-紧固螺母；18-尾盖；19-盖帽；20-卡环；21-密封毡帽；22-按钮；23-外壳

当仪器水平状态工作时，其冲击能量应按式(2-6)计算：

$$e=\frac{1}{2}E_{s}l^{2}=2.207(\mathrm{J}) \tag{2-6}$$

式中：E_s——弹击拉簧的刚度，其值为 785.0N/m；

l——弹击拉簧工作时拉伸长度，其值为 0.075m。

当挂钩 12 与调零螺钉 16 相互挤压时，使弹簧锤脱钩，于是弹击锤的冲击面与弹击杆的后端平面相碰撞，此时弹击锤释放出来的能量借助弹击杆传递给混凝土构件，混凝土弹击反应的能量又通过弹击杆传递给弹击锤，使弹击锤获得回弹的能量向后回弹，弹击锤回弹的距离 l' 与弹簧脱钩前距弹击杆后端平面的距离 l 之比即回弹值 R，它由仪器外壳上的刻度尺表示出。

2)回弹仪的技术要求

回弹仪除应符合现行国家标准《回弹仪》(GB/T 9138)的规定外，尚应符合下列规定：

(1)测定回弹值的仪器，宜采用示值系统为指针直读式的混凝土回弹仪。

(2)回弹仪必须具有制造厂的产品合格证及检定单位的鉴定合格证。

(3)水平弹击时，在弹击锤脱钩的瞬间，回弹仪的标准能量应为 2.207J。

(4)在弹击锤与弹击杆碰撞的瞬间，弹击拉簧处于自由状态，且弹击锤起跳点应位于指针指示刻度尺上的“0”处。

(5)在洛氏硬度 HRC 为 60±2 的钢砧上，回弹仪的率定值应为 80±2。

(6)回弹仪使用时的环境温度应为－4～40℃。

(7)数字式回弹仪应带有指针直读示值系统；数字显示的回弹值与指针直读示值相差不应大于 1。

3)回弹仪的操作、检定及保养

(1)操作

将弹击杆顶住混凝土的表面，轻压仪器，松开按钮，弹击杆徐徐伸出。使仪器对混凝土表面均匀施压，待弹击锤脱钩冲击弹击杆后即回弹，带动指针向后移动并停留在某一位置上，即为回弹值。继续顶住混凝土表面并在读取和记录回弹值后，逐渐对仪器减压，使弹击杆自仪器内伸出，重复进行上述操作，即可测得被测构件或结构的回弹值。操作中注意仪器的轴线应始终垂直于构件混凝土的表面。

(2)校验

回弹仪具有下列情况之一时，应由法定部门按照国家现行标准《回弹仪检定规程》(JJG 817—2011)对回弹仪进行校验：

①新回弹仪启用前；

②超过检定有效期限，中型回弹仪有效期为半年；

③数字式回弹仪数字显示的回弹值与指针直读示值相差大于1；

④经保养后，在钢砧上的率定值不合格；

⑤遭受严重撞击或其他损害。

回弹仪率定试验宜在干燥、室温为5～35℃的条件下进行。率定时，钢砧应稳固地平放在刚度大的物体上。测定回弹值时，取连续向下弹击三次的稳定回弹平均值。弹击杆应分四次旋转，每次旋转宜为90°。弹击杆每旋转一次的率定平均值应为80±2。

(3)保养

当回弹仪弹击超过2000次，或者对检测值有怀疑以及在钢砧上的率定值不合格时，应对回弹仪进行保养。常规保养应符合下列规定：

①先将弹击锤脱钩，取出机芯，然后卸下弹击杆，取出里面的缓冲压簧，并取出弹击锤、弹击拉簧和拉簧座；

②清洗机芯各零部件，并应重点清洗中心导杆、弹击锤和弹击杆的内孔及冲击面。清洗后，应在中心导杆上薄薄涂抹钟表油，其他零部件不得抹油；

③清理机壳内壁，卸下刻度尺，检查指针，其摩擦力应为0.5～0.8N；

④对于数字式回弹仪，还应按产品要求的维护程序进行维护；

⑤保养时，不得旋转尾盖上已定位紧固的调零螺丝，不得自制或更换零部件；

⑥保养后应对回弹仪进行率定试验。

回弹仪使用完毕后应使弹击杆伸出机壳，清除弹击杆、杆前端球面以及刻度尺表面和外壳上的污垢、尘土。回弹仪不用时，应将弹击杆压入仪器内，经弹击后方可按下按钮锁住机芯，将回弹仪装入仪器箱，平放在干燥阴凉处。

3.回弹法的测强曲线

回弹法测定结构混凝土强度的基本依据，就是回弹值与混凝土抗压强度之间的相关性。这种相关性以基准曲线或经验公式的形式予以确定。

基准曲线的制订方法，是在试验中制作一定数量的，考虑不同强度、不同原材料条件、不同龄期等各种因素的立方体试块，测定其回弹值、碳化深度及抗压强度等参数，然后进行回归分析，取拟合程度最好、相关系数大的回归方程作为经验公式或画出基准曲线。因为混凝土强度与回弹值、碳化深度相关关系，受许多因素的影响，在制订曲线的过程中，所考虑的影响因素越多，曲线的适应性和覆盖面就越大，但其离散性也越大，推算混凝土强度的误差也越大。当被测试的结构混凝土的各种条件越接近于制订基准曲线时所顾及的各种条件，测试误差越小。

为了提高回弹法测强的精度，目前常用的基准曲线可分为三种类型，三种曲线制订的技术条件及使用范围见表 2-3。

回弹法测强相关曲线　　表 2-3

名称	统一曲线	地区曲线	专用曲线
定义	由全国有代表性的材料、成型、养护工艺配制的混凝土试块，通过大量的破损与非破损试验所建立的曲线	由本地区有代表性的材料、成型、养护工艺配制的混凝土试块，通过较多的破损与非破损试验所建立的曲线	由与构件混凝土相同的材料、成型、养护工艺配制的混凝土试块，通过一定数量的破损与非破损试验所建立的曲线
使用范围	适用于无地区曲线或专用曲线时检测符合规定条件的构件或结构混凝土强度	适用于无专用曲线时检测符合规定条件的构件或结构混凝土强度	适用于检测与该构件相同条件的混凝土强度
误差	测强曲线的平均相对误差≤±15%，相对标准差≤18%	测强曲线的平均相对误差≤±14%，相对标准差≤17%	测强曲线的平均相对误差≤±12%，相对标准差≤14%

1)专用测强曲线

专用测强曲线是针对某一工程，使用与被测工程相同的材料、成型、养护工艺、龄期来配制的混凝土试块，通过大量的破损或非破损试验进行回归分析，得到拟合最好、相关系数最大的相关关系曲线。由于专用曲线所考虑的条件可以较好地与被测混凝土相吻合，因此针对性较强，精度较高。

当被测结构混凝土的各种条件与专用曲线相一致时，应优先使用专用曲线进行强度推定。

2)地区测强曲线

地区测强曲线是针对某一省、市、自治区或条件较为类似的特定地区而制订的基准曲线。它适应于某一地区的情况，所涉及的影响因素比专用曲线广泛，因此，其误差也稍大。

3)统一测强曲线

统一测强曲线是用全国具有代表性的材料、成型、养护工艺、龄期来配制的混凝土试块，通过大量的破损或非破损试验，将所得数据进行处理，然后进行曲线拟合后得到的。具有一定的现场适应性，但精度不高。

符合下列条件的混凝土应采用本书附录 A 进行测区混凝土强度的换算：

(1)混凝土采用的材料、拌和用水符合现行国家有关标准。

(2)不掺外加剂或仅掺非引气型外加剂。

(3)采用普通成型工艺。

(4)采用符合现行国家标准《混凝土结构工程施工质量验收规范》(GB 50204—2015)规定的钢模、木模及其他材料制作的模板。

(5)自然养护或蒸汽养护出池后经自然养护 7d 以上，且混凝土表层为干燥状态。

(6)龄期为 14～1000d。

(7)抗压强度为 10～60MPa。

当有下列情况之一时，测区混凝土强度值不得由本书附录 A 换算，但可制订专用测强曲线或通过试验进行修正，专用测强曲线的制订方法宜符合本书附录 B 的有关规定。

(1)最大粒径大于 60mm。

(2)特种成型工艺制作的混凝土。

(3)检测部位曲率半径小于 250mm。

(4)潮湿或浸水混凝土。

当构件混凝土抗压强度大于 60MPa 时,可采用标准能量大于 2.207J 的混凝土回弹仪,并应另行制订检测方法及专用测强曲线进行检测。

4.一般规定

(1)检测结构或构件混凝土强度可采用单个检测和批量检测两种方式。

①单个检测:适用于单独的结构或构件的检测。

②批量检测:适用于在相同的生产工艺条件下,混凝土强度等级相同,原材料、配合比、成型工艺、养护条件基本一致且龄期相近的同类构件。按批进行检测的构件,抽检数量不得少于同批构件总数的 30%,且构件数不得少于 10 个。当检验批构件数量大于 30 个时,抽检构件数量可适当调整,并不得少于国家现行有关标准规定的最少抽样数量。

(2)测区:

①对一般构件,测区数不宜少于 10 个,当受检构件数量大于 30 个且不需提供单个构件推定强度或构件某一方向尺寸小于 4.5m 且另一方向尺寸小于 0.3m 的构件,其测区数量可适当减少,但不应少于 5 个。

②测区离构件端部或施工缝边缘的距离不宜大于 0.5m,且不宜小于 0.2m。

③测区应选在使回弹仪处于水平方向检测混凝土浇筑侧面。当不能满足这一要求时,可使回弹仪处于非水平方向检测混凝土构件的浇筑表面或底面。

④测区宜选在构件的两个对称可测面上,也可选在一个可测面上,且应均匀分布。在构件的重要部位及薄弱部位必须布置测区,并应避开预埋件。

⑤测区的面积不宜大于 $0.04m^2$。

⑥检测面应为原状混凝土表面,并应清洁、平整,不应有疏松层、浮浆、油垢、涂层以及蜂窝、麻面,必要时可用砂轮清除疏松层和杂物,且不应有残留的粉末或碎屑。

⑦对于弹击时产生颤动的薄壁、小型构件,应进行固定。

⑧结构或构件的测区应标有清晰的编号,必要时应在记录纸上描述测区布置示意图和外观质量。

(3)当检测条件与测强曲线的适用条件有较大差异时,可采用同条件试件或钻取混凝土芯样进行修正,对同一强度等级混凝土修正时,试件数量应不少于 6 个。钻取芯样时每个部位应钻取一个芯样,计算时,测区混凝土强度修正量及测区混凝土强度换算值的修正应符合下列规定:

①修正量应按式(2-7)~式(2-11)计算:

$$\Delta_{tot} = f_{cor,m} - f^{c}_{cu,m0} \tag{2-7}$$

$$\Delta_{tot} = f_{cu,m} - f^{c}_{cu,m0} \tag{2-8}$$

$$f_{cor,m} = \frac{1}{n}\sum_{i=1}^{n} f_{cor,i} \tag{2-9}$$

$$f_{cu,m} = \frac{1}{n}\sum_{i=1}^{n} f_{cu,i} \tag{2-10}$$

$$f^{c}_{cu,m0} = \frac{1}{n}\sum_{i=1}^{n} f^{c}_{cu,i} \tag{2-11}$$

式中：Δ_{tot}——修正系数，精确到0.01；

$f_{cor,m}$——芯样试件混凝土强度平均值(MPa)，精确到0.1MPa；

$f_{cu,m}$——150mm同条件立方体试块混凝土强度平均值(MPa)，精确到0.1MPa；

$f^{c}_{cu,m0}$——对应于钻芯部位或同条件立方体试块回弹测区混凝土强度平均值(MPa)，精确到0.1MPa；

$f_{cor,i}$——第 i 个混凝土芯样试件的抗压强度；

$f_{cu,i}$——第 i 个混凝土立方试块的抗压强度；

$f^{c}_{cu,i}$——对应于第 i 个芯样部位或同条件立方体试块测区回弹值和碳化深度值的混凝土强度换算值，可按本书附录A或附录C取值；

n——试件数。

②测区混凝土强度换算值的修正应按式(2-12)计算：

$$f^{c}_{cu,i1}=f^{c}_{cu,i0}+\Delta_{tot} \tag{2-12}$$

式中：$f^{c}_{cu,i0}$——第 i 个测区修正前的混凝土强度换算值(MPa)，精确到0.1MPa；

$f^{c}_{cu,i1}$——第 i 个测区修正后的混凝土强度换算值(MPa)，精确到0.1MPa。

(4)泵送混凝土制作的结构或构件的混凝土强度检测应符合下列规定：

①当碳化深度值不大于2.0mm时，每一测区混凝土强度换算值应按本书附录C修正；

②当碳化深度值大于2.0mm时，可按上面一般规定的第(3)条规定用同条件试样或钻芯检测。

(5)检测时，回弹仪的轴线应始终垂直于结构或构件混凝土检测面，缓慢施压，准确读数，快速复位。

(6)测点宜在测区范围内均匀分布，相邻两测点的净距一般不小于20mm，测点距构件边缘或外露钢筋、预埋件的距离一般不小于30mm，测点不应在气孔或外露石子上，同一测点只允许弹击一次。每一测区应记取16个回弹值，每一测点的回弹值读数精确至1。

(7)回弹值测量完毕后，应在有代表性的测区上测量碳化深度值，测点数不应少于构件测区数的30%，应取其平均值作为该构件每个测区的碳化深度值。当碳化深度值极差大于2.0mm时，应在每一测区分别测量碳化深度值。

(8)碳化深度值测量，可采用适当的工具在测区表面形成直径约20mm的孔洞，其深度应大于混凝土的碳化深度。孔洞中的粉末和碎屑应除净，但不得用水擦洗。同时应采用浓度为1%的酚酞酒精溶液滴在孔洞内壁的边缘处，当已碳化与未碳化界线清楚时，再用深度测量工具测量已碳化与未碳化混凝土交界面到混凝土表面的垂直距离，测量不应少于3次，取其平均值。每次读数精确至1mm。

5.回弹值的计算

(1)计算测区平均回弹值，应从该测区的16个回弹值中剔除3个最大值和3个最小值，余下的10个回弹值应按式(2-13)计算：

$$R_m=\frac{\sum_{i=1}^{10}R_i}{10} \tag{2-13}$$

式中：R_m——测区平均回弹值，精确至0.1；

R_i——第 i 个测点的回弹值。

(2)非水平方向检测混凝土浇筑侧面时,应按式(2-14)修正:

$$R_m = R_{m\alpha} + R_{a\alpha} \tag{2-14}$$

式中:$R_{m\alpha}$——非水平状态检测时测区的平均回弹值,精确至0.1;

$R_{a\alpha}$——非水平状态检测时回弹值修正值,可按本书附录D采用。

(3)水平方向检测混凝土浇筑顶面或底面时,应按式(2-15)和式(2-16)修正:

$$R_m = R_m^t + R_a^t \tag{2-15}$$

$$R_m = R_m^b + R_a^b \tag{2-16}$$

式中:R_m^t、R_m^b——水平方向检测混凝土浇筑表面、底面时,测区的平均回弹值,精确至0.1;

R_a^t、R_a^b——混凝土浇筑表面、底面回弹值的修正值,应按本书附录E采用。

(4)当检测时回弹仪为非水平方向且测试面为非混凝土的浇筑侧面时,应先按本书附录D对回弹值进行角度修正,再按本书附录E对修正后的值进行浇筑面修正。

6. 混凝土强度的计算

(1)结构或构件第i个测区混凝土强度换算值,可按上面所求得的平均回弹值(R_m)及一般规定中第8条所求得的平均碳化深度值(d_m)由本书附录A查表得出,泵送混凝土还应按“4. 一般规定中”第(3)条计算。当有地区测强曲线或专用测强曲线时,混凝土强度换算值应按地区测强曲线或专用测强曲线换算得出。

(2)构件混凝土强度平均值及标准差:

结构或构件的测区混凝土强度平均值可根据各测区的混凝土强度换算值计算。当测区数为10个及以上时,应计算强度标准差。平均值和标准差应按式(2-17)和式(2-18)计算:

$$m_{f_{cu}^c} = \frac{\sum_{i=1}^{n} f_{cu,i}^c}{n} \tag{2-17}$$

$$S_{f_{cu}^c} = \sqrt{\frac{\sum (f_{cu,i}^c)^2 - n(m_{f_{cu}^c})}{n-1}} \tag{2-18}$$

式中:$m_{f_{cu}^c}$——构件测区混凝土强度换算值的平均值(MPa),精确至0.1MPa;

n——对于单个检测的构件,取一个构件的测区数;对批量检测的构件,取被抽检构件测区数之和;

$S_{f_{cu}^c}$——构件测区混凝土强度换算值的标准差(MPa),精确至0.01MPa。

(3)构件混凝土强度推定值:

结构或构件的混凝土强度推定值($f_{cu,e}$)是指相应于强度换算值总体分布中保证率不低于95%的结构或构件中的混凝土抗压强度值,应按式(2-19)~式(2-21)确定:

①当该构件测区数少于10个时:

$$f_{cu,e} = f_{cu,min}^c \tag{2-19}$$

式中:$f_{cu,min}^c$——构件中最小的测区混凝土强度换算值。

②当构件测区混凝土强度值中出现小于10MPa时:

$$f_{cu,e} < 10.0\text{MPa} \tag{2-20}$$

③当该构件测区数不少于10个或按批量检测时:

$$f_{cu,e} = m_{f_{cu}^c} - 1.645 S_{f_{cu}^c} \tag{2-21}$$

(4)对于按批量检测的构件，当该批构件混凝土强度标准差出现下列情况之一时，则该批构件应全部按单个构件检测。

①当该批构件混凝土强度平均值小于25MPa时：$S_{f^c_{cu}}>4.5$MPa；

②当该批构件混凝土强度平均值不小于25MPa时：$S_{f^c_{cu}}>5.5$MPa。

检测后应填写检测报告。

7.注意事项

回弹法检测混凝土强度是对常规检验的一种补充。当对构件有怀疑时，例如，试件与结构中混凝土质量不一致，对试件的检验结果有怀疑或供检验用的试件数量不足时，可采用回弹法检测，并将检测结果作为处理混凝土质量问题的一个主要依据。

回弹法的使用前提是要求被测结构或构件混凝土的内外质量基本一致。因此，当混凝土表层与内部质量有明显差异时，不能用回弹法评定混凝土强度。

用回弹法检测混凝土的抗压强度，必须严格依照“回弹规程”的有关规定办理。在用回弹法测试时，同一个测点只允许弹击一次，不可重复。

(二)超声回弹综合法检验混凝土强度

1.原理

超声回弹综合法是建立在超声波传播速度和回弹值与混凝土抗压强度之间相关关系的基础上，以声速和回弹值综合推定结构或构件混凝土抗压强度的一种非破损方法。综合法是根据测取混凝土的超声波速和回弹值，按测试前确定的混凝土强度推定值、超声波速和回弹值关系的测强曲线推定结构和构件混凝土抗压强度。超声法检测混凝土强度充分反映了超声波历程上混凝土内部的平均强度，而回弹法的回弹值仅反映了结构和构件混凝土表面层的强度。当采用超声回弹综合法检测结构和构件混凝土强度时，测试结果既反映结构和构件混凝土内部的强度，又反映结构和构件混凝土表面的强度，而且超声法和回弹法检测结构和构件混凝土强度时，不必考虑混凝土表面碳化层对测试的影响，这是因为混凝土表面的碳化层虽然使回弹值增大，但是碳化层较深的混凝土内部一般含水率较低，致使超声波在其内部传播的波速略小些，因此，综合法检测结构和构件混凝土强度无需考虑碳化层深度对测试结果的影响。而且采用综合法的精度和可靠性要高于单一的超声法或回弹法。

2.仪器设备

(1)回弹仪按照本节中回弹法检验混凝土强度中回弹仪的规定。

(2)混凝土超声波检测仪器：

①一般规定

所采用的混凝土超声波检测仪应通过技术鉴定，必须具有产品合格证和检定证。

用于混凝土的超声波检测仪可分为下列两类：第一类是模拟式，接收的信号为连续模拟量，可由时域波形信号测读声学参数；第二类是数字式，接收的信号转化为离散数字量，具有采集、储存数字信号，测读声学参数和对数字信号处理的智能化功能。

所采用的超声波检测仪应符合现行行业标准《混凝土超声波检测仪》(JG/T 5004)的要求，并在计量检定有效期内使用。

超声波检测仪应满足下列要求：

具有波形清晰、显示稳定的示波装置;声时最小分度值为 0.1μs;具有最小分度值为 1dB 的信号幅度调整系统;接收放大器频响范围 10～500kHz,总增益不小于 80dB,接收灵敏度(信噪比 3:1 时)不大于 5μV;电源电压波动范围在标称值±10%情况下能正常工作;连续正常工作时间不少于 4h。

对于模拟式超声波检测仪还应满足下列要求:具有手动游标和自动整形两种声时测读功能;数字显示稳定,声时调节在 20～30μs 范围内,连续静置 1h 数字变化不超过±0.2μs。

对于数字式超声波检测仪还应满足下列要求:具有采集、储存数字信号并进行数据处理的功能;具有手动游标测读和自动测读两种方式。当自动测读时,在同一测试条件下,在 1h 内每 5min 测读一次声时值的差异不超过±0.2μs;自动测读时,在显示器的接收波形上,有光标指示声时的测读位置。

超声波检测仪器使用时,环境温度应为 0～40℃。

②换能器技术要求

换能器的工作频率宜在 50～100kHz 范围内;换能器的实测主频与标称频率相差不应超过±10%。

③校检和保养

a. 超声波检测仪的声时计量检验,应按"时—距"法测量空气中声速实测值 v_0(按照本书附录 F),并与式(2-22)计算的空气中声速计算值进行比较,二者的相对误差不应超过±0.5%。

$$v_k = 331.4\sqrt{1+0.00367T_k} \tag{2-22}$$

式中:331.4——0℃时空气中的声速值(m/s);

v_k——温度为T_k时空气中的声速计算值(m/s);

T_k——测试时空气的温度(℃)。

b. 检测时,应根据测试需要在仪器上配置合适的换能器和高频电缆线,并测定声时初读数t_0。检测过程中如更换换能器或高频电缆线,应重新测定t_0。

c. 超声波检测仪应定期保养。超声回弹仪器,如图 2-3 所示。

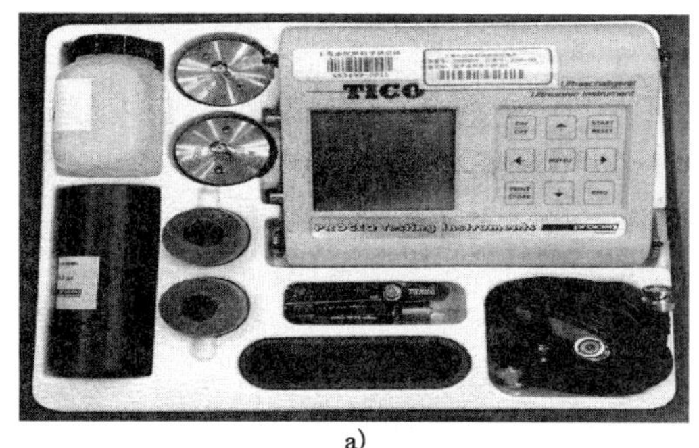

a)

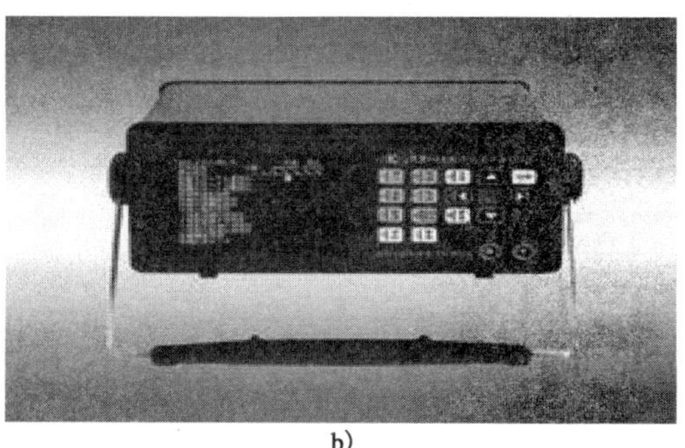
b)

图 2-3 超声回弹仪

3. 影响因素及测强曲线

1)综合法测强的影响因素

超声回弹综合法测定混凝土强度的影响因素,比单一的超声法或回弹法要小得多。现将各影响因素及其修正方法汇总,见表 2-4。

超声回弹综合法的影响因素　　表 2-4

因　素	试验验证范围	影响程度	修 正 方 法
水泥品种及用量	普通水泥、矿渣水泥、粉煤灰水泥：250～450kg/m^3	不显著	不修正
细集料品种及砂率	山砂、特细砂、中砂：28%～40%	不显著	不修正
粗集料品种及用量	卵石、碎石、集灰比：1∶4.5～1∶5.5	显著	必须修正或制订不同的测强曲线
粗集料粒径	0.5～2cm；0.5～3.2cm；0.5～4cm	不显著	>4cm 应修正
外加剂	木钙减水剂、硫酸钠、三乙醇胺	不显著	不修正
碳化深度	—	不显著	不修正
含水率	—	有影响	尽可能处于干燥状态
测试面	浇筑侧面与浇筑表面混凝土及底面比较	有影响	对 v、R 分别进行修正

2)综合法测强曲线

用混凝土试块的抗压强度与非破损参数之间建立起来的相关关系曲线即为测强曲线。对于超声回弹综合法来说，即先对试块进行超声测试，然后进行回弹测试，最后对试块进行抗压强度测试，当取得超声声速值 v、回弹值 R 和混凝土强度值 f_{cu} 之后，选择相应的数学模型来拟合它们之间的关系。综合法测强曲线按其适用范围分为统一测强曲线(全国曲线)、地区(部门)测强曲线、专用测强曲线三类，详见本节“(一)回弹法检验混凝土强度”标题下“3.回弹法的测强曲线”。

应用超声回弹综合法，应尽量建立专用测强曲线并优先使用。在缺少该类曲线时，可采用通用测强曲线。

4.一般规定

(1)检测数量应符合下列规定：

①按单个构件检测时，应在构件上均匀布置测区，每个构件上测区数量不应少于 10 个。

②同批构件按批抽样检测时，构件抽样数不应少于同批构件的 30%，且不应少于 10 件；对一般施工质量的检测和结构性能的检测，可按照现行国家标准《建筑结构检测技术标准》(GB/T 50344—2004)的规定抽样。

③对某一方向尺寸不大于 4.5m 且另一方向尺寸不大于 0.3m 的构件，其测区数量可适当减少，但不应少于 5 个。

(2)当按批抽样检测时，符合下列条件的构件才可作为同批构件：

①混凝土强度等级相同。

②混凝土原材料、配合比、成型工艺、养护条件及龄期基本相同。

③构件种类相同。

④在施工阶段所处状态相同。

(3)构件的测区布置宜满足下列规定：

①在条件允许时，测区宜优先布置在构件混凝土浇筑方向的侧面。

②测区可在构件的两个对应面、相邻面或同一面上布置。

③测区宜均匀布置，相邻两测区的间距不宜大于 2m。

④测区应避开钢筋密集区和预埋件。

⑤测区尺寸宜为200mm×200mm,采用平测时宜为400mm×400mm。

⑥测试面应清洁、平整、干燥,不应有接缝、饰面层、浮浆和油垢,并避开蜂窝、麻面部位,可用砂轮片清除杂物和磨平不平整处,并擦净残留粉尘。

(4)结构或构件上的测区应注明编号,并记录测区位置和外观质量情况。

(5)结构或构件的每一测区,宜先进行回弹测试,后进行超声测试。

(6)非同一测区内的回弹值及超声声速值,在计算混凝土强度换算值时不得混用。

5.测量与计算

超声回弹综合法中回弹值的测试和计算与回弹法相同。

1)超声声速值的测量与计算

(1)超声测点布置

①超声测点应布置在回弹测试的同一测区内,每一测区布置3个测点,且发射和接收换能器的轴线应在同一直线上,如图2-4所示。超声测试宜优先采用对测或角测,当被测构件不具备对测或角测条件时,可采用单面平测。

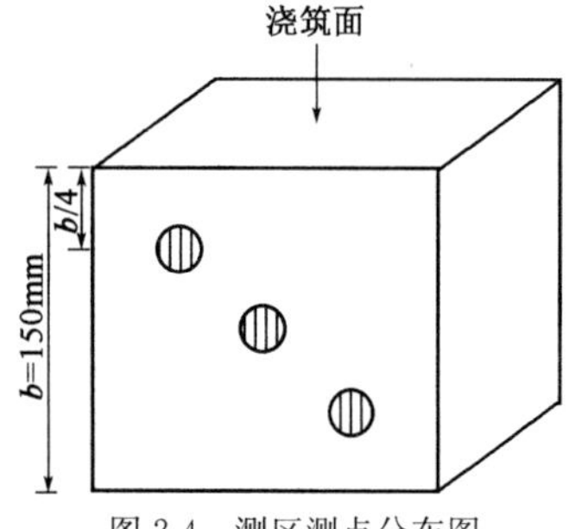

图2-4 测区测点分布图

②超声测试时,换能器辐射面应通过耦合剂与混凝土测试面良好耦合。

③声时测量应精确至0.1μs,超声测距测量应精确至1.0mm,且测量误差不应超过±1%。声速计算应精确至0.01km/s。

(2)声速值计算

测区声速值应按下式计算:

①当在混凝土浇筑方向的侧面对测时,测区混凝土中声速代表值应根据该测试区中3个测点声速值,按式(2-23)计算:

$$v = \frac{1}{3}\sum_{i=1}^{3}\frac{l_i}{t_i - t_0} \tag{2-23}$$

式中:v——测区混凝土中声速代表值(km/s);

l_i——第i个测点的超声测距(mm);

t_i——第i个测点的声时读数(μs);

t_0——声时初读数(μs)。

②当在混凝土浇筑的顶面或底面测试时,由于上表面砂浆较多,强度偏低,底面粗集料较多,强度偏高,综合起来与成型侧面是有区别的,此外,浇筑表面不平整会使声速偏低,所以进行上表面或底面测试时声速应按式(2-24)进行修正:

$$v_a = 1.034\, v_i \tag{2-24}$$

式中:v_a——修正后的测区声速代表值(km/s)。

2)混凝土强度的推定

应用综合法时,应尽量建立专用测强曲线并优先使用。在缺少该类曲线时,可采用统一测强曲线。

(1)统一测强曲线测区混凝土强度换算表适用下列条件的混凝土:

①混凝土用水泥应符合现行国家标准《通用硅酸盐水泥》(GB 175—2007)、《矿渣硅酸盐

水泥、火山灰质硅酸盐水泥及粉煤灰硅酸盐水泥》(GB 1344—1999)和《复合硅酸盐水泥》(GB 12958—1999)的要求；

②混凝土用砂、石集料应符合现行行业标准《普通混凝土用砂、石质量标准及检验方法标准》(JGJ 52—2006)的要求；

③可掺或不掺矿物掺和料、外加剂、粉煤灰、泵送剂；

④人工或一般机械搅拌的混凝土或泵送混凝土；

⑤自然养护；

⑥龄期 7～2000d；

⑦混凝土强度 10～70MPa。

(2)结构或构件中第 i 个测区的混凝土抗压强度换算值，可按求得修正后的测区回弹代表值 R_{ai} 和声速代表值 v_{ai} 优先采用专用测强曲线或地区测强曲线换算而得。

(3)当无专用和地区测强曲线时，应进行验证，可按全国统一测区混凝土抗压强度换算表换算，也可按下列全国统一测区混凝土抗压强度换算公式(2-25)和(2-26)计算。

①当粗集料为卵石时：

$$f_{cu,i}^{c}=0.0056\ v_{ai}^{1.439}R_{ai}^{1.769} \tag{2-25}$$

②当粗集料为碎石时：

$$f_{cu,i}^{c}=0.0162\ v_{ai}^{1.656}R_{ai}^{1.410} \tag{2-26}$$

式中：$f_{cu,i}^{c}$——第 i 个测区混凝土抗压强度换算值(MPa)，精确至 0.1MPa。

③当结构或构件中的测区数不少于 10 个时，各测区混凝土强度换算值的平均值和标准差计算公式同回弹法，见式(2-17)和式(2-18)。

(4)用综合法检测构件混凝土强度时，构件第 i 个测区的混凝土强度换算值 $f_{cu,i}^{c}$，应根据修正后的测区回弹值 R_{ai} 及修正后的测区声速值 v_{ai}，按已确定的综合法相关测强曲线计算。当结构所用材料与制订的测强曲线所用材料有较大差异时，须用同条件试块或从结构构件测区钻取的混凝土芯样进行修正，试件数量应不少于 4 个。此时，得到的测区混凝土强度换算值应乘以修正系数。修正系数可按式(2-27)和式(2-28)计算。

①采用同条件立方体试块修正时：

$$\eta=\frac{1}{n}\sum_{i=1}^{n}f_{cu,i}^{o}/f_{cu,i}^{c} \tag{2-27}$$

②采用混凝土芯样试件修正时：

$$\eta=\frac{1}{n}\sum_{n=1}^{n}f_{cor,i}^{o}/f_{cu,i}^{c} \tag{2-28}$$

式中：η——修正系数，精确至小数点后两位；

$f_{cu,i}^{o}$——第 i 个混凝土立方体(边长 150mm)试块抗压强度值(MPa)，精确至 0.1MPa；

$f_{cu,i}^{c}$——对应于第 i 个立方体试块或芯样试件的混凝土强度换算值(MPa)，精确至 0.1MPa；

$f_{cor,i}^{o}$——第 i 个混凝土芯样(ϕ100mm×100mm)试件抗压强度值(MPa)，精确至 0.1MPa；

n——试件数。

(5)结构或构件的混凝土强度推定值($f_{cu,e}$)是指相应于强度换算值总体分布中保证率不低于95%的结构或构件中的混凝土抗压强度值,分别按式(2-19)~式(2-21)计算确定。

但对于按批量检测的构件,当该批构件混凝土强度标准差出现下列情况之一时,则该批构件应全部按单个构件检测。

①一批构件的混凝土强度平均值小于25.0MPa,标准差 $S_{f_{cu}^{c}}>4.50$MPa;

②一批构件混凝土强度平均值在25.0~50.0MPa之间,标准差 $S_{f_{cu}^{c}}>5.50$MPa;

③一批构件混凝土强度平均值大于50.0MPa,标准差 $S_{f_{cu}^{c}}>6.50$MPa。

6.注意事项

(1)超声法测点和回弹法测点应布置在同一测区的测试面上,但两种测量方法的测点不宜重叠。

(2)每一测区内先进行回弹值的测试,再进行超声法的测量。

(3)仅同一测区内的回弹值和波速值才能进行该测区混凝土抗压强度推定,不得混用。

(4)换能器辐射面宜悬空相对放置;若置于地面或桌面上,必须在换能器下面垫以吸声材料。

在应急救援过程中一般宜采用轻便、易携带、检测较快速的检测设备,因此对于混凝土强度其他检测方法,如钻芯取样法、后装拔出法等在此不再一一介绍。

三、混凝土缺陷的无损检测

(一)概述

混凝土结构内部缺陷是指那些在宏观材质上不连续,性能有明显差异,而且对结构或构件的承载能力和其他功能有影响的区域。

混凝土是多相复合体系,在混凝土中存在着许多各相之间的界面。如果把混凝土内部构造分成微观、细观、宏观三个层次,则混凝土中存在着微观缺陷、细观缺陷和宏观缺陷。一般认为,微观缺陷和细观缺陷是材料形成过程中的必然产物,是混凝土的固有缺陷。而宏观缺陷是由于成型过程振捣不实,或因为受力及腐蚀性破坏所造成的大缺陷。这类缺陷包括蜂窝、孔洞、裂缝、不密实区、腐蚀破坏等。当结构或构件受力或在自然灾害作用下,这些部位将首先破坏。在采用无破损检测技术时,主要检测这类缺陷。

混凝土缺陷检测是指对混凝土内部空洞和不密实区的位置和范围、裂缝深度、表面损伤层厚度、不同时间浇筑的混凝土结合面质量、灌注桩和钢管混凝土中的缺陷进行检测。形成这些缺陷和损伤的原因是多种多样的。一般而言,主要有三方面的原因:

(1)设计方面:结构受力分析错误、布筋不当、结构不合理、计算上出现差错、图纸不完整,而造成结构强度不足、稳定性不好、刚度不足等。

(2)施工不当:施工质量不好,施工中所使用材料和规格与性能不符合要求,操作违反规程,如钢筋绑扎不规范、模板支立不当、集料过密、振捣不实等。

(3)运营中外部原因:交通量增加,荷载重量加大,地震、洪水、泥石流等自然灾害的影响,以及海水、污水和化学物的侵蚀作用等。

这些缺陷和损伤往往会严重影响结构物的承载能力和耐久性,因此是事故处理、施工验收、旧的建筑物安全性鉴定、灾后桥梁评估时必须检测的项目。

(二)超声法检测混凝土缺陷检测设备及声学参数测量

超声脉冲法是指采用带波形显示功能的超声波检测仪，测量超声脉冲波在混凝土中的传播速度(简称声速)、首波幅度(简称波幅)和接收信号主频率(简称主频)等声学参数，并根据这些参数及其相对变化，判定混凝土中的缺陷情况。

1. 超声波检测混凝土缺陷的基本依据

(1)根据超声波在混凝土中传播时遇到缺陷的绕射现象，按声时及声程的变化来判别和计算缺陷的大小。

(2)依据超声波在缺陷界面上的反射，抵达接收探头时能量显著衰减的现象，来判断缺陷的存在及大小。

(3)依据超声脉冲各频率成分在遇到缺陷时衰减的程度不同，从而造成接收频率明显降低，或接收波频谱与反射波频谱产生差异来判别内部缺陷。

(4)根据超声波在缺陷处的波形转换和叠加，造成接收波形畸变的现象来判别缺陷。

以上四项可以单独运用，也可综合运用。

2. 仪器设备

(1)对于数字式超声波检测仪应满足下列要求：

①具有手动游标测读和自动测读两种方式。当自动测读时，在同一测试条件下，1h 内每隔 5min 测读一次声时的差异不大于±2 个采样点。

②波频显示幅度分辨率应不低于 1/256，并具有可显示、存储和输出打印数字化波形的功能，波形最大存储长度不宜小于 4k bytes。

③自动测读方式下，在显示的波形上应有光标指示声时、波幅的测读位置。

④宜具有幅度谱分析功能(FFT 功能)。

超声波检测仪的其他技术要求以及检定养护参照“二、混凝土强度的无损检测”下的“(二)超声回弹综合法检测混凝土强度”中的“2. 仪器设备”①、③项。

(2)换能器的技术要求：

①常用换能器具有厚度振动方式和径向振动方式两种类型，可根据不同测试需要选用。

②厚度振动式换能器的频率宜采用 20～250kHz；径向振动式换能器的频率宜采用 20～60kHz，直径不宜大于 32mm。当接收信号较弱时，宜选用带前置放大器的接收换能器。

③换能器的实测主频与标称频率相差应不大于±10%。对用于水中的换能器，其水密性应在 1MPa 水压下不渗漏。

3. 测前准备

(1)检测前应取得下列有关资料：

①工程名称；

②检测目的与要求；

③混凝土原材料品种和规格；

④混凝土浇筑和养护情况；

⑤构件尺寸和配筋施工图或钢筋隐蔽图；

⑥构件外观质量及存在的问题。

(2)依据检测要求和测试操作条件,确定缺陷测试的部位(简称测位)。

(3)测位混凝土表面应清洁、平整,必要时可用砂轮磨平或用高强度的快凝砂浆抹平。抹平砂浆必须与混凝土黏结良好。

(4)在满足首波幅度测读精度的条件下,应选用较高频率的换能器。

(5)换能器应通过耦合剂与混凝土测试表面保持紧密结合,耦合层不得夹杂泥沙或空气。

(6)检测时应避免超声传播路径与附近钢筋轴线平行,如无法避免,应使两个换能器连线与该钢筋的最短距离不小于超声测距的 1/6。

(7)检测中出现可疑数据时应及时查找原因,必要时进行复测校核或加密测点补测。

4. *声学参数的测量*

1)模拟式超声检测仪测量操作方法

(1)检测之前应根据测距大小将仪器的发射电压调在某一挡,并以扫描基线不产生明显噪声干扰为前提,将仪器“增益”调至较大位置保持不动。

(2)声时测量。应将发射换能器(简称 T 换能器)和接收换能器(简称 R 换能器)分别耦合在测位中的对应测点上。当首波幅度过低时可用“衰减器”调节至便于测读,再调节游标脉冲或扫描延时,使首波前沿基线弯曲的起始点对准游标脉冲前沿,读取声时值t_i(读至 0.1μs);

(3)波幅测量。应在保持换能器良好耦合状态下采用下列两种方法之一进行读取。

①刻度法:将衰减器固定在某一衰减位置,在仪器荧光屏上读取首波幅度的格数。

②衰减值法:采用衰减器将首波调至一定高度,读取衰减器上的 dB 值。

(4)主频测量。应先将游标脉冲调至首波前半个周期的波谷(或波峰),读取声时值t_1(μs),再将游标脉冲调至相邻的波谷(或波峰),读取声时值t_2(μs),按式(2-29)计算出该点(第 i 点)第一个周期波的主频 f_i(精确至 0.1kHz)。

$$f_i = 1000/(t_2 - t_1) \tag{2-29}$$

(5)在进行声学参数测量的同时,应注意观察接收信号的波形或包络线的形状,必要时进行描绘或拍照。

2)数字式超声检测仪测量操作方法

(1)检测之前根据测距大小和混凝土外观质量情况,将仪器的发射电压、采样频率等参数设置在某一挡并保持不变。换能器与混凝土测试表面应始终保持良好的耦合状态。

(2)声学参数自动测读:停止采样后即可自动读取声时、波幅、主频值。当声时自动测读光标所对应的位置与首波前沿基线弯曲的起始点有差异,或者波幅自动测读光标所对应的位置与首波峰顶(或谷底)有差异时,应重新采样或改为手动游标读数。

(3)声学参数手动测量:先将仪器设置为手动判读状态,停止采样后调节手动声时游标至首波前沿基线弯曲的起始位置,同时调节幅度游标使其与首波峰顶(或谷底)相切,读取声时和波幅值;再将声时光标分别调至首波及其相邻波的波谷(或波峰),读取声时差值 Δt(μs),取 $1000/\Delta t$ 即为首波的主频(kHz);

(4)波形记录:对于有分析价值的波形,应予以存储。

3)声时值计算

混凝土声时值按式(2-30)计算:

$$t_{ci} = t_i - t_0 \text{ 或 } t_{ci} = t_i - t_{00} \tag{2-30}$$

式中：t_{ci}——第 i 点混凝土声时值（μs）；

t_i——第 i 点测读声时值（μs）；

t_0、t_{00}——声时初读数（μs）。

当采用厚度振动式换能器时，t_0 应参照仪器使用说明书的方法测得；当采用径向振动式换能器时，t_{00} 应按规定的"时—距"法测得。

4）超声传播距离（简称测距）测量

（1）当采用厚度振动式换能器对测时，宜用钢卷尺测量 T、R 换能器辐射面之间的距离；

（2）当采用厚度振动式换能器平测时，宜用钢卷尺测量 T、R 换能器内边缘之间的距离；

（3）当采用径向振动式换能器在钻孔或预埋管中检测时，宜用钢卷尺测量放置 T、R 换能器的钻孔或预埋管内边缘之间的距离；

（4）测距的测量误差应不大于±1%。

5. 换能器的布置方法

接收换能器检测出最早到达的脉冲分量，这一分量通常是纵向振动的前缘。尽管所传播的最大能量的方向是垂直发射换能器的表面，但是可能在其他的一些方向检测到通过混凝土传播的脉冲。因此，可以按下面三个方式之一来布置两个换能器以测量脉冲速度：

（1）两只换能器对面布置［直接传播，如图 2-5a）所示］，称钻孔对测法；

（2）两只换能器在相邻面布置［半直接传播，如图 2-5b）所示］，称双面斜测法；

（3）两只换能器布置在同一表面［间接传播或表面传播，如图 2-5c）所示］，称单面平测法。

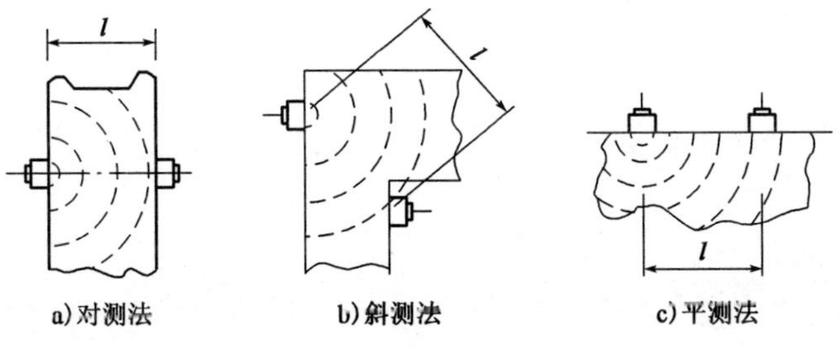

图 2-5　探头的布置方法

（三）混凝土缺陷检测

1. 裂缝深度检测

裂缝检测的目的是掌握对结构承载力和耐久性有影响的裂缝的分布、长度、宽度、深度和发展方向等。一般认为裂缝深度小于 500mm 的裂缝为浅裂缝，常用检测方法有对测法、斜测法和单面平测法等；裂缝深度大于 500mm 的裂缝为深裂缝。因为在实际检测中事先很难估计裂缝的深浅，一般都是根据裂缝所处部位的具体情况，确定测试方法。所以无论浅裂缝还是深裂缝检测，只是测试和判断方法有些不同，但目的都是测量裂缝的深度。而且采用这种方法时，被测裂缝中不得有积水或泥浆等，因为声波经水介质耦合穿裂缝而过，通过与不通过裂缝的超声首波信号无明显差异，给裂缝深度判断造成很大难度。

1)单面平测法

当结构的裂缝部位只有一个可测表面,估计裂缝深度又不大于500mm时,可采用单面平测法。平测时应在裂缝的被测部位,以不同的测距,按跨缝和不跨缝布置测点进行检测,布置测点时应避开钢筋的影响,其检测步骤如下。

(1)不跨缝的声时测量:将T和R换能器置于裂缝附近同一侧,以两个换能器内边缘间距(l')等于100、150、200、250(mm)……分别读取声时值(t_i),绘制"时—距"坐标图或用回归分析的方法求出声时与测距之间的回归直线方程,按式(2-31)和式(2-32)计算:

$$l_i = a + b t_i \tag{2-31}$$

每测点超声波实际传播距离l_i为:

$$l_i = l' + |a| \tag{2-32}$$

式中:l_i——第i点的超声波实际传播距离(mm);

l'——第i点的T、R换能器内边缘间距(mm);

a——"时—距"图(图2-6)中l'轴的截距或回归直线方程的常数项(mm)。

不跨缝平测的混凝土声速值为

$$v = (l'_n - l'_1)/(t_n - t_1) \text{ 或 } v = b \tag{2-33}$$

式中:l'_n、l'_1——第n点和第1点的测距(mm);

t_n、t_1——第n点和第1点读取的声时值(μs);

b——回归系数。

(2)跨缝的声时测量,如图2-7所示:将T、R换能器分别置于以裂缝为对称的两侧,取100、150、200(mm)……分别读取声时值t_i^0,同时观察首波相位的变化。

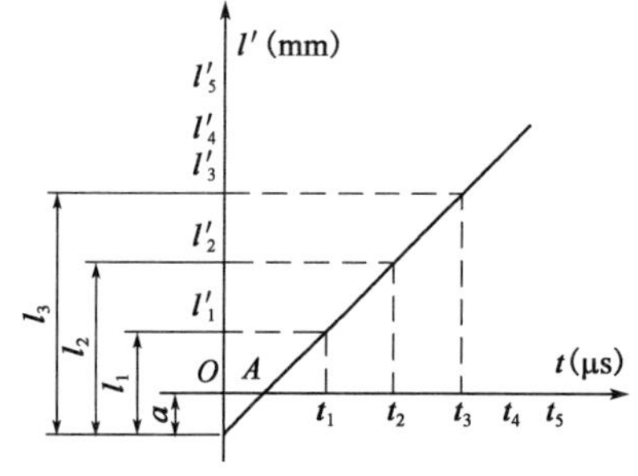

图2-6 "时—距"坐标图

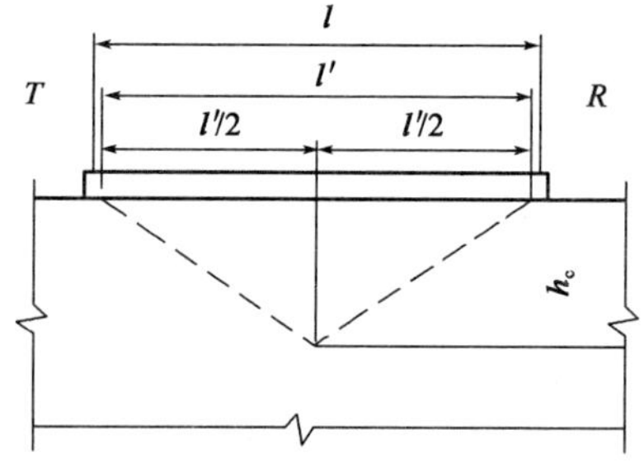

图2-7 绕过裂缝示意图

(3)平测法检测,裂缝深度应按式(2-34)和式(2-35)计算:

$$h_{ci} = \frac{l_i}{2} \cdot \sqrt{(t_i^0 v / l_i)^2 - 1} \tag{2-34}$$

$$m_{hc} = \frac{1}{n} \cdot \sum_{i=1}^{n} h_{ci} \tag{2-35}$$

式中:l_i——不跨缝平测时第i点的超声波实际传播距离(mm);

h_{ci}——第i点计算的裂缝深度值(mm);

t_i^0——第i点跨缝平测的声时值(μs);

m_{hc}——各测点计算裂缝深度的平均值(mm);

n——测点数。

(4)裂缝深度的确定方法：

跨缝测量中，当在某测距发现首波反相时，可用该测距及两个相邻测距的测量值按式(2-34)计算h_{ci}值，取此三点h_{ci}的平均值作为该裂缝的深度值(h_c)。

跨缝测量中如难于发现首波反相，则以不同测距按式(2-34)和式(2-35)计算h_{ci}及其平均值m_{hc}。将各测距l_i'与m_{hc}相比较，凡测距l_i'小于m_{hc}和大于3m_{hc}，应剔除该组数据，然后取余下h_{ci}的平均值，作为该裂缝的深度值h_c。

2)双面斜测法

当结构的裂缝部位具有两个相互平行的测试表面时，可采用双面穿透斜测法检测。测点布置，如图2-8所示，将T、R换能器分别置于两测试表面对应测点1、2、3……的位置，读取相应声时值t_i、波幅值A_i及主频率f_i。

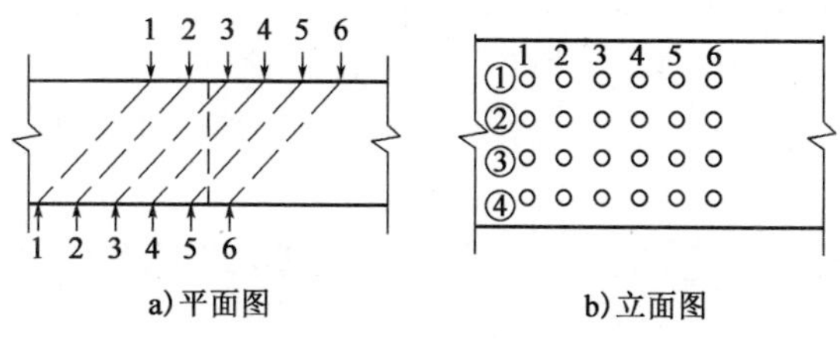

图2-8　斜测裂缝测点布置示意图

裂缝深度判定：当T、R换能器的连线通过裂缝，根据波幅、声时和主频的突变，可以判定裂缝深度以及是否在所处断面内贯通。

3)钻孔对测法

(1)钻孔对测法适用于大体积混凝土，预计深度在500mm以上的裂缝检测；

(2)被检测混凝土应允许在裂缝两侧钻测试孔；

(3)所钻测试孔应满足下列要求：

①孔径应比所用换能器直径大5～10mm。

②孔深应不小于比裂缝预计深度深700mm。经测试如浅于裂缝深度，则应加深钻孔。

③对应的两个测试孔(A、B)，必须始终位于裂缝两侧，其轴线应保持平行。

④两个对应测试孔的间距宜为2000mm，同一检测对象各对测孔间距应保持相同。

⑤孔中粉末碎屑应清理干净。

⑥如图2-9a)所示，宜在裂缝一侧多钻一个孔距相同但较浅的孔(C)，通过B、C两孔测试无裂缝混凝土的声学参数。

(4)裂缝深度检测应选用频率为20～60kHz的径向振动式换能器。

(5)测试前应先向测试孔中注满清水，然后将T、R换能器分别置于裂缝两侧的对应孔中，以相同高程等间距(100～400mm)从上到下同步移动，逐点读取声时、波幅和换能器所处的深度，如图2-9b)所示。

(6)以换能器所处深度(h)与对应的波幅值(A)绘制h-A坐标图，如图2-10所示。随换能器位置的下移，波幅逐渐增大，当换能器下移至某一位置后，波幅达到最大并基本稳定，该位置所对应的深度便是裂缝深度值h_c。

a) 平面图(C为比较孔)　　b) I-I 剖面图

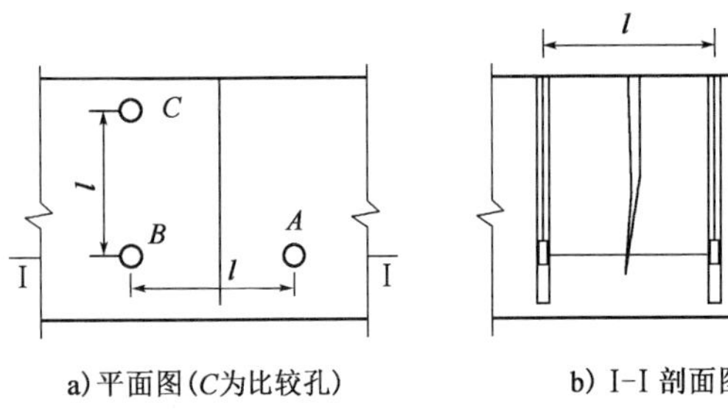

图 2-9　钻孔测裂缝深度示意图

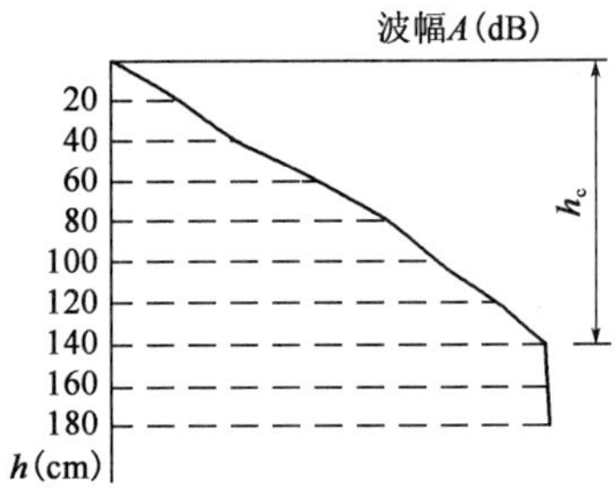

图 2-10　"h-A"坐标图

2. 不密实区和空洞检测

1)一般规定

检测不密实区和空洞时构件的被测部位应满足下列要求:

(1)被测部位应具有一对(或两对)相互平行的测试面。

(2)测试范围除应大于有怀疑的区域外,还应与同条件的正常混凝土进行对比,且对比测点数不应少于 20。

(3)在测区布置测点时,应避免 T、R 换能器的连线与附近的主钢筋轴线平行。

2)测试方法

根据被测构件实际情况,应选择下列方法之一布置换能器:

(1)当构件具有两对相互平行的测试面时,可采用对测法。在测试部位两对相互平行的测试面上,分别画出等间距的网格,网格间距一般为 100～300mm,其他大型结构物可适当放宽,并编号确定对应的测点位置。

(2)当构件只有一对相互平行的测试面时,可采用对测和斜测相结合的方法。在测位两个相互平行的测试面上分别画出网格线,可在对测的基础上进行交叉斜测。

(3)当测距较大时,可采用钻孔或预埋管测法,如图 2-11 所示。在测位预埋声测管或钻出竖向测试孔,预埋管内径或钻孔直径宜比换能器直径大 5～10mm,预埋管或钻孔间距宜为 2～3m,其深度可根据测试需要确定。检测时可用两个径向振动式换能器分别置于两测孔中进行测试,或用一个径向振动式与一个厚度振动式换能器,分别置于测孔中和平行于测孔的侧面进行测试。

a) 平面图

b) 立面图

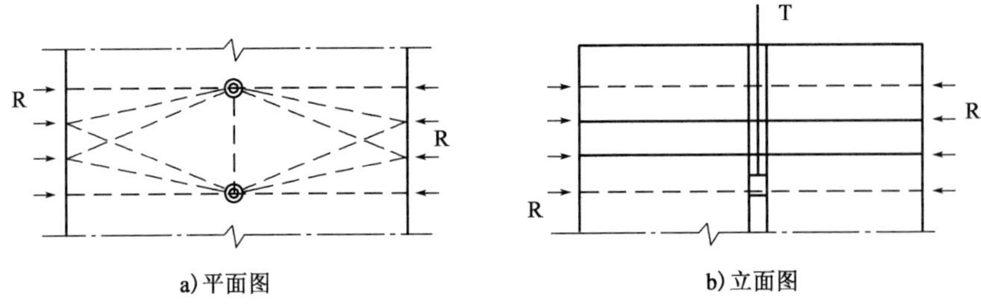

图 2-11　钻孔法示意图

每一测点的声时、波幅、主频和测距,应按本节"(二)超声法检测混凝土缺陷检测设备及声学参数测量"中的"4. 声学参数的测量"的内容进行测量。

3)数据处理及判断

(1)测位混凝土声学参数的平均值(m_x)和标准差(S_x)应按式(2-36)和式(2-37)计算:

$$m_x = \sum X_i / n \tag{2-36}$$

$$S_x = \sqrt{(\sum X_i^2 - n \cdot m_x^2)/(n-1)} \tag{2-37}$$

式中:X_i——第 i 点的声学参数测量值;

n——参与统计的测点数。

(2)异常数据判别方法:

①将测位各测点的波幅、声速或主频值由大至小按顺序分别排列,即$X_1 \geqslant X_2 \geqslant \cdots \geqslant X_n \geqslant X_{n-1} \geqslant \cdots$,将排在后面明显小的数据视为可疑,再将这些可疑数据中最大的一个(假定X_n)连同其前面的数据按式(2-36)和式(2-37)计算出m_x及S_x值,并按式(2-38)计算异常情况的判断值(X_0):

$$X_0 = m_x - \lambda_1 \cdot S_x \tag{2-38}$$

式中:λ_1——按表 2-5 取值。

将判断值(X_0)与可疑数据的最大值(X_n)相比较,当X_n 不大于X_0时,则X_n 及排列于其后的各数据均为异常值,并且去掉X_n,再用$X_1 \sim X_{n-1}$进行计算和判别,直至判别不出异常值为止;当X_n 大于X_0时,应再将X_{n+1}放进去重新计算和判别。

②当测位中判出异常测点时,可根据异常测点的分布情况,按式(2-39)进一步判别其相邻测点是否异常:

$$X_0 = m_x - \lambda_2 \cdot s_x \text{ 或} X_0 = m_x - \lambda_3 \cdot s_x \tag{2-39}$$

式中,λ_2、λ_3 按表 2-5 取值。当测点布置为网格状时取λ_2;当单排布置测点时(如在声测孔中检测)取λ_3。若保证不了耦合条件的一致性,则波幅值不能作为统计法的判据。

统计数的个数 n 与对应的λ_1、λ_2、λ_3 值　　表 2-5

n	20	22	24	26	28	30	32	34	36	38
λ_1	1.65	1.69	1.73	1.77	1.80	1.83	1.86	1.89	1.92	1.94
λ_2	1.25	1.27	1.29	1.31	1.33	1.34	1.36	1.37	1.38	1.39
λ_3	1.05	1.07	1.09	1.11	1.12	1.14	1.16	1.17	1.18	1.19
n	40	42	44	46	48	50	52	54	56	58
λ_1	1.96	1.98	2.00	2.02	2.04	2.05	2.07	2.09	2.10	2.12
λ_2	1.41	1.42	1.43	1.44	1.45	1.46	1.47	1.48	1.49	1.49
λ_3	1.20	1.22	1.23	1.25	1.26	1.27	1.28	1.29	1.30	1.31
n	60	62	64	66	68	70	72	74	76	78
λ_1	2.13	2.14	2.15	2.17	2.18	2.19	2.20	2.21	2.22	2.23
λ_2	1.50	1.51	1.52	1.53	1.53	1.54	1.55	1.56	1.56	1.57
λ_3	1.31	1.32	1.33	1.34	1.35	1.36	1.36	1.37	1.38	1.39

当测位中某些测点的声学参数被判为异常值时,可结合异常测点的分布及波形状况确定混凝土内部存在不密实区和空洞的位置及范围。

当判定缺陷是空洞,可按本书附录 G 空洞尺寸估算方法进行。

3.混凝土结合面质量检测

1)一般规定

(1)本小节适用于前后两次浇筑的混凝土之间接触面的结合质量检测。

(2)检测混凝土结合面时,被测部位及测点的确定应满足下列要求:

①测试前应查明结合面的位置及走向,明确被测部位及范围;

②构件的被测部位应具有使声波垂直或斜穿结合面的测试条件。

2)测试方法

混凝土结合面质量检测可采用对测法和斜测法,如图 2-12 所示。布置测点时应注意下列几点:

(1)使测试范围覆盖全部结合面或有怀疑的部位。

(2)各对T-R_1(声波传播不经过结合面)和T-R_2(声波传播经过结合面)换能器连接的倾斜角测距应相等。

(3)测点的间距视构件和结合面外观质量情况而定,宜为 100～300mm。

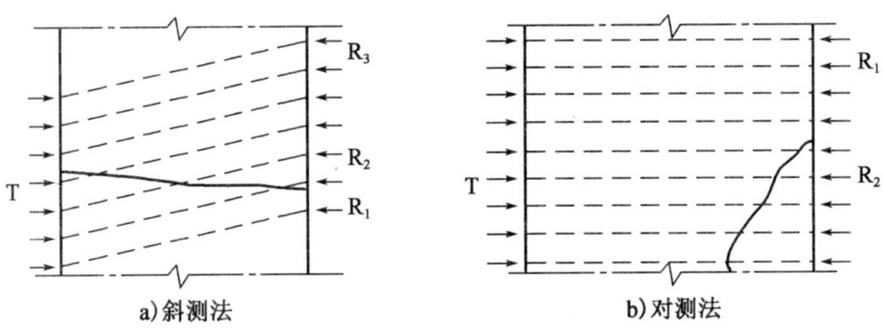

图 2-12 混凝土结合面质量检测示意图

按布置好的测点分别测出各点的声时、波幅和主频值。

3)数据处理及判断

(1)同一测位各测点声速、波幅和主频值的统计和判断,同混凝土不密实区和空洞的相关方法。

(2)当测点数无法满足统计法判断时,可将T-R_2 的声速、波幅等声学参数与T-R_1 进行比较,若T-R_2 的声学参数比T-R_1 显著低时,则该点可判断为异常测点。

(3)当通过结合面的某些测点的数据被判为异常,并查明无其他因素影响时,可判定混凝土结合面在该部位结合不良。

4.表面损伤层检测

1)一般规定

(1)本法适用于因冻害、高温或化学腐蚀引起的混凝土表面损伤层厚度的检测。

(2)检测表面损伤层厚度时,被测部位和被测点的确定应满足下列要求:

①根据构件的损伤情况和外观质量选取有代表性的部位布置测位;

②构件被测面应平整并处于自然干燥状态,且无接缝和饰面层。

(3)本方法测试结果宜进行局部破损验证。

2)测试方法

(1)表面损伤层检测宜选用频率较低的厚度振动式换能器。

(2)测试时 T 换能器应耦合好,并保持不动,然后将 R 换能器依次耦合在间距 30mm 的测

点 1、2、3……位置上，如图 2-13 所示，读取相应的声时值t_1、t_2、t_3……并测量每次 T、R 换能器边缘之间的距离 l_1、l_2、l_3……每一测位的测点数不得少于 6 个，当损伤层较厚时，应适当增加测点数。

(3)当构件的损伤层厚度不均时，应适当增加测位数量。

3)数据处理及判断

(1)求损伤和未损伤混凝土的回归直线方程：

用各测点的声时值t_1 和相应测距值 l_1 绘制"时—距"坐标图，如图 2-14 所示。由图可得到声速改变所形成的转折点，该点前、后分别表示损伤和未损伤混凝土的 l 与 t 相关直线。用回归分析方法分别求出损伤、未损伤混凝土 l 与 t 的回归直线方程，按式(2-40)和式(2-41)计算。

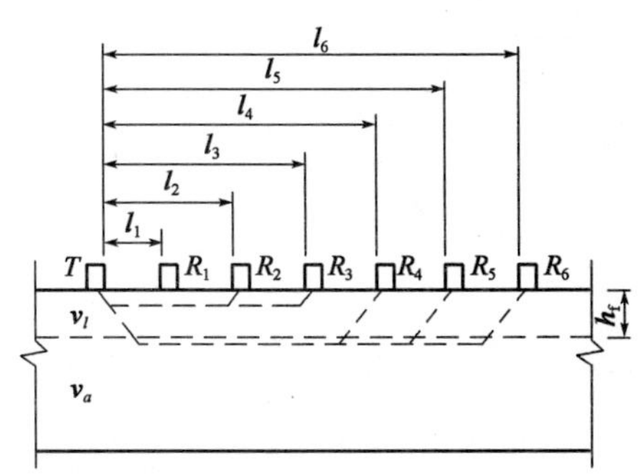

图 2-13 检测损伤层厚度示意图

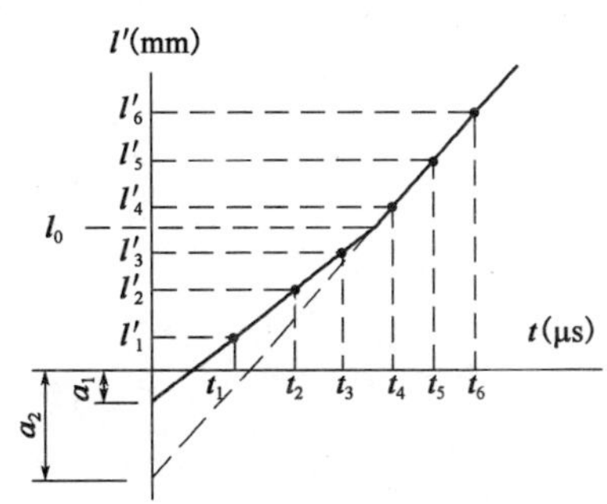

图 2-14 损伤层检测"时—距"坐标图

①损伤混凝土：

$$l_f = a_1 + b_1 \cdot t_f \tag{2-40}$$

②未损伤混凝土：

$$l_a = a_2 + b_2 \cdot t_a \tag{2-41}$$

式中：l_f——拐点前各测点的测距(mm)，对应于图 2-14 中的 l_1、l_2、l_3；

t_f——对应于图 2-14 中 l_1、l_2、l_3 的声时 t_1、t_2、t_3(μs)；

l_a——拐点后各测点的测距(mm)，对应于图 2-14 中的 l_4、l_5、l_6；

t_a——对应于图 2-14 中 l_4、l_5、l_6的声时t_4、t_5、t_6(μs)；

a_1、b_1、a_2、b_2——回归系数，即图 2-14 中损伤和未损伤混凝土直线的截距和斜率。

(2)损伤层厚度应按式(2-42)和式(2-43)计算：

$$l_0 = (a_1 b_2 - a_2 b_1)/(b_2 - b_1) \tag{2-42}$$

$$h_f = l_0/2 \cdot \sqrt{(b_2 - b_1)/(b_2 + b_1)} \tag{2-43}$$

式中：h_f——损伤层厚度(mm)。

除强度和缺陷检测以外，混凝土还有许多其他性能可用无损检测方法予以测定。其他性能主要是指与结构物使用功能有关的各种性能，主要有保护层厚度、钢筋锈蚀、氯离子含量、碳化深度等。下面介绍几种常见的检测方法。

5. 钢筋位置及混凝土保护层厚度的无损检测与评定

(1)钢筋位置及混凝土保护层厚度的无损检测采用的是钢筋位置探测仪。

钢筋位置探测仪利用涡电流原理，检验第一层钢筋排列位置，进而检测钢筋根数或混凝土保护层厚度，但对于第二层钢筋探测的正确性则须视其排列的形式与间距而定。其原理是依据电磁感应原理，将载有交流支线圈探头置于金属材料附近，使金属导体在其交换磁场部分，感应产生无数旋涡状的涡电流，由涡电流变化产生的信号，便可测定构件的物理性质。利用涡电流检测原理除可用来检测钢筋位置外，也可用来检测电导体试样的瑕疵、结构不规则性和成分的变化。钢筋位置检测仪的工作原理，如图 2-15 所示。试验检测中获得的感应电流值与本套测试仪在已知钢筋深度和钢筋直径检测到的电流测试值进行比较，来确定混凝土中的钢筋深度和钢筋直径。

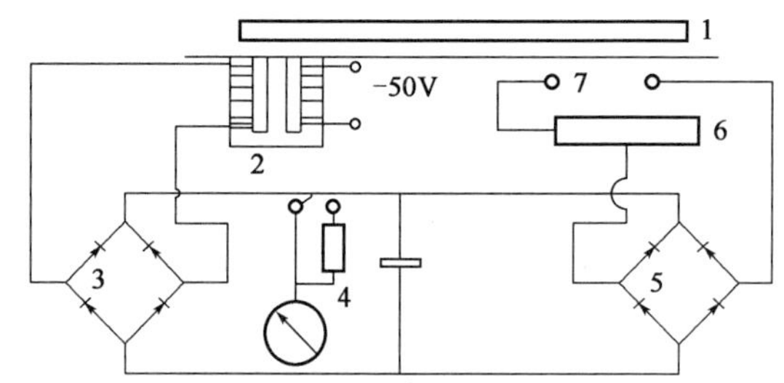

图 2-15　钢筋位置检测仪工作原理图

1-钢筋混凝土结构；2-探头；3-整流器；4-电流表；5-平衡整流器；6-可变电阻；7-平衡电源

(2)一般规定：

①应根据所测钢筋规格、深度以及间距选择适当的仪器，并按说明书进行操作；

②采用电池供电的仪器，检测中应确保电源充足，检测结束后应对仪器及电池进行保养。对于既可采用电池供电，也可采用外接电源供电的仪器，应该在这两种供电情况下分别对仪器进行校准。

③检测前宜具备下列资料：

a. 结构或构件名称以及相应的钢筋设计图纸资料；

b. 混凝土是否采用带有铁磁性的原材料配制；

c. 检测部位钢筋品种、牌号、设计规格、设计保护层厚度、结构构件是否有预留管道、金属预埋件；

d. 必要的施工记录等相关资料。

④根据钢筋设计资料，确定检测区域钢筋的可能分布状况，并选择适当的检测面。检测面宜为混凝土表面，应清洁、平整，并避开金属预埋件。

⑤对于有饰面层的构件，其饰面层应清洁、平整，并与混凝土结合良好。饰面层主体材料以及夹层均不得含有金属。对于含有金属材质的饰面层，宜进行清除。对于厚度超过 50mm 的饰面层，宜清除后进行检测，或者钻孔验证。不得在架空的饰面层上进行检测。

⑥对于含有铁磁性原材料的混凝土应进行足够的试验验证后方可进行修正。

⑦钢筋保护层厚度检验的结构部位和构件数量，应符合下列规定：

a. 钢筋保护层厚度检验的结构部位，应根据结构构件的重要性选定。

b. 对梁类、板类构件应各抽取构件数量的 2%且不少于 5 个构件进行检验；当有悬挑构件时，抽取的构件中悬挑梁类、板类构件所占比例均不宜小于 50%。

c. 对选定的梁类构件，应对全部纵向受力钢筋的保护层厚度进行检验；对选定的板类构件，应抽取不少于 6 根纵向受力钢筋的保护层厚度进行检验。对每根钢筋，应在有代表性的部位测量 1 点。

d. 当钢筋混凝土保护层厚度与钢筋直径比值小于 2.5 且混凝土保护层厚度小于 50mm 时，测试误差不应大于±1mm，其他情况下不宜大于±5mm。

(3)仪器技术要求：

①检测仪器一般包含探头、仪表和连接导线，仪表可进行模拟或数字的指示输出，较先进的仪表还具有图形显示功能。

②仪器的保护层测量范围应大于 120mm。

③适用的钢筋直径范围应为 ϕ6～ϕ50。

④检测前应根据检测结构构件所采用的混凝土，对仪器进行校准。

(4)操作程序：

①测区布置：

a. 按单个构件检测时，应根据尺寸大小，在构件上均匀布置测区，每个构件上的测区数不应少于 3 个；

b. 对于最大尺寸大于 5m 的构件，应适当增加测区数量；

c. 测区应均匀分布，相邻两测区的间距不宜小于 2m；

d. 对构件上每一测区应检测不少于 10 个测点。

②测量步骤：

a. 测试前应了解有关图纸资料，以确定钢筋的种类和直径。

b. 测区内确定钢筋位置与走向。

c. 保护层厚度的测读：将传感器置于钢筋所在位置正上方，并左右稍稍移动，读取仪器显示最小值，即为该处保护层厚度。每一测点宜读取 2～3 次稳定读数，取其平均值，精确至 1mm。

6. 钢筋锈蚀的无损检测

在正常情况下，由于混凝土材料呈弱碱性，它可以使混凝土中钢筋表面形成一层薄的钝化膜。这层钝化膜为钢筋提供了良好的保护层而不被腐蚀。但是，当混凝土出现碳化后，会使得混凝土的 pH 值降低，当 pH 值小于 11 时，混凝土中钢筋表面的致密钝化膜就被破坏。另外，钢筋混凝土结构和构件在长期使用的过程中，由于复杂交变荷载的作用和温度应力的影响，导致钢筋混凝土的保护层开裂或逐渐剥落，这使空气中的二氧化碳、二氧化硫气体和水蒸气及雨水很容易进入混凝土裂缝中，腐蚀混凝土和钢筋的钝化层，进而腐蚀钢筋，使钢筋与混凝土间的握裹力降低，加速混凝土保护层的爆裂，导致钢筋的有效截面积变小，直接影响钢筋混凝土结构和构件的承载力和使用寿命。当对已建结构和构件进行安全评估时，往往需要对混凝土内的钢筋锈蚀情况进行检测。下面就钢筋锈蚀检测的半电池电位法进行介绍。

1)原理

半电池电位法是利用混凝土中钢筋锈蚀的电化学反应引起的电位变化来测定钢筋锈蚀状况的一种方法。通过测定钢筋/混凝土半电池电极与在混凝土表面的铜/硫酸铜参考电极之间电位差的大小，评定混凝土中钢筋的锈蚀程度。

利用钢筋锈蚀仪来确定钢筋锈蚀范围，此方法必须在钢筋具有连续导电性时方可运用，检验时首先要将锈蚀仪的参考电极与钢筋相连接以形成通路后，再输入高阻抗，移动探头并记录电位差借以绘出等位图，再依据等位图判定腐蚀发生的区域。其原理框图如图 2-16 所示。当腐蚀电位在－350mV 以下时（以硫酸铜溶液为电解液），视作此区域钢筋腐蚀的潜能达 90％以上，而腐蚀电位在－200mV 以上时（以硫酸铜溶液为电解液），则此区域的钢筋可视作几乎没有腐蚀发生。

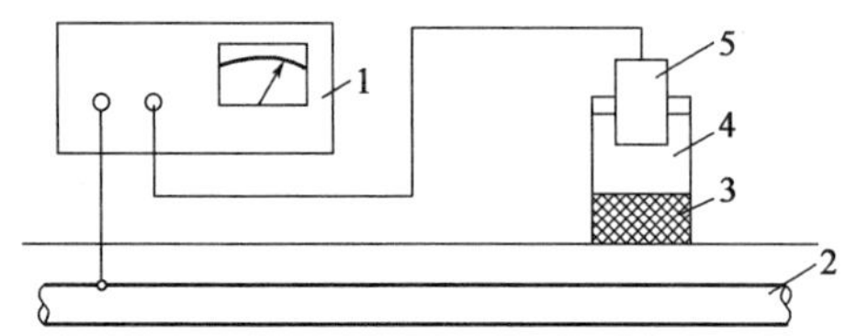

图 2-16　钢筋锈蚀检测仪的工作原理

1-毫伏表；2-钢筋混凝土中的钢筋；3-多孔接头；4-硫酸铜饱和液；5-电极

2）测区选择与测点布置

（1）应根据构件的环境差异及外观检查的结构来确定测区，测区应能代表不同环境条件和不同的锈蚀外观表征，每种条件的测区数量不宜小于 3 个。

（2）在测区上布置测试网格，网格节点为测点，网格间距可为 200mm×200mm、300mm×300mm 或 200mm×100mm 等，根据构件尺寸和仪器功能而定。测区中的测点数不宜少于 20 个，测点与构件边缘的距离应大于 50mm。

（3）当一个测区内存在相邻点的读数超过 150mV 时，通常应减少测点的间距。

（4）测区应统一编号，注明位置，并描述其外观情况。

3）混凝土表面处理

用钢丝刷、砂纸打磨测区混凝土表面，去除涂料、浮浆、污迹、尘土等，并用接触液将表面润湿。

4）仪表与钢筋的电连接

（1）现场测试时，铜/硫酸铜电极一般接二次仪表的正输入端，钢筋接二次仪表的负输入端。

（2）局部打开混凝土或选择裸露的钢筋，在钢筋上钻一小孔并拧上自攻螺钉，用加压型鳄鱼夹夹住并润湿，确保有良好的电连接。若在远离钢筋连接点的测区进行测量，必须用万用表检查内部钢筋的连接性，如不连续，应重新进行钢筋的连接。

（3）铜/硫酸铜参考电极与测点的接触。测量前应预先将电极前端多孔塞充分浸湿，以保证良好的导电性，正式测读前应再次用喷雾器将混凝土表面润湿，但应注意被测表面不存在游离水。

5）铜/硫酸铜电极准备

铜/硫酸铜溶液由硫酸铜晶体溶解在蒸馏水中制成。当有多余的未溶解硫酸铜晶体沉积在溶液底部时，可以认为该溶液是饱和的。电极铜棒应清洁，无明显缺陷；否则，需用稀释盐酸溶液清洁铜棒，并用蒸馏水彻底冲洗。硫酸铜溶液应注意更换，保持清洁，溶液应充满电极。以保证电连接。

6）测量值的采集

测点读数应稳定，电位读数变动不超过 2mV；同一测点同一参考电极重复读数差异不得超过 10mV；同一测点不同参考电极重复读数差异不得超过 20mV。若不符合读数稳定要求，应检查测试系统的各个环节。

7）当采用钢筋腐蚀电位检测法进行钢筋腐蚀检测时需注意以下事项

（1）检测前需进行仪器的校正与检查。

(2)应先测出钢筋保护层的厚度,分析混凝土的成分及其对电阻的关系。

(3)接线前必须将腐蚀钢筋的铁锈清除。

(4)检测时半电瓶应密接混凝土表面。

(5)保证仪器连接点钢筋与测点钢筋连接良好。

(6)测量时构件应处在自然干燥状态。

(7)无特殊情况,尽量使用同一仪器来检测。

(8)整个测试过程应避免各种电、磁场的干扰。

(9)应注意环境温度对测试结果的影响,必要时应进行修正。

7.混凝土电阻率的检测

1)混凝土电阻率的检测方法

混凝土的电阻率反映其导电性。混凝土电阻率大,若钢筋发生锈蚀,则发展速度慢,扩散能力弱;混凝土电阻率小,锈蚀发展速度快,扩散能力强。因此,对钢筋状况进行检测评定,测量混凝土的电阻率是一项重要内容。

混凝土电阻率检测测区,应根据钢筋锈蚀电位测量结果确定,对钢筋锈蚀电位测试结果表明钢筋可能锈蚀活化的区域,应进行混凝土电阻率测量。

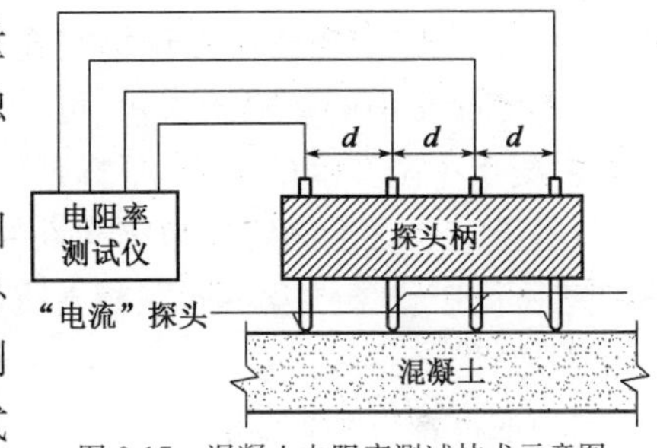

图 2-17 混凝土电阻率测试技术示意图

混凝土电阻率可采用四电极阻抗测量法测定,如图 2-17 所示。即在混凝土表面等间距接触四支电极,两外侧电极为电流电极,两内侧电极为电压电极,通过检测两电压电极间的混凝土阻抗获得混凝土电阻率 ρ,按式(2-44)计算。

$$\rho = 2\pi dV/I \tag{2-44}$$

式中:V——电压电极间所测电压;

I——电流电极通过的电流;

d——电极间距。

2)电阻率测试仪及技术要求

混凝土电阻率测试仪应通过技术鉴定,具有产品合格证,并进行定期计量校准。

电阻率测试仪由四电极探头与电阻率仪表组成,采用交流测量系统。

(1)探头四电极间距可调,调节范围 10cm,每一电极内均装有压力弹簧,从而保证可测不同深度的电阻率及电极与混凝土表面接触良好。

(2)电压电极间的输入阻抗>1MΩ。

(3)电极端部直径尺寸不得大于 5mm。

(4)显示方式:直接数字显示电阻率值。

(5)电源:直流供电,连续正常工作时间不小于 6h。

(6)仪器使用环境条件:环境温度 0~+40℃,相对湿度≤85%。

3)仪器的检查

在 4 个电极上分别接上 3 支电阻,则仪器的显示值为相应的电阻率值。例如,电阻值为 1kΩ,相应电阻率值为:$2\pi d \times 1\text{k}\Omega \cdot \text{cm}$。

4)混凝土电阻率的测量

测区与测位布置可参照钢筋锈蚀电位测量的要求,在电位测量网格间进行,并做好编号工作。

混凝土表面应清洁、无尘、无油脂。为了提高量测的准确性,必要时可去掉表面碳化层。

调节好仪器电极的间距,一般采用的间距为 50mm。为了保证电极与混凝土表面有良好、连续的电接触,应在电极前端涂上耦合剂,特别是当读数不稳定时。测量时探头应垂直置于混凝土表面,并施加适当的压力。

8.结构混凝土中氯离子含量的测定

有害物质侵入混凝土将会影响结构的耐久性。混凝土中氯离子可引起并加速钢筋的锈蚀;(SO_4^{2-})的侵入可使混凝土成为易碎松散状态,强度下降;碱的侵入(K^+、Na^+)在集料具有碱活性时,可能引起碱—集粒反应而发生破坏。

1)结构混凝土中氯离子含量的测定方法

(1)氯离子含量的测定方法比较简便的有两种:实验室化学分析法和滴定条法(Quantab-strips)。因为滴定条法可在现场完成氯离子含量的测定,所以下面只对该方法进行介绍。

(2)混凝土中的氯离子含量,可采用现场按混凝土不同深度取样。测定结果须能反映氯离子在混凝土中随深度的分布,根据钢筋处混凝土氯离子含量判断引起钢筋锈蚀的危险性。

(3)氯离子含量测定应根据构件的工作环境条件及构件本身的质量状况确定测区,测区应能代表不同工作条件及不同混凝土质量的部位,测区宜参考钢筋锈蚀电位测量结果确定。

2)取样

(1)取样部位和数量:

①分析样品的取样部位可参照钢筋锈蚀电位测试测区布置原则确定。

②测区的数量应根据钢筋锈蚀电位检测结果以及结构的工作环境条件确定。在电位水平不同部位,工作环境条件、质量状况有明显差异的部位布置测区。

③每一测区取粉的钻孔数量不宜少于 3 个,取粉孔可与碳化深度测量孔合并使用。

④测区、测孔应统一编号。

(2)取样方法:

①使用直径 20mm 以上的冲击钻在混凝土表面钻孔,钻孔前应先确定钢筋位置。

②钻孔取粉应分层收集,一般深度间隔可取 3mm、5mm、10mm、15mm、20mm、25mm、50mm 等。若需指定深度处的钢筋周围氯离子含量,取粉间隔可进行调整。

③钻孔深度使用附在钻头侧面的标尺杆控制。

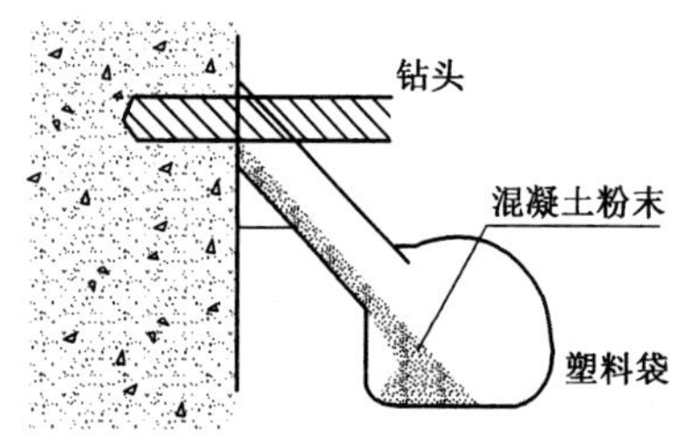

图 2-18 钻孔取混凝土粉末的方法

④用一硬塑料管和塑料袋收集粉末,如图 2-18 所示,对每一深度应使用一个新的塑料袋收集粉末,每次采集后,钻头、硬塑料管及钻孔内部应用毛刷将残留粉末清理干净,以免不同深度粉末混杂。

⑤同一测区不同孔,相同深度的粉末可收集在一个塑料袋内,质量不应少 25g,若不够,可增加同一测区测孔数量。不同测区测孔相同深度的粉末不应混合在一起。

⑥采集粉末后,塑料袋应立即封口保存,注明测区、测

孔编号及深度。

3)滴定条法

分析步骤如下：

(1)将采回的样品过筛，去掉其中较大的颗粒。

(2)将样品置于105℃±5℃烘箱内烘2h后，冷却至室温。

(3)称取5g样品粉末(准确度优于±0.1g)放入烧杯中。

(4)缓慢加入50mL(1.0mol，HNO_3)并彻底搅拌直至嘶嘶声停止。

(5)用石蕊试纸检查溶液是否呈酸性(石蕊试纸变红)，如果不呈酸性，再加入适量硝酸。

(6)加入约5g无水碳酸钠(Na_2CO_3)。

(7)用石蕊试纸检查溶液是否呈中性(石蕊试纸不变)；否则，再加入少量无水碳酸钠直至溶液呈中性。

(8)用过滤纸做一锥斗加入液体。

(9)当纯净的溶液渗入锥头后，把滴定条插入液体中。

(10)待到滴定条顶端水平黄色细条转变成蓝色，取出滴定条并顺着由上至下的方向将其擦干。

(11)读取滴定条颜色变化处的最高值，然后，在该批滴定条表中查出所对应的氯离子含量值，此值是以百万分之几表示的。若分析过程取样5g，加硝酸50mL，则将查表所得的值除以1000即为百分比含量。

(12)如果使用样品质量不是5g或使用过量的硝酸，则应按式(2-45)修正百分比含量。

$$\text{氯离子百分比含量} = \frac{ab}{10000c} \tag{2-45}$$

式中：a——查表所得的值；

b——硝酸体积(mL)；

c——样品质量(g)。

9.混凝土碳化深度的检测

1)检测方法

(1)钢筋锈蚀电位测试结果表明可能存在钢筋锈蚀活动的区域，应进行混凝土碳化深度测量。另外，碳化深度的检测也是混凝土强度检测中需要进行的一项工作。

(2)混凝土碳化状况的检测通常采用在混凝土新鲜断面喷洒酸碱指示剂；通过观察酸碱指示剂颜色变化来确定混凝土的碳化深度。

2)检测步骤

(1)测区位置的选择原则可参照钢筋锈蚀自然电位测试的要求，若在同一测区，应先进行保护层和锈蚀电位、电阻率的测量，再进行碳化深度及氯离子含量的测量。

(2)测区及测孔布置：

①测区应包括锈蚀电位测量结果有代表性的区域，也能反映不同条件及不同混凝土质量的部位，结构外侧面应布置测区；

②测区数不应小于3个，测区应均匀布置；

③每一测区应布置3个测孔，3个测孔应呈“品”字形排列，孔距根据构件尺寸大小确定，

但应大于 2 倍孔径；

④测孔距构件边角的距离应大于 2.5 倍保护层厚度。

(3)使用酸碱指示剂喷在混凝土的新鲜破损面，根据指示剂颜色的变化，测量混凝土的碳化深度，量测值准确至毫米。

①配制指示剂(酚酞试剂)：75%的酒精溶液与白色酚酞粉末配制成酚酞浓度为 1%～2% 的酚酞溶剂，装入喷雾器备用，溶剂应为无色透明的液体。

②用装有 20mm 直径钻头的冲击钻在测点位置钻孔。

③成孔后用圆形毛刷将孔中碎屑、粉末清除，露出混凝土新茬。

④将酚酞指示剂喷到测孔壁上。

⑤待酚酞指示剂变色后，用测深卡尺测量混凝土表面至酚酞变色交界处的深度，准确至 1mm。酚酞指示剂从无色变为紫色时，混凝土未碳化，酚酞指示剂未改变颜色处的混凝土已经碳化。

⑥将测区、测孔统一编号，并画出示意图，标上测量结果。

⑦测量值的整理应列出最大值、最小值和平均值。

四、索的无损检测

缆索技术已广泛应用在大跨度桥梁和大型建筑结构领域。其中有悬索桥的主缆、吊索，斜拉桥的斜拉索，拱吊桥的吊索等。这些缆索主要由高强度热镀锌钢丝和锚具锚固制成。

缆索是斜拉桥和悬索桥的重要组成部分，对桥梁安全起到了关键性作用。但是一方面缆索长期暴露在自然环境中，极易受到腐蚀，使很多桥梁都处于非常危险的隐患状态；另一方面在现实桥梁的运营阶段或受到自然灾害影响时，拉索很容易出现损伤而导致桥梁进行大规模的维修，甚至造成破坏。

对缆索的损伤检测一般有人工检测和无损检测两种。人工检测主要是以目测为主。

对缆索损伤的无损检测方法主要包括 5 种：振动法、磁检测法、声学检测法、超声波检测法、布拉格光纤光栅检测法。振动法测索力是目前索力测定中应用最广泛的一种方法，一般可用来检测缆索系统由于松弛等引起的索力变化，但是对于化学腐蚀、应力腐蚀及腐蚀疲劳等引起的锈蚀、断丝等病害的检测则力不能及。后面几种方法是对索的腐蚀与断丝的检测方法。

(一)索力测试

斜拉索是斜拉桥梁、塔和索体系中的一个重要组成部分，斜拉索索力大小直接影响桥梁上部结构的受力和变形状态。各拉索中的力实际大小的测试成为斜拉桥施工控制中的一个重要问题。斜拉桥斜拉索索力测定方法有：

(1)电阻应变片测定法；

(2)拉索伸长量测定法；

(3)索拉力垂度关系测定法；

(4)张拉千斤顶测定法；

(5)压力传感器测定法；

(6)振动测定法。

方法(1)～(3)从理论上讲是可行的，但实施中会遇到较多的实际问题，一般不予采用；方法

(4)、(5)测定拉索张拉过程的索力变化比较方便,但不能测定成桥后索力;振动测定法实测斜拉索的固有频率,利用索的张力和固有频率的关系计算索力。实测频率仪配置如图 2-19 所示。

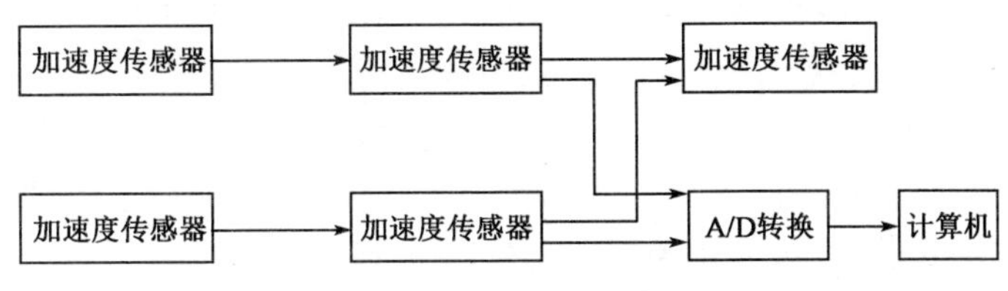

图 2-19　索力仪组成

振动法可采用激振器激振或人工激振,亦可采用环境随机振动法。测试时用索夹或绑带将传感器固定在拉索上,进行激振和信号采集,进行现场分析,可以很方便测求索力。下面介绍其分析原理。

①不计算抗弯刚度的拉索的振动微分方程,按式(2-46)计算:

$$\frac{m}{g}\frac{\partial^2 y}{\partial t^2}-T\frac{\partial^2 y}{\partial x^2}=0 \tag{2-46}$$

式中:y——横坐标(垂直于索的长度方向);

x——纵向坐标(索的长度方向);

m——单位索长的质量;

g——重力加速度;

T——索的张力;

t——时间。

②假定索的两端固定,由式(2- 46)可以求出拉索的自振频率,按式(2-47)和式(2-48)计算:

$$f_n=\frac{n}{2L}\sqrt{T_g/m} \tag{2-47}$$

$$T=\frac{4mL^2}{n^2 g}f_n^2 \tag{2-48}$$

式中:f_n——索的第 n 阶自振频率;

L——索的计算长度;

n——振动阶数。

振动法测定索力经济方便,且精度能够满足工程应用的需要,它不需消耗仪器仪表,所有仪器都可以重复使用。国内对振动法测定索力进行了大量的研究,对拉索的抗弯刚度、支承条件、斜度、垂度以及拉索的初应力等影响索力测试的因素进行了分析研究。

③考虑抗弯刚度后索的自有振动微分方程,按式(2-49)计算:

$$\frac{m}{g}\frac{\partial^2 y}{\partial t^2}+EI\frac{\partial^4 y}{\partial x^4}-T\frac{\partial^2 y}{\partial x^2}=0 \tag{2-49}$$

式中:EI——拉索的抗弯刚度;

其余符号意义同前。

④假定拉索的边界条件为两端铰接,可由式(2-49)解得索拉力,按式(2-50)计算:

$$T=\frac{4mL^2}{n^2 g}f_n^2-\frac{m^2 EI}{L^2}n^2 \tag{2-50}$$

⑤另外计入索自重时可解得索下端的拉力，按式(2-51)计算：

$$T_0=\frac{4mL^2}{g}\left(\frac{f_n}{n}\right)^2+\frac{2mL^2}{g}\left(\frac{f_n}{n}\right)^2\sqrt{1-\frac{n^2g^2\sin^2\alpha}{16L^2f_n\pi^2}} \tag{2-51}$$

式中：α——拉索弦线和水平向的夹角；

T_0——拉索下端的拉力。

经过对斜拉索实例参数分析，式(2-48)和式(2-51)计算的结果非常接近，所以计算时可以不计拉索自重和斜度的影响，求得的索力为拉索下端的拉力。

经过按式(2-48)和式(2-50)对比分析可知：细长拉索不计抗变刚度时求得的索力比计入抗弯刚度时偏大，但一般不会超过2%，对于长度小于40m的斜拉索和系杆拱的吊杆有可能超过5%，此时应计入抗弯刚度的影响。

经理论分析可知拉索初应力较小时计算索力应计入垂度影响。斜拉桥施工中斜拉索都要经过几次张拉。第一次张拉索的初应力较小、垂度较大，垂度对实测低阶频率影响较大，为了减小垂度对实测索力的影响，建议采用4阶以上频率计算索力。

对斜拉索两端处理为铰接或固定对索力的影响相差不会超过5%，随着索长增加和抗弯刚度减小，两种边界条件分析的结果更接近。对于跨径内安装减振器的斜拉索，如索长大于150m，减振器对索力的影响不会超过5%；对于一般情况，应在安装减振器前后进行识别，确定安装减振器前后拉索的支承长度；如减振器的支承刚度大于1.0×10^4kN/m，则减振器可视为拉索的刚性支承。

(二)索的腐蚀与断丝检测

1. *磁性检测方法*

此法基于缆索的磁特性进行检测，检测缆索缺陷时可以采用两种磁性检测方法，一种是漏磁检测法，主要检测缆索中断丝、锈蚀、斑点等局部缺陷(Loss of Fault，简称LF)；另一种是磁桥路检测法，主要检测因缆索磨损、锈蚀等引起其金属截面积总和发生变化的缺陷，可检测断丝和腐蚀。但当拉索直径较大，外部有保护层时，由于磁化效果不好，对芯部中心部位的损伤状况往往检测不出来。

2. *声学监测法*

此法采用声发射原理进行检测，可用来监测高拉力的钢丝、钢丝束和拉索的断裂。但其传感器必须在断丝发生前便已经安装，因此对于已经发生断丝的缆索系统的断丝检测力不能及。

3. *超声波法检测*

此法检测断丝的基本原理是接收断丝部位的反射波，因此应掌握断丝部位的反射特性。出于放射等因素，在芯线中传播的超声波随传播距离的增加而衰减。因此，用反射波检测远离超声波入射端的断丝部位是困难的。同时，通过对腐蚀部位的反射特性试验证明，用反射法检测芯线腐蚀是困难的。

4. *布拉格光纤光栅(Fiber Bmg Ging)传感器*

它是一种基于干涉原理的光纤传感器。采用布拉格光纤光栅(Fiber Brag Ging)传感器进行断丝监测的优点在于，光栅传感器性能稳定，测量精度高，不受电磁辐射的影响。但其不足也很明显：目前的试验只是用在直径很小的索上，如果索的直径较大，很少的断丝对拉索应力

的影响较小；并且实际桥梁中拉索的应力受自然情况的影响，经常发生改变，很难区分到底是什么原因引起拉索应力的变化。

第三节　桥梁材质状况与状态参数评定

一、桥梁材质强度检测评定

桥梁结构混凝土材质强度检测结果的评定，应依据桥梁结构或构件实测强度推定值或测区平均换算强度值，按式(2-52)和式(2-53)计算其推定强度匀质系数 K_{bt} 或平均强度匀质系数 K_{bm}，并根据其值的范围按表 2-6 确定混凝土强度评定标度。

桥梁混凝土强度评定标准　　表 2-6

K_{bt}	K_{bm}	强 度 状 况	评 定 标 度
≥0.95	≥1.00	良好	1
(0.95,0.90]	(1.00,0.95]	较好	2
(0.90,0.80]	(0.95,0.90]	较差	3
(0.80,0.70]	(0.90,0.85]	差	4
<0.70	<0.85	危险	5

(一)推定强度匀质系数

$$K_{bt}=\frac{R_{it}}{R} \tag{2-52}$$

式中：R_{it}——混凝土实测强度推定值；

R——混凝土设计强度等级。

(二)平均强度匀质系数

$$K_{bm}=\frac{R_{im}}{R} \tag{2-53}$$

式中：R_{im}——混凝土测区平均换算强度值。

二、混凝土桥梁钢筋保护层厚度检测评定

(1)检测构件或部位的钢筋保护层厚度平均值 $\overline{D}_n$ 应按式(2-54)计算：

$$\overline{D}_n=\frac{\sum_{i=1}^{n}D_{ni}}{n} \tag{2-54}$$

式中：D_{ni}——钢筋保护层厚度实测值，精确至 0.1mm；

n——检测构件或部位的测点数。

(2)检测构件或部位的钢筋保护层厚度特征值 D_{ne} 应按式(2-55)计算：

$$D_{ne}=\overline{D}_n-K_pS_D \tag{2-55}$$

式中：S_D——钢筋保护层厚度实测值标准差，精确至 0.1mm；

$$S_D = \sqrt{\frac{\sum_{i=1}^{n}(D_{ni})^2 - n(\overline{D}_n)}{n-1}}$$

K_p——判定系数，按表 2-7 取用。

混凝土保护层厚度合格判定系数值　　表 2-7

n	10～15	16～24	≥25
K_p	1.695	1.645	1.595

(3)应根据检测构件或部位的钢筋保护层厚度特征值D_{ne}与其设计值D_{nd}的比值，按表 2-8 的规定确定钢筋保护层厚度评定标度。

混凝土保护层厚度对结构钢筋耐久性的评判经验值　　表 2-8

D_{ne}/D_{nd}	对结构混凝土耐久性的影响	评定标度
>0.95	影响不显著	1
(0.85,0.95]	有轻度影响	2
(0.70,0.85]	有影响	3
(0.55,0.70]	有较大影响	4
≤0.55	钢筋易失去碱性保护，发生锈蚀	5

三、混凝土桥梁钢筋锈蚀电位检测评定

(1)对混凝土桥梁主要构件或主要受力部位，应布设测区检测钢筋锈蚀电位，每一测区的测点数不宜少于 20 个。

(2)对已处理的数据(已进行温度修正)进行判读之前，按惯例将这些数据加以负号，绘制等电位图，然后进行判读。

(3)应根据表 2-9 评定混凝土桥梁钢筋发生锈蚀的概率或锈蚀活动性。并应按照测区锈蚀电位水平最低值，确定钢筋锈蚀电位评定标度。

混凝土桥梁钢筋锈蚀电位评定标准　　表 2-9

电位水平	钢筋状况	评定标度
≥−200	无锈蚀活动性或锈蚀活动性不确定	1
(−200,−300]	有锈蚀活动性，但锈蚀状态不确定，可能坑蚀	2
(−300,−400]	有锈蚀活动性，发生锈蚀概率大于 90%	3
(−400,−500]	有锈蚀活动性，严重锈蚀可能性极大	4
<−500	构件存在锈蚀开裂区域	5

注：量测时，混凝土桥梁结构或构件应为自然状态。

四、混凝土桥梁电阻率检测评定

(1)对钢筋锈蚀电位评定标度值为 3、4、5 的主要构件或主要受力部位，应进行混凝土电阻率测量。被测构件或部位的测区数量不宜少于 30 个。

(2)应根据表 2-10 评定钢筋锈蚀速率，按照测区电阻率最小值确定混凝土电阻率评定标度。

混凝土电阻率的评定标准　　表 2-10

电阻率(Ω·cm)	可能的锈蚀速率	评定标度
≥20000	很慢	1
[15000,20000)	慢	2
[10000,15000)	一般	3
[5000,10000)	快	4
<5000	很快	5

注：量测时混凝土桥梁结构或构件应为自然状态。

五、混凝土桥梁氯离子含量检测评定

(1)对钢筋锈蚀电位评定标度值为 3、4、5 的主要构件或主要受力部位，应布置测区测定混凝土氯离子含量及其分布，每一被测构件测区数量不宜少于 3 个。

(2)根据每一取样层氯离子含量的测定值，做出氯离子含量的深度分布曲线，判断氯化物是混凝土生成时已有的，还是结构使用过程中由外界渗入及侵入的。

(3)应根据混凝土中钢筋处氯离子含量，按表 2-11 评判其诱发钢筋锈蚀的可能性。并按照测区最高氯离子含量值，确定混凝土氯离子含量评定标度。

结构混凝土中氯离子含量的评判标准　　表 2-11

氯离子含量(占水泥含量的百分比)(%)	诱发钢筋锈蚀的可能性	评定标度
<0.15	很小	1
[0.15,0.40)	不确定	2
[0.40,0.70)	有可能诱发钢筋锈蚀	3
[0.70,1.00)	会诱发钢筋锈蚀	4
≥1.00	钢筋锈蚀活化	5

六、混凝土桥梁碳化状况检测评定

(1)对钢筋锈蚀电位评定标度值为 3、4、5 的主要构件或受力主要部位，应进行混凝土碳化状况检测。被测构件或部位的测区数量不应少于 3 个或混凝土强度测区数量的 30%。

(2)应根据混凝土碳化深度平均值与实测保护层厚度平均值的比值 K_c，按表 2-12 的规定确定混凝土碳化深度评定标度。

混凝土碳化深度的评定标准　　表 2-12

K_c	评定标度	K_c	评定标度
<0.5	1	[1.5,2.0)	4
[0.5,1.0)	2	≥2.0	4
[1.0,1.5)	3		

七、拉吊索索力检测评定

(1)拉吊索索力测量可采用振动法。

(2)索力偏差率 K_t 可按式(2-56)计算:

$$K_t = \frac{T - T_d}{T_d} \times 100\% \tag{2-56}$$

式中:T——实测索力值;

T_d——设计索力值。

索力偏差率超过±10%时应分析原因,检定其安全系数是否满足相关规范要求,并应在结构验算中加以考虑。

八、桥梁基础与地基检测评定

(1)桥梁基础变位检测评定应包括以下三个方面:

①基础的竖向沉降、水平变位和转角;

②相邻基础的沉降差;

③基础不均匀沉陷、滑移、倾斜和冻拔等。

(2)对设有永久性观测点的桥梁基础,可通过测量永久性观测点平面坐标与高程的变化分析其变位。对无永久观测点的桥梁基础,可采用几何测量、垂线测量、光学测距等间接测量的方法,也可通过测量桥跨结构几何形态参数的变化推定其变位。

(3)对桥梁基础变位应从以下几方面进行评定:

①基础变位是否趋于稳定。若基础变位尚未稳定,应设观测点,进行控制检测。

②基础变位是否超出设计期望值。若超出设计期望值,除应检算评定基础变位对上部结构的不利影响外,还应对地基进行探查,检算评定其承载能力。

(4)简支桥梁的墩台与基础沉降和位移,超过以下容许限值,且通过观察确认其仍在继续发展时,应采取相应措施进行加固处理:

①墩台均匀总沉降(不包括施工中的沉降):$2.0\sqrt{L}$(cm);

②相邻墩台均匀总沉降差(不包括施工中的沉降):$1.0\sqrt{L}$(cm);

③墩台顶面水平位移值:$0.5\sqrt{L}$(cm)。

其中,L 为相邻墩台间最小跨径(m),小于 25m 时以 25m 计。

第三章　桥梁结构试验与承载能力评定

第一节　概　　述

对在用桥梁，按《承评规程》规定：当桥梁作用效应与抗力效应的比值在1.0～1.2之间时，应通过荷载试验评定承载能力。除此之外，当存在下列情况之一时，应进行承载能力检测评定：

(1)技术状况等级为四、五类的桥梁。

(2)拟提高荷载等级的桥梁。

(3)需要通过特殊重型车辆荷载的桥梁。

(4)遭受重大自然灾害或意外事件的桥梁。

(5)采用其他方法难以准确判断其能否承受预定荷载的桥梁。

桥梁结构试验必须紧紧围绕试验目的开展工作，即通过荷载试验，了解桥梁结构在荷载作用下的实际工作状态，从而判断桥梁结构的安全承载能力。桥梁结构试验主要解决以下问题。

(1)检验桥梁结构的质量，验证结构的安全度和可靠性。对于一般大、中跨度的桥梁，都要求在竣工之后，通过试验来具体、综合地鉴定其工程质量的可靠性，并将该试验报告作为评定工程结构质量优劣的主要技术文件和依据。

(2)判断具体桥梁结构的实际承载能力，为改建或扩建桥梁工程提供数据和资料，从而有效利用旧有桥梁。截至2016年年末，我国各种形式的公路桥梁总数量已达80多万座。在这些桥梁中，部分桥梁已不能满足当前通行重型荷载要求，有的桥梁由于受到其他因素的影响，已经受到不同程度的损伤与破坏，因此在工程实践中，经常采用试验的方法，来确定这些桥梁潜在的承载能力和安全度，并由此拟定出加固或改建方案。特别是对于那些缺乏原始设计计算资料和图纸资料的旧桥，通过实桥荷载试验来确定能否提高载重吨位就更是势在必行。

(3)为处理工程事故而进行试验鉴定，借以得到必要的技术数据。对某些受到自然灾害或人为因素影响而损坏的桥梁，必须进行详细检验，以便为提出修复或加固措施提供必要的技术依据。

一、桥梁结构试验分类

桥梁结构试验是一门直接服务于工程实践的技术学科，是检验桥梁结构工作状态或实际承载能力的一种试验手段。其主要任务是通过有计划地对结构物加载后的性能进行观测和对测量参数(如位移、应力、振幅、频率等)进行分析，以便了解桥梁实际工作状态，对结构物的工作性能做出评价、对桥梁结构的承载能力和使用条件做出正确估计，并为桥梁结构的计算、评定提供可靠依据。

(1)在实际工作中,根据不同的试验目的,桥梁结构试验可分为研究性试验和鉴定性试验。

①鉴定性试验有直接生产目的,是非探索性的,一般以真实结构或构件为试验对象,以比较成熟的设计理论为基础,通过试验鉴定对实际结构做出技术结论。这类试验常用来解决以下几方面的问题。

a.检验结果质量,说明工程的可靠性。对一些比较重要的结构物,或采用新计算理论、新材料及新工艺的结构物,在建成后需进行总体的结构性能试验,综合鉴定其质量的可靠程度。

b.判断旧结构的实际承载能力和使用条件,为改建和扩建工程提供数据。当旧桥梁结构需要拓宽或需要提高其使用荷载等级时,往往要求通过试验实测及分析来确定这些旧桥梁结构的承载潜力和使用条件,这对于那些缺乏技术资料的旧桥梁结构更为必要。

c.为处理工程质量事故提供技术依据。对于在使用过程中产生严重缺损或遭受地震、火灾、爆炸、洪水、泥石流等灾害而损伤的桥梁结构,继续使用时人们对其安全性及可靠性持有怀疑,常需通过荷载承重试验,分析桥梁缺损产生的原因,了解其实际承载能力,评定其所属安全等级,为进行技术处理提供依据。

鉴定性试验本身也具有重要的科学价值。根据一定标准或规范进行的鉴定性试验所提供的大量数据资料,是为应急救援评判桥梁实际通行能力的一条途径。

②研究性试验的任务是验证结构设计的某一理论,或验证各种科学判断、推理、假设和概念的正确性。研究性试验常按事先周密考虑的计划进行,一般把对构件有主要影响的因素作为试验参数。研究性试验可在实际原型结构上进行,也可在模拟结构上进行。后者常在专门的试验室内进行,需要使用专门的加载设备和数据测试系统,对受载试件的变形性能做连续观察和测量,经过细致分析,找出问题的实质,为验证设计理论和计算方法提供依据。

(2)根据试验荷载作用性质的不同,桥梁结构试验可分为静载试验和动载试验。

静动载试验在试验目的和内容等方面都很不相同,但对于承受以车辆荷载为主的桥梁结构来说,这两种性质的荷载试验,对于全面分析和了解桥梁的工作状态是同等重要的。静载试验可布置较多的测点,便于更全面分析结构的受力情况,而动载试验则是研究桥梁结构在车辆荷载或其他动力荷载作用下的振动响应所必需的。在桥梁动载试验中,按作用方式可将动力荷载分为冲击荷载、振动荷载和制动荷载。在具体的试验中可根据试验的具体要求来选择荷载方式。

(3)依据试验对结构所产生后果的不同,桥梁结构试验又可分为破坏性试验和非破坏性试验两种。

一般地,鉴定试验多为非破坏性试验;而科研性试验,为了了解试验结构在逐渐增加的荷载作用下的骨架曲线,常需进行破坏性试验。实际上,原型结构的破坏试验,不论在费用还是在方法上都存在一些具体问题,特别是实现结构在趋于破坏状态时的试验是比较困难的。因此,对原形结构很少进行破坏试验。但桥梁结构的破坏试验资料对了解其受力阶段、空间受力特征具有重大的意义和指导价值。

(4)按试验时间的不同,可分为短期荷载试验和长期荷载试验。

二、桥梁结构试验的一般过程

一般情况下，桥梁结构试验可分为三个阶段，即试验准备阶段、现场实施阶段以及试验结果整理分析和总结阶段。

1)试验准备阶段

桥梁荷载试验是一项复杂而细致的工作，技术含量高。在此阶段应根据荷载试验的目的进行认真的调查分析，充分进行相关理论分析，收集和研究有关原始资料，设计计算书，施工、监理及养护等方面的技术资料。对桥梁结构进行实地细致考察以检查结构物的质量，并详细了解结构物的现状或主要存在的问题，在经过必要的检算后，方可拟定试验大纲或方案。

试验准备工作是十分重要的基础工作，占全部试验工作的大部分时间，工作量最大。试验准备工作的好坏，直接影响试验的质量。即使极小的疏忽大意也会使试验不能取得预期的结果或使试验结果不够理想，因此切勿低估准备工作阶段的复杂性和重要性，应细致、认真地做好每一项准备工作。

2)现场实施阶段

加载试验与观测阶段是整个试验工作的中心环节，参加试验的每个工作人员应各就各位，各尽职责。试验期间应按照预定的试验方案程序进行，运用各种配备得当的测试仪器和设备，观测结构受载过程，并记录观测数据和资料，对试验起控制作用的重要数据应随时整理分析，并与事先计算的理论数值进行比较，如有反常情况应及时查明原因，排除故障后才能继续试验。有时，为了更好地实现某一加载、观测方案，可先进行试探性试验。

试验工作中除认真读数和记录外，必须仔细观察结构的变形，混凝土结构裂缝产生、走向及宽度，构件的破坏特征等。对它们应做详细的记录及描述。试件破坏后要拍照和测绘破坏部位及裂缝开裂特征图，必要时可从试件上切取部分材料测定力学性能。

3)试验结果整理分析和总结阶段

通过试验准备和加载试验阶段，获得了大量数据和有关资料后，一般不能直接解决试验研究所提出的各类问题，它们只是试验的原始数据，必须将数据进行科学的整理、分析和计算，去伪存真，去粗取精，才能得出有用的试验结果。

以上各个阶段的工作性质虽有差别，但它们都是相互制约的，各阶段的工作没有明显的界线，制订计划时不能孤立地考虑某一阶段的工作，必须兼顾各个阶段的特点和要求，做出综合性的决策。

三、材料力学性能测定

进行结构试验，必须首先掌握结构组成材料的力学性能，只有这样才能正确评估和判断试验结构的实际工作状况和承载能力。

测定材料力学性能的方法有直接测定法和间接测定法两种。直接测定法是结构试验中最常用的方法，它把材料按有关规定做成标准试件，然后在试验机上用标准试验方法进行测定，这就是所谓的“试件试验”。间接测定法分为破损试验法和半破损试验法以及两者的综合使用。间接测定法是利用有关仪器测定与材料力学性能有关的参数，如硬度、密度等，间接判断材料的力学性能。

钢筋力学性能的测定项目有屈服强度(包括 $\sigma_{0.2}$)、抗拉极限强度、伸长率和弹性模量等。混凝土力学性能测定的项目有轴心抗压强度、静力受压弹性模量、静力受压泊松比和劈裂抗拉强度等。

在进行恢复力特性试验时,往往需要测定钢筋和混凝土曲线(即应力一应变全过程曲线)。

第二节　荷载试验的仪器设备

结构试验的目的不仅要得到有关结构性能的宏观印象,更主要的是要取得确定结构性能的定量数据。掌握了精确可靠的数据,才能对结构性能做出定性的判断或为建立新的计算理论提供依据。精确可靠数据的取得依赖于量测。

一、量测仪器

桥梁静载试验时,参数宜包括应变(应力)、变位、裂缝、倾角和索(杆)力。常用的量测仪器包括千分表、百分表、位移计、应变计(应变片)、应变仪、精密水准仪、经纬仪、全站仪、倾角仪和刻度放大镜等,这些测试仪器按其工作原理可分为机械测试仪器、电测仪器、光测仪器等,应选择适当的仪器进行量测。机械式仪器具有安装与使用方便、读数可靠等优点,但需要搭设观测脚手架,而且需用试验人员较多,观测读数费时,不便于自动记录。电测仪表安装调试比较麻烦,影响测试精度的因素较多,但测试记录较方便,便于数据自动采集记录。荷载试验应根据测试内容和量测值的大小选择仪器,试验前应对测试值进行理论分析估计,以便选择仪器的精度和量测范围。静载试验常用的测试仪器技术要求见表 3-1～表 3-4。

应变(或应力)测试设备技术要求　　表 3-1

量测内容	仪表名称	最小分划值($\mu\varepsilon$)	常用量测范围($\mu\varepsilon$)	数据采集分析系统		备　注
				仪器名称	技术参数	
应变	千分表	2	±(5～2000)	—	—	配附件
	杠杆引伸仪	2	±(50～200)	—	—	配附件
	手持应变仪	5	±(100～20000)	—	—	配表脚
	电阻应变仪	1	±20000	应变测试分析系统	1. 测量应变范围: ±20000$\mu\varepsilon$ 2. 分辨率: 1$\mu\varepsilon$	贴电阻片
	振弦式应变计	1	±3000	振弦式传感器、频率测量仪或综合测试仪	1. 测量范围: 振弦频率 400～6000Hz; 2. 测量精度: 频率精度 0.05Hz	表面粘贴
	光纤光栅应变计	2	±6000	光纤光栅式解调仪	可接入传感单元＞64; 扫描频率＞60Hz; 波长分辨率大于 1pm	表面粘贴、埋设

注:1. 测钢构件(或混凝土内钢筋)应变,宜采用标距不大于 6mm 的小标距应变计;测混凝土结构表面应变,宜采用标距不小于 80～100mm 的大标距应变计。

2. 或采用符合技术要求的其他设备。

变形测试设备技术要求　　表 3-2

量测内容	仪表名称	最小分划值及精度	常用量测范围	备　注
变形	千分表	0.001mm	0～10mm	配置安装配件
	百分表	0.01mm	1～50mm	
	精密水准仪	0.3mm	—	
	全站仪	测角：精度为 0.5″； 测距：标准测量精度 1.0mm+$10^{-6}L$	—	监测使用时大气环境，必要时进行修正
	位移计	0.01～0.03mm	20～100mm	配置安装配件
	经纬仪	0.5mm	—	
	连接管	0.1mm	<300mm	配备测读仪器
	卫星定位系统	坐标测量 水平：5mm+$10^{-6}L$； 垂直：10mm+$2\times10^{-6}L$	—	满足大跨度桥梁形变测量需要

注：1. 或采用符合技术要求的其他设备。
2. L 为观测距离。

裂缝测试设备技术要求　　表 3-3

量 测 内 容	仪 表 名 称	最小分划值	常用量测范围	备　注
裂缝	刻度放大镜	0.01mm	—	配置安装配件
	裂缝计	0.01mm	<200mm	
	千分表	0.001mm	0～10mm	

注：或采用符合技术要求的其他设备。

倾角测试设备技术要求　　表 3-4

量 测 内 容	仪 表 名 称	最小分划值	常用量测范围	备　注
倾角	水准式倾角仪	2.5′	20′～1°	固定支架
	光纤光栅式倾角计	5′	±10°	配置安装配件
	数显倾角仪	1′	±1°～±18°	铁质安装界面
	双轴倾角仪	1′	±30°	配置安装配件

注：或采用符合技术要求的其他设备。

动载试验量测动应变可采用电阻应变计、动态应变仪或光纤光栅式应变计和调制调解器等进行测试；动位移可采用位移传感器、测量放大器或电光变形测量仪等进行测试；动力放大系数和冲击系数应由分析计算得出。桥梁动力响应测试设备技术要求见表 3-5 和表 3-6。

自振特性参数测试设备技术要求 表 3-5

<table>
<tr><th rowspan="2">测量内容</th><th colspan="2">测 量 系 统</th><th colspan="2">数据采集分析系统</th><th rowspan="2">备 注</th></tr>
<tr><th>仪器名称</th><th>适用范围</th><th>仪器名称</th><th>技术参数</th></tr>
<tr><td rowspan="5">动力特性参数</td><td>磁电式拾振器及放大器</td><td>1. 测量范围:位移±20mm,加速度±0.5g;
2. 频率响应:0.3～20Hz;
3. 可用于行车试验、脉动试验</td><td rowspan="5">由计算机与相应软件构成的采集系统</td><td rowspan="5">1. 输出电压范围 0～±5(10)V;
2. 频率响应:0～5kHz;
3. 采用频率不低于 1kHz</td><td rowspan="5"></td></tr>
<tr><td>应变式加速度计及动态应变仪</td><td>1. 测量范围:±5g;
2. 频率响应:0～100Hz;
3. 可用于行车试验</td></tr>
<tr><td>压电式加速度计及电荷放大器</td><td>1. 测量范围:±100g;
2. 频率响应:0.5～1kHz;
3. 可用于行车试验、索力测量,高灵敏度的也可用于脉动试验</td></tr>
<tr><td>伺服式加速度计及放大器</td><td>1. 测量范围:±5g;
2. 频率响应:0～100Hz;
3. 可用于行车试验、脉动试验</td></tr>
<tr><td>电容式加速度计及放大器</td><td>1. 测量范围:±5g;
2. 频率响应:0～100Hz;
3. 可用于行车试验、脉动试验</td></tr>
</table>

注:或采用符合技术要求的其他设备。

动力响应测试设备技术要求 表 3-6

<table>
<tr><th rowspan="2">测量内容</th><th colspan="2">测 量 系 统</th><th colspan="2">数据采集分析系统</th><th>备 注</th></tr>
<tr><th>仪器名称</th><th>适用范围</th><th>仪器名称</th><th>技术参数</th><th></th></tr>
<tr><td rowspan="2">应变</td><td>电阻应变计(片)及动态应变仪</td><td>1. 测量范围:±15000με;
2. 频率响应:0～10kHz;
3. 可用于行车试验</td><td>由计算机与相应软件构成的采集系统</td><td>1. 桥压范围:0～±5(10)V;
2. 频率响应:0～5kHz;
3. 采用频率不低于 1kHz;</td><td rowspan="2">可预埋或后装</td></tr>
<tr><td>光纤光栅应变计及调制调解器</td><td>1. 测量范围:±6000με;
2. 分辨率:1με;
3. 可用于行车试验</td><td>光纤光栅调节仪</td><td>采用频率:不低于 100Hz</td></tr>
</table>

续上表

<table>
<tr><th rowspan="2">测量内容</th><th colspan="2">测量系统</th><th colspan="2">数据采集分析系统</th><th>备　注</th></tr>
<tr><th>仪器名称</th><th>适用范围</th><th>仪器名称</th><th>技术参数</th><th></th></tr>
<tr><td rowspan="3">应变</td><td>电阻应变式位移计及动态应变仪</td><td>1. 测量范围：±15000με；
2. 频率响应：0～20Hz；
3. 可用于低速行车试验</td><td rowspan="2">由计算机与相应软件构成的采集系统</td><td rowspan="2">1. 桥压范围：0～±5(10)V；
2. 频率响应：0～5kHz；
3. 采用频率不低于 1kHz；</td><td>接触式测量，需要表架</td></tr>
<tr><td>光电位移测量装置</td><td>1. 测量距离：500m；
2. 测量范围：±2.5m(当最大测距时)；
3. 频率响应：20Hz
4. 可用于行车试验</td><td>非接触式测量</td></tr>
<tr><td>光电动挠度仪</td><td>1. 测量距离：5～500m；
2. 测量精度：±0.02～±0.03mm，与测量距离有关</td><td>—</td><td>—</td><td>非接触式测量</td></tr>
</table>

注：或采用符合技术要求的其他设备。

在选用量测设备时，应考虑下列要求：

(1)试验用测试设备的技术性能应符合相关标准的规定，并应采用经过检定、校准的设备，宜采用先进的测试设备。

(2)符合量测所需的量程及精度要求。在选用仪表前，应先对被测值进行大致的估算，测试精度应不大于预计测量值的 5%。

(3)同一试验宜选用同种类型或规格的测试设备。

(4)测试设备的量程和动态范围应满足试验要求。通常预计实测值处于测试设备量程的 15%～85%。

(5)动力试验用的量测仪表，其线性范围、频响特性以及相移特性等都应满足试验要求。

(6)对于安装在结构上的仪表或传感器，要求体积小、自重轻，不影响结构的工作性能和受力，便于野外桥梁检测时携带。

二、应力(应变)量测

应力量测是结构试验中主要的量测内容。通过应力量测，了解应力沿构件分布情况，特别是了解结构危险截面处的应力分布及最大应力值，以建立强度计算或验证设计是否合理、计算方法是否正确。利用所测应力资料还可直接了解结构的工作状态和强度储备。

直接测定出应力比较困难，目前还没有较好的方法，常常借助测定应变值后，通过材料 σ-ε 关系曲线或方程换算为应力值。例如，钢材的 σ-ε 关系在弹性阶段是线性的：$\sigma=E_{\varepsilon}$。而钢试件在弹性阶段的应力可由测得的应变乘以该钢材的实际弹性模量得出。混凝土的 σ-ε 关系是非线性的，且随不同强度等级和不同集料而有差异，测得应变值后需要在试验前测出的相同材料的 σ-ε 曲线上找出相应的应力值，所以应力测定常常是应变测定。如前所述，在正式试验前测定试件材料的 σ-ε 曲线是对试件材料进行基本材料力学性能试验的主要内容之一。

测定应变方法一般是用应变计测出试件在一定长度范围 l(l 称为应变计的标距)内的长度变化 Δl,再算出 $e=\Delta l/l$,测出标距范围 l 内的平均应变(电阻应变片直接测出应变值,但也是电阻应变片标距长度的平均应变)。因此,对于应力梯度较大的结构以及像混凝土等非均质材料,都应注意应变计标距 l 的选择。结构的应力梯度较大时,应变计标距应尽可能小,但对混凝土结构,要求应变计的标距大于 2～3 倍最大集料粒径,砖石结构要求应变计的标距可取得小一些。

应变计的种类很多,各具特点,其中用得最多的是电阻应变片及接触式引伸仪。电阻应变片又称电阻应变计(简称应变片或电阻片),它是将应变这一非电参量转换为电参量——电阻的变化,从而将电测法引进结构试验。由于电子仪器的高度发展,使电测法不仅具有精度高、灵敏度高、可远距离量测、便于多点量测、快速采集数据和自动记录等优点,而且便于将量测信号与计算机或计算机处理机相连接,为用计算机控制试验和用计算机分析处理试验数据创造前提条件。现在,在结构试验中,非电量转换为电量的方式越来越多,如振弦式、电磁感应式、压电式、电容式等转换元件,但电阻应变片是其中最基本、用得最多的转换元件。它不仅可量测应变,还可利用位移、倾角、曲率、力等参量和应变的关系,加上一些机械弹性元件,用电阻应变片制成各种传感器量测相应的参量。

(一)电阻应变片的工作原理

金属应变片的工作原理在于导体的“电阻应变效应”。所谓电阻应变效应是指导体或半导体在机械变形(伸长或缩短)时,其电阻随其变形而发生变化的物理现象。金属导体产生电阻应变效应,主要是因为电阻丝的几何尺寸改变而引起阻值的变化,如图 3-1 所示。

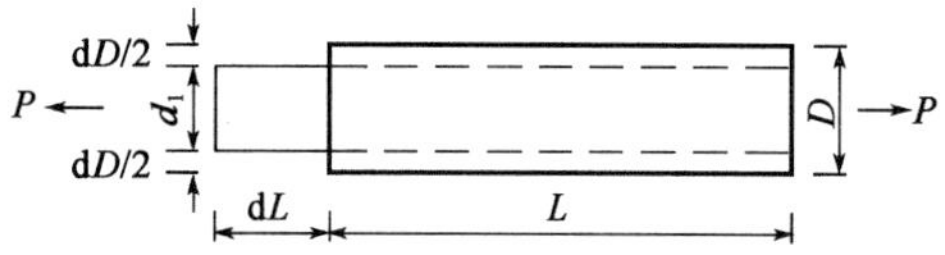

图 3-1　金属导体的电阻应变效应

由物理学相关知识可知,金属电阻丝的电阻可由式(3-1)表示:

$$R=\rho l/A \tag{3-1}$$

式中:R——电阻(Ω);

ρ——电阻率($\Omega\cdot mm^2/m$);

l——电阻丝长度(m);

A——电阻丝截面面积(mm^2)。

当电阻丝受到拉伸或压缩后,ρ、l、A 都发生了变化。为了求得三个参数变化对电阻的影响,可将式(3-1)进行全微分,经整理后并用相对变化率表示,则有:

$$\frac{dR}{R}=\frac{dP}{P}+\frac{dL}{L}-\frac{dA}{A} \tag{3-2}$$

一般电阻丝的横截面呈圆形,式中 $A=\frac{1}{4}\pi D^2$,D 为电阻丝的直径,因此:

$$\frac{dA}{A}=\frac{2dD}{D} \tag{3-3}$$

由材料力学中知道,轴向应变与横向应变的关系为:

$$\frac{\mathrm{d}D}{D}=-v\frac{dL}{L}=-v\varepsilon \tag{3-4}$$

式中：v——泊松比。

所以有：

$$\frac{\mathrm{d}A}{A}=-2v\frac{dL}{L} \tag{3-5}$$

将上式代入(3-2)，整理得：

$$\frac{\mathrm{d}R}{R}=\frac{\mathrm{d}\rho}{\rho}+(1+2v)\frac{\mathrm{d}L}{L}$$

$$\frac{\mathrm{d}R}{R}/\frac{\mathrm{d}L}{L}=(1+2v)+\frac{\mathrm{d}\rho}{\rho}/\frac{\mathrm{d}L}{L}$$

令

$$K_0=(1+2v)+\frac{\mathrm{d}\rho}{\rho}/\frac{\mathrm{d}L}{L} \tag{3-6}$$

$$\frac{\mathrm{d}R}{R}=K_0\varepsilon \tag{3-7}$$

式中：K_0——电阻丝灵敏系数，对某一种金属材料而言，K_0为常数。

$\mathrm{d}R/R=K_0\varepsilon$ 就是利用电阻丝量测应变的理论根据。当金属电阻丝用胶贴在构件上，可以认为它和构件共同变形，ε 即代表构件的应变，则 $\mathrm{d}R/R=K_0\varepsilon$ 说明电阻丝感受的应变和它的电阻相对变化呈线性关系。这也是非电量 ε 转换为电量的变化 $\Delta R/R$ 的转换关系。

(二)电阻应变片的构造和性能

电阻应变片的构造，如图 3-2 所示。为增加电阻和构件的接触面积，使它更好地代表构件的变形，电阻丝一般做成栅状。基底使电阻丝和被测构件之间绝缘并使丝栅定位。覆盖层保护电阻丝免受划伤并避免丝栅间短路。用作应变片的电阻丝是直径仅为 0.025mm 左右的镍镉或铜细丝，极细弱，需用引出线作为和量测导线连接的过渡。

应变片出厂时，根据每批电阻应变片的电阻值、灵敏系数、机械滞后等指标对其名义值的偏差程度的不同，将电阻应变片分成不同等级。使用时，根据试验量测的精度要求选定所需电阻应变片的等级。

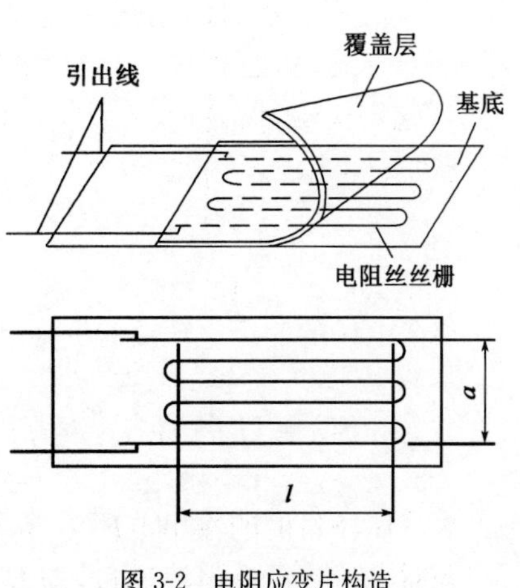

图 3-2　电阻应变片构造

除了绕丝式电阻应变片外，还发展了各种不同基底、不同丝形状、不同金属电阻材料的应变片，如图 3-3 所示。

测量电路是应变仪的重要组成部分，其作用是将应变片的电阻变化转换为电压或电流的变化，在特殊情况下，应根据测量的目的和具体要求自行设计测量电路。应变片电测一般采用惠斯登电桥和电位计式两种测量电路，通常采用惠斯登电桥，如图 3-4 所示。

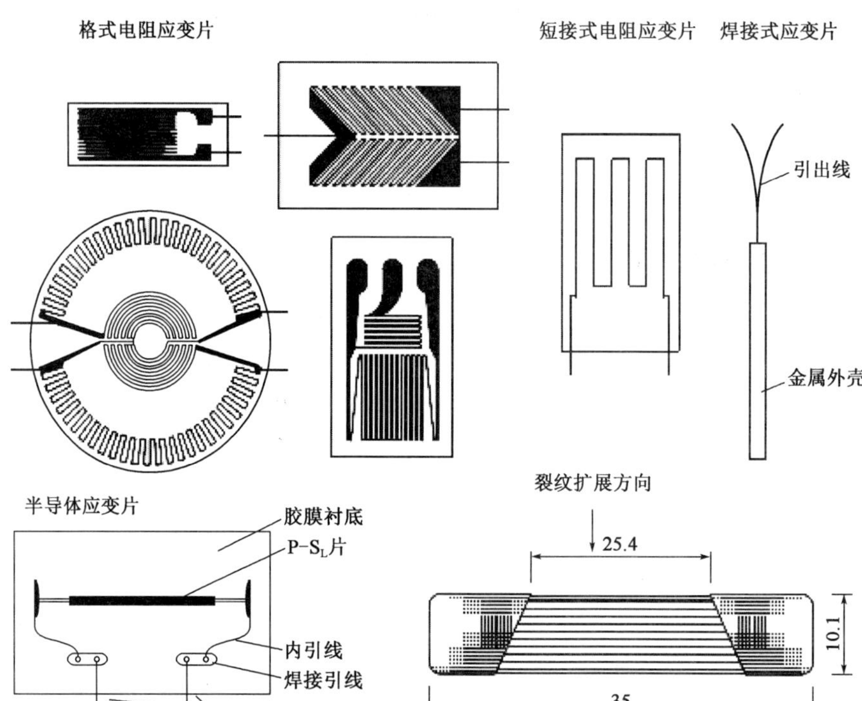

图 3-3　各种电阻应变片(尺寸单位:mm)

桥式电路也称应变电桥,其测量电路能精确地测量极其微小的电阻变化。该电桥以电阻 R_1、R_2、R_3、R_4 作为四个桥臂组成电路。其中任一个都可以是应变片电阻,电桥对角接入输入电压,另一对角用来测量输出电压。为了分析电桥中电阻的变化与输出端 ΔU 的变化规律,架设电桥的四根桥臂上的电阻片,把桥分为 ABC 和 ADC 两部分。从 ABC 这半个电桥来看,由 A 经过 B 到 C 的电压降为 U,R_1 上的电压降为 U_{AB},按式(3-8)计算:

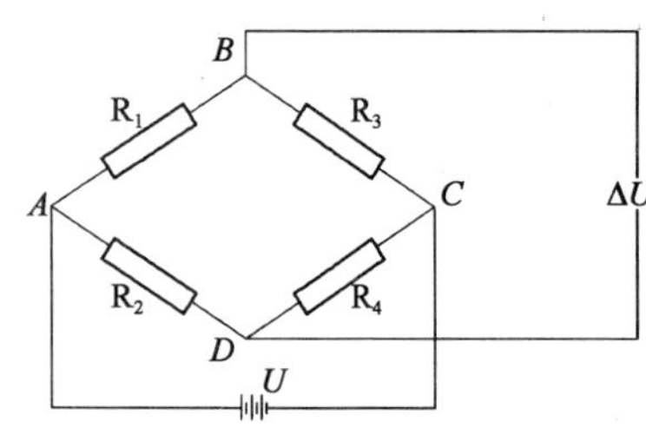

图 3-4　惠斯登电桥电路

$$U_{AB}=\frac{R_1}{R_1+R_2}U \tag{3-8}$$

同样 ADC 这半个电桥电压也是 U(因为 R_1、R_2 和 R_3、R_4 为并联在电路中),R_4 上的电压降为 U_{AD},按式(3-9)计算:

$$U_{AD}=\frac{R_4}{R_3+R_4}U \tag{3-9}$$

整个电桥的输出电压就是 U_{AB} 和 U_{AD} 之间的差,按式(3-10)计算:

$$\Delta U=U_{AB}-U_{AD}=\frac{R_1}{R_1+R_2}U-\frac{R_4}{R_3+R_4}U=\frac{R_1R_3-R_2R_4}{(R_1+R_2)(R_3+R_4)}U \tag{3-10}$$

为了使测量前的输出电压为零,应满足 $R_1R_3=R_2R_4$。

此时电流计没有电流通过,即 B、D 桥压无信号输出。在符合该关系条件下,输出电压的

增量与电阻片阻值变化可近似按式(3-11)计算：

$$\Delta U=\left[\frac{R_1R_2}{(R_1+R_2)^2}\left(\frac{\Delta R_1}{R_1}-\frac{\Delta R_2}{R_2}\right)+\frac{R_3R_4}{(R_3+R_4)^2}\left(\frac{\Delta R_3}{R_3}-\frac{\Delta R_4}{R_4}\right)\right]U \tag{3-11}$$

根据应变电桥平衡的条件，上式可写为：

$$\Delta U=\frac{U}{4}\left(\frac{\Delta R_1}{R_1}-\frac{\Delta R_2}{R_2}+\frac{\Delta R_3}{R_3}-\frac{\Delta R_4}{R_4}\right) \tag{3-12}$$

$$=\frac{1}{4}UK(\varepsilon_1-\varepsilon_2+\varepsilon_3-\varepsilon_4) \tag{3-13}$$

式中：　　K——灵敏系数，无量纲，$K=\frac{\Delta R_1}{R_1}/\varepsilon_1$；

ε_1、ε_2、ε_3、ε_4——与电阻 R_1、R_2、R_3 和 R_4 阻值变化相对应的应变。

根据电桥的测量电路，对应变电桥的测量方法有下列几种：

(1)单点量测。单点量测时，组成量测的四个电阻中，R_1 为电阻片电阻，其余三个为精密电阻元件(无电阻变化)，则：

$$\Delta U=\frac{1}{4}UK\varepsilon_1 \tag{3-14}$$

(2)半桥量测。其方法是将半桥接电阻片，另半桥为精密电阻元件($\Delta R_3=\Delta R_4=0$)，则：

$$\Delta U=\frac{1}{4}EK(\varepsilon_1-\varepsilon_2) \tag{3-15}$$

(3)全桥量测。其方法是组成量测电桥的四个电阻全部由电阻片组成，则：

$$\Delta U=\frac{1}{4}UK(\varepsilon_1-\varepsilon_2+\varepsilon_3-\varepsilon_4) \tag{3-16}$$

根据应变电桥量测电路分析，所建成的这些基本关系式，表明电桥的输出与桥臂电阻(由测量的接片需要可为电阻片和精密电阻组桥)的相对增量 $\Delta R/R$ 或应变 ε 呈正比的关系。由此可以看出电桥的增减特性，即相邻两臂的输出符号相反，相对两臂的输出符号相同。

在量测位移、倾角、加速度的传感器中，常用弹性悬臂梁的应变来反映这些参量。如图 3-5 所示的方法贴片和接桥，读数将比用半桥量测增大 4 倍。

静态应变仪多采用“零位法”进行测量。当电阻应变片产生应变，电桥不平衡有电流输出时，输出的信号经放大器输出指示仪表，调节电位器 R_s 使电桥重新平衡，如图 3-6 所示。R_s 滑动触点的位移与应变的大小成正比。仪器上的 R_s 调节旋钮上已按某一灵敏系数值(如 $K=2$)直接刻出应变值，R_s 即为电阻应变仪面板上的粗、中、微调度盘。为适应不同灵敏系数的电阻应变片，可调节电位器 R_k 以改变供桥电压 U，使 R_s 上所刻的应变值适合不同 K 值的电阻应变片。R_k 称为灵敏系数调节旋钮。在使用电阻应变仪时，必须将 R_k 旋钮置于所用应变片 K 值的位置。

(三)电阻应变量测的温度补偿

用应变片量测应变时，不但能感受试件受力后的变形，也能感受环境温度的变化。由于环境温度变化引起的电阻应变仪指示部分的示值变动，称为温度效应。

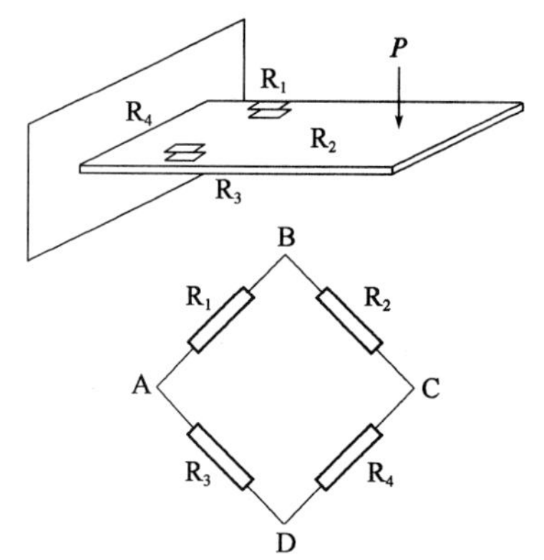

图 3-5　电阻应变片的贴片

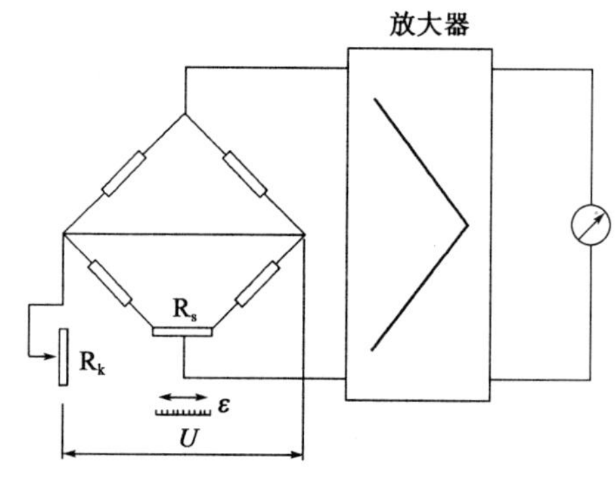

图 3-6　电桥输出

从两个方面来说，温度变化将导致应变片的电阻值发生变化。第一种是电阻丝温度改变 ΔT(℃)，其电阻将会随之改变为 ΔR_β，按式(3-17)计算。

$$\Delta R_\beta = \beta_1 R \Delta T \tag{3-17}$$

式中：β_1——电阻丝的电阻温度系数(1/℃)；

R——应变片的原始电阻值(Ω)。

第二种是因为材料与应变片电阻丝的线膨胀系数不相等，但二者又黏合在一起，这样温度改变 ΔT(℃)时，应变片中产生了温度应变，引起一附加的电阻变化 ΔR_α，按式(3-18)计算。

$$\Delta R_\alpha = K_0(\alpha_j - \alpha) R \Delta T \tag{3-18}$$

式中：K_0——贴好的应变丝对温度应力的灵敏系数；

α_j——试件材料的线膨胀系数(1/℃)；

α——电阻丝的线膨胀系数(1/℃)。

因此，总的温度效应是二者之和：

$$\Delta R_T = \Delta R_\alpha + \Delta R_\beta = [K_0(\alpha_j - \alpha) + \beta_i] R \Delta T \tag{3-19}$$

令

$$\beta = K_0(\alpha_j - \alpha) + \beta_i \tag{3-20}$$

则

$$\Delta R_T = \beta R \Delta T \tag{3-21}$$

式中：β——贴好的应变片总的电阻温度系数。

温度效应的应变值，按式(3-22)计算：

$$\varepsilon_T = \frac{1}{K_0}[\beta_1 + K_0(\alpha_j - \alpha)]\Delta T \tag{3-22}$$

一般情况下，上式中因子 $\beta_1 + K_0(\alpha_j - \alpha)$ 不为零，其值不能忽视，必须加以消除。消除温度效应的应变值主要是利用惠斯登电桥电路的特性进行，称为温度补偿。

在电桥的 BC 臂上接一个与测量片 R_1 同样阻值的温度补偿应变片 R_2(简称补偿片)，量测应变片 R_1(简称工作片)贴在受力构件上，它既受应变作用又受温度作用，故 R_1 由两部分组成，即 $\Delta R_1 = \Delta R_\sigma + \Delta R_T$。

补偿片 R_2 贴在一个与试件材料相同并置于试件附近、具有同样温度变化条件但不承受

外力作用的小试块上，它只有 $\Delta R_2=\Delta R_T$ 的变化。此时，电桥对角线上的电流计的反应为 $\Delta R_1-\Delta R_2=\Delta R_\sigma$，测得结果仅是试件受力后产生的应变值，而温度效应所产生的视应变就消除了。

目前除采用桥路补偿外，还有采用应变片温度自补偿的办法。这种温度自补偿应变片，它主要用于机械类试验中，在桥梁荷载试验中国内目前尚少采用。

随着电子仪器的发展，各种新型的动、静态电阻应变仪不断出现，如数字显示式静态应变仪、快速自动打印数字记录的静态电阻应变仪及应变测量技术的传感器等。今后还会有新型的产品，但只要掌握上述量测电路的基本原理，阅读有关的技术说明书后，选用和操作各种仪器就不会太困难。

(四)电阻应变片的使用

电阻应变片具有许多优点，但必须严格按照操作要求使用，才能发挥其优点，否则将适得其反。

(1)选片

选用应变片时应根据应变片的初始参数及试件的受力状态、应变性质、应变梯度、测试精度要求及工作条件等综合考虑。

对于一般的结构试验，采用 120Ω 阻值金属丝应变片就可以满足试验要求。其标距可结合试件的材料来选定。如石材常用 20～40mm，钢材则用 5～20mm，混凝土用 40～150mm。

对于有特殊要求的，可选特种应变片，如疲劳寿命片、低温应变片、高温应变片、裂缝探测片等。

对每个应变片应用放大镜对其进行检查，保证选用的应变片无缺陷和破损。同批试验选用灵敏系数和电阻值相同的应变片，采用兆欧表或万能表对其电阻值进行量测，保证误差不大于 0.5Ω。

(2)黏结剂

粘贴应变片用的黏结剂称为应变剂。应变剂应能可靠地将试件应变传递到应变片的敏感栅上。同时，其线性滞后、蠕变、零漂等特性在一定程度上还影响应变片的一些性能。

贴片用黏接剂首先应有足够的抗剪强度(一般不低于 3～4MPa)，能正确传递应力。此外应具有绝缘良好、化学稳定性及工艺性好等性能。常规桥梁荷载试验粘贴应变片的应变胶一般为快干胶和热固性树脂胶等。环氧树脂胶是靠分子聚合反应而固化产生黏结强度的，它有较高的剪切强度和防水性能，电绝缘性能好。

(3)布置测点

在了解应变量测方法和各种测应变的仪器特性后，需要进一步考虑如何布置应变测点。这需要对试验结构有初步的理论分析作为指导，一般布置在最不利截面的应力最大处，如最大弯矩截面的上、下表面，剪力最大截面的中间高度处或弯矩、剪力同时都较大处。

(4)定位

先初步画出贴片位置，用纱布或砂轮机将贴片位置打磨平整，处理的面积应大于电阻应变片的面积。钢材应清除油漆、锈斑、氧化层及油污等，粘贴面应平整光洁，但有一定的粗糙度，以增加应变片的黏结性，光洁度达到∇3～∇5；混凝土表面无浮浆，贴片位置应避开空洞或石子，必要时涂底胶处理，待固化后再次打磨。在打磨平整的部位准确画出测点的横、纵中心及贴片方向。

(5)涂胶贴片

在试件表面及电阻应变片背面各涂一薄层黏结剂(试件表面的涂胶面积应大于电阻应变片的面积),且确保黏结剂饱满。然后放在测点上,调整应变片的位置,使其可准确定位。在应变片上覆盖小片玻璃纸,用手指轻轻滚压(注意不要使应变片位置移动),挤出多余胶水和气泡。一般来说,黏结剂层越薄,黏结强度越高。不同的黏结剂有不同的固化或干燥的工艺要求,一般剪切强度高、绝缘性能好的黏结剂,固化都需要加温,并要求一定的固化时间。应严格遵守各种黏结剂的固化温度要求。温度过低将使黏结剂固化不完全、达不到抗剪强度;温度过高将损坏黏结剂和电阻应变片。

(6)导线连接

待应变胶干燥固化后,应进行应变片和导线的连接,连接前应在引出线一端下面的试件表面上粘贴一层胶布或绝缘胶纸,使引出线与试件隔离,防止短路,在导线选择上应尽量采用金属屏蔽导线以消除外界干扰。测点多、导线长时,导线应排列整齐,分区成束捆扎,屏蔽网接地,以尽量消除电容不平衡的影响。补偿片和工作片的连接导线要等长,以使导线电阻平衡。导线的焊接点应清洁光滑,不允许有虚焊。防潮处理应严格按照各种防潮剂的操作要求进行。

(五)手持式应变仪

手持式应变仪是一种超小手持式高速动、静态应力、应变测试仪。一台仪器可以测量多个测点,使用方便。使用时无须将仪器固定在结构测点上,而是每次用手持着,临时安在各测点上进行测读,读后收起。其所测得的结果仍能保持数值的连续性,故特别适合于长期观测,如图 3-7所示。

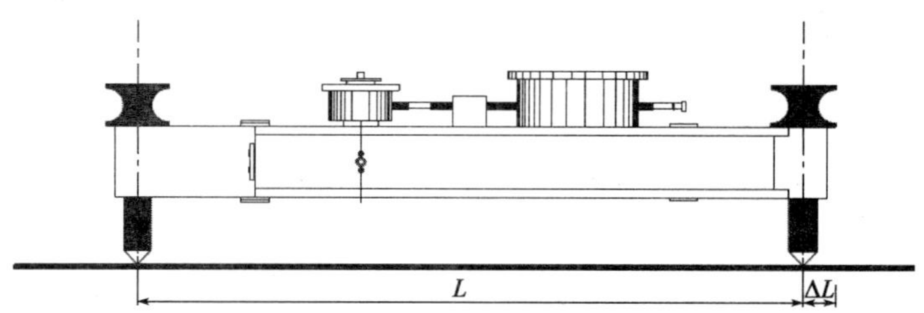

图 3-7　手持式应变仪

手持式应变仪的工作原理就是相对运动原理,位移计的壳体固定在一根金属杆的外突部分上,位移的测杆与另一根金属杆的外突部分相接触。两根刚性金属杆之间由两片具有良好弹性的弹簧片连接,因而能被平行地相对移动。每根金属杆的一端有一个尖锐的插足,两插足间的距离 L 为仪器的标距。测试前在构件测点部位,按照标距 L 预埋或预贴带有圆形孔穴的金属测头,测头一般用不锈钢或铜制成,其外径 ϕ8mm,孔径 ϕ1mm。读数时将仪器的两个插足插在孔穴中,两个测头之间相对距离的变化,即为构件在区段 L 所发生的变形 ΔR_1,自位移计上读数可得加荷前后两次读数的差值 ΔL,经计算可确定被测构件的应变值 $\varepsilon=\Delta L/L$。该仪器上的标准针距尺采用精密低膨胀合金制成,其线膨胀系数(α)为 1.5×10/℃,所以当环境温度变化较大时,针距长度可以认为是不变化的。

手持式应变仪虽然操作简单,但量测的精度会随操作人员和每次操作方式的改变而改变。因此,量测时不宜更换使用者,并要保持仪器与试件表面相垂直,每次对仪器施加的压力要尽

量相等，且使仪器插足在同一个孔穴上，以减少量测误差。

用位移计测量应变的装置常用夹具将位移计安装在结构表面测定变形，进而求得区段 L 的平均应变。因此各种形式的位移计，不论是机测的还是电测的，都可用来测量变形。这种装置，使用灵活，装拆方便，又能重复使用，常称为工具式应变测量装置。对于钢筋混凝土结构需用大标距进行测量。但多点测量时，需要位移计数量较多，同时体积较大。

三、位移量测

位移是结构在荷载作用下的重要反映，它反映了结构整体刚度，结构的位移代表结构的整体变形，既概括了结构总的工作性能，又反映了局部情况。通过位移测定，不仅可了解结构的刚度及其变化情况，还可区分结构的弹性和非弹性性质。与应力一样，位移也是结构计算和性能评定的重要指标。因此，在确定测试项目时，首先应考虑结构或构件的整体变形—位移的量测。

位移量测的主要内容为某一特征点(一般为跨中或集中荷载下及位移最大处)的荷载—位移曲线及各种特征荷载值下构件纵轴的挠度曲线。

各种位移测量仪表，如图 3-8 所示。其中常用的有百分表、电子百分表(又称应变式位移传感器)及差动电感式位移传感器等。当位移值较大时，可用多圈电位器或挠度计。水准仪、经纬仪及根据全站仪改进的挠度仪也是量测大位移的便捷工具。它们便于做多点和远距离量测。激光量测是一种非接触式量测方法，在动力试验中用它量测位移也很方便。

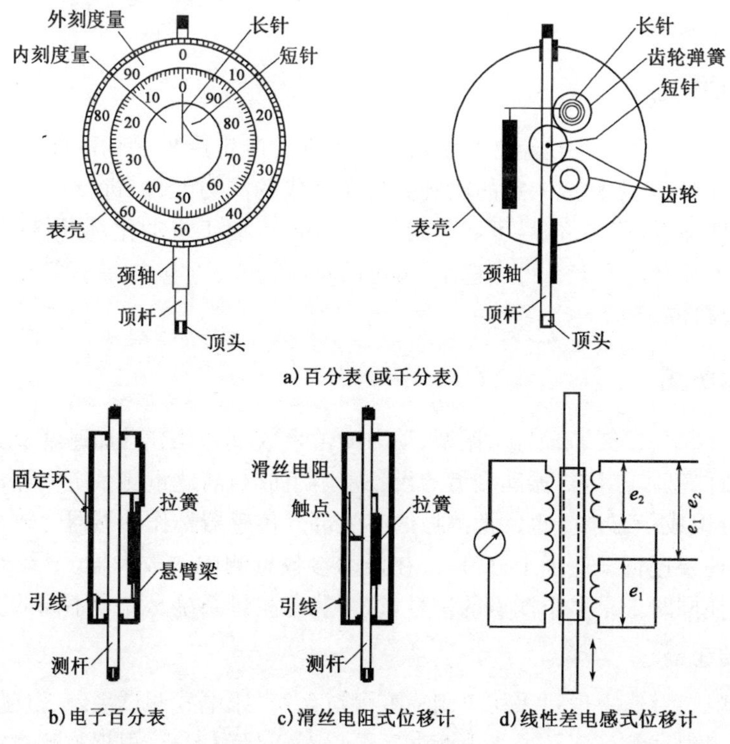

图 3-8　各种位移测量仪表构造原理图

选用位移测量仪表时，应参考事先估算的理论值，以防量程不够或精度不满足要求。量测结构位移时，需要特别注意支座沉降的影响。

除应变和位移外，结构反应还有转角、曲率变化、相对滑移等变形，也是有关结构分析的重要资料，可以用基本仪表和各类转换元件配以不同的附件及夹具进行测定。

四、裂缝量测

监测钢筋混凝土结构或构件的裂缝发生时刻，以及裂缝的宽度、长度随荷载的发展情况，对确定开裂荷载、研究结构的破坏过程，尤其是研究预应力结构的抗裂及变形性能都十分重要。

目前最常用来发现裂缝的简便方法是借助放大镜用肉眼观察，即在构件表面刷一层薄层石灰浆后，借助放大镜用肉眼查找裂缝，白色石灰浆涂层有利于衬托出试件表面的微细裂缝。为便于记录和描述裂缝的发生部位和扩展情况，可在构件表面画出网络坐标。当需要更精确地确定开裂荷载时，在受拉区连续搭接安装应变计，检测第一批裂缝的出现。出现裂缝时，跨裂缝的应变计读数就会异常。由于裂缝出现的位置不易确定，往往需要在较大的范围内连续布置应变计。近年来应用声发射法发现裂缝的技术也得到实际应用，这种方法是利用材料开裂时发射出的应力波，通过接收传感器检测裂缝的出现荷载、开裂程度。通过多通道的声发射接收仪还可确定裂缝的位置。这种方法不但能发现构件表面的裂缝，还能发现内部的微细裂缝。

测量裂缝宽度，一般用刻度放大镜，较简便的方法采用印有不同宽度线条的宽度尺与裂缝对比，来确定裂缝宽度。

五、力的测定

荷载及支座反力测定，也是经常需要的。其基本的测定原理是利用弹性元件的弹性变形或应变反应与其所受外力构成一定的比例关系而制成的测力元件，进行量测。电测传感器具有反应快、适应性强、体积小、信号可远距离传递的特点，便于自动化，使用越来越普遍。各种拉、压测力传感器都有定型产品可供选用，常用的有应变式、压电式、弦式等。测力传感器使用前需经标准试验机率定。

六、参数的量测

桥梁结构的频率、幅值、阻尼比、振型、动力冲击系数、动力响应(加速度、动挠度)等都是动力试验所需测量的基本参数。振动测量的设备基本组成与前述量测系统一样，由感受、放大和显示记录三部分组成。习惯上也常把测振的感受部分传感器称作拾振器。放大器除对微弱信号进行放大外，还要进行某些加工、变换。在振动参数量测中的放大器、记录器也必须是多通道同时工作，以便同时记录多个测点的信号，这与静态测量系统是完全不同的。

(一)测振传感器

动力荷载测试系统，一般可采用电阻应变测试系统、压电式测试系统、电磁式测试系统、伺服式测试系统、磁电式测试系统或光电测试系统。对于量测人员，根据被测对象的具体情况及各种测振传感器的性能，合理选用动力荷载测试系统，其是进行动力试验的关键。

1. 电阻应变式传感器

电阻应变式传感器是桥梁结构动载测试中常用的一种传感器，它是将被测的振动量转换成传感元件的电阻变化，这一转换主要通过电阻丝来实现。其主要有滑线电阻式和电阻应变式两种。典型的是加速度计，它是一个“质量—弹簧”系统，当惯性质量块与外壳发生相对运动时，应变片或电阻丝的电阻发生变化，其值与振动加速度成正比，即：

$$\Delta R/R = K\varepsilon \propto \alpha \tag{3-23}$$

改变传感器的结构形式，可做成电阻应变式位移、倾角、力传感器等。目前采用半导体应变片，由于它的灵敏系数是普通应变片的十几倍，因此大大提高了这类传感器的灵敏度，但温度响应较差。

电阻应变式传感器的特点是低频响应好，可以从零频率开始，一般使用频率范围为 0～100Hz，测量仪器通用化，可与动态应变仪配合构成测量系统。

2. 压电式加速度传感器

这种传感器是基于压电晶体的压电效应工作的。某些晶体在一定方向上受力变形时，其内部会产生极化现象，同时在它的两个表面上产生符号相反的电荷，当外力去除后，又重新恢复到不带电状态，这种现象称为“压电效应”。压电式加速度传感器是利用晶体的压电效应而形成的。

测量时压电晶体片受到惯性质量块的惯性力作用，产生变形，在两导电极面上由于压电效应产生电荷，电荷量与晶体片的变形成正比。压电元件既是传感元件又是弹簧元件，与惯性质量块构成“质量—弹簧”振动系统，一般压电式加速度计的固有频率很高，高的甚至可达 100～200kHz。被测振动频率远低于传感器振动系统的固有频率，所以质量块与传感器外壳的相对位移（即压电晶体片的变形）、被测物振动的加速度成正比。

该传感器体积小、质量小、稳定性高、机械强度高、使用频率范围宽，但灵敏度较低。

压电式加速度传感器的灵敏度可用电荷灵敏度 S_q 或电压灵敏度 S_v 表示。传感器灵敏度的大小，取决于压电晶体材料的特性和质量块的质量大小。传感器体积越大质量块越大，灵敏度越大，但使用频率越窄；反之，传感器体积越小即质量块越小，灵敏度越小，但使用频率范围加宽。选择压电式加速度传感器要根据测试要求综合考虑。

正确安装压电式加速度传感器，尤其是在高频振动时更为重要。安装方法有以下几种形式。

（1）用钢螺栓连接

这种安装方法与实际校准时条件相似，可以达到最佳频率响应。如安装表面不平时，可在传感器底部涂一层硅蜡以增加安装刚度。安装时螺栓不要太紧，特别注意不要完全拧入加速度传感器的基座中。

（2）用绝缘螺栓和薄云母垫圈连接

由于云母片的硬度高，将加速度传感器和振动物体相互绝缘，此法频响特性较好。

（3）用永久磁铁固定

磁铁也需与振动物体绝缘，此法适用于加速度小于 $200\times980\text{cm/s}^2$ 的振动情况。

（4）用蜡或环氧树脂等黏接剂黏合

用蜡将传感器黏在振动物表面，频响特性较好；用环氧树脂作黏结剂时，高频响应差。要避免使用软胶体或树脂。

(5)用手持方法

一般桥梁结构振动的基频较低，相对来说，压电式加速度传感器的安装较为简单，仅适用于1000Hz以下的振动量测。

3.伺服式加速度传感器(力平衡式传感器)

伺服式加速度传感器是由惯性式加速度传感器和电伺服回路组成的闭环式加速度测量装置。主要由质量块、电磁线圈、永久磁铁、弹簧、位移传感器、伺服放大器和壳体等部分组成，如图3-9所示。

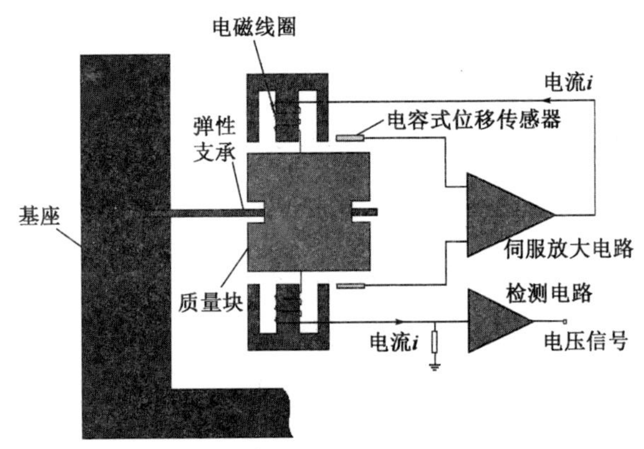

图3-9 伺服式加速度传感器

伺服式加速度传感器有一个弹性支承的质量块，质量块上附着一个位移传感器(如电容式位移传感器)。当基座振动时，质量块也会随之偏离平衡位置，偏移的大小由位移传感器检测得到，该信号经伺服放大电路放大后转换为电流输出，该电流流过电磁线圈从而产生电磁力，该电磁力的作用将使质量块趋于回复到原来的平衡位置上。故此，电磁力的大小必然正比于质量块所受加速度的大小，而该电磁力又正比于电流大小，所以通过测量该电流的大小即可得到加速度的值。

伺服加速度传感器通常具有极好的幅值线性度，还具有很高的灵敏度。该传感器常用于测量较低的加速度值及频率极低的加速度。但测量线路比较复杂。

4.磁电式加速度传感器

磁电式加速度传感器是根据电磁感应的原理制成的，是将输入运动速度变换为感应电势输出的传感器。它不需要辅助电源，就能够把被测对象的机械能转换成易于测量的电信号，是一种有源传感器。其特点是灵敏度高，性能稳定，输出阻抗低，频率响应范围有一定宽度。调整质量、弹簧、阻尼系数等的动力参数，可以使传感器既能测量非常微弱的振动，也能测量比较强的振动。

磁电式加速度传感器，如图3-10所示。其中磁钢和壳体相连，并通过壳体安装在振动体上，与振动体一起振动；芯轴和线圈组成传感器的系统质量，通过弹簧片(系统弹簧)与壳体连动。振动体振动时，系统质量与传感器壳体之间发射相对位移，因此线圈与磁钢之间也发生相对运动。传感器的电压输出(即感应电动势E)与相对运动速度v成正比。

图 3-11 是一款摆式磁电式测振传感器。它的质量弹簧系统设计成转动的形式，因而可以获得更低的仪器固有频率。摆式磁电式测振传感器可以测垂直和水平两个方向的振动。同样，输出电压与相对运动速度成正比。

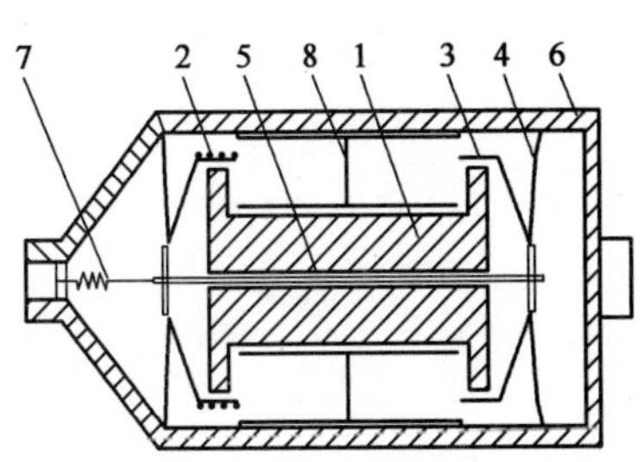

图 3-10　磁电式加速度传感器

1-磁铁；2-线圈；3-阻尼环；4-弹簧片；5-芯轴；6-外壳；7-输出线；8-铝架

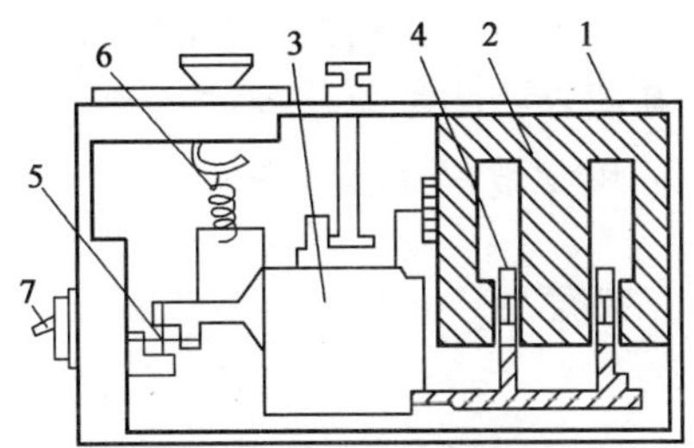

图 3-11　摆式磁电式测振传感器

1-外壳；2-磁钢；3-重锤；4-线圈；5-十字弹簧片；6-弹簧；7-输出线

5. 光纤布拉格栅传感器

光纤布拉格光栅是利用含锗光纤在波长 240mm 附近有一因锗相关缺陷而形成的吸收峰，当光纤受这一波长附近的紫外光照射后，会引起光纤折射率的永久性变化；通过对光纤内部写入的光栅反射或透射布拉格波长的检测，实现对被测结构的应变和温度量值的绝对测量。布拉格波长的变化反映了外界参量的变化。

布拉格光栅的波长分离能力强、传感精度和灵敏度高，其物理载面和力学强度小，在粘贴或嵌入到主体中不会对其性能和结构造成影响。特别是它可实现分布式传感，同时能进一步集合成分布传感网络系统，可广泛应用于对桥梁结构的应力、应变、温度等参数以及内部裂缝、变形等结构参数的实时在线、分布式检测，能够测量工程结构的外部荷载以及结构本身对荷载的响应。

（二）放大器和记录器

1. 测振放大器

测振放大器是动力测试系统的中间环节，也是重要的组成部分。测振传感器输出的信号一般都很微弱，需经过放大器放大之后才能推动记录设备。测振放大器除对信号有放大作用外，还具有对信号进行微分、积分和滤波等功能。它的输入特性与拾振器的输出特性相匹配，而它的输出特性又必须满足记录及显示设备的要求。常用的测振放大器有电压放大器、电荷放大器、微积分放大器、动态电阻应变仪等。

（1）电压放大器

它是压电式传感器的一种前置放大器，其作用是将压电传感器输出的微弱信号加以放大，并将传感器的高输出阻抗转换成较低值。电压放大器结构简单，可靠性好，但它和压电式拾振器联用时，对导线变化极敏感，因此，在测试中要选用短导线和低噪声电缆。

（2）电荷放大器

由于压电式传感器输出阻抗很高，且输出信号微弱，所以需采用输入阻抗极高的放大器与之相配合，否则传感器产生的电荷会经放大器的输入电阻释放掉。同时传输电容对结果有很大影响，且有传输距离短、低频响应差的缺点。电荷放大器的输出电压与导线电容量的变化无关，这给远距离测试带来很大方便。在目前的振动测试中，压电式加速度传感器常与电荷放大器配合使用。

(3)微积分放大器

该放大器可将电动式传感器的输出信号加以微分、积分和线性放大。

在桥梁动力测试中，经常需要测量位移、速度和加速度这三个振动量，而这三个量在数学上存在简单的微积分运算关系：

$$\left.\begin{aligned}&\text{加速度} && \alpha=\frac{\mathrm{d}v}{\mathrm{d}\,t}=\frac{\mathrm{d}^2x}{\mathrm{d}\,t^2}\\&\text{速度} && v=\frac{\mathrm{d}x}{\mathrm{d}t}=\int\alpha\mathrm{d}t\\&\text{位移} && x=\int v\mathrm{d}t=\iint\alpha\mathrm{d}t\mathrm{d}t\end{aligned}\right\}\tag{3-24}$$

利用电量的微分和积分运算很容易实现这一特点，在测试系统中用微积分电路可以很方便地得到被测对象的位移、速度和加速度等的振动参数。

(4)动态电阻应变仪

对于电阻式、电感式和电容式传感器配用的放大器，一般多采用载波放大的形式。动载测试中常用的载波放大器有电阻应变仪、鉴频放大器及差动变压放大器。电阻应变仪属于调幅式载波放大器，动态电阻应变仪输入端与电阻应变片或电阻式传感器相连，并对输入信号进行放大，采用偏位法(直读式)量测，输出端与光线示波器或磁带记录器相连，将振动信号记录下来。

2. 记录器

为将被测振动参数随时间变化的过程记录下来，在振动测试中，记录仪器是必不可少的。测振记录装置是动力测试系统中的最后一个环节。

结构振动测量中常用的记录仪器有光线振子示波器、函数记录仪、磁带记录仪等，它们各有优缺点。

(1)光线示波器是一种常用的模拟式记录器，惯性很小，带有反射镜的磁电式振子将电信号转换为光信号，经光学系统放大后在感光纸或胶卷上记录显示。它灵敏度高，工作频带宽(可记录5000Hz以下的信号)，可直接显示调点记录，但准确性较差。

(2)函数记录仪是将通过传感器(如压力传感器、电流传感器、位移传感器等)测得的变化用函数图像的形式绘制在记录纸上，可在直角坐标系上描绘出两个参量的函数关系，采用零位法进行自动平衡。它能高精度地自动显示和记录已转化成电压的信号。函数记录仪准确性高，误差为满幅度的0.2%～0.5%；记录笔幅度大，可达200～300mm，但响应时间长，为0.25～1s，故只能记录低过程。

(3)磁带记录仪是一种常用的较理想的记录仪器。利用电磁感应原理，通过变化的电磁信号磁化铁材料(磁带)进行记录。磁带记录仪的记录频带极宽，可以记录从直流到2MHz的信号，存储信息密度大，且稳定性好，易于多路记录，可长期保存，便于复制。这对于信号的分析处理极为有利。在多路记录时能保持多种信号间正确的相位关系。它最主要的优点是可将磁信号还原为电信号，直接输入模拟式信号处理机或进一步经模数转换后输入数字式信号分析

仪或电子计算机进行数据处理。

(三)振动测试仪的标定

在进行桥梁动态测量时，测试仪器的标定工作十分重要。由于各种原因，测振仪器在使用过程中性能参数会发生一些变化；另外，即使同一种传感器，同一种放大器、记录器，每个通道的性能也有所差异，而使用时相互的搭配关系也时常变化。为了保证振动测量结果的精度及可靠性，在试验的准备阶段应对测试系统各部分的仪器进行认真标定。

1.基本标定内容

测振仪器(传感器、放大器和记录仪等)需要进行标定的内容很多，标定的主要内容基本相同。主要进行下面几项标定：

(1)灵敏度的标定

通过对单台仪器或整个测试系统的标定，以获得单台仪器或整个测试系统的灵敏度及放大倍数，即输出量与输入量的比值。标定频率应取在其频响曲线的平台范围内，并标定三次以上，取其平均值。

对于传感器或传感器加上放大器的测量装置，其灵敏度为：

$$S = U/Y$$

式中：U——输出电压幅值；

Y——输入振动量幅值。

对于有示波器或笔记录的测试系统，其灵敏度为：

$$S = A/Y$$

式中：A——记录波形的幅值；

Y——输入振动量的幅值。

标定时，通常由振动台给出一个固定的振动幅度，同时测量仪器输出端的信号电平或记录波形幅值，从而计算灵敏度。

(2)频率特性的标定

包括幅频特性曲线和相频特性曲线的标定。一般应用较多的是幅频特性标定。标定时，固定振动台的输入幅值而改变其频率，测出各个频率时仪器的输出量。在记录图上读出不同频率时的输出幅值并除以标定的输入幅值，则可得到不同频率时的灵敏度。

(3)线性度标定

线性度是反映在给定的频率下，仪器灵敏度随输入信号幅度大小而变化的程度。标定时，振动台固定在测振仪允许使用的频率范围内的某一频率上，改变输入振幅，测量仪器的输出幅值。以输入量为横坐标，输出量为纵坐标，得到线性度曲线，从这条曲线可以确定仪器的线性动态范围，即可测幅值范围。

除此以外，测振仪需要标定的参数还有很多，例如：横向灵敏度温度响应、滞后等。但最重要的还是灵敏度的标定。

2.常用的标定方法

测振仪的标定方法很多，根据仪器的配套情况，可分为分部标定与系统标定方法；从对振动给定参数的测量角度，可分为绝对标定法与相对标定法。

(1)分部标定法

分部标定法是把整套测振仪器按振幅传感器、放大器和记录器三部分,分别标定其灵敏度K_s、K_F、K_R,然后将其组合起来求得整个测试系统的灵敏度。测试系统总的灵敏度为:

$$K = K_s K_F K_R$$

分部标定时,要注意各级仪器间的匹配,所选用的信号源的输出阻抗及检测仪器的输入阻抗,应与测振器相应部分相似,否则,会增大误差,甚至得到错误结果。

分部标定的测振仪器,使用起来比较灵活,可任意组合,但标定工作比较麻烦。

(2)系统标定法

系统标定法是将传感器、放大器和记录器看成一个整体,标定整个系统输入量与输出量的关系,得到整套仪器总的灵敏度和频率特性关系等。一般系统标定需在振动台上进行。

系统标定时,要注意使测振仪的配套使用条件与实际测试时的条件一定要完全一致。标定好的传感器与放大器、记录器通道的对应关系不能随意改变。传感器的工作状态,放大器、记录器的衰减挡,电磁阻尼电阻值,标定时都要认真地做好记录,实测时不得改变。

系统标定法比较简单、方便,而且标定时仪器情况与使用时一样,因此较为可靠,误差小,但使用时不够灵活。

(3)绝对标定法

采用绝对标定法标定测振仪器时,标准振动台给定一正弦振动,然后测出这个振动的振幅和频率这两个最基本的参数,即为测振仪的输入,再根据测振仪所获得的这一标准振动的记录值,即可计算出测振仪的灵敏度等。

绝对标定法要求精确测定振动台的振幅和频率。频率测量精度容易保证,关键是振幅的测量,目前,多用读数显微镜和激光测振仪来测定。该标定法通常由计量或生产厂家进行。

(4)相对标定法

相对标定法是用一标准的测振仪去校准被标定的仪器。比较其结果,得到被标定测振仪的灵敏度、频率特性和线性度等。由于能直接从已知标准测振仪上读出位移、速度或加速度等,所以比较简单、直观。

第三节　试验荷载与加载系统

一、试验荷载

桥梁结构物上承受的各种外荷载大致可归纳为静力荷载和动力荷载两类。此外,温度和地基不均匀沉降也是引起结构内力的外界因素。根据不同的试验目的进行结构试验时,应在试验对象上再现要求的荷载。也可以说,试验加载方式直接关系到试验目的和试验性质。

(一)静力荷载

对于结构的强度、刚度、稳定性等问题的研究试验及鉴定性试验,常常只加静荷载,而且是短期作用的静荷载。在试验前,除需确定荷载类型(水平、垂直、集中、均布等)、加载位置、荷载值以及是否加至破坏荷载等问题外,还需确定加载顺序。静力试验的加载顺序一般分为三个阶段:预加载阶段、标准荷载阶段和破坏荷载阶段。预加载的目的是检验各试验装置及量测仪

表的工作是否正常，同时还可使一些试验结构的节点等部位接触密实、进入工作状态。结构承受标准荷载是结构的工作状态，为弥补在试验中以短期荷载代替实际长期荷载的不足，要求试验结构在标准荷载下停留较长的时间，以使结构变形得到充分发展。对于桥梁结构现场试验一般不小于 1h。考虑到观察、测读仪表和分析数据的需要，常采用分级加载的方法对结构施加荷载。每级荷载值约为标准荷载的 10%～20%。对于钢筋混凝土结构，预加载的数值一般为 1～2 级荷载值，以不超过结构的开裂荷载为限。在临近开裂和破坏前，可取 5%的标准荷载或更小的荷载值作为一级荷载值，以便准确确定开裂和破坏荷载值。

(二)动力荷载

对于研究结构动力性能的试验，需施加动荷载。此时，因试验目的和试验对象的不同，试验荷载可有很大的差别。

若为研究实际结构的动力特性，常使结构做自由振动或强迫振动，也常利用风和周围环境的微小振动引起结构的脉动，测定结构的动力特性。测定结构动力特性所用的荷载，如图 3-12a)所示。当通过强迫振动测定结构的动力特性时，需连续改变振源的振动频率，找出结构的共振。

若为研究结构在各种实际动载下的动力反应，需通过专门的激振设备再现各种实际的动荷载，如图 3-12b)、c)、d)所示。因受激振设备能力的限制，常常只能做小比例的结构模型试验。

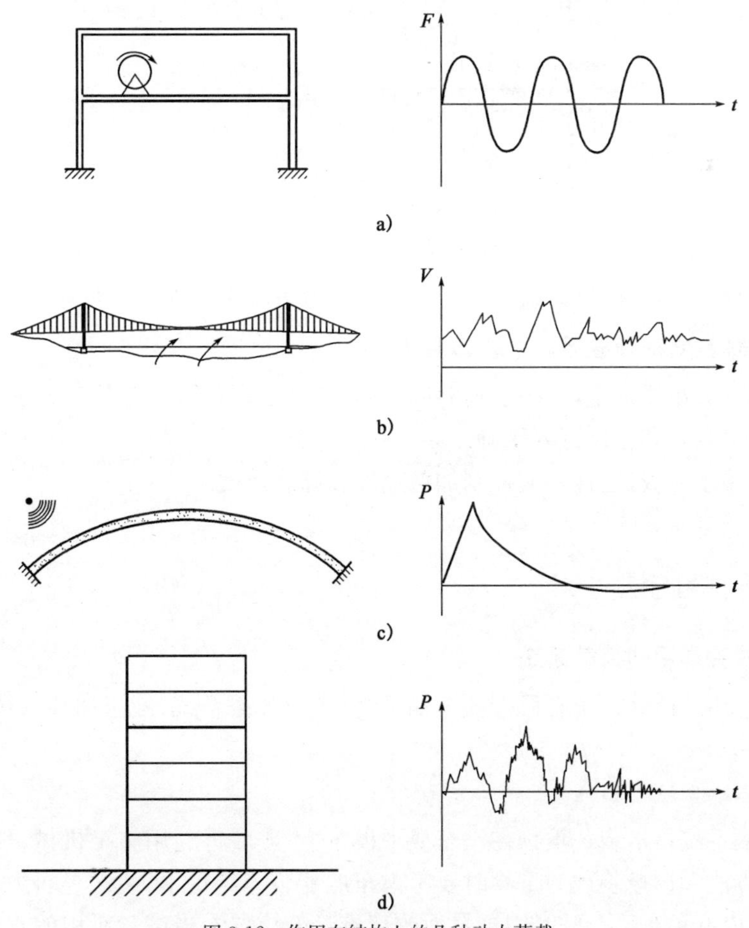

图 3-12　作用在结构上的几种动力荷载

由于小比例的模型试验数据往往不足以反映实际结构的情况，在假定为第一振型的前提下，常通过对足尺或较大比例的结构构件施加多次反复循环荷载近似模拟地震等作用，如图 3-13所示，获取结构的非弹性荷载—变形特性，包括能量消耗、延性性能等，以建立较符合实际结构情况的数学模型，最后利用计算机程序计算分析动态反应。这种对结构施加反复循环荷载的方法称为伪静力试验。伪静力试验的荷载和地震荷载无关，其加载顺序是主观确定的。近年来又发展了拟动力试验，通过计算机和电液伺服加载系统对足尺或大比例的结构模型按实际反应位移进行加载，使试验更接近实际结构动力反应的真实情况。

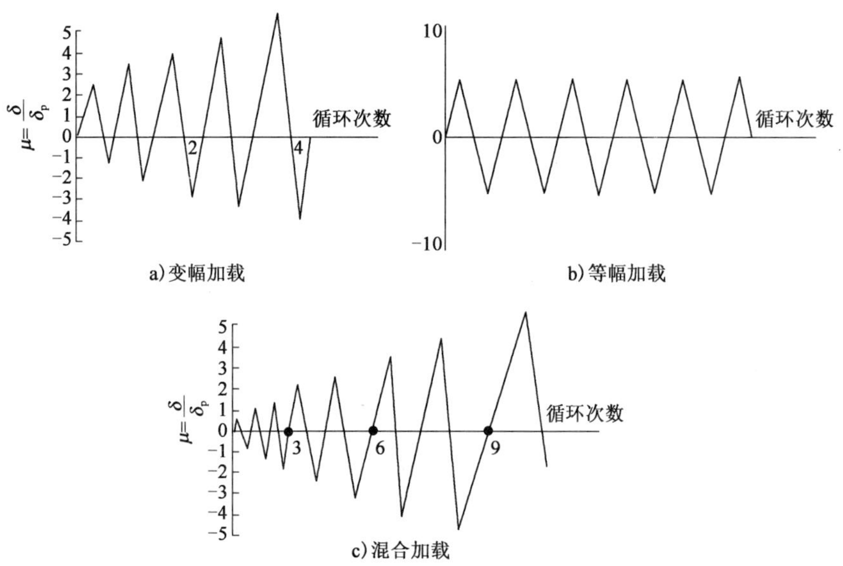

图 3-13　伪静力试验的几种加载顺序

无论静力试验、伪静力试验或拟动力试验，目前都没有统一规定加载方式或加载顺序。

(三)结构试验中，对荷载系统的基本要求

(1)荷载值的大小要恒定，不随加荷时间、外界环境变化和结构变形而变化。

(2)荷载传力方式和作用点要明确。

(3)荷载要便于分级，这样才能控制加载速度和卸载速度。

(4)荷载系统本身必须安全可靠。

二、加载设备和方法

(一)静载试验常用的荷载系统

静载试验常用的荷载系统有可行式车辆系统、重力加载系统、液压加载系统、机械加载系统等。

1. 可行式车辆系统

可行式车辆系统是指装载重物在汽车或平板车上，或就近利用施工机械设备对结构或构件施加荷载的方法。选择装载的重物时要考虑车厢能否容纳得下，装卸是否方便。装卸的重物应置放稳妥，以避免车辆行驶时因摇晃而改变重物的位置。当试验所用的车辆规格不符合

设计标准车辆荷载图示时，可根据设计控制截面的内力影响线，换算为等效的试验车辆荷载（包括动力系统和人群荷载的影响）。

2. 重物加载系统

重物加载系统是使用各种容重较大、容易获得的材料，对结构或构件施加荷载的方法。如标准铸铁砝码、混凝土立方块、水，以及就地取材的材料等。

一般可按控制荷载的轮迹先搭设承载架，再在承载架上堆放重物或设置水箱进行加载，如加载仅满足控制截面内力要求，可直接在桥面上堆放重物或设置水箱的方法加载。承载架的设置和加载物的堆放应安全、合理，能够按要求分布加载重力，并不使加载设备与桥梁共同承载而形成"卸载"现象。

重物荷载用作集中荷载时，常用杠杆将荷载值放大。此时，应注意使杠杆的三个力点在同一水平线上，以免因结构变形、杠杆倾斜改变杠杆原有的放大倍率。

用水作为重力荷载，进行加载试验也是很简便的。水可以盛在水桶和水箱内，用吊杠连于结构作为集中荷载，也可以采用盛水装置作为均布荷载直接加于结构表面。每 10cm 高的水可产生 3～10MPa 的均布荷载，如图 3-14 所示。

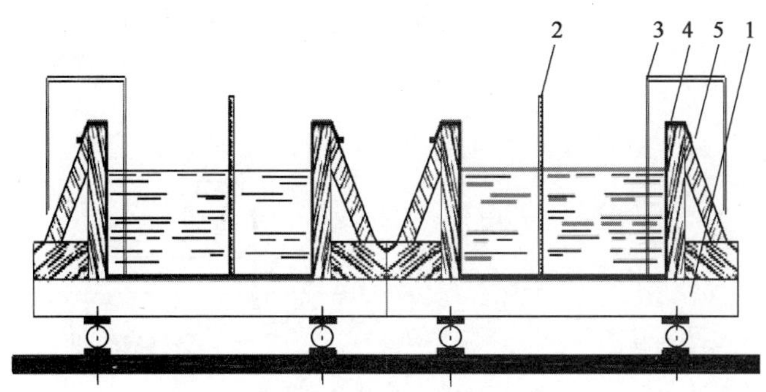

图 3-14 水加载装置图

1-连续板；2-标尺；3-虹吸管；4-防水布；5-斜撑

用载重汽车进行加载是桥梁现场试验常用的方法。优点是重物容易取得、可重复使用；缺点是：用砂粒加载时，容易受大气温度变化的影响。此外，当用堆载方式试验时，将会造成材料本身起拱，对结构产生卸载作用。

3. 液压加载系统

液压加载系统是目前应用比较普遍和理想的一种加载方法。液压加载设备一般由油泵、管路系统、操作台、千斤顶、加载架和试验台座组成，如图 3-15 所示。

所用千斤顶通常专为加载而设计铸造，具有较高的精度，油压一般在 300MPa 以上，因此不需要太大的活塞面积即能给出很大的荷载。使用液压千斤顶加载时，最好配用荷载维持器，否则当结构产生较大变形时，很难保持所需要的荷载值，也就不易获得试验结构在极限荷载后的性能。

液压加载系统的优点是利用油压式液压加载器（千斤顶）产生较大的荷载，便于进行往复循环加载，而且试验操作安全方便。其缺点是当结构产生较大变形时，很难维持要求的荷载值。

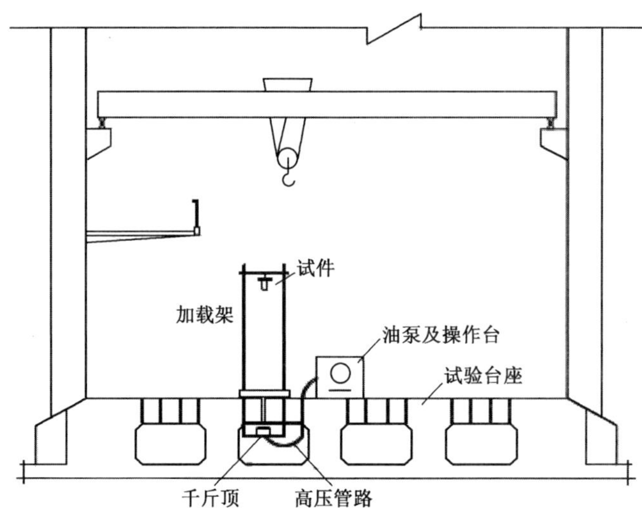

图 3-15 液压加载系统

4. 机械加载系统

常用的机械式加载机具有绞盘、弹簧、花篮螺丝和螺旋千斤顶等，如图 3-16 所示。

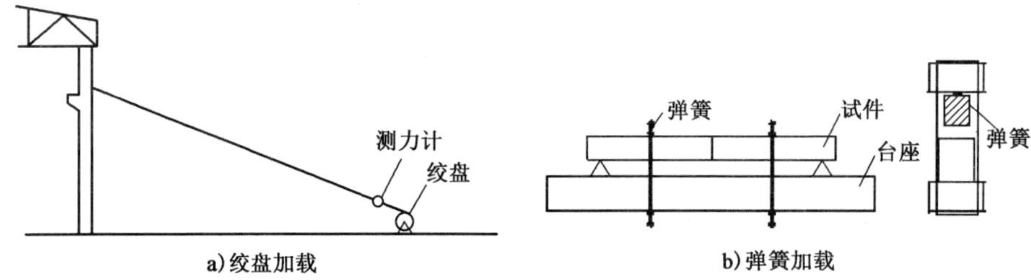

图 3-16 各种机械式加载机具

绞盘一般用于水平荷载试验或者是变位大的结构试验，在拉索中接入测力计量测加载值，还可利用滑轮组来提高荷载值。

弹簧加载常用于长期荷载试验。其荷载值可由几千牛顿到几万牛顿不等，用千分表量测弹簧长度的改变来算出弹簧所加的荷载值。承载力较小的弹簧可直接拧紧螺母加载，承载力很大的弹簧则借助液压设备加压再拧紧螺母。当结构发生徐变后，会产生卸载，因此需经常拧螺母调整压力。

当需要加载值较小时，用正反丝扣的花篮螺丝加载较方便。

螺旋千斤顶利用涡轮涡杆传动的原理，使用时需用测力计测定其加载值，适用于对结构施加等变形荷载，设备简单，使用方便。

另一种机械式加载设备是机械式激振器，其可产生正弦波动荷载，用于测定结构动力特性的动力试验。该激振器由变速电动机带动偏心轮，利用偏心重量的离心力产生垂直或水平方向的周期荷载，如图 3-17 所示。使用时将它固定在结构物上带动结构做强迫振动，改变电动机的转速或偏心块的偏心距或质量，可得到不同频率、不同幅值的振动荷载。这种激振器又称惯性式激振器，可产生几百牛顿至几千牛顿的振动荷载，工作频率范围一般在 0.5～20Hz。所产生的激振力 P 和电动机转速 ω 有关，即：

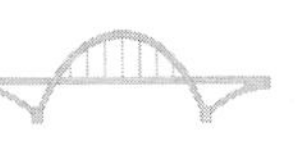

$$P = 2r\omega^2 m\sin\omega t \tag{3-25}$$

式中：m——偏心块质量；

r——偏心块的偏心距；

t——转动时间。

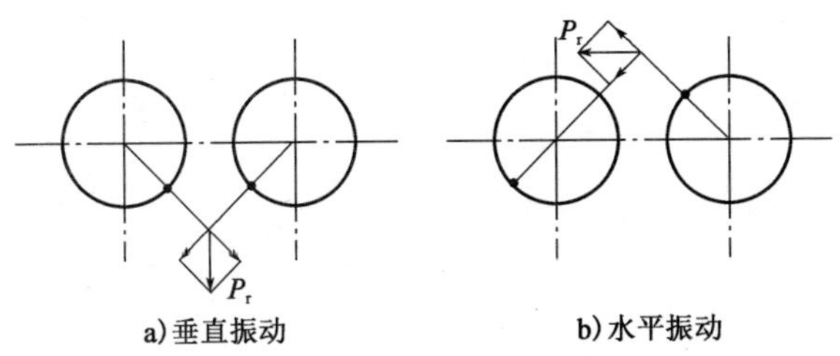

图 3-17 偏心质量产生周期荷载原理图

激振力的大小随频率而变化；频率低时只能产生很小的激振力，是这种激振器的缺点。进行动力试验时也可用绞盘加载使结构产生初始位移，将拉索切断，结构产生自由衰减振动。

（二）动载试验激振方法

用于桥梁动载试验的激振方法很多，应根据被测桥梁的结构特点和测试的精度要求、方便性及现场实际情况确定，宜采用环境随机激振法、行车激振法和跳车激振法，也可采用起振机激振法或其他激振方法。

(1)环境随机激振法(脉动法)。是指在桥面无任何交通荷载以及桥址附近无规则振源的情况下，通过测定桥梁由风荷载、地脉动、水流等随机激励引起的微幅振动来识别结构自振特性参数的方法。该方法需对采集的样本信号进行能量平均，以便消除随机因素的影响。对悬索桥、斜拉桥等自振频率较低的桥型，为保证频率、分辨率和提高信噪比，采集时间一般不少于30min；对于小跨径桥梁，采集时间可以酌情减少。该方法更适合大跨柔性桥梁。

(2)落锤激振法。对于中、小型桥梁结构，可用落锤激振器(或枕木)垂直冲击桥梁，激起桥梁竖直方向的自由振动。

(3)跳车激振法。工程界常利用单辆载重汽车的后轮，在指定位置从三角形垫块上突然下落对桥梁产生冲击作用，激起桥梁的振动。该方法更适用于其他方法不易激振的、刚度较大的桥梁，如石拱桥、小跨径梁式桥。梁式桥采用跳车激振法时，一般进行车辆自重附加质量影响的修正。

(4)行车激振法。行车激振法利用车辆驶离桥面后引起的桥梁结构余振信号来识别结构自振特性参数，对小阻尼桥梁效果较好。为提高信噪比，获取尽可能大的余振信号，可采用不同的车速进行多次试验，或在桥跨特征截面上设置弓形障碍物进行激振(有障碍行车激振)。通常结合行车动力响应试验统筹考虑获取余振信号。

(5)刹车试验法。是指测定车辆在桥上紧急制动时产生的响应，以测定桥梁承受活载水平力的性能。刹车试验是以行进车辆突然停止作为激振源，车辆以不同速度停在预定位置，记录动态应变和位移(加速度)响应，通过频谱分析可以得到相应的强迫振动频率、结构阻尼参数。

(6)突然卸载法(位移激振法)。采用该方法时，在结构上预先施加一个荷载作用，使结构产生一个初位移，然后突然卸去荷载，利用结构的弹性性质使其产生自由振动。可通过自动挂钩装置或剪绳索等方法卸去荷载，有时也专门设计一种断裂装置，当预施加力达到一定数值时，在绳索中间的断裂装置便突然断开，从而激发结构的振动。突卸荷载的大小要根据所需最大振幅计算求出。

(7)起振机激振法。该方法利用起振机采用可控的定点正弦激励或正弦扫描激励使结构产生稳态振动。该方法测试精度高，但需要较为庞大的起振机设备，运输不方便，同时安装起振机对桥面将产生一定的损伤。在需要高精度识别桥梁结构动力特征时，可以采用此方法。

(8)火箭激振法。在桥梁的动载试验中，还采用发射小火箭产生脉冲激振，即将火箭推力器置于被测结构物上，通过火箭发射控制器控制点火器，点燃火箭推力器内的推进剂，使推力器瞬时作用到被测结构上，产生设计的作用力，使结构产生振动。火箭的激励作用吨位大、频率宽，力的方向、大小可以控制。

第四节　桥梁结构静载试验

一、概况

桥梁结构试验是对桥梁结构物工作状态进行直接测试的一种试验鉴定手段，而静载试验是鉴定桥梁成桥质量和评估结构承载力等试验检测中最基本的内容，大量的桥梁荷载试验往往都以静载为主进行，是一种主要的测试方法。桥梁结构的静载试验是指以缓慢速度行驶到桥上的指定荷重级别的车辆荷载，静止作用在桥梁上的指定位置而测试结构的静应变、静位移以及其他试验项目，来确定其承载能力和使用性能，并由此确定限载方案或加固改造方案。当试验现场条件受限制时，有时也以施加荷重(如堆置铸铁块、水箱、水泥、预制块件等)或者以液压千斤顶等方式来模拟某一等级的车辆荷载。

二、试验方案设计

试验方案的设计是桥梁结构静载试验前期准备工作中最重要的环节；是对整个试验的全过程做一全面的规划和安排；是指导荷载试验的行为大纲。通过分析收集到的有关资料，充分了解试验对象以及试验现场的情况后，根据试验目的和客观条件对试验的规模、形式、数量或种类拟定试验方案。试验方案的设计应包括下列内容：试验的目的和依据、试验结构的基本情况、测试截面与试验工况的确定、测试的内容、初步的荷载设计与测点布置、安全措施与试验组织、试验进度及预期的结果等。

(一)静载试验的目的

静载试验的目的：将标准设计荷载或标准设计荷载的等效荷载施加于桥梁结构的指定位置，对桥梁结构的应变分布、变形进行检测，以此对桥梁结构性能做出判断，从而达到检验桥梁结构的质量，判断桥梁结构实际的承载力(或确定结构容许承载能力的界限)的目的。

(二)试验结构的考察

在试验方案设计之前，对试验结构应进行实地考察和了解，具体内容如下。

(1)收集与试验对象有关的技术文件和资料。

①设计资料：设计图纸、变更设计图纸和作为设计依据的其他原始资料；

②施工和监理资料：材料性能试验报告、各分项或分部工程验收报告等；

③施工监控资料：施工监控报告、成桥线形、内力(应力)、索力(杆力)等；

④竣工资料：竣工图纸、工程验收报告；

⑤养管资料：常规检查、定期检查、特殊检查和加固改建等资料。

(2)试验对象的考察。

主要调查桥梁结构的总体尺寸，主要构件截面尺寸，主要部位的高程，桥面平整度、支座工作状况，材料的物理力学性能，结构物的裂缝、缺陷、损伤和钢筋锈蚀状况等。

(3)材料主要的物理力学性质的确定。

结构材料的实际强度(如钢材、混凝土的极限强度)以及弹性模量是重要的物理力学性能指标，是判断试验结构的承载能力和实际工作状态的依据。因此在桥梁结构试验之前，必须通过各种方法比较准确地确定材料的主要物理力学性能指标。

(三)试验工况及测试截面

(1)桥梁静载试验应按桥梁结构的最不利受力原则和代表性原则确定试验工况及测试截面。常见桥梁静载试验工况及测试截面宜按表3-7确定，主要工况应为必做工况，附加工况可视具体情况由试验检测者确定是否进行。测试最大正弯矩产生的应变时，宜同时测试该截面的位移。

常见桥梁静载试验工况及测试截面　　表3-7

桥　型	试验工况		测试截面
简支桥梁	主要工况	跨中截面主梁最大正弯矩工况	跨中截面
	附加工况	1. $L/4$ 截面主梁最大正弯矩工况； 2. 支点附近主梁最大剪力工况	1. $L/4$ 截面； 2. 梁底距支点 $h/2$ 截面内侧向上45°斜线与截面形心线相交位置
连续梁桥	主要工况	1. 主跨支点位置最大负弯矩工况； 2. 主跨跨中截面最大正弯矩工况； 3. 边跨主梁最大正弯矩工况	1. 主跨(中)支点截面； 2. 主跨最大弯矩； 3. 边跨最大弯矩截面
	附加工况	主跨(中)支点附近主梁最大剪力工况	计算确定具体截面位置
悬臂梁桥	主要工况	1. 墩顶支点截面最大负弯矩工况； 2. 锚固孔跨中最大正弯矩工况	1. 墩顶支点截面； 2. 锚固孔最大正弯矩截面
	附加工况	1. 墩顶支点截面最大剪力工况； 2. 挂孔跨中最大正弯矩工况； 3. 挂孔支点截面最大剪力工况； 4. 悬臂端最大挠度工况	1. 计算确定具体截面位置； 2. 挂孔跨中截面； 3. 挂孔梁底距支点 $h/2$ 截面向上45°斜线与挂孔截面形心线相交位置； 4. 悬臂端截面
三铰拱桥	主要工况	1. 拱顶最大剪力工况； 2. 拱脚最大水平推力工况	1. 拱顶两侧1/2梁高截面； 2. 拱脚截面
	附加工况	1. $L/4$ 截面最大正弯矩和最大负弯矩工况； 2. $L/4$ 截面正负挠度绝对值之和最大工况	1. 主拱 $L/4$ 截面； 2. 主拱 $L/4$ 截面及 $3L/4$ 截面

续上表

桥　　型	试验工况		测试截面
两铰拱桥	主要工况	1. 拱顶最大正弯矩工况； 2. 拱脚最大水平推力工况	1. 拱顶截面； 2. 拱脚截面
	附加工况	1. $L/4$ 截面最大正弯矩和最大负弯矩工况； 2. $L/4$ 截面正负挠度绝对值之和最大工况	1. 主拱 $L/4$ 截面； 2. 主拱 $L/4$ 截面及 $3L/4$ 截面
无铰拱桥	主要工况	1. 拱顶最大正弯矩及挠度工况； 2. 拱脚最大负弯矩工况； 3. 系杆拱桥跨中附近吊杆(索)最大拉力工况	1. 拱顶截面； 2. 拱脚截面； 3. 典型吊杆(索)
	附加工况	1. 拱脚最大水平推力工况； 2. $L/4$ 截面最大正弯矩和最大负弯矩工况； 3. $L/4$ 截面正负挠度绝对值之和最大工况	1. 拱脚截面； 2. 主拱 $L/4$ 截面； 3. 主拱 $L/4$ 截面及 $3L/4$ 截面
门式刚架桥	主要工况	1. 跨中截面主梁最大正弯矩工况； 2. 锚固端最大或最小弯矩工况	1. 跨中截面； 2. 锚固端梁或立墙截面
	附加工况	锚固端截面最大剪力工况	锚固端梁截面
斜腿刚架桥	主要工况	1. 跨中截面主梁最大正弯矩工况； 2. 斜腿顶主梁截面最大负弯矩工况	1. 中跨最大正弯矩截面； 2. 斜腿顶中主梁截面或边主梁截面
	附加工况	1. 边跨主梁最大正弯矩工况； 2. 斜腿顶最大剪力工况； 3. 斜腿脚最大或最小弯矩工况	1. 边跨最大正弯矩截面； 2. 斜腿顶中或边主梁截面或斜腿顶截面； 3. 斜腿脚截面
T 梁刚构桥	主要工况	1. 墩顶截面主梁最大负弯矩工况； 2. 挂孔跨中截面主梁最大正弯矩工况	1. 墩顶截面； 2. 挂孔跨中截面
	附加工况	1. 墩顶支点附近主梁最大剪力工况； 2. 挂孔支点截面最大剪力工况	1. 计算确定具体截面位置； 2. 挂孔梁底距支点 $h/2$ 截面向上 45°斜线与挂孔截面形心线相交位置
连续刚构桥	主要工况	1. 主跨墩顶截面主梁最大负弯矩工况； 2. 主跨跨中截面主梁最大正弯矩及挠度工况； 3. 边跨主梁最大正弯矩及挠度工况	1. 主跨墩顶截面； 2. 主跨最大正弯矩截面； 3. 边跨最大正弯矩截面
	附加工况	1. 墩顶截面最大剪力工况； 2. 墩顶纵桥向最大水平位移工况	1. 计算确定具体截面位置； 2. 墩顶截面

续上表

桥　　型	试验工况		测试截面
斜拉桥	主要工况	1.主梁中孔跨中最大正弯矩及挠度工况； 2.主梁墩顶最大负弯矩工况； 3.主塔塔顶纵桥向最大水平位移与塔脚截面最大弯矩工况	1.中跨最大正弯矩截面； 2.墩顶截面； 3.塔顶截面(位移)及塔脚最大弯矩截面
	附加工况	1.中孔跨中附近拉索最大拉力工况； 2.主梁最大纵向漂移工况	1.典型拉索； 2.加劲梁两端(水平位移)
悬索桥	主要工况	1.加劲梁跨中最大正弯矩及挠度工况； 2.加劲梁 $3L/8$ 截面最大正弯矩工况； 3.主塔塔顶纵桥向最大水平位移与塔脚截面最大弯矩工况	1.中跨最大弯矩截面； 2.中跨 $3L/8$ 截面； 3.塔顶截面(位移)及塔脚最大弯矩截面
	附加工况	1.主缆锚跨索股最大张力工况； 2.加劲梁梁端最大纵向漂移工况； 3.吊杆(索)活荷载张力最大增量工况； 4.吊杆(索)张力最不利工况	1.主缆锚固区典型索股； 2.加劲梁两端(水平位移)； 3.典型吊杆(索)； 4.最不利吊杆(索)

注:L-桥梁计算跨径;h-主梁梁高。

(2)在确定异型桥梁和其他组合体系桥梁试验工况时,应根据荷载情况和结构主要力学特征,经计算确定试验工况及相应的测试截面(计算时除考虑弯矩、剪力、轴力等最不利受力工况外,通常还要考虑扭矩及弯矩耦合等受力工况,并关注梁端支座反力的变化)。

(3)加固或改建后的桥梁应根据其最终结构体系受力特点,按最不利受力的原则,结合加固或改建的具体内容、范围及改造前病害严重程度选择测试截面,确定其相应的试验工况。

当加固或改建后的桥梁有下列情况之一时,除按表 3-7 确定试验工况及测试截面外,尚应按下述原则增加试验工况和测试截面:

①采用增大边梁截面法进行改造后的多梁式梁(板)桥,宜根据结构对称性增加横桥向的偏载工况;

②采用置换混凝土进行改造的桥梁,宜在混凝土置换区域内增加测试截面,并确定相应的试验工况;

③受力裂缝宽度超过设计规范限值且经过修补的结构构件,宜在典型裂缝位置增加测试截面,并确定相应的试验工况。

(4)桥梁加宽后,若新旧结构自身刚度或其边界支撑刚度存在较大差异,新旧结构的荷载横向分布及横向联系的内力会较加宽前发生明显变化的,除按表 3-7 要求的试验工况和测试截面外,尚应针对新旧结构分别设置试验工况和测试截面,并增设横向联系试验工况。

(5)对于在用桥梁进行静载试验时,还应根据结构损伤的程度、部位及特征,结合计算分析成果,增加测试截面和试验工况。

(四)测试内容

(1)静载试验的测试内容应反映桥梁结构内力、应力(应变)、位移及裂缝最不利控制截面的力学特性，试验过程应关注可能出现的异常现象。常见桥梁静载试验测试内容可按表 3-8 确定。

常见桥梁静载试验测试内容 表 3-8

桥　　型	测试内容	
简支梁桥	主要内容	1. 跨中截面挠度和应力(应变)； 2. 支点沉降； 3. 混凝土梁体裂缝
	附加内容	1. $L/4$ 截面挠度； 2. 支点斜截面应力(应变)
连续梁桥	主要内容	1. 主跨支点斜截面应力(应变)； 2. 主跨最大正弯矩截面应力(应变)及挠度； 3. 边跨最大正弯矩截面应力(应变)及挠度； 4. 支点沉降； 5. 混凝土梁体裂缝
	附加内容	主跨(中)支点附近斜截面应力(应变)
悬臂梁桥	主要内容	1. 墩顶支点截面应力(应变)； 2. 锚固孔最大正弯矩截面应力(应变)及挠度； 3. 墩顶沉降； 4. 混凝土梁体裂缝
	附加内容	1. 墩顶附近斜截面应力(应变)； 2. 挂孔跨中截面应力(应变)及挠度； 3. 挂孔支点附近斜截面应力(应变)； 4. 悬臂跨最大挠度； 5. 牛腿部分局部应力(应变)
三铰拱桥	主要内容	1. $L/4$ 截面挠度和应力(应变)； 2. 拱顶两侧 1/2 梁高处斜截面应力(应变)； 3. 墩台顶的水平位移； 4. 混凝土梁体裂缝
	附加内容	1. $L/4$ 截面挠度和应力(应变)； 2. 拱上建筑控制截面的位移和应力(应变)
两铰拱桥	主要内容	1. 拱顶截面应力(应变)和挠度； 2. $L/4$ 截面挠度和应力(应变)； 3. 墩台顶的水平位移； 4. 混凝土梁体裂缝
	附加内容	1. $L/4$ 截面挠度和应力(应变)； 2. 拱上建筑控制截面的位移和应力(应变)
无铰拱桥	主要内容	1. 拱顶截面应力(应变)和挠度； 2. 拱脚截面应力(应变)； 3. 混凝土梁体裂缝
	附加内容	1. $L/4$ 截面挠度和应力(应变)； 2. 墩台顶水平位移； 3. 拱上建筑控制截面的变形和应力(应变)

续上表

桥型	测试内容	
门式刚构桥	主要内容	1. 主梁最大正弯矩截面应力(应变)及挠度； 2. 锚固端最大或最小弯矩截面应力(应变)； 3. 支点沉降； 4. 混凝土梁体裂缝
	附加内容	锚固端附近斜截面应力(应变)
斜腿刚构桥	主要内容	1. 中跨主梁最大正弯矩截面应力(应变)及挠度； 2. 主梁最大负弯矩截面应力(应变)； 3. 支点沉降； 4. 混凝土梁体裂缝
	附加内容	1. 边跨主梁最大正弯矩截面应力(应变)及挠度； 2. 斜腿顶附近主梁或斜腿斜截面应力(应变)； 3. 斜腿脚最大或最小弯矩截面应力(应变)
T 形刚构桥	主要内容	1. 墩顶支点截面应力(应变)； 2. 挂孔跨中截面应力(应变)； 3. T 构悬臂端的挠度； 4. T 构墩身控制截面的应力(应变) 5. 混凝土梁体裂缝
	附加内容	1. 墩顶支点斜截面应力(应变)； 2. 挂梁支点截面附近或悬臂端附近斜截面应力(应变)；
连续刚构桥	主要内容	1. 主跨墩顶截面主梁应力(应变)； 2. 主跨最大正弯矩截面应力(应变)及挠度； 3. 边跨最大正弯矩截面应力(应变)及挠度； 4. 混凝土梁体裂缝
	附加内容	1. 墩顶支点截面附近斜截面应力(应变)； 2. 墩身控制截面应力(应变)； 3. 墩顶纵桥向水平位移
斜拉桥	主要内容	1. 主梁中孔最大正弯矩截面应力(应变)及挠度； 2. 主梁墩顶支点斜截面应力(应变)； 3. 主塔塔顶纵桥向水平位移与塔脚截面应力(应变)； 4. 塔柱底截面应力(应变)； 5. 混凝土梁体裂缝； 6. 典型拉索索力
	附加内容	1. 斜拉索活荷载张力最大增量； 2. 加劲梁纵向漂移
悬索桥	主要内容	1. 加劲梁最大正弯矩截面应力(应变)及挠度； 2. 主塔塔顶纵桥向最大水平位移与塔脚截面应力(应变)； 3. 塔、梁体混凝土裂缝； 4. 最不利吊杆(索)力增量
	附加内容	1. 主缆锚跨索股最大张力增量； 2. 加劲梁梁端最大纵向漂移； 3. 吊杆(索)活载张力最大增量

注：L 为桥梁计算跨径。

(2)对悬索桥、斜拉桥及高墩桥梁,应进行桥塔、墩的纵桥向位移测试。必要时,尚应进行主塔塔顶三维坐标测试。悬索桥、斜拉桥应进行加劲梁的竖向挠度及水平位移测试,加劲梁水平位移测点布置在梁端。悬索桥尚应进行主缆控制截面的三维坐标测试。

(3)异型桥梁及组合体系桥梁试验测试内容,应根据结构的力学特征及计算成果按表 3-7 及表 3-8 的规定确定。

(4)加固或改建后的桥梁除按表 3-8 规定的测试内容外,宜增加下列测试内容:

①粘贴板(片)材加固后的桥梁的典型结合面处,新旧结构各自的应力(应变)及新增材料的最大应力(应变);

②新增构件、置换构件后桥梁的典型新旧构件结合面处最大应力(应变);

③体外预应力法加固后桥梁的受弯构件体外预应力钢束的偏心距;

④新旧加固典型截面的结合面开裂或剥离情况。

(5)对在用桥梁进行静载试验时,除应按表 3-8 规定外,尚应根据结构损伤的程度、部位及特征,结合试验目的增加测试内容。

(6)在竖向挠度测试时,应同时测试支点的竖向变位,并进行支点沉降修正。

(五)荷载设计及测点布置

静载试验应根据试验目的确定试验控制荷载。桥梁应急试验应以目标荷载作为控制荷载。

1. 荷载设计

在编制指定桥梁结构静载试验的试验方案时,应根据试验结构的设计或目标荷载等级和有关规定,选择相应的汽车类型作为试验荷载。按照试验项目的要求,在试验过程中,试验荷载应停在对试验部位最不利的轮位上,加载车辆单轴重量不应超过相关标准、规范规定。必要时,应验算桥面板等局部构件的承载能力和裂缝宽度。此外,还要确定一个加载程序来控制加荷、卸荷等荷载的循环以及延续时间的安排。

2. 测点布置

(1)应变测点布置应遵循下列原则:

①应变测点应根据测试截面及测试内容合理布置,并应能反映桥梁结构的受力特征。

②单向应变测试布置应体现左右对称、上下兼顾、重点突出的原则,并应能充分反映截面高度方向的应变分布特征。单点应变花测点的布置不宜少于两组。测点布置完毕,应准确测量其位置。

③常见截面的单向应变测点布置见表 3-9。结构对称时,1/2 横截面的应变测点可减少,但不宜少于 2 个。

主要截面应变测点布置示意 表 3-9

构件名称	主要截面类型		应变测点布置示意	备　注
混凝土主梁	板式截面	整体式实心板		1. 板底面测点不宜少于 5 个,对称布置; 2. 侧面测点不宜少于 2 个

续上表

构件名称	主要截面类型		应变测点布置示意	备　注
混凝土主梁	板式截面	整体式空心板	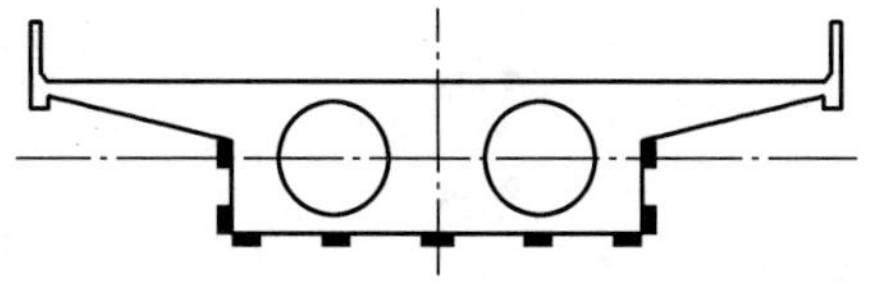	1. 板底面测点不宜少于5个，对称布置； 2. 侧面测点不宜少于2个； 3. 腹板对应位置宜布置测点
		装配式空心板	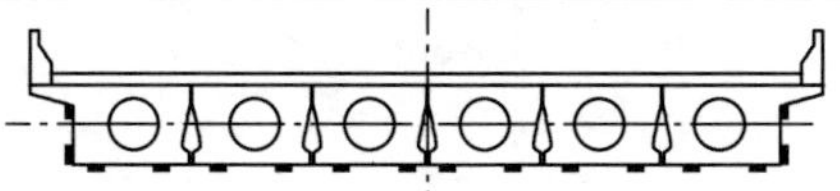	1. 每片板底面测点不宜少于2个； 2. 侧面测点不宜少于2个
	梁式截面	钢筋混凝土T梁	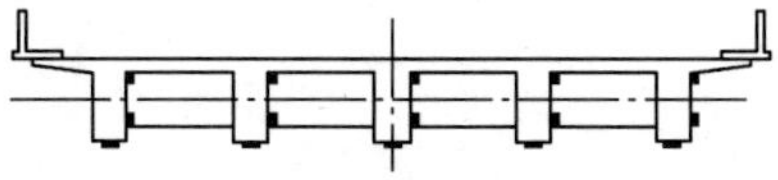	1. 每片梁底面测点为1～2个； 2. 每片梁侧面测点不宜少于2个
		预应力混凝土T梁	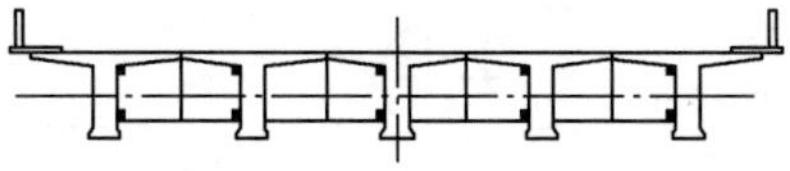	1. 每片梁底面测点为1～2个； 2. 每片梁侧面测点不宜少于2个
		Ⅰ形梁	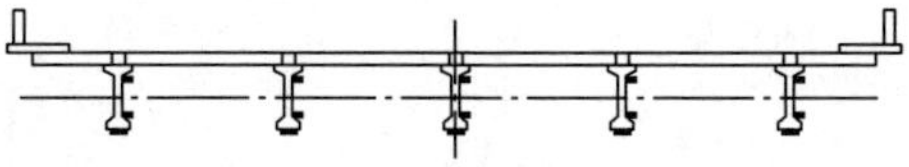	1. 每片梁底面测点为1～2个； 2. 每片梁侧面测点不宜少于2个
		Ⅱ形梁	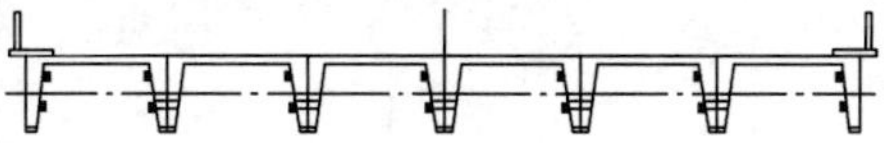	1. 每片梁底面测点为1～2个； 2. 每片梁侧面测点不宜少于2个
		分离式箱梁	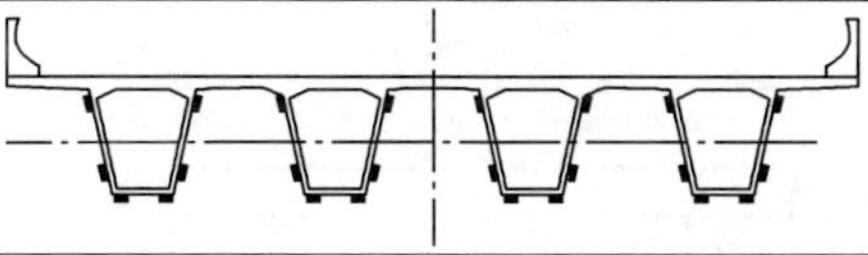	1. 每片梁底面测点不宜少于2个； 2. 单幅板侧面测点不宜少于2个
		整体式箱梁	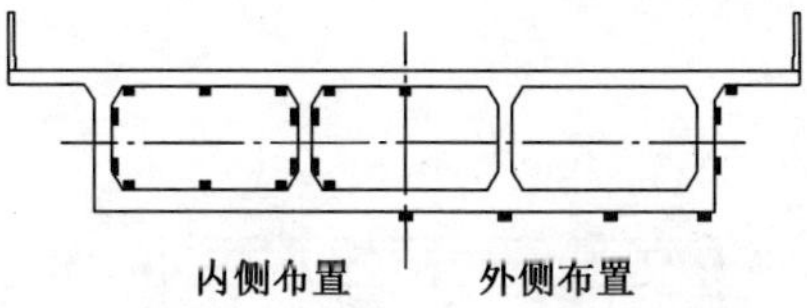 内侧布置　外侧布置	1. 在箱室内布置测点时，每箱室顶、底板不宜少于3个； 2. 单肋侧面测点不宜少于2个； 3. 当箱梁未预留检修孔时，测点布置于箱梁外侧
钢箱梁及钢混组合梁	钢箱梁		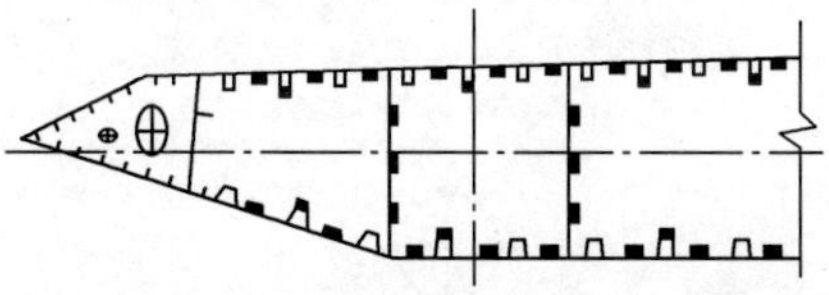	1. 每箱室顶、底板测点不宜少于3个，边测点应贴近腹板布置； 2. 每腹板测点不宜少于3个； 3. 加劲肋有选择地进行测点布置
	钢混组合梁	Ⅱ形梁	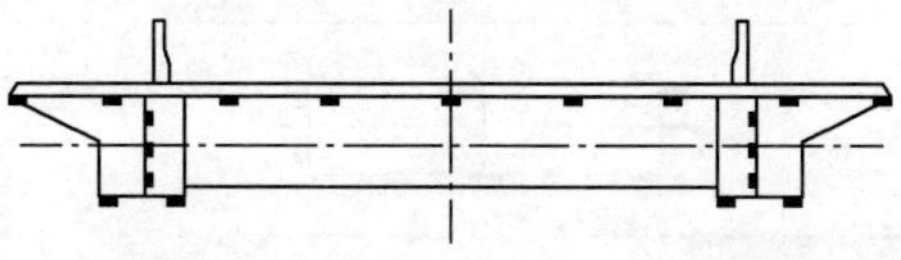	1. 单纵梁顶、底板测点不宜少于2个； 2. 单纵梁侧面测点不宜少于3个； 3. 混凝土下缘测点不宜少于5个，对称布置
		Ⅰ形梁	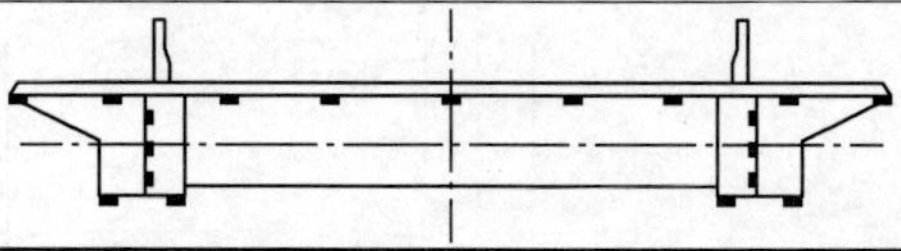	1. 顶、底面测点不宜少于2个； 2. 单侧面测点不宜少于3个

续上表

构件名称	主要截面类型		应变测点布置示意	备注
钢箱梁及钢混组合梁	钢混组合梁	Ⅰ形梁	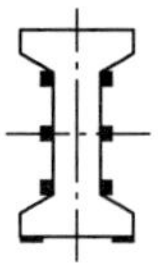	1. 顶、底面测点不宜少于2个； 2. 单侧面测点不宜少于3个
拱肋	钢筋混凝土	矩形	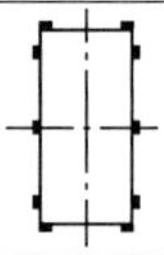	1. 顶、底面测点不宜少于2个； 2. 单侧面测点不宜少于3个
		箱形	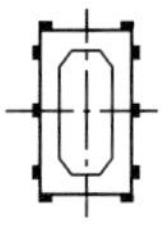	1. 顶、底面测点不宜少于2个； 2. 单侧面测点不宜少于3个
	钢管混凝土	单肢		不宜少于4个，对称布置
		双肢	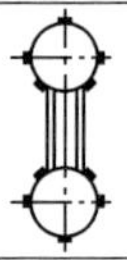	单肢不宜少于5个，钢管与缀板连接处宜布置测点，并准确测量其几何中心
		四肢	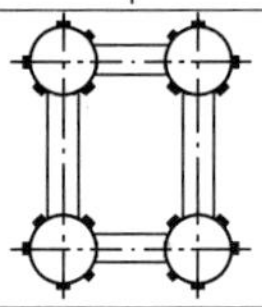	单肢不宜少于5个，钢管与缀板连接处宜布置测点，并准确测量其几何中心
	整体式板(箱)	整体式板	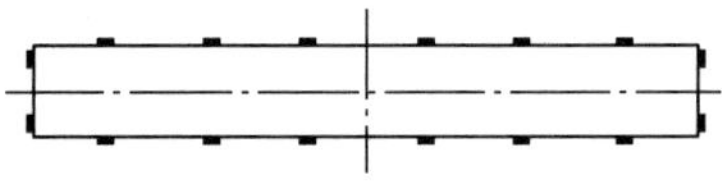	1. 顶、底面测点不宜少于5个，对称布置； 2. 单侧面测点不宜少于2个
		整体式箱	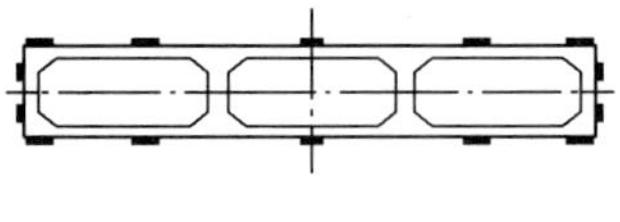	1. 顶、底面测点不宜少于5个，对称布置； 2. 侧面测点不宜少于2个； 3. 腹板对应位置应布置测点； 4. 当箱内布置测点时，同整体式箱梁
桥墩	圆形			不宜少于4个，对称布置
	矩形		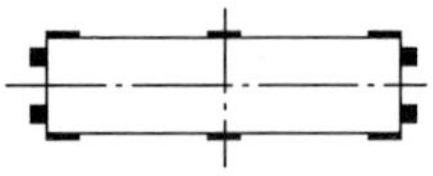	1. 横桥向每侧不宜少于3个； 2. 纵桥向每侧不宜少于2个
	箱形		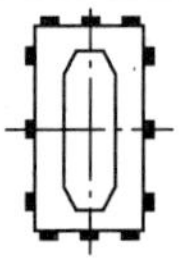	1. 横桥向每侧不宜少于3个； 2. 纵桥向每侧不宜少于3个

续上表

构件名称	主要截面类型	应变测点布置示意	备　注
盖梁	矩形		1. 底板测点不宜少于 3 个； 2. 单侧面测点不宜少于 3 个

④弯桥、斜桥及异型桥应根据控制荷载作用下结构的内力(应力)特征及结构特征确定应变测点。

⑤钢筋混凝土结构的受拉区应变测点宜布置在受拉区主钢筋上。

⑥主应变(应力)应采用应变花进行测试,其测点布置见表 3-10。

应变花测点布置示意　　表 3-10

构件名称	主要测试内容	应变测点布置示意	测 试 位 置
主梁	近支点附近主应力	支承线　梁高中心线　45°　h　h/2	简支梁支点向桥跨方向 1/2 梁高处沿 45°方向与主梁梁高中心线相交位置不宜少于 3 个应变花;其余构件主应力测试位置应经计算确定

⑦应变测试应设置补偿片,补偿片位置应处于与结构相同材质、相同环境的非受力部位。

每一测点均应编号以便于记录分析。编号应根据测点位置,按规律顺序排列,以便看到测点编号就能了解测点位置。编号应尽量简明,同时测点的布置应绘制成图表,以便查阅应用。

(2)位移测点布置应遵循下列原则:

①位移测点的测值应能反映结构的最大变位及其变化规律。

②主梁竖向位移的纵桥向测点宜布置在各个工况荷载作用下挠度曲线的峰值位置。

③主梁水平位移测点应根据计算布置在相应的最大位移处。

④竖向位移测点的横向布置应充分反映桥梁横向挠度分布特征,整体式截面不宜少于 3 个,多梁式(分离式)截面宜逐片梁布置。常见主梁竖向位移测点的横向布置见表 3-11。

主梁竖向位移测点横向布置示意　　表 3-11

构件名称	主要截面类型		位移测点布置示意	备　注
混凝土主梁	板式截面	整体式实心板		横桥向底面或桥面不宜少于 3 个
		整体式空心板		横桥向底面或桥面不宜少于 3 个
		装配式空心板		每片板底面不宜少于 1 个,或桥面不宜少于 3 个

续上表

构件名称	主要截面类型		位移测点布置示意	备　　注
混凝土主梁	梁式截面	钢筋混凝土T梁	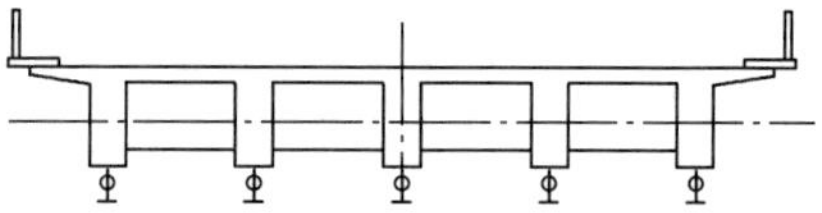	每片板底面不宜少于1个，或桥面不宜少于3个
		预应力钢筋混凝土T梁	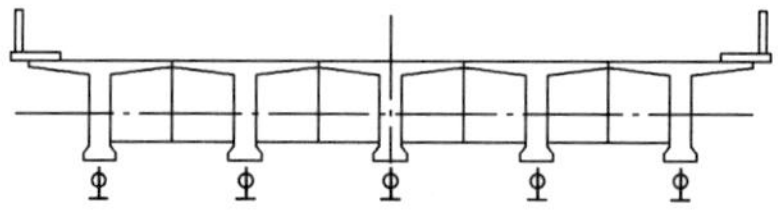	每片板底面不宜少于1个，或桥面不宜少于3个
		I形梁	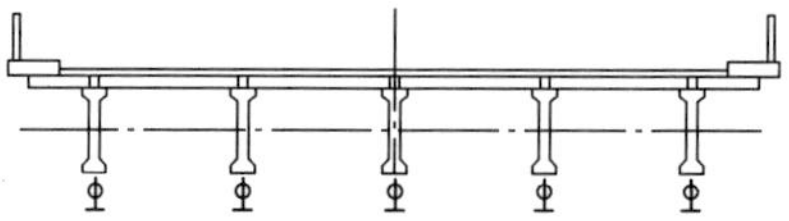	每片板底面不宜少于1个，或桥面不宜少于3个
		Ⅱ形梁	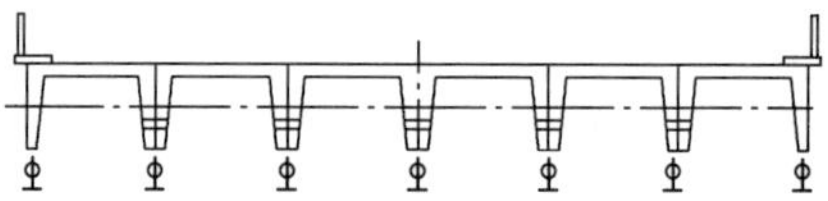	每片板底面不宜少于1个，或桥面不宜少于3个
		分离式箱梁	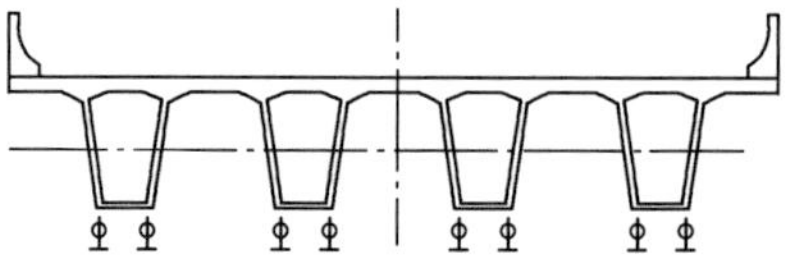	每片梁底面不宜少于1～2个，或桥面不宜少于3个
		整体式箱梁	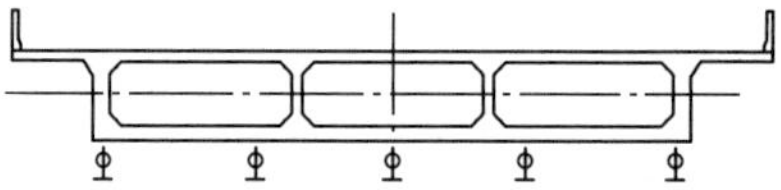	横桥向梁底面不宜少于3个，或桥面不宜少于3个
钢箱梁及钢混组合梁	钢箱梁		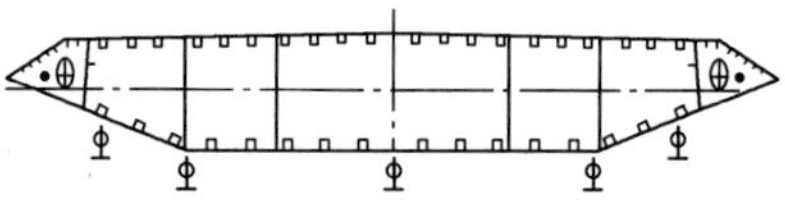	横桥向梁底面不宜少于5个，或桥面不宜少于3个
	钢混组合梁		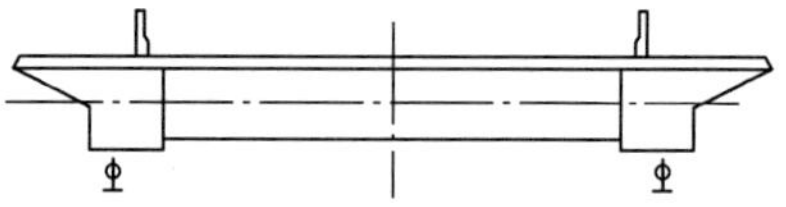	每片纵梁底面不宜少于1个，或桥面不宜少于3个

⑤墩塔的水平位移测点布置在顶部，并根据需要设置纵、横向测点。

⑥支点沉降的测点宜靠近支座处布置。

(3)裂缝测点应布置在开裂明显、宽度较大的部位。

(4)倾角测点宜根据需要布置在转动明显、角度较大的部位。

(六)安全措施及试验组织

1. 安全措施

为了保证试验期间人员、结构物、试验荷载以及仪器设备的安全，应根据有关规程及仪器

使用说明，结合实际情况制订相应措施。

(1)对于现场桥梁试验，在桥高、有流水的情况下，要设置必要的脚手架或托架，搭设必要的平台，并设立安全网或扶手，要求这些临时结构坚固可靠、布置适当，以保证人身安全及试验观测的正常进行。

(2)在使用满载车辆加载时，上桥和下桥的车速要严格控制。在使用重物模拟加载时，重物要轻拿轻放，避免冲击、振动。

(3)在试验过程中，对使用的附着式仪器，应用安全绳系到固定点上，防止跌落。为了避免损坏仪器，必要时在加载到1.25倍标准荷载时，应取下全部接触式和附着式仪器，只用遥测仪器观测后期工作。

(4)在试验过程中，必须注意防止结构早期意外破坏，应经常检查试验结构物的状况，特别要注意缺陷部位的变化情况。

(5)试验的指挥者应及时全面掌握观测结果。对于大型现场试验，应有适当通信网络。通过有效的联络方式及时将各测点的结果进行汇总分析。

2.试验的组织

桥梁荷载试验最好由专门的桥梁试验技术人员承担，也可以由熟悉这项工作的技术人员为骨干，组织试验队伍来承担。为使试验有条不紊地进行，必须建立相应的领导组织，由其组织领导整个试验工作。设指挥一人，其他人员可根据配备的仪器形式、测试项目的情况具体确定。

在试验过程中，现场工作人员都必须严格遵守纪律，服从指挥，密切配合，以保证整个试验的顺利进行。

(七)试验预计的结果

在正式加载试验以前，应根据已确定的加载顺序和每次加载的大小，通过理论分析和计算，得出相应的计算结果，以便和同级加载时的实测数据相比较，指导试验的进行。

三、加载方案设计

在桥梁静载试验中，试验荷载形式的选择，主要取决于试验的目的要求，同时在很大程度上也取决于现场条件与试验设备情况。因此，选择试验荷载的形式常与加载方法一起考虑。

(一)试验荷载及加载方法

(1)试验荷载和加载方法的基本原则。

①选用的试验荷载图式与结构设计计算的荷载图式相同或极为接近。

②荷载传力方式及作用点要明确，产生的加荷值要稳定。

③荷载分级的分度值要满足试验量测精度要求，加载系统的最大荷载应留有一定的储备。

④加载设备要操作方便，便于加载与卸载，既能控制加载速度，又能适应同时加载或先后加载的不同要求。

⑤加载设备本身要安全可靠，不仅要满足强度要求，而且要按变形条件控制加载设备，保证加载设备有足够的刚度，使荷载加大到一定程度时不致发生变形过大或失稳现象。加载设备不应自身构成承重体系而负担一部分荷载，否则，加载设备就会起卸载作用，即减轻了试验

结构实际承担的荷载。

⑥试验加载方法要力求采用现代化的先进技术，以减轻体力劳动，提高试验质量。

(2)荷载的称重。

加载重物的称量方法一般有体积法、称重法和综合法三种。

①体积法。在采用水箱加载时，可通过测量储水的体积来换算重力。

②称重法。当采用车辆加载时，可将车辆逐车称重；当采用重物直接在桥上加载时，可将重物化整为零称重，并按逐级加载要求分堆置放，以便加载取用。

③综合法。根据车辆出厂规格确定空车轴重，同时应考虑现有车辆的变化情况。再根据装载重物的重力及其重心，将其分配到各轴。

以上方法称重误差最大不得超过5%，最好能采取两种称重方法相互校核。

(3)当出现下列情况之一时，结构静载试验常采用不同于结构设计计算时的加载图式：

①对设计计算时采用的荷载图式的合理性有怀疑时，可考虑在试验中采用更接近于结构实际受力情况的荷载布置方式。

②为了测试的方便，同时又不会因荷载图式的改变而影响结构的工作性能和试验结果的分析和判断。

③采用等效荷载时，必须全面验算由于荷载图式的改变对结构的各种影响。采用集中荷载作为等效荷载时，还应注意结构的构造条件是否会因最大内力区域的某些变化而影响结构的承载性能。在鉴定性能试验中，若采用汽车加载，在确定某一控制截面的等效荷载时，还应注意所确定的等效荷载可能会对其他控制截面造成的“超载”影响。

(4)可供选择的试验荷载及加载方法如本章第三节中所述。试验荷载的大小应根据试验目的来确定。在鉴定性试验中，最大加载量一般要达到设计或所要求的标准荷载(即控制荷载)，采用等效荷载时，等效荷载的大小宜按照标准荷载产生的控制截面最不利内力或最大变位换算而得。静载试验效率η_q，可按式(3-26)计算：

$$\eta_q = \frac{S_s}{S(1+\mu)} \tag{3-26}$$

式中：S_s——静载试验荷载作用下，某一加载试验项目对应的加载控制截面内力或位移的最大计算效应值；

S——控制荷载产生的同一加载控制截面内力或位移的最不利效应计算值；

μ——按规范取用的冲击系数值；

η_q——对于交(竣)工验收荷载试验，η_q宜介于0.85～1.05之间；否则，η_q宜介于0.95～1.05之间。

(二)加载程序的确定

加载应在试验指挥人员的指挥下严格按试验方案中拟定的加载程序进行。为防止意外破坏，桥梁静载试验应采用科学严密的加载程序。加载程序就是指在试验进行期间加载与时间的关系，如分级荷载的大小，加载速度的快慢，间歇的长短，加载、卸载的次数等。

(1)加载、卸载程序确定的原则。

①加载(卸载)应分级递加(递减)，不宜一次完成。分级加载的目的在于较全面掌握试验桥梁实测变形、应变与荷载试验的相互关系，了解桥梁结构各阶段的工作性能，且便于观测操

作。加载级数应根据试验荷载和荷载分级增量确定，可分为3～5级。当桥梁的技术资料不全时，应增加分级。重点测试桥梁在荷载作用下的响应规律时，可加密加载分级。

②每级荷载间应有足够的级间间歇时间。加载时间间隔应满足结构反应稳定的时间要求。应在前一级荷载阶段内结构反应相对稳定、已进行有效测试及记录后方可进行下一级荷载试验。当进行主要控制截面最大内力（变形）加载试验时，分级加载的稳定时间不应小于5min；其他结构时，不少于15min。

同一级荷载内，结构最大变形测点在最后5min内的变形增量小于第一个5min变形增量的15%，或小于测量仪器的最小分辨值时，通常认为结构变形达到相对稳定。

若因连接较弱或变形缓慢而造成测点观测值相对稳定时间增长，如结构的实测变形（或应变）值远小于计算值，一般适当延长加载稳定时间。

③正式加载前应采用分级加载的第一级荷载或单辆试验车作为预加载。

④试验过程中，应当观测结构物在加载作用后的残余变形。结构变形的恢复情况和残余变形值能有力说明结构的工作状况，因此，在桥梁结构静载试验中，必须测出它的数值。

⑤加载车辆位置应尽可能靠近测试界面内力影响线的峰值处，以便用较小车辆来产生较大的试验荷载效应，从而减少测试时间。同时，加载车辆位置应尽可能兼顾不同测试界面的试验荷载效应，以减少加载工况与测试工作量。

⑥加载、卸载过程中，应保证非控制截面内力或位移不超过控制荷载作用下的最不利值。

综上所述，在桥梁结构试验中，整个加载过程实际上往往由若干阶段组成，每个阶段可包括一个或者几个加载和卸载的循环。

(2)现场试验应根据各工况的加载分级，对各加卸载过程结构控制点的变形（或应变）、薄弱部位的破损情况等进行观测与分析，并与理论计算值比较。当试验过程中出现下列情况之一时，应中途停止加载，查明原因，采取措施后再确定试验是否继续进行。

①控制测点应变值已达到或超过计算值；

②控制测点变形（或挠度）超过计算值；

③裂缝的宽度、长度或数量明显增加；

④实测变形分布规律异常；

⑤桥体发出异常响声或发生其他异常情况；

⑥斜拉索或吊索（杆）索力增量实测值超过计算值。

四、观测方案设计

（一）观测项目及测点布置

桥梁结构在荷载作用下所产生的变形可以分为两大类：一类变形是反映结构的整体工作性能的，如梁的挠度、转角、支座位移等，称为整体变形；另一类变形是反映结构的局部工作状况的，如纤维变形、裂缝、钢筋的滑动等，这类称为局部变形。

在确定桥梁静载试验的观测项目时，首先应考虑结构的整体变形，以概括结构受力的宏观行为；其次要针对结构的特点及存在的主要问题，抓住重点，以全面反映加载后结构的工作状态、解决桥梁的主要技术问题为宜。

桥梁结构或构件的非破坏性试验的观测项目和测点布置，必须满足分析和推断结构工作状况的最低需要。

荷载试验测试时，宜采用桥梁施工控制的有效测点；裂缝测点应布置在开裂明显、宽度较大的部位；倾角测点宜根据需要布置在转动明显、角度较大的部位。

测点布置，应按本节试验方案设计中测点布置相关内容实施。

（二）仪器仪表的选择

根据测试项目需要，在选择仪器仪表时，应遵循以下原则：

(1)选择仪器仪表必须从试验的实际需要出发，选用的仪器仪表应满足测试精度的要求，一般要求不大于预计测量值的5%。

(2)在选用仪器仪表时，既要注意环境条件，又要避免盲目地追求精度，应根据实际情况，慎重选择，采用既符合要求又简易的量测装置。

(3)量测仪器仪表的型号、规格，在同一试验中种类越少越好，尽可能选用同一类型或规格的仪器仪表。

(4)仪器仪表应当有足够的量程，以满足测试需要。试验中途的调试，会增加试验的误差。

(5)尽量考虑仪器设备的便携性，就轻避重，能小不大。因为实桥试验时装备越轻便，工作起来就越方便。

(6)所用的仪器、仪表数据采集设备都要经过计量检定。

（三）观测与记录

1. 温度稳定观测

仪表安装完毕后，一般在加载试验之前对各测点进行一段时间的温度稳定观测，中间可每隔10min读数一次。观测时间应尽量选择与加载试验相同的外界气候条件或加载试验前夕。观测成果用于衡量加载试验时外界气候条件对观测造成误差的影响范围，或用于测点的温度影响修正。

2. 仪表的观测与记录

(1)加载试验之前应对测试系统进行不少于15min的测试数据稳定性观测。

(2)应做好测试时间、环境气温和工况等记录。宜采用自动记录系统对关键点进行实时监控。当采用人工读数记录时，读数应及时、准确。

(3)人工测读千分表、百分表时，仪表的测读应准确、迅速，并记录在专用表格上，以便于试验资料整理和计算。记录者应对所有测点量测值变化情况进行检查，看其变化是否符合规律，尤其应着重检查第一次加载时量测值的变化情况。对工作异常的测点应检查仪表安装是否正确，并分析其他可能影响其正常工作原因，及时排除故障。对于控制测点应在故障排除后重复一次加载测试项目。

3. 裂缝观测

(1)加载试验中裂缝观测的重点是结构承受拉力较大部位及旧桥原有裂缝较长、较宽部位。试验前应对既有的裂缝长度、宽度、分布及走向进行观测、记录，并将其标注在结构上；试验时应观测新裂缝的长度、宽度及既有裂缝发展状况，并描绘出结构表面裂缝分布及走向，并专门记录。

(2)开裂荷载。当构件最大拉应力区出现第一条裂缝，或应变测量仪表的读数发生跳跃时

的荷载值，称为钢筋混凝土或预应力混凝土构件试验的开裂荷载。

由于构件在试验过程中，出现第一条裂缝时的荷载有时不易确定，在这种情况下，可将构件出现第一批宽度不大于 0.05mm 裂缝时的荷载，作为开裂荷载。

若试验中未能及时观察到裂缝的出现，则可参照荷载—挠度曲线，根据荷载与挠度间显著丧失线性条件时的情况，综合确定开裂荷载的数值。

(3)裂缝宽度的测定分正截面和斜截面两种情形，应取在受拉主筋处的最大裂缝宽度，当确定受弯构件受拉主筋处的裂缝宽度时，应在构件侧面测量。

斜截面出现裂缝后，应对裂缝发展情况进行观察并记录在各级荷载作用下裂缝出现的位置、间距、展开宽度和高度。同时绘测构件裂缝分布图。

在每级荷载下出现的裂缝或原有裂缝的开展，都要在结构上标明，在离裂缝 1～3mm 处平行地描出裂缝的走向、长度和宽度，并注明荷载吨位。试验结束时，根据结构上的裂缝，绘出裂缝开展图。

每一测区或每一个构件测定裂缝宽度的裂缝数目一般取 3～5 条。

五、试验数据的整理与分析

通过桥梁现场试验所得到的数据，是一份完整的原始数据。这些数据从整体上看也是最可靠的，但这些资料数量庞大、不直观，而又缺乏条理性。它不能集中而明确地说明试验所得到的主要技术结论。在资料数据的整理过程中要做到去粗取精、去伪存真的加工，这样所得到的综合材料要比原始记录更能清楚地表达试验主要成果。

(一)试验资料的修正

1. 测值修正

试验数据分析时，应根据温度变化、支点沉降及仪表标定结果的影响对测试数据进行修正。当影响小于1%时，可不修正。

2. 温度影响修正

被测构件表面温度与内部温度的差异、贴片位置与非贴片位置的温差、局部贴片与整体贴片间的温差、贴片与补偿片间的温差等，构成了温度影响的复杂性。必要时，可利用加载试验前进行的温度稳定性观测数据，建立温度变化（测点处构件表面温度或空气变化）和测点测值（应变或挠度）变化的关系曲线进行温度修正，按式(3-27)计算：

$$\Delta S_t = \Delta_s - \Delta t K_t \tag{3-27}$$

式中：ΔS_t——温度修正后的测点加载测值变化量；

Δ_s——温度修正前的测点加载测值变化量；

Δt——相应于 Δ_s 观测时间段内的温度变化量(℃)；对应变宜采用构件表面温度，对挠度宜采用气温；

K_t——空载时温度上升 1℃时测点测值变化量；如测值变化与温度变化关系较明显时，可采用多次观测的平均值，按式(3-28)计算：

$$K_t = \frac{\Delta S_1}{\Delta t_1} \tag{3-28}$$

ΔS_1——空载时某一时间段内测点测值变化量；

Δt_1——相对于 ΔS_1 同一时间区段内变化量。

由于温度变化修正比较困难，一般不进行这项工作，而采取缩短加载时间、选择温度稳定性较好的时间段进行试验等方法，尽量降低温度对测试精度的影响。

3. 支点沉降影响的修正

当支点有沉降发生时，支点沉降修正量可按式(3-29)计算：

$$C=\frac{l-x}{l}a+\frac{x}{l}b \tag{3-29}$$

式中：C——测点的支点沉降修正值；

l——A 支点到 B 支点的距离；

x——挠度测点到 A 支点的距离；

a——A 支点沉降量；

b——B 支点沉降量。

(二)测点变位(位移、挠度、沉降)与应变的计算

试验荷载作用下测量的结构位移值可按式(3-30)～式(3-32)计算：

$$S_t=S_l-S_i \tag{3-30}$$

$$S_e=S_l-S_u \tag{3-31}$$

$$S_p=S_t-S_e=S_u-S_i \tag{3-32}$$

式中：S_t——试验荷载作用下测量的结构总位移(或总应变)值；

S_e——试验荷载作用下测量的结构弹性位移(或应变)值；

S_p——试验荷载作用下测量的结构残余位移(或应变)值；

S_i——加载前的测量值；

S_l——加载达到稳定时的测量值；

S_u——卸载后达到稳定时的测量值。

引入相对残余位移(或应变)的概念，可以描述结构整体或局部进入塑性工作状态的程度。测点的相对残余位移(或应变)可按式(3-33)计算：

$$\Delta S_p=\frac{S_p}{S_t}\times 100\% \tag{3-33}$$

式中：ΔS_p——相对残余位移(或应变)；

S_p、S_t意义同上式。

(三)应力的计算

根据测量到的测点应变，当结构处于线弹性工作状态时，可以利用应力与应变的关系计算测点的应力。

(1)单向应力状态，按式(3-34)计算：

$$\sigma=E\varepsilon \tag{3-34}$$

(2)平面应力状态。

①当主应力方向已知时，按式(3-35)和式(3-36)计算：

$$\sigma_1 = \frac{E}{1-v^2}(\varepsilon_1 + v\varepsilon_2) \tag{3-35}$$

$$\sigma_2 = \frac{E}{1-v^2}(\varepsilon_2 + v\varepsilon_1) \tag{3-36}$$

式中：E——构件材料弹性模量；

v——构件材料泊松比；

ε_1、ε_2——方向相互垂直的主应变；

σ_1、σ_2——方向相互垂直的主应力。

②主应力方向未知时，需用应变花测量其应变计算主应力，按式(3-37)～式(3-40)计算。应变花的常见形式为直角形或等边形，由三个应变片组成；也可以增加校核片，布置为扇形和伞形，如图3-18所示。

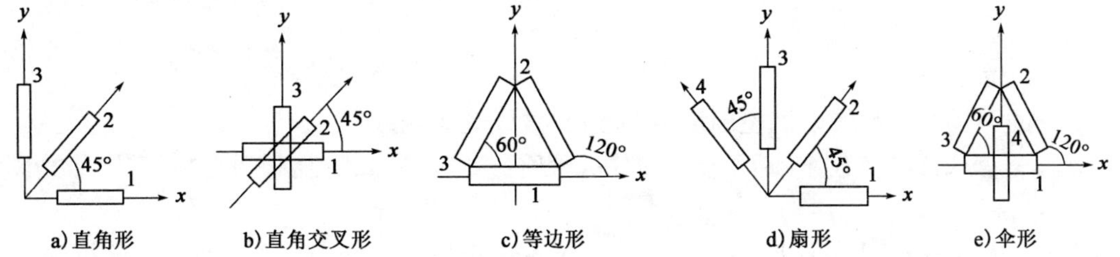

图3-18　常用应变花的形式

$$\sigma_1 = \frac{E}{1-v}A + \frac{E}{1-v}\sqrt{B^2+C^2} \tag{3-37}$$

$$\sigma_2 = \frac{E}{1-v}A - \frac{E}{1-v}\sqrt{B^2+C^2} \tag{3-38}$$

$$\tau_{max} = \frac{E}{1+v} \cdot \sqrt{B^2+C^2} \tag{3-39}$$

$$\varphi_0 = \frac{1}{2}\tan^{-1}\frac{C}{B} \tag{3-40}$$

式中，参数A、B、C由应变花的形式确定。上面五种形式应变花的计算参数，见表3-12。

应变花参数　　表3-12

测量平面上一点主应变时应变计的布置		A	B	C
应变花名称	应变花形式			
45°直角应变花 直角交叉应变花	图3-18a)	$\frac{\varepsilon_0+\varepsilon_{90}}{2}$	$\frac{\varepsilon_0-\varepsilon_{90}}{2}$	$\frac{2\varepsilon_{45}-\varepsilon_0-\varepsilon_{90}}{2}$
60°等边三角形应变花	图3-18c)	$\frac{\varepsilon_0+\varepsilon_{60}+\varepsilon_{120}}{3}$	$\varepsilon_0-\frac{\varepsilon_0+\varepsilon_{60}+\varepsilon_{120}}{2}$	$\frac{\varepsilon_{60}-\varepsilon_{120}}{\sqrt{3}}$
扇形应变花	图3-18d)	$\frac{\varepsilon_0+\varepsilon_{45}+\varepsilon_{90}+\varepsilon_{13}}{4}$	$\frac{\varepsilon_0-\varepsilon_{90}}{2}$	$\frac{\varepsilon_{135}-\varepsilon_{45}}{2}$
伞形应变花	图3-18e)	$\frac{\varepsilon_0+\varepsilon_{90}}{2}$	$\frac{\varepsilon_0-\varepsilon_{90}}{2}$	$\frac{\varepsilon_{60}-\varepsilon_{120}}{\sqrt{3}}$

(四)试验结果与理论分析比较

为了评定桥梁结构整体受力性能,需对桥梁荷载试验结果与理论分析值进行比较,以检验新建桥梁是否达到设计荷载标准,或判断旧桥的承载能力。可以将结构位移、应变等实测值与理论计算值列表进行比较,对结构在最不利荷载工况作用下主要控制截面测点的位移、应变的实测值与理论计算值,要分别绘出荷载—位移(P-Δ)曲线、荷载—应变(P-ε)曲线,以及绘制结果裂缝分布图。

1. 引入结构效验系数

为了量化及描述实测值与理论计算值的结果,引入结构效验系数。

(1)测点校验系数应符合下列规定:

①测点校验系数应按式(3-41)计算:

$$\eta=\frac{S_e}{S_s} \tag{3-41}$$

式中:η——校验系数;

S_e——试验荷载作用下测量的结构弹性位移(或应变)值;

S_s——静载试验荷载作用下,某一加载试验项目对应的加载控制截面内力或位移的最大计算效应值。

②当结构处于弹性工作状态时,应根据量测到的测点应变,利用胡克定律计算测点的应力。

③应采用实测位移(或应变)最大值 S_{emax} 与横向各测点实测位移(或应变)平均值 $\overline{S}_e$,按式(3-42)计算实测横向增大系数:

$$\xi=\frac{S_{emax}}{\overline{S}_e} \tag{3-42}$$

式中:ξ——横向增大系数。

根据“大跨径混凝土桥梁的试验方法”专题研究成果(1982 年),在进行 S_e 与 S_s 比较时,S_e 采用实测最大值。S_s 采用空间理论分析的相应最大值。对于平面计算,通常采用考虑横向增大系数 ξ 的计算值。对于整体式截面,也可采用实测的横截面平均值与计算值比较。横向增大系数采用实测值,无实测值时采用理论计算值。

(2)结构试验效率满足以下条件时,结构受力状况良好。

①量测的弹性变形或应变值 S_e 与试验荷载作用下的理论计算值 S_s 的比值符合式(3-43):

$$\beta<\frac{S_e}{S_s}\leqslant\alpha \tag{3-43}$$

式中,α、β 见表 3-13。

β、α、α_l 值 表 表 3-13

承重结构	β	α					α_l
		$\eta_q\leqslant1.0$	$\eta_q=1.1$	$\eta_q=1.2$	$\eta_q=1.3$	$\eta_q\geqslant1.4$	
预应力混凝土与组合结构	0.7	1.05	1.07	1.10	1.12	1.15	0.20
钢筋混凝土与圬工结构	0.6	1.10	1.12	1.15	1.17	1.20	0.25

注:η_q 为中间数值时,α 值可直线内插。

当 $S_e/S_t<\beta$ 时，通常查明结构弹性工作效率偏低的原因，重新检查结构的尺寸、材料性能、静力计算图式、荷载效率、荷载称量和量测仪器等，排除原因后再试验一次。

②量测的残余应变值 S_p 与量测的总变形 S_t 的比值 ΔS_p，按式(3-44)～式(3-47)计算：

第一次试验要求：

$$\Delta S'_p \leqslant \alpha_l \tag{3-44}$$

式中：α_l 可参考表 3-13 所列值。

若试验结果不满足，且为：

$$\alpha_l < \Delta S'_p \leqslant 2\alpha_l \tag{3-45}$$

通常进行第二次重复试验。

第二次试验要求：

$$\Delta S''_p \leqslant 0.5\alpha_l \tag{3-46}$$

若试验结果仍不满足，即 $\Delta S''_p>0.5\alpha_l$，通常进行第三次重复试验。

第三次试验要求：

$$\Delta S'''_p \leqslant \frac{1}{6}\alpha_l \tag{3-47}$$

如果第三次试验结果满足上述要求，为了确定结构的可靠性，通常还要进行动载试验。

如果试验中采用逐级递增的循环加载方式，表 3-13 所列 α_l 值乘以 1.33 取用。

主要测点在控制荷载工况下的横向增大系数 ξ 反映了桥梁结构荷载不均匀分布程度。ξ 值越小，说明荷载横向分布越均匀，横向联系构造越可靠；ξ 值越大，说明荷载横向分布越不均匀，横向联系构造越薄弱。

2. 试验曲线的绘制

1)绘制变形与荷载的相互关系曲线

按试验要求，可以针对各种变形，如挠度(图 3-19)、转角、应变等绘制荷载—变形关系曲线；变形—时间—荷载关系曲线等，以表达变形与时间、荷载之间的关系。

变形与荷载的关系能够说明结构的基本应力状态和工作性质(弹性或者非弹性的)同时也能反映某些局部的现象(接头、节点的工作情况、开裂与否等)。变形与时间的关系能说明结构工作状态是否正常，是否有超载现象。

对于荷载—变形曲线，一般主要有 4 种类型，如图 3-20 所示。

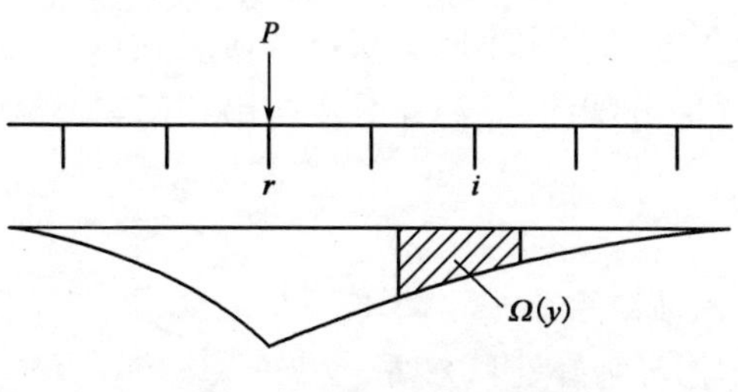

图 3-19 任一梁荷载—挠度曲线

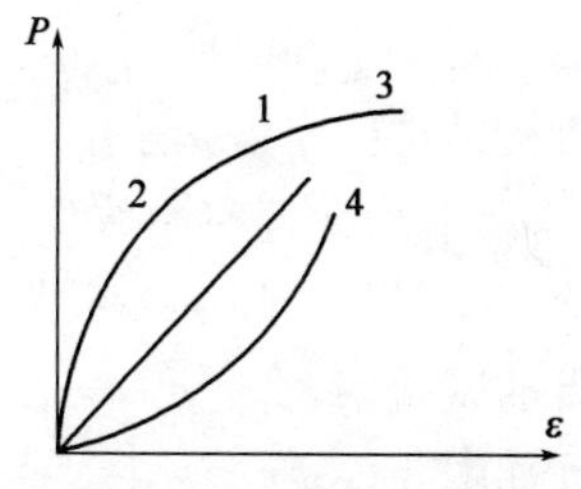

图 3-20 荷载—变形曲线

(1)曲线 1 是严格的直线。它说明结构处于弹性工作状态，钢桥试验得到这样结果是正常的，钢筋、混凝土结构或者其他显著非弹性性质的结构，只有承受多次正常荷载作用后再试验，才能得到这样的结果。

(2)曲线 2 表示非弹性工作结构的非弹性程度,既要考虑结构设计特点,也要考虑其使用情况。

(3)曲线 3 是曲线 2 的极限情况,在这种情况下,结构出现屈服现象(钢材的塑流和钢筋的滑动)。

(4)曲线 4 主要表示卸载的情况,表示一种非弹性变形的恢复过程。如果在加载过程中出现,则往往说明试验有问题,即不是仪器观测错误,就是受别的结构的影响。

整理出荷载—变形曲线,可以看出曲线越陡,结构的刚度也越大。根据以上说明,就可以研究和分析结构在各阶段的工作状态。在曲线形状发生特别变化的地方,一定与结构中某些特殊现象相联系。

2)绘制在结构上不同位置变形的相互关系

可以将沿桥梁跨径方向上各点的实测挠度连接起来,形成结构在荷载作用下的挠度曲线,对于每一级荷载都具有一根挠度曲线。正常的梁和桁架,如果挠度测点较密,都可以得出平滑的弹性曲线。图 3-21 表示某拱桥静载试验得到的纵向和横向的挠度弹性曲线。

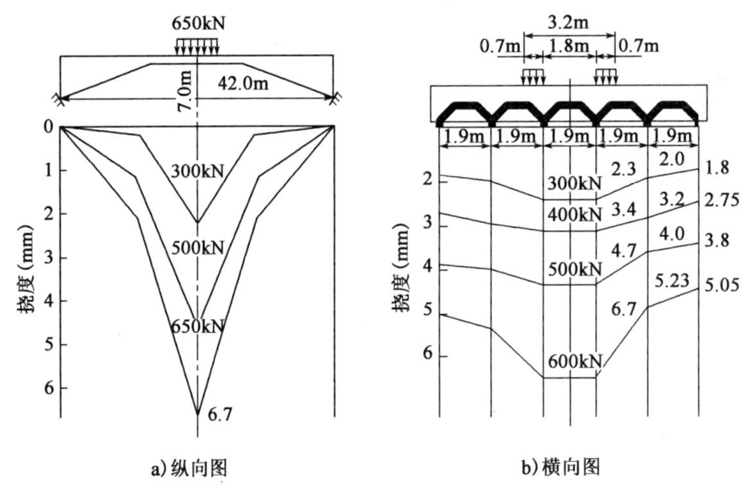

图 3-21　桥梁静载试验的挠度弹性曲线图

把结构在同一横断面、同一级试验荷载作用下的挠度连接成一折线,就得出荷载横向分布的相关线。对于不同的横向荷载(车辆)位置,相关线的形式不同。从荷载横向分布相关线可以看出桥梁结构横向整体刚度的大小以及荷载横向分配的趋势,并且能找出它们之间数量上的关系,即荷载横向分布系数。

3)绘制变形与时间的关系曲线

在有的试验中,将变形—荷载—时间三者关系曲线绘在一起,形成变形—荷载—时间的三轴线图。如图 3-22 所示,用这种方法也给分析工作带来好处和方便。

4)结构裂缝及破坏图形

对于钢筋混凝土桥的静载试验,在试验过程中,当裂缝出现之后,应按裂缝开展面或结构的主、侧面绘制出裂缝开展的全过程,注明出现裂缝时的荷载,裂缝宽度、长度以及在每级加载

情况下的裂缝开展情况。试验结束后，应用照相机记录其裂缝和破坏特征，或者用方格按比例描绘记录下来。

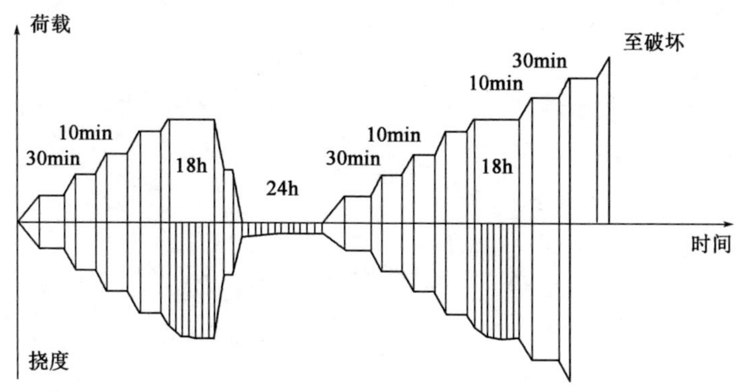

图 3-22　“变形—荷载—时间”关系曲线

除了上述常用的试验曲线和图形外，根据试验研究的结构类型、荷载性质、变形特点的不同，还可以绘出一些其他的结构特征曲线，如超静定结构的荷载—反力曲线，某些特定结构的结点局部变形（挤压、滑移）曲线、节点主应力轨迹曲线等。

3. 试验结果分析应包括下列内容

（1）效验系数 η 应包括应变（或应力）效验系数及挠度效验系数，其值应按式（3-41）计算。常见桥梁结构试验的应变（或应力）、挠度效验系数应符合表 3-14 所示的常值范围。

常见桥梁结构试验效验系数常用表　　表 3-14

桥 梁 类 型	应变（或应力）效验系数	挠度效验系数
钢筋混凝土板桥	0.20～0.40	0.20～0.50
钢筋混凝土梁桥	0.40～0.80	0.50～0.90
预应力混凝土桥	0.60～0.90	0.70～1.00
圬工拱桥	0.70～1.00	0.80～1.00
钢筋混凝土拱桥	0.50～0.90	0.50～1.00
钢桥	0.75～1.00	0.75～1.00

（2）处于线弹性工作状况的结构，测点实测位移（或应变）与其理论值应呈线性关系。

（3）对常规结构，实测的结构或构件主要控制截面应变沿高度分布应符合平截面假定。

（4）主要控制测点的相对残余变形（或应变）ΔS_p 越小，说明结构越接近弹性工作状况。ΔS_p 不宜大于 20%。当 ΔS_p 大于 20%时，表明桥梁结构的弹性状态不佳，应分析原因，必要时再次进行荷载试验加以确定。

（5）试验荷载作用下新桥裂缝宽度不应超过《公路钢筋混凝土及预应力混凝土桥涵设计规范》（JTG D62—2004）规定的容许值，卸载后其扩展宽度应闭合到容许值的 1/3；在用桥梁的裂缝宽度不宜超过第一章表 1-1 的规定。

（6）超过第（5）项规定时，应结合效验系数的计算结果，分析原因，采取措施。

六、桥梁静载试验报告的编制

在全部试验资料整理与分析的基础上，提出桥梁结构静载试验报告。其应包括下列各项内容：

①桥梁概况；②试验目的；③试验方案设计；④试验日期及试验的过程；⑤各项试验达到的精度；⑥试验成果与分析；⑦试验记录摘录；⑧技术结论；⑨经验教训；⑩有关图片、照片等（在此不做详细介绍）。

第五节　桥梁结构动载试验

一、概况

桥梁动载试验是利用某些激振方法激起桥梁结构的振动，测定桥梁结构的固有频率、阻尼比、振型、动力冲击系数、动力响应（加速度、动挠度）等参数的试验，从而宏观判断桥梁结构的刚度和运营性能。随着目前交通量、交通车辆的行驶速度与载重的不断提高以及自然灾害频发，使得桥面系和部分联结构件等的损坏日趋严重。因此用动力荷载试验来确定桥梁在车辆荷载下的动力效应及使用条件，从而进一步对桥梁做出评价是十分重要的。

（一）动载试验的基本任务

(1)测定动力荷载本身动力特性，即引起结构产生振动的作用力（荷载）的大小、方向、频率及作用规律等。

(2)测定结构的动力特性，即结构或构件自振频率、阻尼特性及固有振型等。

(3)测定结构在动荷载作用下的强迫振动响应，如振幅、动应力、冲击系数及疲劳性能等。

（二）一般规定

(1)桥梁动载试验应测试桥跨结构的自振频率和冲击系数。存在下列情况之一时，动载试验应增加测试桥跨结构的振型和阻尼比；必要时，尚应测试桥梁结构的动挠度和动应变，并掌握车辆振源特性：

①单跨跨径超过 80m 的梁桥、T 形刚构桥、连续刚构桥和单跨跨径超过 60m 的拱桥、斜拉桥、悬索桥及其他组合结构桥梁；

②存在异常振动的桥梁；

③仅依据静载试验不能系统评价结构性能时。

(2)对多联（孔）桥梁，同时开展静、动载试验时，动载试验桥联（孔）应选择与静载试验相同的桥联（孔）；其他情况下应根据结构评价需要，选择具有代表性的桥联（孔）。

(3)动载试验采用的加载车辆应性能良好，无异常振动。

二、测试截面及测点布置

桥梁动载试验的测试截面及测点布置应符合下列规定：

(1)桥梁动载试验的测试截面应根据桥梁结构振型特点和行车动力响应最大的原则确定。

一般可根据桥梁结构模型按跨 8 等分或 16 等分简化布置。桥塔或高墩，宜按高度分 3～4 个节段分段布置。

(2)对常见的简支梁桥及连续梁桥，根据具体情况可参照表 3-15～表 3-17 选择测试截面。

简支梁桥前 5 阶模态的传感器布置方案　　表 3-15

模态阶数	至少需要传感器数	测点布置位置
1	1	$L/2$
2	2	$L/4, 3L/4$
3	3	$L/6, L/2, 5L/6$
4	4	$L/8, 3L/8, 5L/8, 7L/8$
5	5	$L/10, 3L/10, L/2, 7L/10, 9L/10$

两等跨连续梁桥前 4 阶模态的传感器布置方案　　表 3-16

模态阶数	至少需要传感器数	测点布置位置
1	2	$L/4, 3L/4$
2	4	$L/8, 3L/8, 5L/8, 7L/8$
3	6	$L/12, L/4, 5L/12, 7L/12, 3L/4, 11L/12$
4	8	$L/16, 3L/16, 5L/16, 7L/16, 9L/16, 11L/16, 13L/16, 15L/16$

三等跨连续梁桥前 3 阶模态的传感器布置方案　　表 3-17

模态阶数	至少需要传感器数	测点布置位置
1	3	$L/6, L/2, 5L/6$
2	6	$L/12, L/4, 5L/12, 7L/12, 3L/4, 11L/12$
3	9	$L/18, 3L/18, 5L/18, 7L/18, L/2, 11L/18, 13L/18, 5L/6, 17L/18$

注：L 为桥梁跨径总长。

(3)大型桥梁振型测试可将结构分成几个单元分布测试，整个试验布置一固定参考点(应避开振型节点)，每次测试都应包括固定参考点。将几个单元的测试数据通过参数点关联，拟合得到全桥结构振型图。

(4)在测试桥梁结构行车响应时，应选择桥梁结构振动响应振幅值最大部位为测试截面。简单结构宜选择跨中 1 个测试截面，复杂结构应增加测试截面。

(5)用于冲击效应分析的动挠度测点每个截面应至少 1 个。采用动应变评价冲击效应时，每个截面在结构最大活载效应部位的测点数不宜少于 2 个。

三、动力响应试验工况与测试内容

(一)动力响应试验工况

动力响应试验工况应包括下列主要内容：

(1)根据测试需要，加载车辆可以是单辆，也可以是两辆或多辆。两辆或多辆车加载时，通常要注意车辆间的配合。

(2)无障碍行车试验。桥面无障碍行车试验的车速根据设计车速、路幅宽度、桥面线形、路况等因素综合考虑，宜在5～80km/h范围内取多个大致均匀分布的车速进行行车试验。采用测速仪或由实测时程信号在特征部位的起讫时间确定实际车速。冲击系数是与桥面平整度、车—桥耦合振动等相关的随机变量，单次试验的随机性较大，影响评价的客观性，因此每个车速工况通常进行2～3次重复试验；车速在桥联（孔）上宜保持恒定，每个车速工况也应进行2～3次重复试验。宜选用无障碍行车试验，有障碍试验和制动试验可根据实际情况选择。

（3）有障碍行车试验。可设置弓形障碍物模拟桥面坑洼进行行车试验，车速宜取5～20km/h，障碍物宜布置在结构冲击效应显著部位。

（4）制动试验。车速宜取30～50km/h，制动部位应为动态效应较大的位置。对漂浮体系桥梁，应测试主梁纵向位移等项目。

（二）测试内容

桥梁自振特性测试内容包括竖平面内弯曲、横向弯曲自振特性以及扭曲自振特性的测试。应根据试验目的和需要确定测试纵桥向竖平面弯曲自振特性。桥梁的测试阶次：简支梁桥应不少于1阶、非简支梁桥和拱桥应不少于3阶、斜拉桥和悬索桥不少于9阶。

动力响应测试应包括动挠度、动应变、振动加速度、速度和冲击系数。桥梁动挠度测试难度大时，一般仅测试动应变以获得应变冲击系数。

四、仪器选择及试验荷载

（一）仪器设备选择

动载试验量测动应变可采用动态电阻应变仪并配以记录仪器；量测振动可选用低频拾振器配低频测振放大器及记录仪器；量测动挠度可选用电阻应变位移计配动态电阻应变仪及记录仪器。动载试验常用的仪器仪表的使用精度和测量范围见本章第二节相关内容。

在选择动力荷载试验测试系统时，应注意选择测振仪器的技术指标，使传感器、放大器及记录装置组成的测试系统的灵敏度、动态范围、幅频特性等技术指标满足被测结构动力特性范围的要求。

（二）试验荷载

无障碍行车试验可采用与静载试验的加载车辆相同的载重车辆，车辆轴重产生的局部效应不应超过车辆荷载效应，避免对横系梁、桥面板等局部构件造成损伤。

无障碍行车试验荷载效率可按式（3-48）计算，η_d 宜取高值，但不应超过1。

$$\eta_d = \frac{S_d}{S_{lmax}} \tag{3-48}$$

式中：η_d——动载试验荷载效率；

S_d——动载试验荷载作用下控制面的最大内力或变形；

S_{lmax}——控制荷载作用下控制截面的最大内力或变形（不计冲击）。

对于大型桥梁，单辆车的动载试验响应可能偏低，通常采用多辆车横向并列一排同步行驶进行行车试验，在行驶过程中宜保持车辆的横向间距不变。对于装配式结构，在保证试验安全的情况下，动挠度测试通常按照车辆行驶的轨迹线进行，必要时在桥面绘制行车线标志。

有障碍行车试验和制动试验可采用与无障碍行车试验相同的单车或多辆载重车。

五、动载试验过程控制及记录

动载试验过程控制应注意以下问题：

(1)正式试验前应进行预加载试验，对测试系统进行稳定性检查。桥梁空载状态下，动应变、动挠度信号在预定采集时间内的零点漂移不宜超过预计最大值的5%。

(2)宜根据预加载试验具体情况对试验方案或测试设备参数设置做调整。按照调整确定的试验方案与试验程序进行加载试验，观测并记录各测试参数，并采取措施避免电磁场以及对讲机、手机等对测试结果的影响。

(3)正式试验过程中，应根据观测和测试结果，实时判断结构状态是否正常，测试数据是否异常，是否需要终止试验，以确保试验安全。各工况试验完成后，应对测试数据进行检查和确认。如发现幅值异常或突变、零点严重偏离、异常电磁干扰、噪声过大等，应在排除故障后重新进行试验。

(4)应保证记录的试验荷载参数，传感器的规格、灵敏度、编号、连接通道号，适配器、采集器采集频率、滤波频率、换算系数等信息的完整性。

(5)全部试验完成后，应在现场对主要的测试数据进行检查和初步分析，确保测试数据的准确性和完整性。

进行数据采集和频谱分析时，应合理设置采样、分析参数，频率分辨率不宜大于实测自振频率的1%；采样频率宜取10倍以上的最高有用信号频率。信号采集时间宜保证频谱分析时谱平均次数不小于20次。常用的采集、分析参数设置见表3-18。

动态信号采集主要参数设置及相互关系　　表3-18

序号	参数名称	参数符号	单位	关　系	建议取值
1	采样频率	f_s	Hz	$f_s=\frac{1}{\Delta T}$(ΔT为采样间隔)	$f_s \geqslant 10f_{max}$
2	分析带宽	f_b	Hz	$f_b=\frac{f_s}{K}$($K>2$，采用动态信号分析仪时仪器默认)	f_b与f_s联动
3	频率分辨率	Δf	Hz	$\Delta f=\frac{f_b}{n_1}=\frac{f_s}{Kn_1}=\frac{f_s}{m_1}$	$\Delta f \leqslant 0.01f_{max}$
4	数据块长度	m_1	点	$m_1=Kn_1=f_s t$	与n_1联动
5	谱线数	n_1	线	$n_1=\frac{f_b}{\Delta f}=\frac{f_s}{K\Delta f}$	由其他参数计算得到
6	样本时间长度	t	s	$t=\frac{m_1}{f_s}=\frac{n_1}{f_b}$	由其他参数导出

注：f_{max}为最高有用信号频率。

六、试验资料整理和分析

(一)冲击系数(动力系数)

活载冲击系数可根据控制截面测点在行车试验时记录的动应力曲线(图3-23)或动挠度曲线(图3-24)进行分析处理而得，按式(3-49)计算：

$$1+\mu=\frac{S_{max}}{S_{mena}} \tag{3-49}$$

式中：S_{max}——最大动挠度（或变形）值；

S_{mena}——相应的最大静挠度（或应变）值，其值可由动应变（或动挠度）曲线，按式（3-50）计算：

$$S_{mena}=\frac{1}{2}(S_{max}+S_{min}) \tag{3-50}$$

式中：S_{min}——与 S_{max} 相应的最小挠度值（或应变值）。

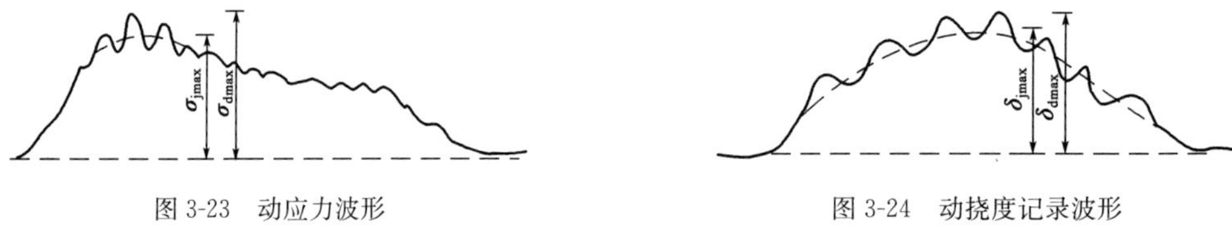

图 3-23　动应力波形　　　图 3-24　动挠度记录波形

用于冲击试验测试系统计算分析的动挠度、动应变信号的幅值分辨率不应大于最大实测幅值的 1%。

求得各种车速的冲击系数后，可做出车速 v 与冲击系数（$1+m$）的关系曲线，从而分析产生的最大冲击临界车速。

冲击系数计算方法的选择：

（1）对特大跨径桥梁，目前尚缺乏实用可靠的、分辨率能较好满足要求的动挠度测试设备。因此在现场条件受限无法测定动挠度时，通常采用动应变来计算冲击系数。试验时通常采用多点测试的平均值，以保证结果的可靠性。

（2）在动挠度或动应变时程曲线中直接求取最大静挠度，其计算结果受人为因素影响较大，这种影响在小跨径桥梁高速行车试验中尤为明显，采用数字低通滤波法求取最大静挠度或应变更为可靠。通常，采用低通滤波法求取的冲击系数略小于直接求取法。

（3）对于石拱桥和部分混凝土桥梁，实测动力响应往往较小，如应变幅值经常会处于（5～20）$\times10^{-6}$之间，仪器的噪声影响不可忽视。噪声大于信号最大幅值 3% 的样本通常不能用于冲击系数的计算。可采用直接法计算冲击系数，按式（3-51）计算：

$$\begin{cases}1+\mu_i=\dfrac{Y_{maxi}}{Y_{meani}}\\[2ex] Y_{meani}=\dfrac{1}{2}(Y_{maxi}+Y_{mini})\\[2ex] a_i=\dfrac{Y_{maxi}}{\sum\limits_{i=1}^{n}Y_{maxi}}\\[2ex] \mu=\sum\limits_{i=1}^{n}\mu_i a_i\end{cases} \tag{3-51}$$

式中：Y_{maxi}——车辆荷载过桥时动应变（或动挠度）时程曲线上的一个“波谷”值；

Y_{mini}——与 Y_{maxi} 相对应的“波峰”动响应值；

Y_{meani}——相应“静”载作用下该点的响应值；

μ_i——“波谷”处所对应的局部冲击系数；

a_i——权重。

该方法虽然计算复杂，但能够真实反映车辆的全程冲击作用。

（二）系统曲线

①活载冲击系数与车速关系曲线；②动力系数与强迫振动频率关系曲线；③车速与强迫振动频率关系曲线；④卸载后（车辆出桥）的结构自振频率。

（三）强迫振动的频率、振幅和加速度

通过激振方法使桥梁产生自振，通过测试系统实测记录结构的衰减振动波形，如图3-25所示。在记录的振动波形曲线上，可根据时标符号直接计算出结构的固有频率 f：

$$f = \frac{lN}{tS} \tag{3-52}$$

式中：l——两个时标符号间的距离（mm）；

N——波数；

S——N个波长的长度（mm）；

t——时间符号的时间间隔（s）。

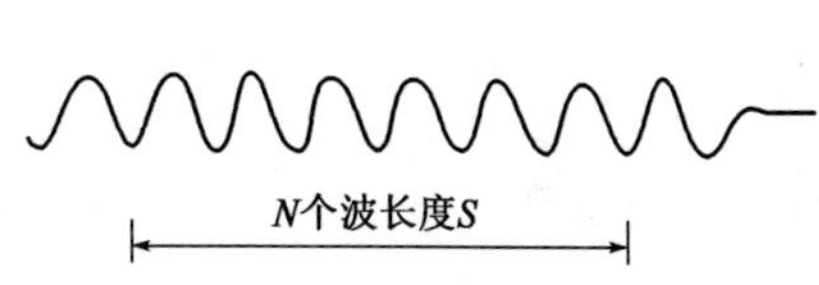

图3-25 频率计算示意图

如果分析的曲线段是汽车出桥后的记录，则所得频率为桥梁自振频率。在分析每个测点在动载通过时的最大振幅时，一般是先求得最大振幅处的振动频率，再根据此频率找出系统标定时仪器系统标定的灵敏度。则测点最大振幅值 H，可按式（3-53）计算：

$$H = \frac{A}{S} \tag{3-53}$$

式中：A——实测波形最大峰值（mm）；

S——实测系统标定的灵敏度。

振动加速度 a 是桥梁动力特性中一个很重要的指标，它表示车辆运行的安全程度，可利用测振仪直接测得，也可根据实测的强迫振动频率和振幅，按式（3-54）计算：

$$a = 4\pi^2 f^2 A \tag{3-54}$$

式中：f——强迫振动频率（次/s）；

A——振幅（cm）。

振动加速度应区分部位，给出最大加速度对应的临界速度。

（四）振型曲线

将桥跨结构分为若干区段，在区段的中间或区段的分界处设置拾振器，测取同一瞬间各测点处的振幅和相位差，即可点绘振动曲线。

（五）实测结构的自振特性修正

桥梁结构的自振频率可根据桥梁受冲击后产生余振的动应力、动挠度或振动曲线分析得出，也可以根据桥上无车时的脉动曲线分析而得，两者应能吻合。当激振荷载对结构振动具有附加质量影响（如用汽车跳车或落锤激振）时，应按式（3-55）近似公式修正：

$$T_0 = T\sqrt{\frac{m_0}{m_0 + m}} \tag{3-55}$$

式中：T_0——修正后的自振周期；

T——实测有附加质量的周期；

m——车辆的附加质量；

m_0——跳车或制动处，结构的换算质量。

结构换算质量，可用装载不同质量m_1、m_2 的重车进行跳车或制动，分别实测自振周期T_1和T_2，并按式(3-56)计算m_0。

$$m_0 = \frac{T_1^2 m_2 - T_2^2 m_1}{T_2^2 - T_1^2} \tag{3-56}$$

(六)由自由衰减振动计算自振频率及阻尼比

振动分析中用阻尼比代表阻尼的大小，阻尼比的计算可用以下两种方法求得。

(1)一种是利用自由振动衰减曲线。自振频率及阻尼比可由实测时域余振波形自由振动衰减曲线确定，如图 3-26所示。由波形上的振幅(A_i、A_{i+1}、…、A_{i+n})和求得的周期 T，即可由式(3-57)得出阻尼特性系数：

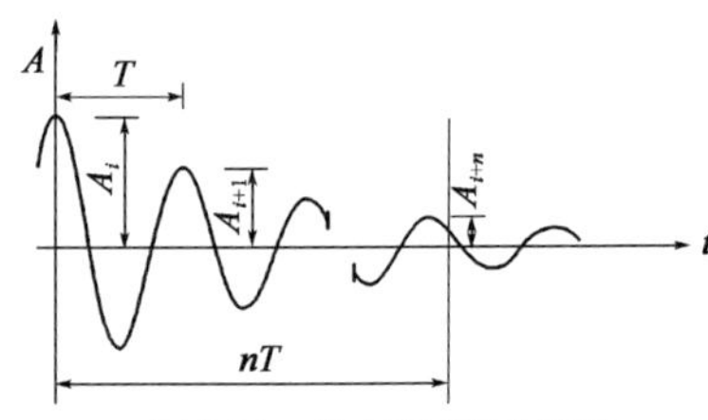

图 3-26　自由衰减振动波形

$$v = \frac{1}{nT} \cdot \ln \frac{A_i}{A_{i+n}} \tag{3-57}$$

阻尼比 D，按式(3-58)计算：

$$D = \frac{v}{\omega} = \frac{1}{2\pi n} \cdot \ln \frac{A_i}{A_{i+n}} \tag{3-58}$$

式中：n——振幅$A_i \sim A_{i+n}$之间的波形数，一般不少于 3 个；

T——周期，波形振动一周的时间(s)；

$A_i \sim A_{i+n}$——n 个波的初始和终结振幅；

ω——衰减振动圆频率；

其他符号意义同前。

(2)另一种可利用稳态激振的共振曲线或随机振动响应信号的自谱或互谱，根据半功率点带宽来计算阻尼比。采用此方法时频率分辨率 Δf 一般不大于 1%的自振频率值，以保证插值计算的精度。计算方法见图 3-27 和式(3-59)。

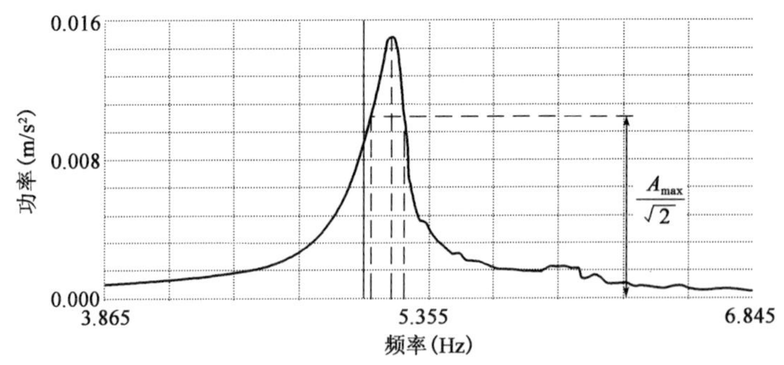

图 3-27　半功率点法阻尼识别

$$D = \frac{f_b}{2f_0} \tag{3-59}$$

式中：f_0——自振频率；

f_b——0.707倍功率点带宽。

(七)动载测试中应特别注意的问题

(1)动载测试仪器，由于存在频响、阻抗匹配及相位等问题，应至少保证整机一年标定一次。在振动台等条件具备的情况下，最好是在测试前后各标定一次，以便取得准确的响应值，标定内容至少应做频响特性、幅值线性两项试验，并绘成图形。

(2)每次动态测试前应进行现场的灵敏度比对和相位一致性试验。

(3)振动测量应尽量测定位移(动位移)值和加速度。前者反映刚度，后者反映动荷载。因此尽量采用位移传感器和加速度传感器，尽量少用微积分线路(尤其避免二次微积分)，以提高测定值精度。

(4)振动测量空间应包括三维空间，即桥轴水平向、横桥水平向和横桥垂直向。在记录与分析中也应明确标明，工况记录要详细准确。

(5)在正式测试时，项目负责人应检查无载状态下应变仪各测点的零状态是否良好，其变化不超过$\pm 5\mu\varepsilon$。

第六节　桥梁承载能力评定

通过试验检测评定桥梁结构实际承载能力一般采用两种方法：一种是适用于大多数在用桥梁通过桥梁技术状况检测，结合结构检算评定桥梁承载能力的方法；另一种是确定新建或在用桥梁承载能力最直接有效的荷载试验方法。

一、桥梁技术状况检测与检算的承载能力评定

在用桥梁应从结构(或构件)的刚度、强度、稳定性和抗裂性4个方面进行承载能力评定。包括持久状况下承载能力极限状态和正常使用极限状态。承载能力极限状态是针对结构(或构件)的截面强度和稳定性，正常使用极限状态主要针对结构(或构件)的刚度和抗裂性。

计算圬工结构、配筋混凝土桥梁及钢结构桥梁承载能力极限状态的抗力效应时，根据各类桥梁试验检测结果，引入反映桥梁总体技术状况的检算系数Z_1或Z_2，并分别考虑有效截面折减系数ξ_s(或ξ_c)、考虑结构耐久性影响因素的承载力恶化系数ξ_e和反映实际通行汽车荷载变异的活载影响系数ξ_q等。

对在用桥梁，当结构(或构件)的承载能力检算系数评定标度为1或2时，结构(或构件)的总体状况较好，可不进行正常使用极限状态评定计算；当桥梁结构(或构件)的承载能力检算系数评定标度为3、4或5时，应采用引入检算系数Z_1或Z_2的方式对限制应力、结构变形和裂缝宽度等，进行正常使用极限状态评定计算。

桥梁承载能力检算宜依据竣工资料或设计资料，并应与桥梁实际情况进行核对修正。对缺失资料的桥梁，可根据桥梁检测资料，参考同年代类似桥梁的设计资料或标准定型图进行检算。

(一)圬工结构桥梁承载能力评定

圬工结构桥梁承载能力极限状态，应根据桥梁检测结果，按式(3-60)进行计算评定：

$$\gamma_0 S \leqslant R(f_d, \xi_c a_d) Z_1 \tag{3-60}$$

式中：γ_0——结构的重要性系数；

S——荷载效应函数；

$R(\cdot)$——抗力效应函数；

f_d——材料强度设计值；

a_d——结构的几何尺寸；

Z_1——承载能力检算系数；

ξ_c——截面折减系数。

抗力效应值应按现行设计规范进行计算，Z_1、ξ_c 应按本节相应表中规定取值。

圬工桥梁正常使用极限状态，宜按现行公路桥涵设计和《养护规范》进行计算评定。

(二)配筋混凝土桥梁承载能力评定

配筋混凝土桥梁承载能力极限状态根据桥梁检测结果按式(3-61)进行计算评定：

$$\gamma_0 S \leqslant R(f_d, \xi_c a_{dc}, \xi_s a_{ds}) Z_1 (1 - \xi_e) \tag{3-61}$$

式中：γ_0——结构的重要性系数；

S——荷载效应函数；

$R(\cdot)$——抗力效应函数；

f_d——材料强度设计值；

a_{dc}——构件混凝土几何参数值；

a_{ds}——构件钢筋几何参数值；

Z_1——承载能力检算系数；

ξ_e——承载能力恶化系数；

ξ_c——配筋混凝土结构的截面折减系数；

ξ_s——钢筋的截面折减系数。

抗力效应值应按现行设计规范进行计算，Z_1、ξ_e、ξ_c、ξ_s 应按本节下方相应表中规定取值。正常使用极限状态宜按现行公路桥涵设计、《养护规范》、检测结果分以下三方面，按式(3-62)～式(3-64)进行计算评定。

(1)限制应力：

$$\sigma_d < Z_1 \sigma_L \tag{3-62}$$

式中：σ_d——计入活载影响修正系数的截面应力计算值；

σ_L——应力限值；

Z_1——承载能力检算系数。

(2)荷载作用下的变形：

$$f_{d1} < Z_1 f_L \tag{3-63}$$

式中：f_{d1}——计入活载影响修正系数的荷载变形计算值；

f_L——变形限值；

Z_1——承载能力检算系数。

(3)各类荷载组合作用下裂缝宽度满足：

$$\delta_d < Z_1\delta_L \tag{3-64}$$

式中：δ_d——计入活载影响修正系数的短期荷载变形计算值；

δ_L——变位限值；

Z_1——承载能力检算系数。

桥梁结构或构件在持久状况下裂缝宽度应小于第一章表 1-1 中的规定限值。

(三)钢结构桥梁承载能力评定

钢结构桥梁承载能力极限状态，应根据检测结果，采用引入检算系数修正允许应力和允许变形的方式给出相应的限值取值进行修正计算。结构构件的强度、总稳定性和疲劳强度验算应执行现行设计规范，其应力限值取值为 $Z_1[\sigma]$。

钢结构荷载作用下的变形应按式(3-65)计算评定：

$$f_{d1} < Z_1[f] \tag{3-65}$$

式中：f_{d1}——计入活载影响修正系数的荷载变形计算值；

$[f]$——容许变形值；

Z_1——承载能力检算系数。

(四)拉吊索承载能力评定

拉吊索强度应按式(3-66)计算评定：

$$\frac{T_j}{A} \leqslant Z_1[\sigma] \tag{3-66}$$

式中：T_j——计入活载影响修正系数的计算索力；

A——索的计算面积；

$[\sigma]$——容许应力限值；

Z_1——承载能力检算系数。

(五)桥梁地基评定

参照《公路桥涵地基与基础设计规范》(JTG D63—2007)第 3.3.6 条相关规定，经久压实的桥梁地基土，在墩台与基础无异常变位的情况下可适当提高承载能力，最大提高系数不得超过 1.25。

当桥头填土经久压实时，填土内摩擦角 φ 可根据土质情况适当放大 5°～10°，但提高后的最大取值不得超过 50°。

(六)分项检算系数确定

1.圬工与配筋混凝土桥梁承载能力检算系数 Z_1 的确定

应综合考虑桥梁结构(或构件)表观缺损状况、材质强度和桥梁结构自振频率等的检测评定结果，按下面规定确定承载能力检算系数 Z_1：

(1)按式(3-67)计算确定结构(或构件)承载能力检算系数评定标度 D：

$$D = \sum a_j D_j \tag{3-67}$$

式中：a_j——某项检测指标的权重值，$\sum_{j=1}^{3}a_j=1$，按表 3-19 的规定取值；

D_j——结构或构件某项检测指标的评定标度。按桥面系、上部和下部结构技术状况等级 1、2、3、4 和 5，对应的缺损状况评定标度值为 1、2、3、4 和 5，按表 3-20 和第二章表 2-6取值。

承载能力检算系数检测指标权重值 表 3-19

检测指标名称	缺损状况	材质强度	自振频率
权重 α_j	0.4	0.3	0.3

桥梁自振频率评定标准 表 3-20

上部结构	下部结构	评定标度
f_{mi}/f_{di}	f_{mi}/f_{di}	
≥1.1	≥1.2	1
[1.00,1.10)	[1.00,1.20)	2
[0.90,1.00)	[0.95,1.00)	3
[0.75,0.90)	[0.80,0.95)	4
<0.75	<0.80	5

(2)根据结构或构件承载能力检算系数评定标度，宜按表 3-21 确定桥梁承载能力检算系数 Z_1 值，特殊情况下可采用专家调查法确定。

圬工及配筋混凝土桥梁的承载能力检算系数 Z_1 值 表 3-21

承载能力检算系数评定标度 D	受弯构件	轴心受压	轴心受拉	偏心受压	偏心受拉	受扭构件	局部承压
1	1.15	1.20	1.05	1.15	1.15	1.10	1.15
2	1.10	1.15	1.00	1.10	1.10	1.05	1.10
3	1.00	1.05	0.95	1.00	1.00	0.95	1.00
4	0.90	0.95	0.85	0.90	0.90	0.85	0.90
5	0.80	0.85	0.75	0.80	0.80	0.75	0.80

注：1. 小偏心受压可参照轴心受压取用承载能力检算系数 Z_1 值。

2. 检算系数 Z_1 值，可按承载能力检算系数评定标度 D 线性内插求得。

2. 钢结构桥梁承载能力检算系数 Z_1 的确定

根据钢结构(或构件)缺损状况评定标度确定 Z_1 值，宜按表 3-22 取值。

钢结构桥梁承载能力检算系数 Z_1 值 表 3-22

缺损状况评定标度	性状描述	Z_1 值
1	焊缝完好，各节点铆钉、螺栓无松动；构件表面完好，无明显损伤，防护涂层略有老化、污垢	(0.95,1.05]
2	焊缝完好，少数节点有个别铆钉、螺栓松动变形；构件表面有少量锈迹，防护涂层油漆变色、起泡剥落，面积在 10%之间	(0.90,0.95]

续上表

缺损状况评定标度	性 状 描 述	Z_1 值
3	少数焊缝开裂，部分节点有铆钉、螺栓松动变形；构件表面有少量锈迹，防护涂层油漆明显老化变色并伴有大量起泡剥落，面积在10%～20%之间。个别次要构件有异常变形，行车稍感振动或摇晃	(0.85,0.90]
4	焊缝开裂，并造成截面削弱。联结部位铆钉、螺栓松动变形，10%～30%已损坏；构件表面锈迹严重，截面损失在3%～10%之间，防护涂层油漆明显老化变色并普遍起泡剥落，面积在50%以上。个别主要构件有异常变形，行车有明显振动或摇晃并伴有异常声音	(0.80,0.85]
5	焊缝开裂严重，造成截面削弱在10%以上。联结部位30%以上铆钉、螺栓已损坏；构件表面锈迹严重，截面损失在10%以上，材质特性明显退化；防护涂层油漆完全失效。主要构件有异常变形，行车振动或摇晃显著并伴有不正常移动	≤0.80

3. 拉吊索承载能力检算系数 Z_1 的确定

根据拉吊索缺损状况评定标度确定 Z_1 值，宜按表3-23取值。

拉吊索承载能力检算系数 Z_1 值　　表3-23

缺损状况评定标度	性 状 描 述	Z_1 值
1	表面防护完好，锚头无积水，锚下混凝土无裂缝	(1.00,1.10]
2	表面防护基本完好，有细微裂缝，锚头无锈蚀，锚固区无裂缝	(0.95,1.00]
3	表面防护有少量裂缝，伴有少量锈迹，锚头有轻微锈蚀，锚固区有细小裂缝	(0.90,0.95]
4	表面防护普遍开裂，并有部分脱落，锚头锈蚀，锚固区有明显的受力裂缝	(0.85,0.90]
5	表面防护普遍开裂，并有大量脱落，钢索裸露，钢索锈蚀严重，锚头积水锈蚀，锚固区有明显的受力裂缝，裂缝宽度大于0.2mm	≤0.85

4. 配筋混凝土桥梁承载能力恶化系数 ξ_e 的确定

评定期内桥梁结构质量状况进一步衰退恶化将产生一定的不利影响，承载能力恶化系数 ξ_e 用来反映这一不利影响可能造成的结构抗力效应的降低，目的是为了使结构质量状况进一步衰退至某一阶段时，承载能力评定结果仍能维持在一定的可靠度水平之上。

(1)依据检测结果，确定构件恶化状况评定标度 E，宜按表3-24取值。

配筋混凝土桥梁结构或构件恶化状况评定标度　　表3-24

序　号	检测指标名称	权重 a_j	综合评定方法
1	缺损状况	0.32	恶化状况评定标度 E 按下式计算： $E=\sum_{j=1}^{7}E_j a_j$ 式中：E_j——结构或构件某项检测评定指标的评定标度；按《承评规程》第4、5章的有关规定执行； a_j——某项检测评定指标的权重。 $\sum_{j=1}^{7}a_j=1$
2	钢筋锈蚀电位	0.11	
3	混凝土电阻率	0.05	
4	混凝土碳化状况	0.20	
5	钢筋保护层厚度	0.12	
6	氯离子含量	0.15	
7	混凝土强度	0.05	

注：对混凝土电阻率、混凝土碳化状况、氯离子含量三项检测指标，按《承评规程》规定不需要进行检测评定时，其评定标度值应取1。

(2)根据恶化状况评定标度 E 及桥梁所处的环境条件，按表 3-25 确定配筋混凝土桥梁的承载能力恶化系数 ξ_e。

配筋混凝土桥梁的承载能力恶化系数 ξ_e 值　　表 3-25

恶化状况评定标度 E	环境条件			
	干燥，不冻，无侵蚀性介质	干、湿交替，不冻，无侵蚀性介质	干、湿交替，冻，无侵蚀性介质	干、湿交替，冻，有侵蚀性介质
1	0.00	0.02	0.05	0.06
2	0.02	0.04	0.07	0.08
3	0.05	0.07	0.10	0.12
4	0.10	0.12	0.14	0.18
5	0.15	0.17	0.20	0.25

注：恶化系数 ξ_e 可按结构或构件恶化状况评定标度值线性内插。

5. 圬工与配筋混凝土桥梁结构或构件的截面折减系数 ξ_c 的确定

(1)依据材料风化、碳化、物理与化学损伤三项检测指标的评定标度，按式(3-68)计算确定结构或构件截面损伤的综合评定标度 R：

$$R=\sum_{j=1}^{N}R_j a_j \tag{3-68}$$

式中：R_j——某项检测指标的评定标度，按表 3-26、表 3-27 和按第二章表 2-12 混凝土碳化深度评定标准的规定确定；

a_j——某项检测指标的权重值，$\sum_{j=1}^{N}a_j=1$，按表 3-28 的规定确定；

N——对砖、石结构，$N=2$；对混凝土及配筋混凝土结构，$N=3$。

圬工与配筋混凝土桥梁材料风化评定标准　　表 3-26

评定标度	材料风化状况	性状描述
1	微风化	手搓构件表面，无砂粒滚动摩擦的感觉，手掌上粘有构件材料粉末，无砂粒。构件表面直观较光洁
2	弱风化	手搓构件表面，有砂粒滚动摩擦的感觉，手掌上附着物大多为构件材料粉末，砂粒较少。构件表面砂粒附着不明显或略显粗糙
3	中度风化	手搓构件表面，有较强的砂粒滚动摩擦的感觉或粗糙感，手掌上附着物大多为砂粒，粉末较少。构件表面明显可见砂粒附着或明显粗糙
4	较强风化	手搓构件表面，有强烈的砂粒滚动摩擦的感觉或粗糙感，手掌上附着物基本为砂粒，粉末很少。构件表面可见大量砂粒附着或有轻微剥落
5	严重风化	构件表面可见大量砂粒附着，且构件部分表层剥离或混凝土已露粗集料

圬工与配筋混凝土桥梁物理与化学损伤评定标准　　表 3-27

评定标度	性状描述
1	构件表面较好，局部表面有轻微剥落
2	构件表面剥落面积在 5%之间，或损伤最大深度与截面损伤发生部位构件最小尺寸之比小于 0.02
3	构件表面剥落面积在 5%～10%之间，或损伤最大深度与截面损伤发生部位构件最小尺寸之比小于 0.04
4	构件表面剥落面积在 10%～15%之间，或损伤最大深度与截面损伤发生部位构件最小尺寸之比小于 0.10
5	构件表面剥落面积在 15%～20%之间，或损伤最大深度与截面损伤发生部位构件最小尺寸之比大于 0.10

材料风化、碳化及物理与化学损伤权重值　　表 3-28

结 构 类 别	检测指标名称	权 重 值 a_j
砖、石结构	材料风化	0.20
	物理与化学损伤	0.80
混凝土及配筋混凝土结构	材料风化	0.10
	混凝土碳化	0.35
	物理与化学损伤	0.55

注：对混凝土碳化，按《承评规程》规定不需要进行检测评定时，其评定标度值应取 1。

(2)依据截面损伤的综合评定标度，按表 3-29 确定截面折减系数 ξ_c。

圬工与配筋混凝土桥梁截面折减系数 ξ_c 值　　表 3-29

截面损伤综合评定标度 R	截面折减系数 ξ_c	截面损伤综合评定标度 R	截面折减系数 ξ_c
$1 \leqslant R < 2$	(0.98,1.00]	$3 \leqslant R < 4$	(0.85,0.93]
$2 \leqslant R < 3$	(0.93,0.98]	$4 \leqslant R < 5$	≤0.85

6. 钢筋混凝土结构钢筋截面折减系数 ξ_s 的确定

ξ_s 值按表 3-30 取值。

配筋混凝土钢筋截面折减系数 ξ_s 值　　表 3-30

评 定 标 度	性 状 描 述	截面折减系数 ξ_s
1	沿钢筋出现裂缝，宽度小于限值	(0.98,1.00]
2	沿钢筋出现裂缝，宽度大于限值，或钢筋锈蚀引起混凝土发生层离	(0.95,0.98]
3	钢筋锈蚀引起混凝土剥落，钢筋外露，表面有膨胀薄锈层或坑蚀	(0.90,0.95]
4	钢筋锈蚀引起混凝土剥落，钢筋外露，表面膨胀性锈层显著，钢筋断面损失在 10%以内	(0.80,0.90]
5	钢筋锈蚀引起混凝土剥落，钢筋外露，出现锈蚀剥落，钢筋断面损失在 10%以上	≤0.80

7. 活载影响修正系数 ξ_q 的确定

根据实际调查的典型代表交通量、大吨位车辆混入率和轴荷分布情况，按式(3-69)确定活载影响修正系数 ξ_q：

$$\xi_q = \sqrt{\xi_{q1}\xi_{q2}\xi_{q3}} \tag{3-69}$$

式中：ξ_{q1}——典型代表交通量影响修正系数，按表 3-31 确定；

ξ_{q2}——大吨位车辆混入影响修正系数，按表 3-32 确定；

ξ_{q3}——轴荷载分布影响修正系数，按表 3-33 确定。

交通量影响修正系数 ξ_{q1}　　表 3-31

$\frac{Q_m}{Q_d}$	ξ_{q1}	$\frac{Q_m}{Q_d}$	ξ_{q1}
$1 < \frac{Q_m}{Q_d} \leqslant 1.3$	[1.00,1.05)	$1.7 < \frac{Q_m}{Q_d} \leqslant 2.0$	[1.10,1.20)
$1.3 < \frac{Q_m}{Q_d} \leqslant 1.7$	[1.05,1.10)	$2.0 < \frac{Q_m}{Q_d}$	[1.20,1.35]

注：Q_m 为典型代表交通量；Q_d 为设计交通量。

大吨位车辆混入影响修正系数 ξ_{q2} 表 3-32

a	ξ_{q2}	a	ξ_{q2}
$a<0.3$	[1.00,1.05)	$0.5\leqslant a<0.8$	[1.10,1.20)
$0.3\leqslant a<0.5$	[1.05,1.10)	$0.8\leqslant a<1.0$	[1.20,1.35]

注：a 为大吨位车辆混入率；ξ_{q2} 值可按 a 值线性内插。

轴荷载分布影响修正系数 ξ_{q3} 表 3-33

β	ξ_{q3}	β	ξ_{q3}
$\beta<5\%$	1.00	$15\%\leqslant\beta<30\%$	1.30
$5\%\leqslant\beta<15\%$	1.15	$\beta\geqslant30\%$	1.40

注：β 为实际调查轴荷分布中轴重超过 14t 所占的百分比。

二、桥梁荷载试验的承载能力评定

根据相关标准和《承评规程》规定：计算桥梁结构或构件抗力效应和作用效应，采用引入分项检算系数修正承载能力极限状态和正常使用极限状态计算表达式的方法进行检算评定。荷载效应与抗力效应的比值在 1.0～1.2 之间时，应通过荷载试验评定承载能力。当通过检算分析无法明确评定桥梁承载能力时，通过对桥梁施加静力荷载作用，测定桥梁结构在试验荷载作用下的响应，并据此确定检算系数 Z_2，重新进行承载能力检算评定或直接判定桥梁承载能力是否满足要求。

(一)桥梁结构校验系数 ζ

试验荷载作用下，结构主要控制断面或构件控制测点的实测弹性变位或应变值与相应的理论计算值的比值，按式(3-70)计算：

$$\zeta=\frac{S_e}{S_s} \tag{3-70}$$

式中：S_e——试验荷载作用下主要测点的实测弹性变位或应变值；

S_s——试验荷载作用下主要测点的理论计算变位或应变值。

校验系数 ζ 值是反映结构实际状态的一个重要指标。当校验系数等于 1 时，表明理论值与实测值完全相符；当校验系数小于 1 时，表明结构工作性能较好，承载能力有安全储备；当校验系数大于 1 时，表明结构工作性能较差，强度或刚度不足。

(二)主要测点相对残余变位或相对残余应变 S'_p

S'_p 按式(3-71)计算：

$$S'_p=\frac{S_p}{S_t}\times100\% \tag{3-71}$$

式中：S_p——主要测点的实测残余变位或残余应变；

S_t——试验荷载作用下主要测点的实测总变位或总应变。

(三)试验结果评定

如出现下列情况之一时，应判定桥梁承载能力不满足要求：

(1)主要测点静力荷载试验校验系数 ζ 大于 1。

(2)主要测点相对残余变位或相对残余应变超过 20%。

(3)试验荷载作用下裂缝扩展宽度超过第一章表 1-1 的规定限值,且卸载后裂缝闭合宽度小于扩展宽度的 2/3。

(4)在荷载作用下,桥梁基础发生不稳定沉降位移。

当不符合以上规定时,应取主要测点应变效验系数或变位效验系数较大值,按表 3-34 确定检算系数 Z_2,代替 Z_1 按有关规定进行承载能力评定。

经过荷载试验的承载能力检算系数 Z_2 值　　表 3-34

ζ	Z_2	ζ	Z_2
0.4 及以下	1.30	0.8	1.05
0.5	1.20	0.9	1.00
0.6	1.15	1.0	0.95
0.7	1.10		

注:对主要挠度测点和主要应力测点的校验系数,两者中取较大值;Z_2 值可按 ζ 值线性内插求得。

当按 Z_2 代替 Z_1 检算的荷载效应与抗力效应的比值小于 1.05 时,应判定桥梁承载能力满足要求,否则应判定桥梁承载能力不满足要求。

第四章　应急状态下的桥梁检测技术与方法

第一节　应急状态下的桥梁检测内容与特点

一、引言

桥梁的应急检测是指作战或抢险单位在通行公路桥梁时，需要在较短时间内获取桥梁设计承载力、通行能力、跨度与长度等初始设计参数，确定桥梁损毁形式、位置与程度等损毁信息，并在必要的情况下了解桥梁常规病害类型、位置与程度，掌握桥梁材料组成与物理、化学性能现状的工程行为。

桥梁的应急检测不仅必须完成桥梁常规、定期检测中需要完成的、桥梁构造几何参数的测量，也可能还需要完成裂缝、空洞、麻面、析白、混凝土破损、露筋、钢筋锈蚀、梁体变形、错位与支座悬空等日常外观病害的检测以及混凝土强度等桥梁材料组成与物理、化学性能现状的检测，更重要的是必须完成对战争或自然灾害等导致的桥梁损毁形式、位置与程度等进行检测。由此可见，桥梁应急检测的内容可能大幅度增加是其主要特点之一。当然，如果应急救援单位在遂行任务过程中有地方桥梁管理单位的专业人员参与，能够提供桥梁初始设计与施工图纸、定期检测报告等资料供查阅，将可以大幅度降低桥梁应急检测的内容与项目，从而提高检测效率。

二、应急状态下桥梁破坏特点

在战争与自然灾害状态下，由于外在破坏力的不确定性以及桥梁结构的多样性，导致桥梁在战争与自然灾害下的损毁形式存在显著差异与不确定性，从而大幅度增加桥梁损毁检测的难度。如在地震作用下，由于桥梁的桥型、跨度、刚度、材料等参数的不同，其表现和破坏也有所不同，具体破坏形式，如表 4-1 所示。部分破坏现场如图 4-1～图 4-10 所示。

在地震作用下桥梁具体破坏形式　　表 4-1

桥　型	破坏结构	具体表现
梁桥和钢构桥	坍塌/落梁	部分或全部梁体坠落
	梁体滑移	桥梁上部结构和下部结构间产生相对位移
	支座破坏	支座滑动、弯扭、断裂、倾倒或脱落
	桥墩破坏	墩台开裂、倾斜、折断或下沉以及墩柱、节点和桥台的破坏
	伸缩缝/挡块破坏	梁与梁之间、梁与挡块之间碰撞
	桩土液化破坏	地基、沙土液化导致的桥梁破害

续上表

桥型	破坏结构	具体表现
拱桥	拱圈破坏	拱圈开裂
	墩台破坏	墩台下沉
	墩身破坏	多孔时墩身开裂、折断
	落拱	部分或整个落拱
斜拉桥和悬索桥	主梁破坏	主梁竖向移位
	主塔破坏	主塔纵向移位或横向移位

图 4-1 坍塌严重变形的彭州小鱼洞大桥

图 4-2 局部落梁的庙子坪大桥

图 4-3 梁体滑移

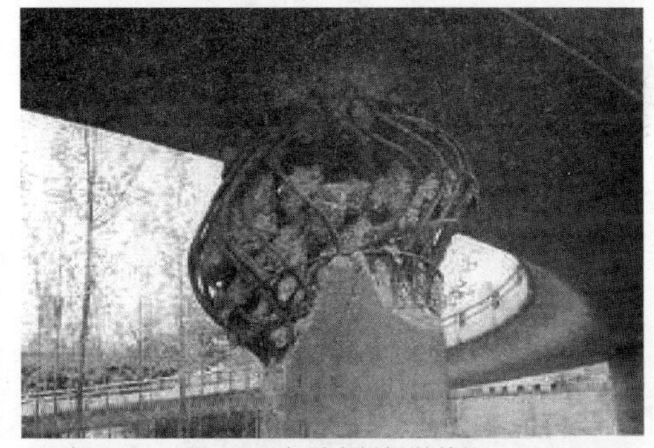

图 4-4 乌溪大桥桥墩剪坏

图 4-5 桥台开裂的彭州小渔洞大桥

图 4-6 梁体滑移导致支座滑移

图 4-7　映秀镇桥梁挡块开裂

图 4-8　青川主拱挤压变形的石拱桥

图 4-9　都汶路上腹拱开裂的石拱桥

图 4-10　倒塌的石拱桥

在洪涝灾害下，桥梁的破坏形式与地震、战争中又有所不同，它主要表现为洪水冲刷桥梁基础，导致桥墩与桥台发生沉陷、倾斜甚至倒塌，最终会引起上部结构开裂、断裂或坍塌等连续破坏形式，破坏部分现场，如图 4-11 和图 4-12 所示。

图 4-11　桥墩被洪水冲坏致桥梁倒塌

图 4-12　基础被冲刷使桥梁断裂

从上面的图片可以看出，由于战争与自然灾害破坏力往往巨大，导致桥梁自身不仅出现了墩倒、梁断等严重的毁伤形式，而且桥梁两端的道路也会出现坍塌与坑洞等破坏现象，因此桥梁检测的环境与条件严重劣化，往往不具备重型机械与设备通行的条件，甚至在一些情况下人员也难以到达桥面，无法实现在梁底等隐蔽部位安装检测设备。

三、应急状态下桥梁检测特点

桥梁应急检测最为重要的一个特点就是检测的时效性要求大幅度提高。常规的桥梁定期检测一般可以持续数天甚至数周，但是目前军队的作战与抢险行为一般都是以天进行计算。以往一场战争会持续数年，然而现代战争普遍只会持续数月甚至数十天就结束了。因此一场战役只会持续数天，甚至几个小时就结束了，如表 4-2 所示。而地震等自然灾害发生后，最佳救援时间只有三天、黄金 72 小时。所以桥梁应急检测的时间要求一般应该在数小时甚至数十分钟内完成最好。

战争持续时间表　　表 4-2

时　　代	战 争 名 称	持 续 时 间
20 世纪 90 年代以前	朝鲜战争	5 年
	越南战争	10 年
	两伊战争	10 年
20 世纪 90 年代以后	科索沃战争	2 个月
	海湾战争	2.5 个月
	以色列－真主党冲突	1 个月

由于桥梁应急检测的时效性要求更高、检测环境更恶劣以及检测内容更具有不确定性，故在紧急状态下进行桥梁检测的检测技术一般具备如下特点：

(1)快速性

不仅需要检测设备在现场具有较快的架设操作速度，而且对桥梁病害、损毁形式及程度的识别、测量与检测报告的完成等均需要较快的速度。因此，主要依赖检测人员手持设备近距离进行桥梁检测的常规检测方式并不能满足需求，最好采用自动化程度较高的检测技术与设备，实现病害自动识别、病害程度自动测量与检测报告自动输出。

(2)便携性

桥梁检测车等属于重型装备，其自重较大，对道路畅通及桥梁自身承载能力有特殊要求，加大了对危桥的检测风险，不适合紧急状态下的桥梁检测，其现场检测情况，如图 4-13 所示；用于汶川地震中的庙子坪大桥的专用简易桥梁检测系统，其简单示意图，如图 4-14 所示，虽不属于重型装备，但是其结构庞大，安装复杂，只能检测桥底且不能实现桥底的连续检测，检测效率低下，也无法胜任紧急状态下的桥梁检测工作。

图 4-13　桥梁检测车进行桥梁检测

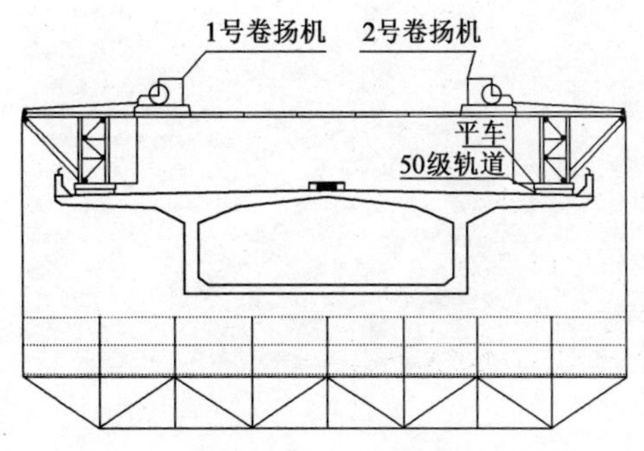

图 4-14　汶川地震中的简易桥梁检测系统

在应急状态下，采用一些重量轻，单兵可以背负便携式检测设备更为有效。

(3)非接触性

在应急状态下，一方面桥梁会出现梁体断裂，车辆难以跨越的自然障碍(图 4-15)，人员设备难以跨越障碍对梁体或桥墩等进行构件检测；当一些高塔、高墩与高拱等发生损毁后就更难以近距离进行检测(图 4-16)。因此，采用一些可以在桥面、岸边就可以对远处或高空损毁构件进行病害识别、测量的非接触检测仪器与设备尤为必要。

图 4-15　梁体坍塌的对岸难以到达

图 4-16　高墩上弹坑深度难以测量

传统的检测手段与技术已经无法满足快速性、便携性与非接触性的三个要求。在常规检测中，一般是依靠桥梁检测车将人员送达桥梁检测面附近进行外观病害与各种几何、物理与力学参数的测量。桥梁检测车一般质量在 30t 左右，属于重载车辆，当损毁桥梁承载力不明时，如仓促在桥面上使用桥梁检测车不仅会导致危险，而且很多情况下沿线道路出现导致重载车辆无法通行的损毁，桥梁检测车无法到达，即使桥梁检测车能够到达检测地点，但由于部分梁体断裂或桥检车自身质量导致桥梁二次损毁等原因，无法到达需要检测的具体位置(图 4-17)。除了像桥梁检测车这样的检测平台在损毁桥梁上难以使用外，传统检测是依靠人员肉眼进行病害识别，借助设备进行病害程度测量，利用手工进行病害记录与整理、汇总，这个操作过程自动化程度低、工作量大，因此检测时间也较长，作业效率一般难以满足应急检测的需求。

a)

b)

图 4-17　桥梁检测车压垮灾后桥梁的桥面

四、应急状态下桥梁检测内容

由于国内目前没有对桥梁应急检测技术系统的研究成果，所以本章只对几种可能适用于桥梁应急检测的技术从检测原理、可以完成的检测内容与操作方式等方面进行简单介绍。而基于机器视觉的桥梁检测技术是通过拍摄桥梁外观图像、计算机进行病害与损毁形式、程度的自动识别与测量来完成桥梁检测，尽管这方面的技术与设备研发还处于发展中，但是由于它们更容易实现桥梁检测的非接触、自动化与快速化，因此成为本章介绍的重点。

第二节　桥梁基本设计参数获取技术

一、引言

在对任何一座桥梁进行检测之前，需要了解该桥的结构形式、结构组成、桥梁长度、桥梁宽度、桥梁设计荷载等级等参数，这样从总体上对桥梁有一个认识，有助于桥梁检测工作的顺利进行。

二、桥梁基本信息获取

桥梁的基本信息主要包括：桥梁的结构形式（梁桥、刚构桥、拱桥、悬索桥、斜拉桥等）、所处道路的等级（一级公路、二级公路、三级公路还是四级公路）、设计荷载、桥梁长度、桥梁宽度、桥梁技术状况（是否限载）、桥梁的各组成部分的尺寸等。下面介绍以上各种参数如何获取：

(1)桥梁结构形式：在桥梁起点处通常会有桥梁责任管养牌，上面一般都会说明该桥桥名以及该桥的结构形式。如果没有桥梁责任管养牌，可以通过现场查看的方法确定。

(2)所处道路等级：一般桥梁管养牌上也会注明所处道路的性质。如果管养牌上没有，可以通过电子地图获取。

(3)设计荷载：设计荷载也可以从管养牌上获取，如果没有管养牌，则可通过该桥梁的所处道路等级，根据《公路桥涵设计通用规范》(JTG D60—2015)(以下简称《15 规范》)、《公路桥涵设计通用规范》(JTG D60—2004)(以下简称 04 规范)、《公路桥涵设计通用规范》(JTJ 021—89)(以下简称《89 规范》)来确定。下面详细介绍《89 规范》、《04 规范》和《15 规范》对桥涵设计荷载的相关规定。

(4)《89 规范》：设计桥涵所用的车辆荷载，分为计算荷载和验算荷载，计算荷载以汽车车队表示，验算荷载以履带车和平板车表示。

(5)计算荷载：分为汽车－超 20、汽车－20、汽车－15、汽车－10 四个等级。其技术指标如图 4-18所示。

(6)验算荷载，如图 4-19 和表 4-3 所示。

用平板车或履带车验算荷载时，不计冲击力、人群荷载和其他非经常作用在桥涵上的各种外力。履带车在顺桥方向可多辆布载，但两车间净距不得小于 50m，平板挂车在桥梁全长内只能用一辆车布载。

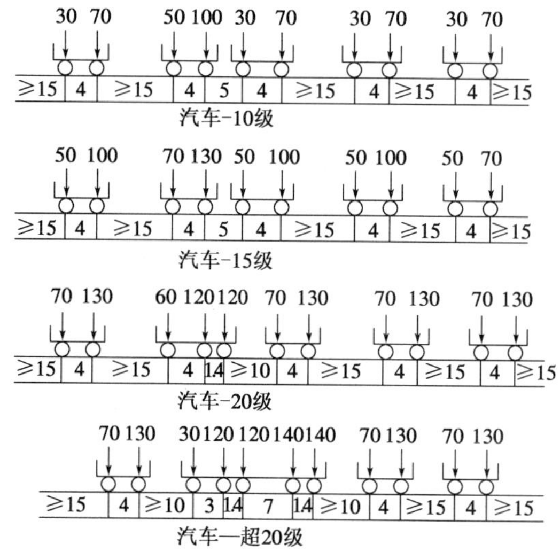

图 4-18 各级汽车车队的纵向排列(重力单位:kN;尺寸单位:m)

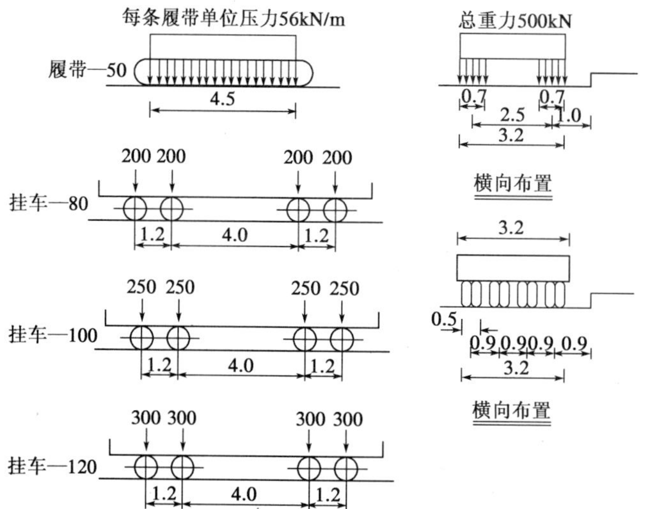

图 4-19 平板挂车和履带车荷载的纵向排列和横向布置(重力单位:kN;尺寸单位:m)

平板挂车和履带车的主要技术指标 表 4-3

主 要 指 标	单位	履带—50	挂车—80	挂车—100	挂车—120
车辆重力	kN	500	800	1000	1200
履带数或车轴数	个	2	4	4	4
各条履带压力或每个车轴重力	kN	56kN/m	200	250	300
履带着地长度或纵向轴距	m	4.5	1.2+4.0+1.2	1.2+4.0+1.2	1.2+4.0+1.2
每个车轴的车轮组数目	组	—	4	4	4
履带或车轮横向中距	m	2.5	3×0.9	3×0.9	3×0.9
履带宽度或每对车轮着地宽和长	m	0.7	0.5×0.2	0.5×0.2	0.5×0.2

《04 规范》:桥梁设计时的汽车荷载由车道荷载和车辆荷载组成。在进行桥梁荷载限载时,通常运用车辆荷载,车辆荷载的主要技术指标如表 4-4 所示。

车辆荷载的主要技术指标 表 4-4

项　　目	单　　位	技术指标
车辆重力标准值	kN	550
前轴重力标准值	kN	30
中轴重力标准值	kN	2×120
后轴重力标准值	kN	2×140
轴距	m	3+1.4+7+1.4
轮距	m	1.8
前轮着地宽度及长度	m	0.3×0.2
中/后轮着地宽度及长度	m	0.6×0.2
车辆外形尺寸(长×宽)	m	15×2.5

公路－Ⅰ级、公路－Ⅱ级车辆荷载总轴重为 55t,最大单轴重为 14t。

《15 规范》:在《04 规范》的基础上进行进一步的优化,不同公路等级对应的汽车荷载标准上进行了调整,同时车道荷载标准有所提高,车辆荷载保持《04 规范》标准不变。

对于 2004 年之前的桥梁,可以用《89 规范》确定,对于 2004 年至 2015 年的桥梁可通过《04 规范》确定,《15 规范》则于 2015 年 12 月 1 日开始实施。

(7)桥梁技术状况(是否限载):桥梁技术状况等级一般都会在桥梁管养牌上反映出来,如图 4-20 所示。对于旧桥一般都设有限载指示牌,如图 4-21 所示,说明该桥限载通行的车辆单轴重不能超过 13t,整车不能超过 30t。

图 4-20　桥梁管养牌

图 4-21　桥梁限载牌

限载牌一般都会在桥梁起点处。如果没有,那就表明该桥能按正常的设计荷载进行通车。

桥梁长度、宽度可以现场实地测量,先简单介绍以下几种测量方法。

(1)用皮尺测量。皮尺测量适合小桥、弯桥长度和桥面宽度。皮尺的使用方法简单,在此不赘述。

(2)用全站仪等测量。全站仪适合测量直线性的大桥、特大桥以及平曲线半径大于 10000m 的弯桥。具体测量桥梁全长操作步骤为:

①在桥台处选一个点作为基准点，架设全站仪，架设仪器的同时安排人员去架设棱镜，每一测站的距离最佳不超过1000m，调平仪器。

②进行全站仪参数设置（棱镜常数，大气改正值或气温值、气压值、仪器高、棱镜高）。

③进入测量模式瞄准棱镜进行测量。结果会显示平距、高度、斜距。两点之间的距离为斜距。每个品牌的全站仪操作界面都会有异同，故不在此列出详细的操作界面图。

(3)用测距仪进行测量。测距仪适合测量直线性的中、小桥的桥长和桥面宽度。

梁式桥因其经济、施工简单、管养方便在已建设的桥梁中占大多数，故下面仅以梁式桥为例介绍桥梁结构各组成部分的尺寸等信息如何获取。

上部桥跨结构：对于梁桥，桥跨结构有两种形式，即板（空心板、实心板）、梁（箱梁、T梁）。其几何尺寸可以通过现场测量（皮尺、测距仪），也可以通过参考交通运输部部颁的空心板、小箱梁、T梁通用图获取，但后一种方法仅限于2004年以后所建桥梁，且此种方法得到的数据不一定和现场完全吻合，所以在有测量条件的情况下还是建议采用测量的方法确定。

下部结构之桥墩：桥墩通常由墩身和墩帽（盖梁）两部分组成。对于桩柱式桥墩，墩身一般为圆柱体或者长方体，其高度主要取决于原地面高程、上部结构高度以及该桥梁处的竖曲线。计算公式为：墩身高＝竖曲线（桥面设计高程）－上部结构高度－支座高度－支座垫石高度－墩帽（盖梁）高度－地面高程。墩身尺寸可以通过现场测量获取。台身高度也可以同桥墩一般计算。墩帽和台帽的高度需现场测量。

第三节　基于无棱镜激光测距仪的快速化检测技术

一、引言

由于激光具有良好的单色性、准直性、较小的相干性以及发散角度非常小等性质，而激光测距仪是使用激光来进行距离的测量，因此激光测距仪具有抗干扰能力强、角分辨率高，并且可以避免由于微波贴近地面所产生的地物干扰问题和多路径效应问题等优点，它是解决在实际测量中人工无法到达或不方便到达的地方进行安全测距工作的有效方法之一。

与其他的距离测量技术相比，激光测距仪具有质量轻、成本低、外观小巧、操作简单、测量迅速、测量量程远、测距精度高、安装调试方便等优点，这也使得激光测距仪成为目前高精度测距最理想的仪器之一，在各种测量领域得到广泛应用。无棱镜激光测距仪省去了在目标点设立棱镜的麻烦，成为远距离非接触式的测量仪器，使之更加方便快捷，进一步拓宽了它在各个领域的使用范围。目前工程中使用比较普遍的是手持式激光测距仪，它也是一种无棱镜激光测距仪，如图4-22所示，只需一键即可完成测距，如今它不仅是一键可以完成一维的测距工作，它还可以实现二维的面积测量、角度测量以及三维的体积测量等功能。图4-23所示为用激光测距仪测量桥墩的体积。

无棱镜激光测距仪是一种能够发射并接受激光、通过记录激光从发射到被测物体反射后并被仪器接收的总时间来计算仪器到被测物体距离的手持式仪器。这个仪器可以广泛应用于桥梁构造几何参数以及严重毁伤形式几何参数的测量，可以用于测量桥墩高度、桥梁长度、垮塌桥梁的跨度、桥梁毁伤空间位置等空间几何参数信息。

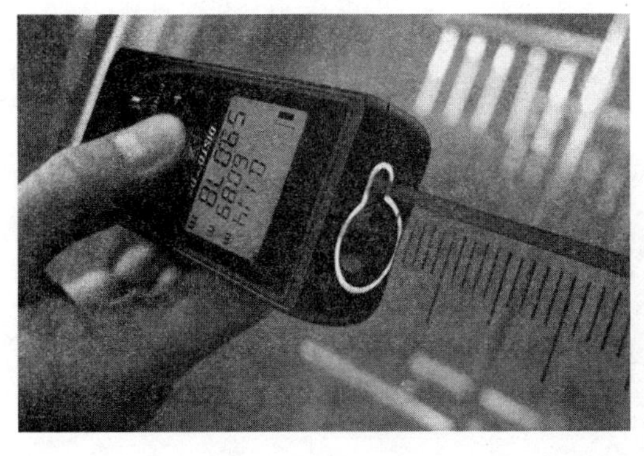

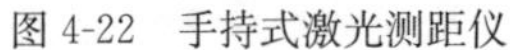

图 4-22　手持式激光测距仪

图 4-23　激光测距仪测量桥墩体积

二、设备及其功能简介

激光测距仪分手持式激光测距仪和望远镜式激光测距仪，手持式激光测距仪的测量距离一般在 300m 内，精度在 2mm 左右，通常适合较短距离的测量，室内测量效果更佳；而望远镜式激光测距仪的量程一般在 600～3000m，这类测距仪测量距离较远，但是精度一般在 1m 左右，主要应用范围为野外长距离测量。在桥梁检测领域，手持式激光测距仪就可以胜任一般的桥梁结构测距任务，因此下面将以德国博世手持激光测距仪 GLM250VF 进行详细介绍。该设备各构件的陈列图如图 4-24 所示；利用该设备在桥梁现场进行数据快速测量，如图 4-25 所示。

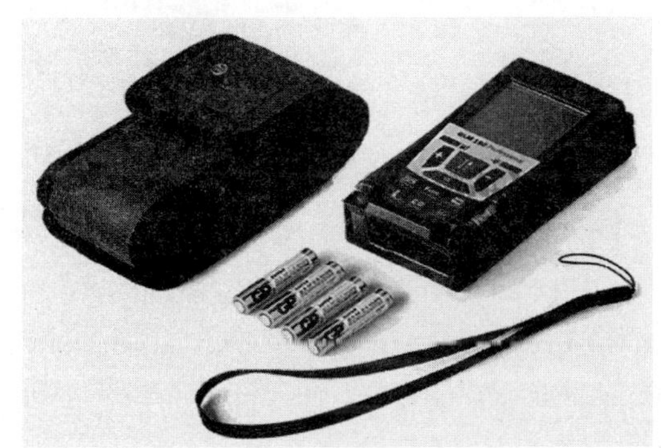

图 4-24　GLM250VF 设备陈列图

图 4-25　利用 GLM250VF 现场测量桥梁数据

手持式激光测距仪 GLM250VF 外观小巧精致，质量约 0.24kg，看起来跟生活中常用的遥控器差不多，因此携带起来十分便捷。它的测距量程是 250m，精度 1mm，而且内置望远镜，适合户外场所使用。在其测量范围内，无论测量环境是否困难，都能拥有绝佳的准确性。其整体的正面图及其各个按钮如图 4-26 所示。

其中在显示屏区域内，左上角的测量基准显示部分，根据选取的基准点不同，它显示不同的标志，总共有 4 个基准点可供选择，如图 4-27 所示分别为：前基准点，即从激光测距仪的顶端开始计量；中基准点，即从它的中部开始计量；底基准点，即从它的底端开始计量；后基准点，即从它底部延长杆的底端开始计量，在进行夹角、缝隙等精细测量时可使用延长杆使测距更加精准。如图 4-28 所示为用后基准点进行夹角对角线的测量。一般情况下,激光测距仪默认测量基准是底基准点。

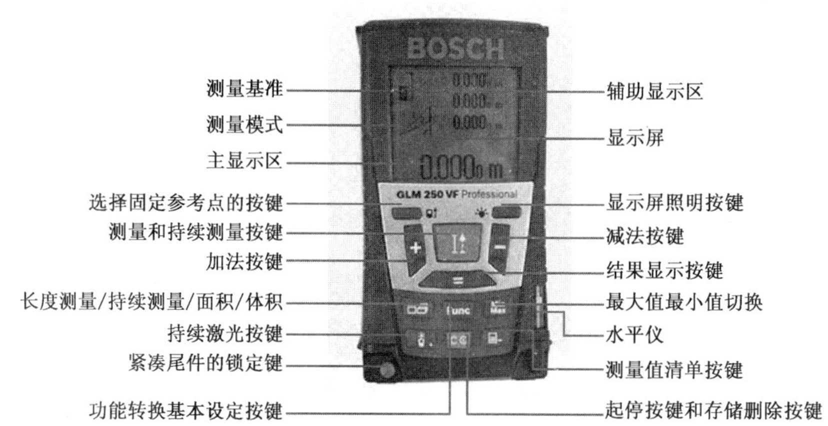

图 4-26 GLM250VF 整体正面及其按钮

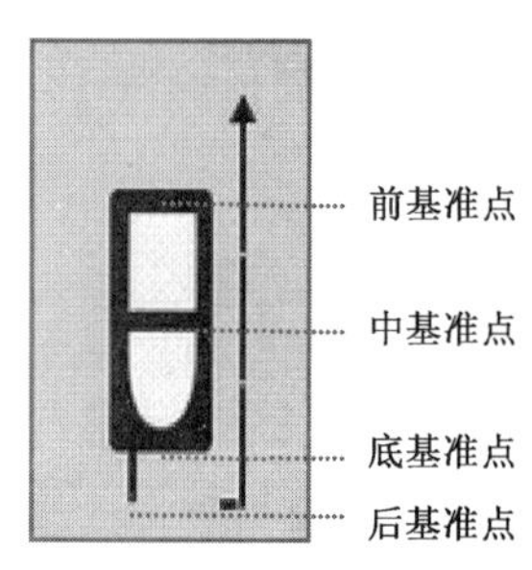

图 4-27 四个基准点示意图

图 4-28 用后基准点进行夹角对角线距离测量

显示屏下方的主显示区显示最近一次测量的结果,在右侧的辅助显示区域显示前 3 次的测量数据,通过 4 组数据可进行简单对比,也可进行数据的加减运算,甚至计算面积并进行面积累加,如图 4-29 所示。当然,它也支持连续测量,可记忆测量值 30 个数据。

在显示屏的测量模式区域会显示相应的测量模式示意图,常用的测量模式有:单次测量、持续测量、面积测量、勾股测量,以及体积测量等,在桥梁快速检测工程中,常用到的是长度测量和面积测量,偶尔也会有体积测量,如图 4-30 所示,为用激光测距仪进行桥墩距离的测量,以及面积测量、体积测量的示意图。

图 4-29 面积计算及面积累加

手持式激光测距仪除了正面图中所展示的功能键外,不仅仅能够手持式测量,它还可以通过背面的三脚架固定孔固定于三脚架上进行距离测量,如图 4-31 所示。同时,在它的侧面偏上部位内置望远镜,在强光下可以看得更清楚;同侧面下端自带水平泡,使得测量更加精准。高紧密模具复啤外壳,使得它抗摔、防水、防尘效果好,能适应各种野外作业环境。

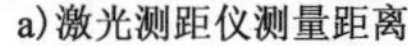
a)激光测距仪测量距离

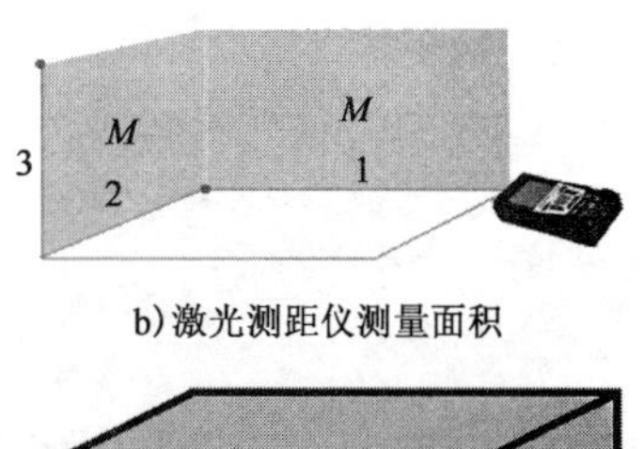

b)激光测距仪测量面积

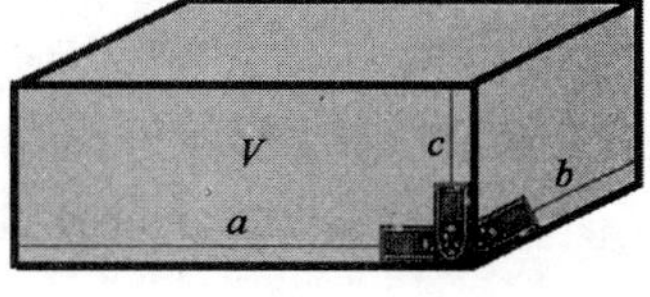

c)激光测距仪测量体积

图 4-30 激光测距仪进行各参数测量

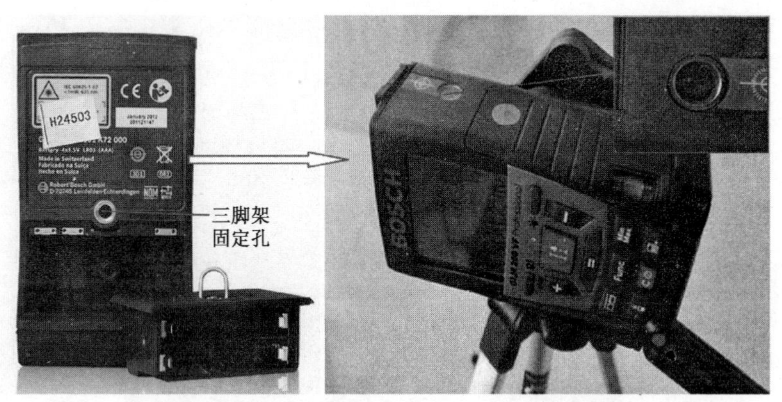

图 4-31 将 GLM250VF 固定于三脚架上进行距离测量

激光测距仪的原理是利用记录激光发射并返回的时间来求两点之间的距离，因此激光的发射和接收是非常重要的。在激光测距仪顶端有一个激光发射器，它的激光强度高，精确稳定，但是需特别注意：在操作中不要将激光对着人或动物的眼睛，以免造成伤害。顶端中间是最新的光学镜头，用来感受反射回来的激光。通常激光可以适用于多种材质反射面，但是不适用于玻璃、水面以及高亮金色材质的反射面。顶端的另一侧是望远镜目镜，如图 4-32 所示。

图 4-32 激光测距仪俯视图

三、激光测距仪在桥梁快速化检测中的应用

激光测距仪因其体积小、质量轻、操作简单、测距速度快、测量精度高而被广泛应用，也可以应用于桥梁快速化检测工程中。图 4-33 所示为在 2008 年汶川地震抢险救援中人工测量河幅宽度，以搭建简易桥梁进行人员转移；图 4-34 所示为 2008 年汶川北川县在地震中坍塌的桥梁断面快速测量，这些情况都可以使用激光测距仪对其进行快速测距，以更快地搭设救生桥梁生命线。

图 4-33　进行河幅的快速测量

图 4-34　进行坍塌桥梁断面的快速测量

在桥梁快速化检测工程中，激光测距仪除了能迅速测量桥梁的长度、宽度、桥墩高度外，在特殊情况下还可以迅速测量人工难以到达的目标物之间的距离（图 4-34），还可以测量目标物，如弹坑、钢筋锈蚀等损伤在桥梁上的具体位置等情况，如图 4-35 所示。在紧急状态下，利用无棱镜激光测距仪进行快速测距，能够节省大量的资源与时间。

图 4-35　用激光测距仪测量钢筋锈蚀处在桥梁中的位置

第四节　基于非接触检测仪的快速化检测技术

一、引言

非接触检测仪是指将数码相机、天文望远镜、无棱镜激光测距仪与测量软件进行集成后，如图 4-36 所示，通过设备远程拍摄桥梁外观图像，而后通过计算机或人工界面对图像进行结构是否有裂缝、坑洞与偏位等病害或损毁的识别，在确定有病害或损毁的情况下，通过距离转换法可以实现裂缝、坑洞等病害宽度、长度甚至深度测量的仪器设备。设备的控制与操作既可以通过计算机完成，又可以通过手持控制手柄完成。目前，该设备以南京工业大学研发的较为成熟，在 200m 距离上可以实现 0.05mm 以上裂缝的识别，在 100m 距离上可以实现 0.05mm 以上裂缝的精确测量。该仪器可以架设到桥面或岸边，如图 4-37、图 4-38 所示。在不需要到达构件表面的情况下，实现对裂缝等外观病害、弹坑、偏位与破损等严重损毁的快速检测。该设备系统不仅可以实现非接触检测，而且质量轻，大口径非接触检测仪可以双人搬运，小口径

非接触检测仪单人可以背负输送。

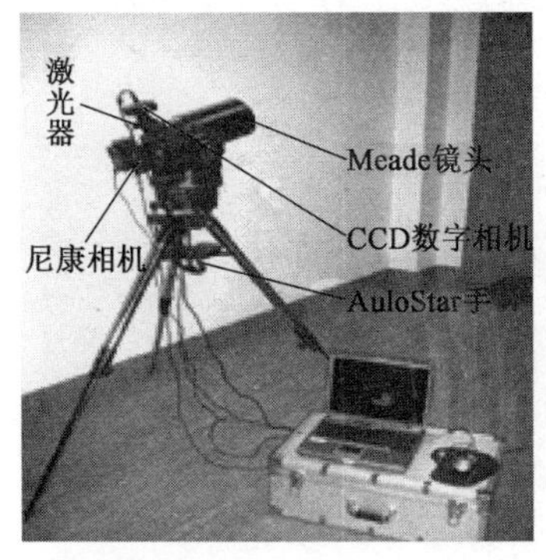

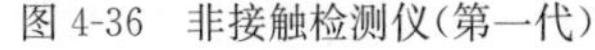
图 4-36　非接触检测仪(第一代)

图 4-37　非接触检测仪检测桥塔

图 4-38　非接触检测仪检测梁体

二、设备组成

非接触检测仪是通过远距离、非接触、高精度地获取桥梁表观视频图像信息，主要用于桥梁外观损伤非接触检测的仪器，它的工作运行照片如图 4-39 所示，设备结构由三脚架、天文望远镜、数码相机、无棱镜测距仪以及安装有图像处理软件的普通或野外用计算机等组成，各部件组装架设后的整体图如图 4-40 所示。

图 4-39　非接触检测仪现场图

图 4-40　检测设备的整体图

(一)三脚支架

每一根支架都可单独进行伸缩控制，只要稍作调节就能保证三脚支架顶端表面处于水平位置，以便能够适应各种地形环境，同时它还可折叠放置，方便携带，满足野外实际作业需求。三脚支架作为非接触检测仪的基础，其上架设天文望远镜、照相机等设备，通过调节各支架的伸缩长度来保证设备的平衡稳定。

(二)天文望远镜

天文望远镜本来是观测天体的重要工具，这里主要是通过计算机来控制望远镜进行远距离观察桥梁表面以获取图像信息。根据工程实际需求及现场经验，目前该设备已经发展到第三代，如图 4-41 所示。各个型号的望远镜其采集数据的相关参数如表 4-5 所示，这样就可以根据桥梁周围环境及桥梁检测需求的不同，来选择合适型号的天文望远镜进行数据采集。由于天文望远镜属于高端精密仪器，因此一般用专用箱子存放，如图 4-42 所示，但对于崎岖的山路，也可以放在背包里人工背负，以满足野外实际作业需求。

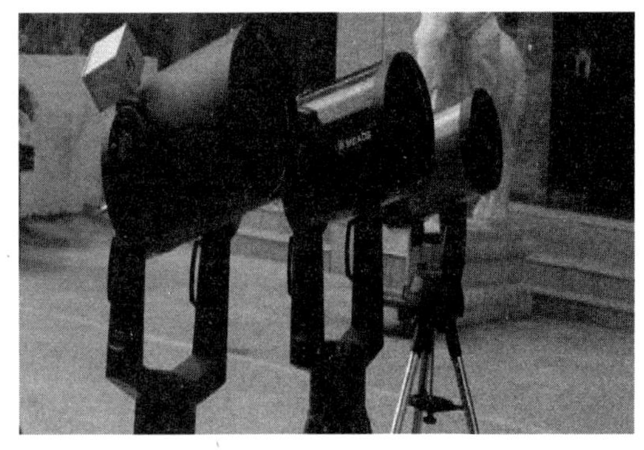
图 4-41　三个型号的天文望远镜

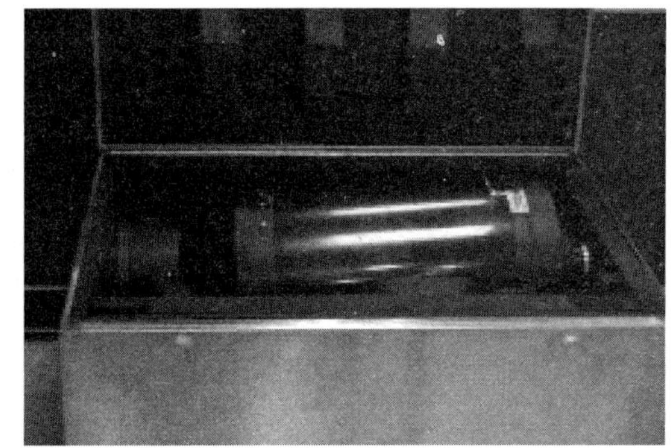
图 4-42　天文望远镜的存放

各型号非接触检测仪相关参数表　表 4-5

型　　号	病害精密测量(m)	测量精度(m)	清晰图像获取(m)
NCD-50	50	0.02	100
NCD-100	100	0.02	200
NCD-150	150	0.02	300

非接触检测仪主要用于获取远距离、高精度的桥梁表观数据信息，因此天文望远镜是该仪器的重要设备。将其架设在三脚支架的水平面上，通过调节手柄来控制镜头的转动，旋转调焦旋钮来调整焦距，以显示清晰的桥梁表观画面。

(三)高清照相机

天文望远镜可以让检测人员远距离观察到桥梁表观的清晰画面，但是要想获取各个画面的数据信息并进行分析运算，还需要用照相机将画面记录下来，以获取桥梁表观图像数据。因此，将高清照相机集成在天文望远镜的目镜上面，通过计算机端来控制相机进行拍照，将目镜中的每一个画面进行记录存储。通过在实际工程应用过程中不断摸索与尝试，并运用大量的样本图像采用单一变量原则进行试验分析，来确定照相机的相关性能以获取高质量的表观图像。非接触检测仪 NCD-150 中采用的是 1200 万～2020 万像素的佳能照相机，如图 4-43 所示；采集图像的实际大小为 0.5m 左右，以确保照片的清晰度。

(四)计算机

非接触检测仪作为一种智能化的桥梁检测设备，计算机是它的大脑，与其他部件通过有线连接，将各个部件连成一个整体，如图 4-44 所示。它主要有以下几个作用：

(1)直接有线连接天文望远镜，在显示屏上实时显示物镜中的画面。

(2)控制照相机进行拍照，以获取实时画面的数据信息，并将获取的图像数据信息保存在计算机终端。

(3)在后期根据表观病害图像的典型特征，利用计算机编程实现病害的自动识别与测量等功能。

在采集过程中，一般的计算机性能即可满足要求，如图 4-45 所示。考虑到户外作业时光线对显示屏的干扰，最好是准备一个遮光罩以减少光线对采集工作的影响；在后期图像数据处理过程中，为保证图像数据处理效率及精度，尽量选择配置较高的计算机进行运算。

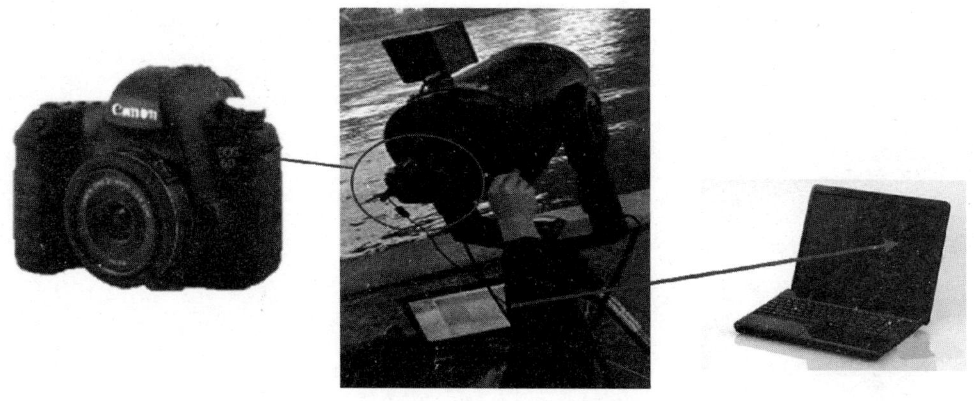

图 4-43 照相机　　图 4-44 现场工作照　　图 4-45 计算机

(五)测距仪、测角仪

测距仪顾名思义是用来测量距离的仪器，如图 4-46 所示。这里的测距仪测量的是天文望远镜到计算机屏幕上显示的目标物之间的实际距离，精度为±1cm；测角仪是用来测量天文望远镜与水平面之间夹角的仪器，如图 4-47 所示。测距仪和测角仪都是为后期实现对病害图像进行三维定位而设置的，它们的精度越高，后期进行病害三维定位就越精确。在非接触检测仪中，将测距仪和测角仪集成在一个铁盒子里，并安装在望远镜靠近目镜的那一端上面，进行自动测距和测角，如图 4-48 所示。

图 4-46 测距仪

图 4-47 测角仪

图 4-48 测距仪和测角仪集成盒

(六)LED 灯

LED 灯主要是作为补光设备，针对那些需要补光的天气及隐蔽部位进行补光，以保证采集到的图片清晰度。在非接触检测仪中，LED 灯并不是必不可少的一个部件，一般在进行近距离采集隐蔽部位时，可以用 LED 灯进行补光，但是远距离采集时补光效果不明显，一般不采用。

(七)蓄电池

蓄电池作为供电设备，主要给测距测角模块进行供电，一般可持续供电 8～12h，但如果它同时还要给计算机供电，则运行时间几乎要减半，因此最好事先给计算机备份一块电源以保证计算机的基本运行时间。

(八)折叠椅、遮光罩、2 号电池等其他辅具

三、检测原理

(一)检测意义

在战争等特殊环境下，桥梁的梁体、桥墩与主塔等关键构件是炮火打击的首要目标，其经常会出现裂缝、弹坑与空洞等毁伤现象。为判别桥梁的毁伤程度并确定抢修方案，必须首先进行裂缝宽度、长度与位置，弹坑面积与深度，空洞面积等几何参数测量。传统的侦察手段与桥梁的外观病害的检测手段类似，即利用脚手架或检测车到达构件表面进行测量，不仅难以满足现代战争下快速性的要求，而且在桥面整体断裂、大江大河与峡谷等特殊环境下难以应用。

(二)表观图像数据采集

非接触检测仪是基于数字摄影测量原理，在不需要到达构件表面的情况下，根据桥梁周围实际地理环境设置合理的观测点，在桥面或者桥下架设非接触检测仪，就可以对梁体、桥墩、主塔等构件的外观病害或者毁伤进行图像数据采集。在前面讲过，非接触检测仪之所以可以进行远距离采集图像数据信息，是因为它将天文望远镜与高清照相机完美地结合在一起，检测人员只要在观测点处操作计算机，即可获取一两百米以外的桥梁表观图像数据，相对于桥梁检测车等一般检测手段而言，大大降低了检测成本，减少了检测时间。

在桥梁表观图像采集方面，对于具有高墩、高塔等高耸构件以及山区内横跨山谷沟壑的大型桥梁而言，非接触检测仪具有得天独厚的距离优势，如图 4-49 所示，在桥面上相应观测点架设非接触检测仪以获取桥塔立面的照片，采集到的照片如图 4-50 所示，图片中裂缝清晰可见。如图 4-51 所示，是根据桥梁的实际地理位置环境，在桥梁旁边的观测点架设非接触检测仪以获取桥墩的表观图像，采集到的照片如图 4-52 所示，图片中裂缝以及锈迹清晰可见。从这两组工作照片中可以看出，采集现场一个检测人员即可完成，其采集距离都在 100m 以上，而且一个观测点可以获取一个甚至多个构件的表观图像，采集过程中不会影响正常交通，采集的图像中病害清晰可见。

(三)图像自动识别

现场采集完桥梁表观图像后进行分类保存，后期通过计算机实现对表观图像的自动识别。由于在桥梁表观病害中，以裂缝最为普遍，且桥梁检测规范中对裂缝宽度具有非常详细明确的

要求，因此这里以裂缝的自动识别为例进行详细说明。对于裂缝自动识别系统而言，其基本结构如图 4-53 所示，由数据获取、预处理、特征提取、分类决策及分类器设计五部分组成。一般分为上下两部分：上半部分完成未知类别模式的分类；下半部分属于分类器设计的训练过程，利用样本进行训练，确定分类器的具体参数，完成分类器的设计。而分类决策在识别过程中起一定作用，对待识别的样品进行分类决策。

图 4-49　桥面上采集桥塔立面照片

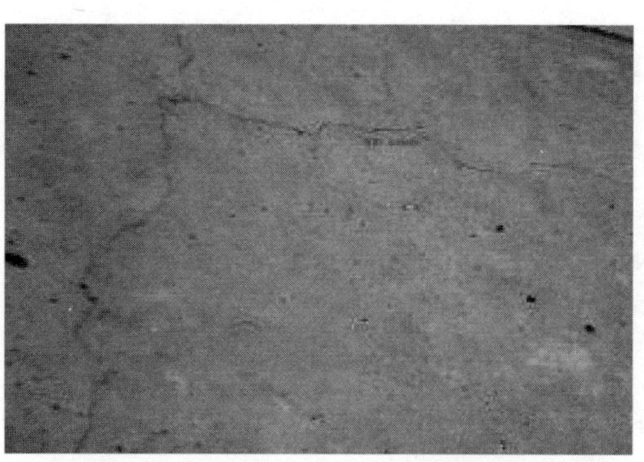

图 4-50　采集的桥塔立面的病害照片

图 4-51　桥底采集桥墩侧面照片

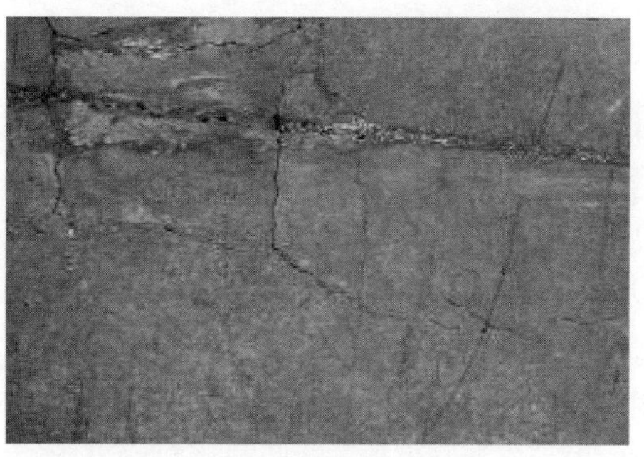

图 4-52　采集的桥墩侧面病害照片

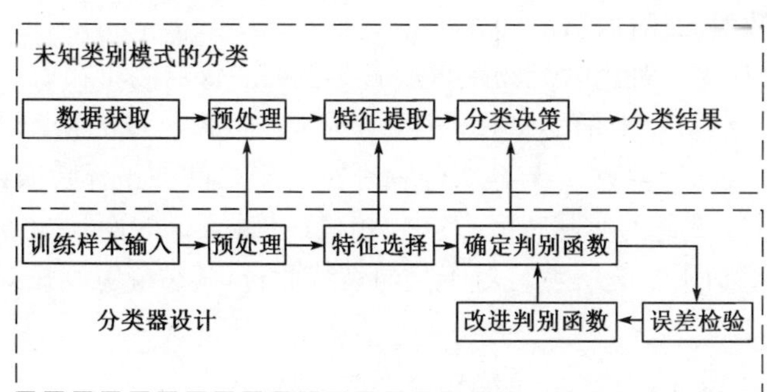

图 4-53　裂缝自动识别系统基本结构

为了实现对裂缝的自动检测与识别，首先要建立一个大样本集，实现对识别系统的训练。这个集中的样本图像需要从检测现场获取，它不仅要包含大量的裂缝图像，还应包含大量的背景图像，而且这个背景图像中要尽可能地将可能出现裂缝的情况都囊括在内，特别是那些与裂缝外观形态特征相似的污渍、划痕、标识、拼接缝、水迹等，这样才能对计算机进行仿真训练，以提高识别效率。训练结束后，再利用其他的桥梁表观图像对训练情况进行测试，测试结果如图4-54所示，能够正确识别典型的混凝土表观裂缝，并在裂缝区域用红色"+"进行标注；除了能够识别典型的单一背景裂缝外，对于具有划痕、污渍以及多条裂缝等复杂背景下的图像，该识别系统也能够较好识别，其识别结果如图4-55所示。

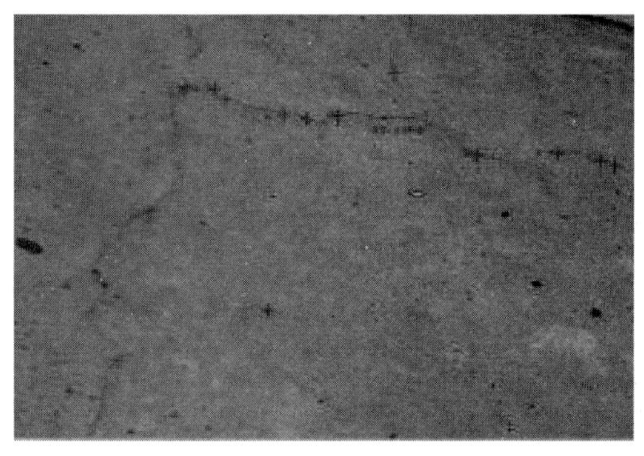

图4-54 典型裂缝自动识别结果

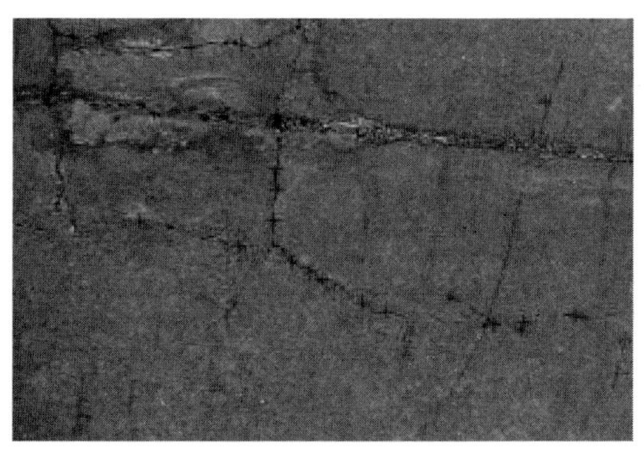

图4-55 具有划痕等复杂背景的自动识别结果

（四）病害参数测量

病害参数测量的目的是要得到裂缝等病害的宽度、长度和面积等信息，以对病害有定性定量的了解，为桥梁的抢修加固提供有力支撑。但是照相机所拍摄的图片仅仅含有二维的像素信息，而非空间的、三维的实际物理距离，因此需要将二维的像素信息转换成三维的实际物理尺寸，也即实现坐标转换。摄影测量作为一个成熟的技术，已经广泛应用于科学技术的各个领域，除了可以提供静态目标的平面图、等值线图或三维空间坐标，还可以提供动态目标的运动轨迹以及工程所需的各类参数；相应的也研究出多种以图像信息来确定未知点三维空间坐标等物理信息的解析处理方法，如单像空间后方交会法、双像空间前方交会法、直接线性变换法等。由于裂缝测量是平面问题，不需要明确裂缝中每一点在空间的坐标，且图像采集现场条件有限，无法提供过多的辅助测量工具，因此针对裂缝测量的实际情况，可以采用测距法来进行裂缝长度、宽度等参数的测量计算。

所谓的测距法是指直接利用激光测距仪或者其他测距仪器测得物距 u 来计算裂缝宽度的方法。其基本原理是透镜成像原理，如图4-56所示。在摄影测量的物距为 u 的某一位置，建立裂缝宽度在图像中所占像素数 m 与其实际物理宽度 L 之间的坐标转换公式，代入相机成像CCD的相关参数来计算裂缝的实际宽度；其中，相机成像CCD的面积为 $a \times b$，相机所拍摄图片的分辨率为 $s_1 \times s_2$，如图4-57所示。对于竖向裂缝而言，其裂缝宽度按式(4-1)计算：

$$L = \frac{u-f}{f} \cdot \frac{am}{s_1} \tag{4-1}$$

同理，对于横向裂缝而言，其裂缝宽度按式(4-2)计算：

$$L = \frac{u-f}{f} \cdot \frac{bm}{s_2} \tag{4-2}$$

式中：u——物距，即镜头光心到物体表面的距离；

f——焦距；

L——裂缝的实际物理宽度；

m——裂缝实际宽度在图像中所占的像素数；

a、b——相机成像CCD的长边和短边尺寸；

s_1、s_2——裂缝长边和短边的像素数。

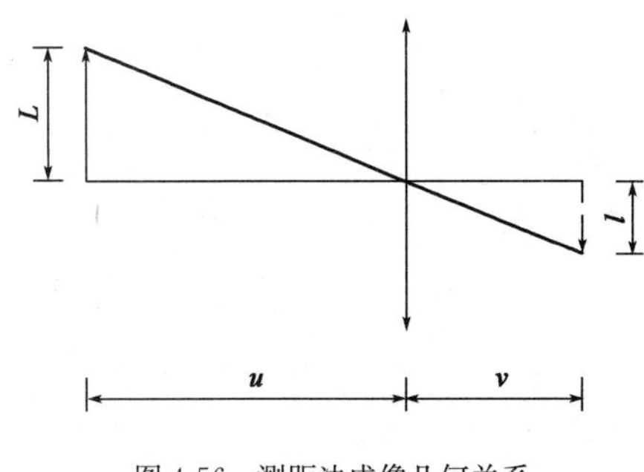

图4-56　测距法成像几何关系

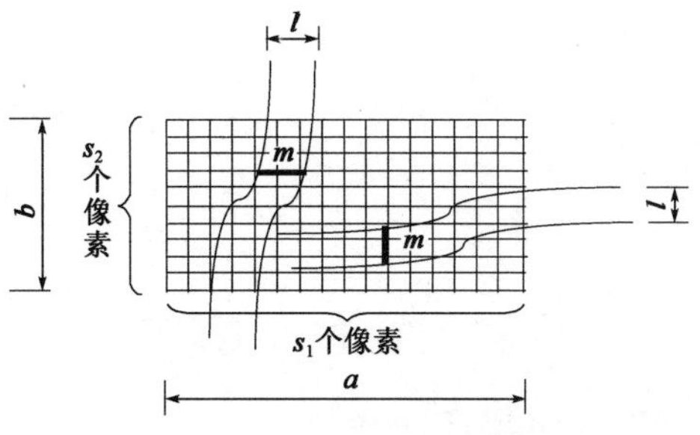

图4-57　CCD成像示意图

在桥梁检测规范中，对于裂缝类病害其宽度值是重要的损伤评估参数，但是要想实现对桥梁表面空洞的损伤评估，除了要得到其形状、位置、大小等二维数据信息，更重要的是要获取空洞的深度，以评估桥梁的毁伤程度，这属于三维测量问题的研究范畴。与传统的二维图像相比，物体的三维图像能够更加全面、真实地反映客观物体，提供更加丰富而准确的信息。计算机立体视觉是一种结合了计算机技术和光学手段，模拟生物视觉的立体感知功能，从摄像机获取的图像信息出发，计算三维空间中物体的几何信息，并由此重建和识别物体的方法。

目前运用计算机视觉技术实现物体三维测量的方法较多，在非接触检测仪的软件系统中，模拟人眼观察物体三维成像，采用双目视觉测量技术进行远距离桥梁表面空洞的三维测量。双目视觉测量技术的基本原理是通过2个CCD摄像机摄取同一个景物在不同角度下的图像，通过三角测量原理计算图像像素间的位置偏差（即视差），来获取物体的位置和深度等三维几何信息，P_1、P_2为物点P在左右两个完全相同的CCD摄像机成像平面中的投影点，其相应的坐标信息及坐标轴等参数如图4-58中标注所示。

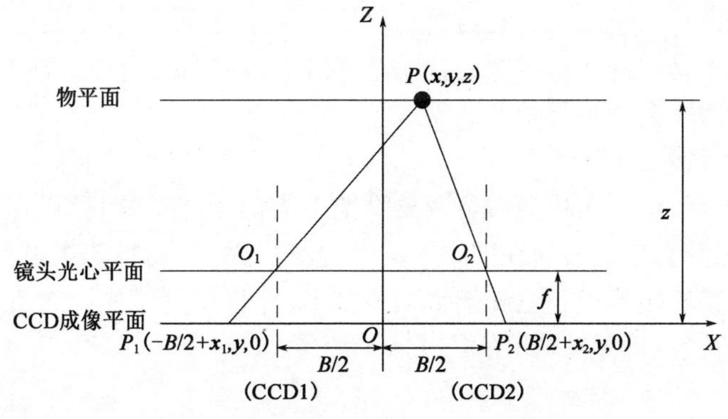

图4-58　双目视觉测量方法几何关系

由成像三角关系可得：

$$\left.\begin{aligned}\frac{-x_1}{x-(-B/2+x_1)}=\frac{f}{z}\\\frac{x_2}{(B/2+x_2)-x}=\frac{f}{z}\end{aligned}\right\}\tag{4-3}$$

从而有：

$$\left.\begin{aligned}x=\frac{(x_2+x_1)\cdot B}{2(x_2-x_1)}\\z=\frac{(B+x_2-x_1)\cdot f}{x_2-x_1}\end{aligned}\right\}\tag{4-4}$$

式中：z——测量所求得的物点深度信息。

四、现场操作流程

（一）仪器的携带

非接触检测仪看似笨重，实则好收纳、便于携带。一般桥梁的远程非接触检测只需两名检测人员，平均每名检测人员用两个背包即可将所有的检测设备及相关辅具全部收拾妥当，这样便于进行野外环境作业。

（二）观测点及采集顺序的确定

到达现场后，首先将检测设备放置妥当，然后对桥梁周围的地形进行仔细勘察，最后确定合适的观测点来进行桥梁表观全方位数据的采集。观测点最好是选择背光、视野开阔、离采集结构表面较近且地势较平坦的位置，以减少外界因素的干扰，保障检测人员和仪器设备的安全。若进行公路桥梁的数据采集，还应避开交通危险路段，尽量不影响交通。确定好观测点之后再确定数据的采集顺序，以便有条不紊地进行全方位桥梁表观数据的采集工作。

（三）现场仪器架设

（1）架设三脚架

将三脚架从包里拿出，在之前确定的观测点位置处，架设三脚架，确保三脚架处于水平位置，以作为整个检测设备的基础。若有需要可以根据实际地理环境，分别延伸三脚架的高度至合适位置，但须保证三脚架的三个脚螺旋拧紧至三脚不再伸缩。由于三脚支架的灵活伸缩性，它可以适应任何地形，完全满足野外作业需求。

（2）固定天文望远镜

三脚架架设稳定后，由一名检测人员调整脚架上表面中间的螺杆，以保证它能上下弹动，并最终让螺杆上顶端与脚架上表面在同一平面上；同时另外一名检测人员将天文望远镜从包里取出，然后将望远镜底座架设到三脚架水平平台上，并将望远镜螺孔对准三脚架螺杆，拧紧三脚架螺杆直至望远镜不再晃动，如图 4-59 所示。

（3）安装电池

从望远镜固定支架的底端（即望远镜与三脚支架连接的那一端）取出电池盒，安装 2 号电池给望远镜供电，如图 4-60 所示。望远镜需要两组电池供电，共 8 节电池，一般能用 5 天左右，如图 4-61 所示。为减少废弃电池污染，也为节省经费开支，可准备 4～8 组可充电电池使用。

a)望远镜螺孔对准三脚架螺杆

b)天文望远镜固定完成

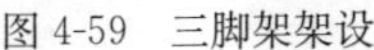

图4-59 三脚架架设

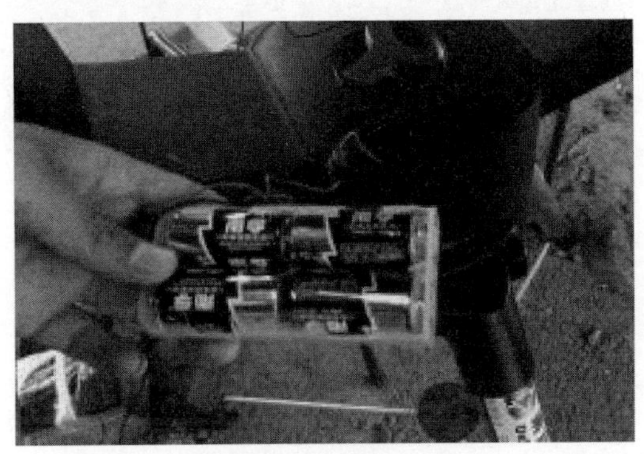

图4-60 望远镜电池盒

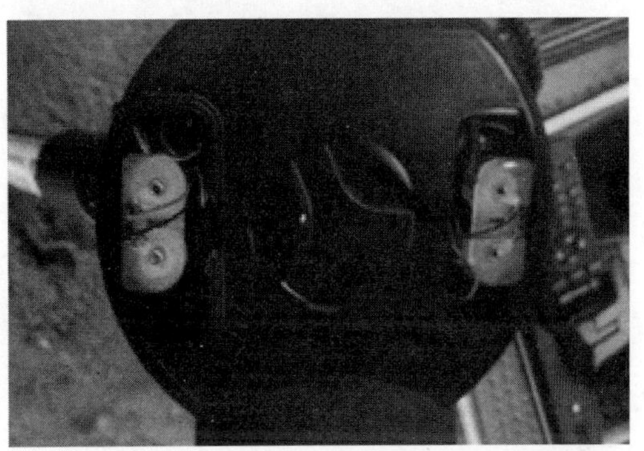

图4-61 望远镜电池组

(4)插入自动手柄

自动手柄顾名思义是自动遥控望远镜的遥控器,类似于电视遥控器一样,如图4-62所示。在望远镜固定支架的旁侧,在指示位置处插入自动手柄,然后将旁边的按钮向上拨到"on"处,这时自动手柄上的显示屏亮,自动手柄将与望远镜进行有线连接,如图4-63所示。根据遥控器上的上、下、左、右按钮来控制望远镜镜头的上、下、左、右转动,寻找清晰的待检测目标,获取桥梁表观实时画面。

图4-62 自动手柄

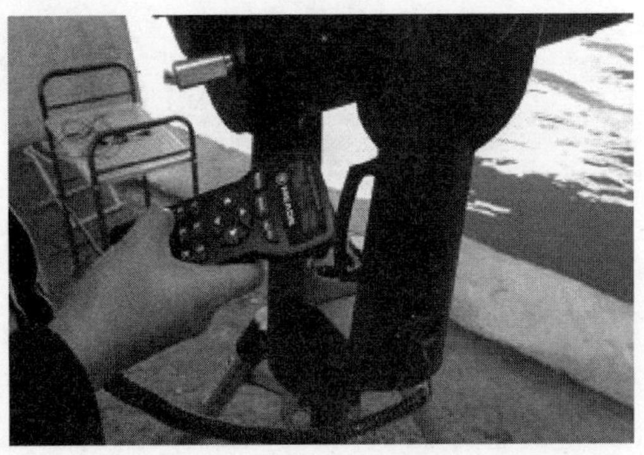

图4-63 自动手柄连接状态

若是望远镜没有外接自动手柄，仪器本身也能实现360°旋转。如图4-64所示，将圆圈中的三角按钮旋松，这样可以通过手动实现望远镜在水平方向的360°旋转，旋紧之后则无法转动；通过望远镜自身支架两侧边的带有刻度的旋钮，可通过手动实现望远镜镜头在垂直方向上的360°旋转，如图4-65所示，旋转的度数则可以通过其刻度经过简单计算得出。虽然结果都是可以实现望远镜镜头的旋转，但是通过自动手柄可使旋转更加方便、快捷并且易于控制。

图4-64 水平方向转动旋钮

图4-65 竖直方向转动旋钮

(5)连接相机

望远镜的作用主要是将远距离的画面显示在检测人员眼前，如果要想将这些画面记录下来，则需要将高清照相机与望远镜连接起来。然而望远镜本身并没有与照相机直接连接的接口，因此需要外接一个设备将两者连接成一个整体，也就是照相机与望远镜的转接口。首先将望远镜目镜镜盖拧开，然后将转接口通过旋拧的方式连接到望远镜目镜上，如图4-66所示。检查接口连接后是否松动，若有松动则检查各接口是否拧紧。

图4-66 望远镜与相机连接过程

转接口与望远镜进行连接之后，将照相机的镜头取下，找到镜头接口处的小红点，如图4-67所示，同时也找到转接口与照相机即将连接的那一端口处的小红点，将两个小红点对准之后，通过旋钮的方式将相机与转接口进行稳固连接。连接完成后检查相机、转接口、望远镜之间的连接是否都已稳固牢靠，若稍有松动，可再次尝试旋紧各接口；若是照相机中心轴并未与

望远镜中心轴保持同向，则主要检查照相机接口处的小红点与转接口处的小红点是否对齐，若是对齐则检查螺纹是否吻合。

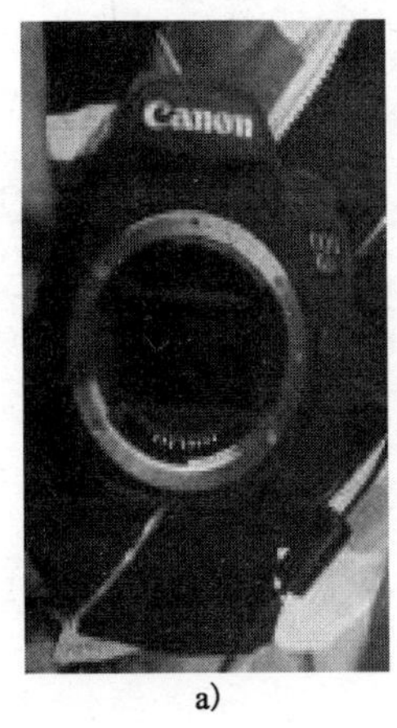

a)

b)

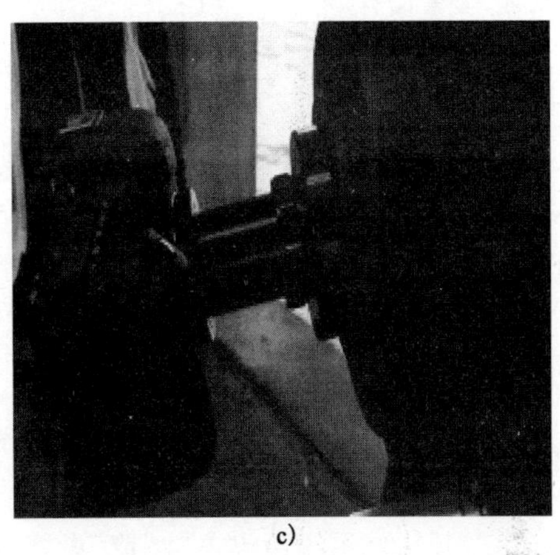

c)

图 4-67 将相机与望远镜目镜相连接

(6)安装测量模块

测量模块是测距仪和测角仪的集成，安装在望远镜目镜的上端，主要是测量从望远镜镜头到目标表面的直线距离。为稳固安装测量模块，设计在望远镜目镜上端安装一个圆弧铁块，并设置一个卡槽来固定测量模块。先将望远镜镜筒上方安装测距模块的螺丝拧出，再将测距模块下方的卡片对准望远镜上端的卡槽，并推进到底端，将测量模块稳固地安装到望远镜上，最后拧紧螺丝，检查测距模块是否晃动，如晃动检查螺丝是否拧紧，若不再晃动则连接测距模块电源，连接成功会发出"嘀"的一声响。测距模块在连接蓄电池时，一定要再次确认正负极后进行连接，直至测距模块的通电指示灯闪烁则连接成功，其安装过程如图 4-68 所示。

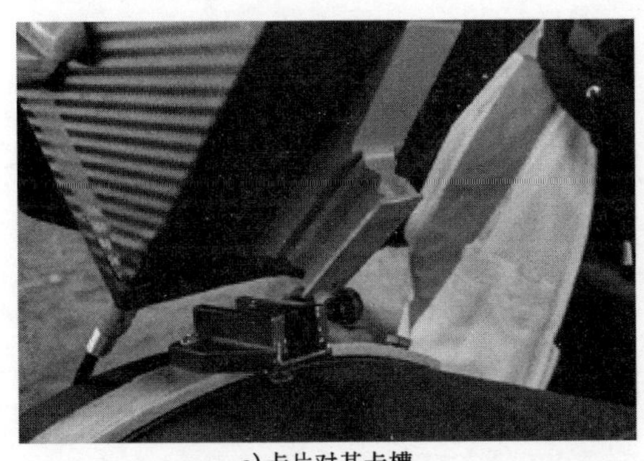

a)卡片对其卡槽

b)测量模块安装成功状态

图 4-68 测量模块安装过程

(7)接入计算机

待望远镜及其附属设备架设完成后，将折叠桌打开，拿出专用计算机进行计算机与望远镜部分的连接。将相机数据连接线分别连接到相机数据口和计算机的 USB 接口上，检查是否连接成功，打开相机和计算机，运行 NCD 非接触软件且能正常打开，并且能打开实时显示窗口，则说明连接成功，如图 4-69 所示；若无法运行 NCD 非接触软件则说明连接失败，须检查连接数据线是否脱落，或数据线损坏。连接成功后，打开蓝牙或外接一个蓝牙设备，通过蓝牙实现计算机与测量模块的连接。

安装流程简单明了，整个安装过程大概 5～10min。从一个观测点移动到另一个观测点，无需仪器的拆卸与重组，可以整套设备直接搬过去，只需调整三脚架保持水平稳定即可，方便快速。

图 4-69　望远镜与计算机连接成功状态

（四）数据采集及保存

在计算机上打开“结构非接触检测系统”软件，设置相应的参数，按照下面的步骤进行桥梁表观图像的采集与存储。

(1)打开软件系统后点击“浏览”设置存储路径。

根据实际情况选择合适的存储路径，以便后续文件的调用，如图 4-70 所示。

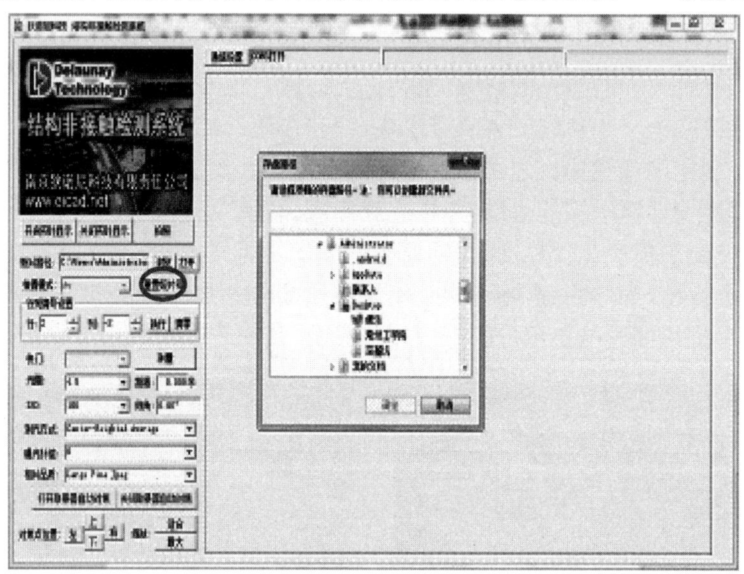

图 4-70　“浏览”界面

(2)在通信设置中进行参数设置：

串口号：根据蓝牙模块驱动安装时显示的端口号；

波特率：9600；

数据位：8；

停止位：1；

校检：none。

其运行界面如图 4-71 所示。

(3)点击“开始实时显示”，在计算机界面显示待检测目标区域，旋转对焦螺旋直至画面清晰，可通过自动手柄调整视野范围找到待测目标，其运行界面如图 4-72 所示。

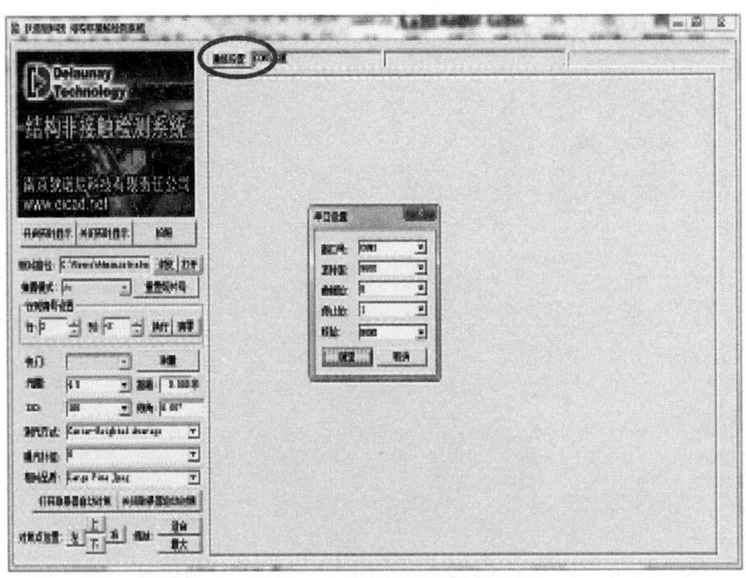

图 4-71　“通信设置”运行界面

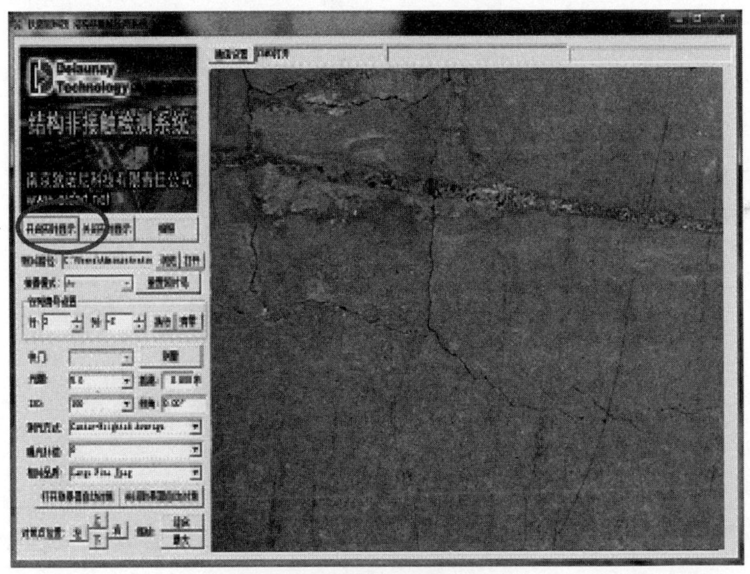

图 4-72　“开始实时显示”界面

(4)点击“测量”，可获得检测系统与待测目标间的距离以及镜筒当前竖向角度，即记录下当前的距离和角度，为后续的参数测量做铺垫，其运行界面如图 4-73 所示。

(5)测量完毕后点击“拍照”，获取待测目标外观图像，照片自动存入指定位置，其中照片的文件名由照片序号、拍摄时间、距离、竖向角以及照片空间位置构成。通过自动手柄调整视野范围，检测结构不同位置的外观情况，其运行界面如图 4-74 所示。

为保证采集数据图片的质量，照片大小一般为 4282×2468 像素，而实际物理大小大约为 20cm×40cm。同时，为了保证能够采集所有的桥梁表观图片数据，一般保证前后两张图片重叠 15%左右；在现场进行数据采集，1h 便可完成一个 100m 级高塔的立面检查，其成本不足传统检测手段的 60%。

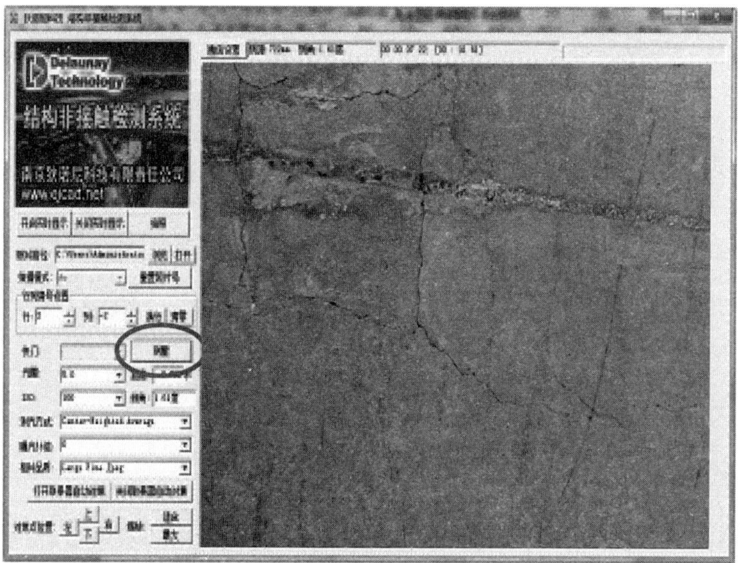

图 4-73 “测量”界面

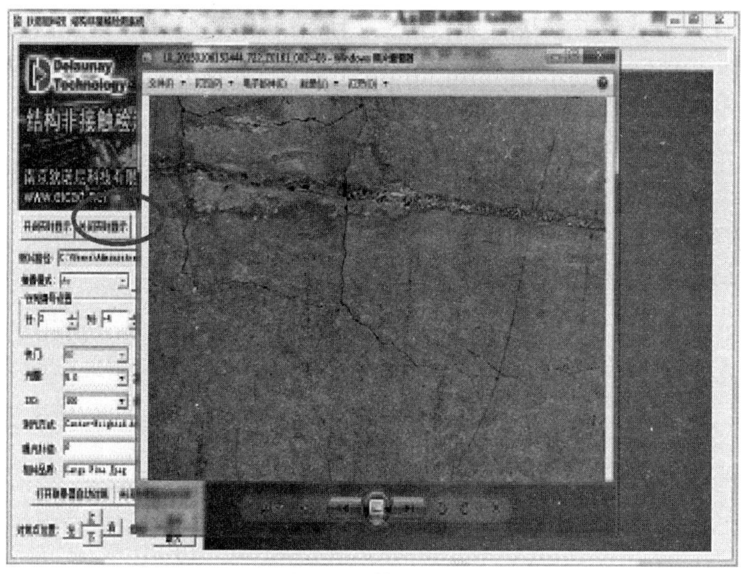

图 4-74 “拍照”界面

五、数据处理

(一)病害自动识别

在现场通过非接触检测仪采集完全方位的桥梁表观图像数据后，后期将对这些数据处理。根据桥梁的服役状况及服役年限的不同，其存在的损伤程度也不同，但是一般而言，在整个桥梁表面上，具有损伤特征的部位只占较小部分面积，大部分还是属于背景面积。因此，若是能够将带有损伤病害特征的图片从海量的表观图片中筛选出来，则工作量大大减小。

对大量的裂缝等病害样本图像以及各种可能出现的干扰物背景图像进行研究，找到裂缝

等病害图像的多种典型特征，用以区别裂缝图片和背景图片，并用编程来实现对裂缝等病害图像的自动识别。其具体的识别过程如下：

(1)打开识别软件。软件界面是4框显示的，由于在前面几步中都只涉及左上角的方框，因此只截取这部分界面进行展示，如图4-75所示，在后面需要涉及其他几个框架时即展示整体运行界面。

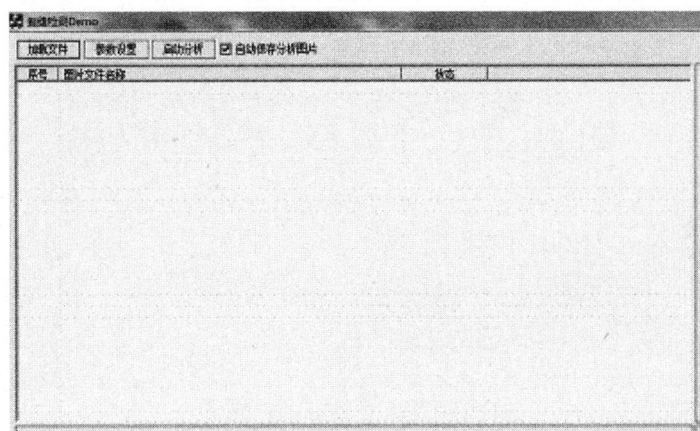

图4-75　打开软件界面

(2)读取图像数据，即加载需要识别的照片文件夹，如图4-76所示。

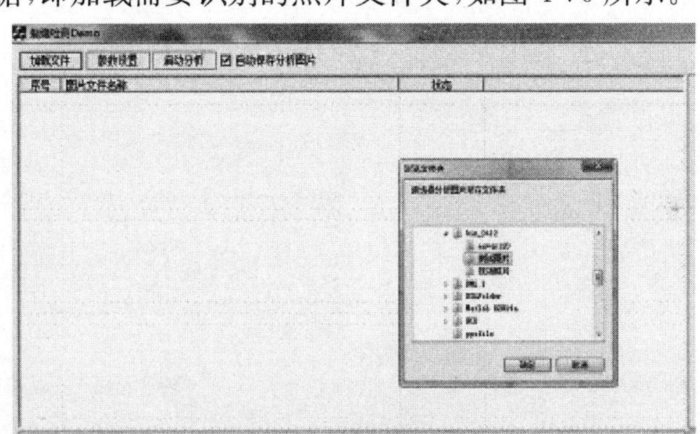

图4-76　读取图像数据界面

(3)选择参数设置以及适合的病害分析算法，如图4-77所示。

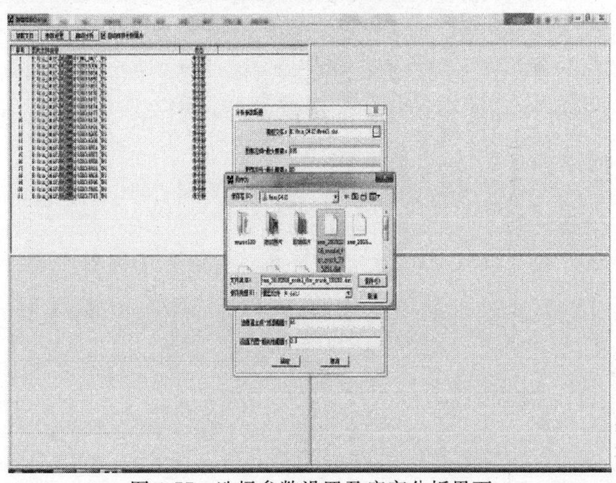

图4-77　选择参数设置及病害分析界面

(4)启动分析。可以将分析后的照片存储在原始照片文件夹内,以便对照,如图4-78所示。

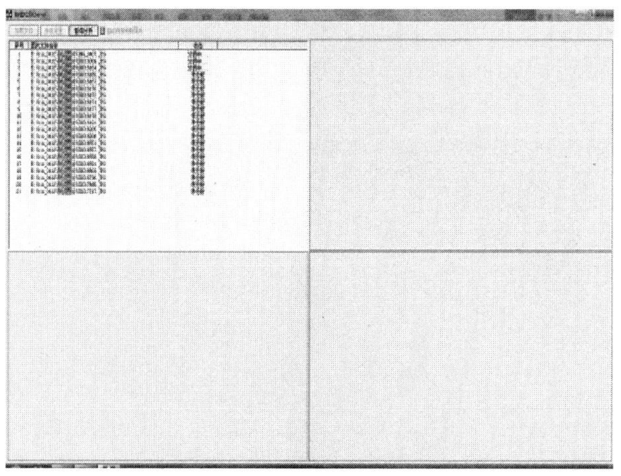

图4-78　启动分析界面

(5)分析结果显示。识别状态有分析中与分析完成两种,当分析完成时即可点开照片,照片中会在病害位置处出现标识,如图4-79所示。其中右上角是照片分析结果的整体效果图,下面两个框架显示的是部分细节图,当鼠标点击下面两个框架就显示细节图。

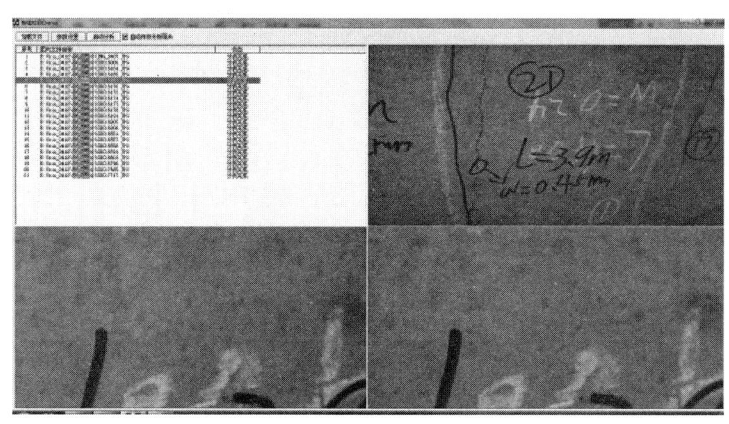

图4-79　分析结果显示界面

(6)图像输出。经过自动分析之后,将含有裂缝等病害的图像输出,并在病害处进行标记。后期只需对这些病害图像进行后续处理即可。

(二)参数测量

桥梁检测最终是为了获得病害的位置、宽度、深度以及面积等具体参数数据,并利用这些检测数据来评价桥梁质量。经过自动识别之后,输出带有标记的病害图像,后续则需要对这些图像进行病害程度的定量化测量,将病害的长度、宽度、深度、面积等三维实际具体数据计算出来,以便进行桥梁的抢修与加固。

1.病害位置的确定

毁伤桥梁的裂缝通常出现在梁体表面以及桥墩、盖梁表面,要确定其位置,可以将该检测系

统设置在桥梁下部的地面上，可以直接通过计算机屏幕对梁体外表面进行观测，根据二轴旋转台的角度测量结果，对所发现的裂缝进行定位。对于梁体表面的裂缝，位置确定的步骤如下：

（1）相机与桥梁两端所形成夹角 α 的测量，如图 4-80 所示。即先将相机镜头旋转到梁体的一端定位，而后沿桥梁纵轴线方向旋转到另外一端，通过计算机自动获取旋转的角度，该旋转角度就是梁体两端与相机这个点所形成夹角大小。利用该夹角可以确定后面每次相机旋转角度大小或者计算裂缝在梁体上的位置。

（2）根据精度要求，确定扫描次数 n，对桥体外表面进行扫描，如图 4-81 所示。为达到一定的识别精度，相机每次拍摄的面积是有限的，要从桥梁一端逐渐向另外一端进行扫描，因此需要计算每次旋转的角度 θ。

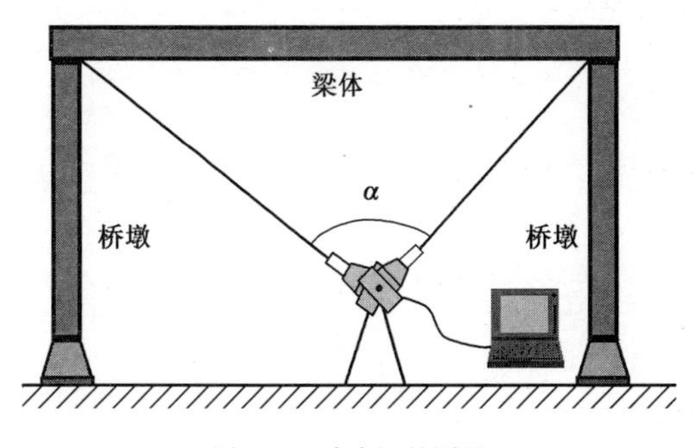

图 4-80　夹角 α 的测量

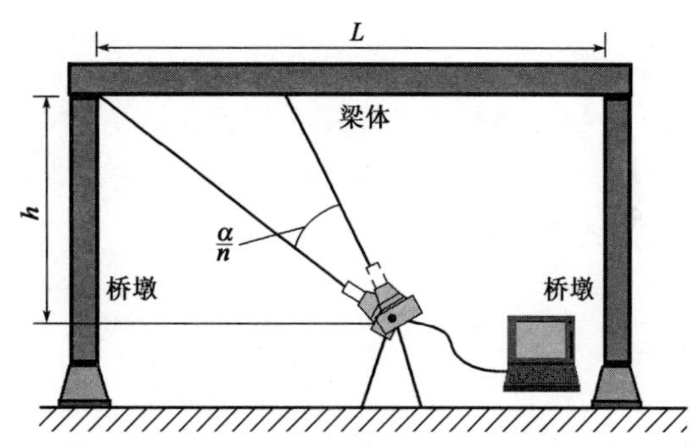

图 4-81　梁体的逐步扫描

假设每次拍摄的相片沿梁体纵向长度为 l，前后两次拍摄的关系，如图 4-82 所示。图中，h 是相机距离地面高度；H 是桥墩高度；L 是桥跨长度；a 表示上一次拍摄中心到跨中距离；θ_a 表示上一次拍摄图片时相机需要对准的方向与竖直方向的夹角；b 表示本次拍摄中心到跨中距离；θ_b 表示本次拍摄图片时相机需要对准的方向与竖直方向的夹角，则该次转动的夹角为：

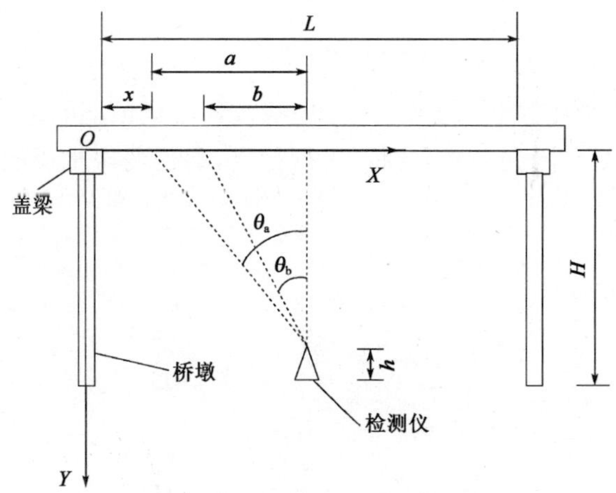

图 4-82　转动角度计算示意图

$$\theta=\theta_a-\theta_b \tag{4-5}$$

由三角关系得：

$$\tan\theta_a=\frac{a}{H-h}\qquad \tan\theta_b=\frac{b}{H-h} \tag{4-6}$$

假设相机转动到 θ_a 位置时已经转动了 n 次，于是：

$$a=\frac{L}{2}-\left[\frac{l}{2}+(n-1)l\right] \qquad b=\frac{L}{2}-\left(\frac{l}{2}+nl\right) \tag{4-7}$$

这样就可以方便地计算出每次需要转动的角度。

(3)对观测到的裂缝图片进行拍摄，并测量裂缝宽度与长度，计算其空间的位置。对发现裂缝的部位可以将拍摄的图片信息，随同已经旋转的角度与次数等信息一起储存，利用专用软件在计算机上对裂缝宽度、长度等进行测量，确定裂缝距梁体端部的位置。如果将第一幅图片的边缘定位在桥墩与梁体内轮廓线，让系统自动记录转动次数，于是转动 n 次后拍摄的相片中心距离轮廓线的距离 x 为：

$$x=\frac{l}{2}+(n-1)l \tag{4-8}$$

式中：l——每幅相片拍摄的沿桥轴线方向的长度。

对于桥墩及盖梁上的裂缝，定位的基本原理与梁体表面裂缝相同，只是因为测量的部位不同，公式有所差别，如图 4-83 所示。

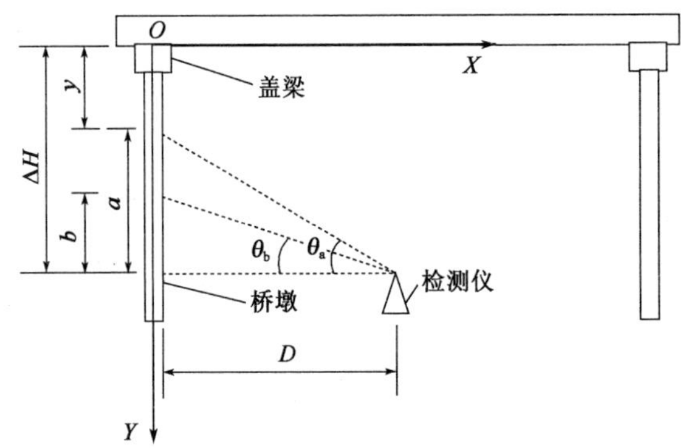

图 4-83　桥墩裂缝定位图

以检测仪的拍摄点所在的水平线作为基线，基线到盖梁顶端的距离为 H，D 是检测仪与桥墩的距离，其他符号意义同上。从上到下进行扫描，前后两次拍摄的角度关系如图 4-83 所示，该次转动的夹角为：

$$\theta=\theta_a-\theta_b \tag{4-9}$$

由三角关系，有：

$$\tan\theta_a=\frac{a}{D} \qquad \tan\theta_b=\frac{b}{D} \tag{4-10}$$

假设相机转动到 θ_a 位置时已经转动 n 次，于是：

$$a=\Delta H-\left[\frac{l}{2}+(n-1)l\right] \qquad b=\Delta H-\left(\frac{l}{2}+nl\right) \tag{4-11}$$

2. 病害长度、宽度、面积等二维信息的确定

对于病害的长度、宽度、面积等二维数据的测量计算，下面以裂缝宽度为例，利用计算机视觉技术与测量子系统软件进行详细说明，具体操作步骤如下：

第一步：载入图片。

打开软件，点击文件→打开，在对话框中选择所要处理的图片，载入显示区，这时图像处于未标定状态，如图 4-84 所示。

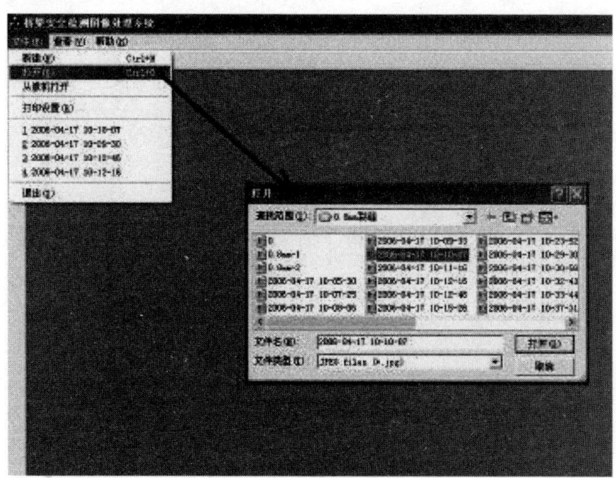

图 4-84　载入图片

第二步：系统设置。

选择图像测量→系统设置，在弹出的对话框中输入镜头的焦距、CCD 尺寸及分辨率、拍摄距离等参数，点击确定，完成系统参数设置与图像标定，如图 4-85 所示。

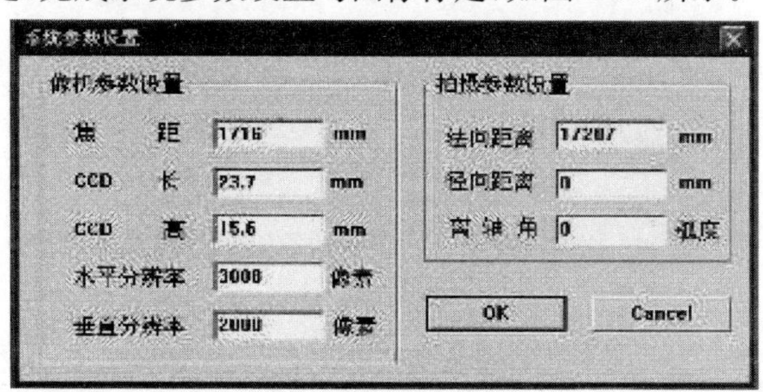

图 4-85　系统设置

第三步：图像处理。

在图像处理工具栏选择灰度图转换按钮，将彩色图像转换为灰度图像；然后选择要处理的局部裂缝图像，点击图像处理→One Step 选项，框选区域的裂缝的特征值被识别出来，同时弹出对话框，给出裂缝的平均宽度及其所占像素数，如图 4-86 所示。因为不存在角度修正，所以平均物理宽度与修正平均宽度值相同。

第四步：图像局部显示。

要想获得关于裂缝的更详细信息，选择图像测量→图像局部显示，弹出对话框，点击 SHOW，然后用标尺选择某处裂缝，在测量结果区显示该点裂缝的宽度信息，如图 4-87 所示。

3. 病害深度的确定

在前面已经讲过病害深度的远距离测量属于三维测量问题，可以运用双目视觉测量技术来完成。目前非接触检测仪系统正在开发深度测量模块，还没有成功嵌入到软件系统中，在此不加详述。

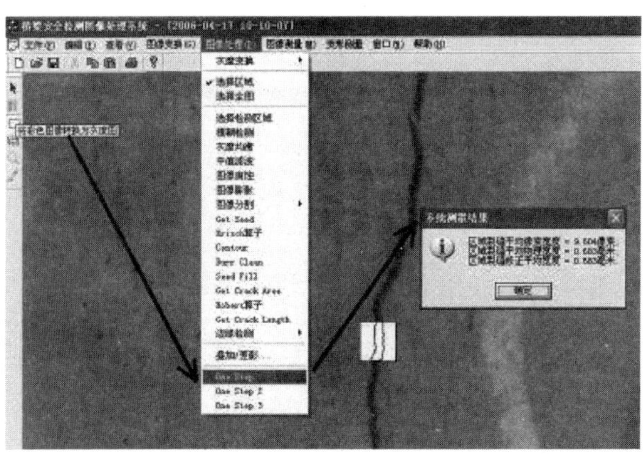

图 4-86　图像处理

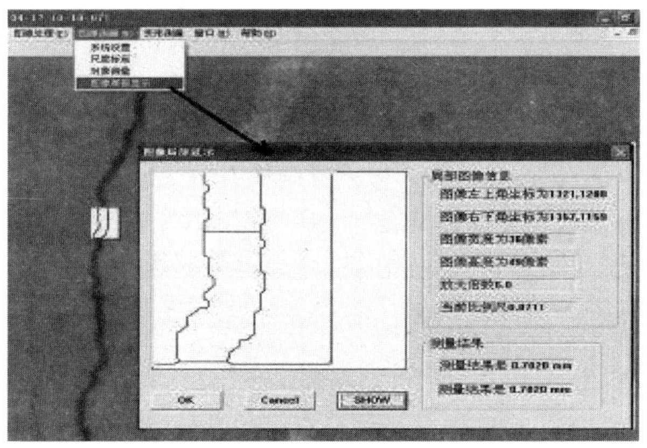

图 4-87　图像局部显示

第五节　基于特希达智视系统的快速化检测技术

一、引言

特希达智视系统是日本开发的一款便携式检测系统，其检测原理与功能和非接触检测仪类似，即利用拍摄图像进行外观病害与损毁的识别、测量。它主要由铝合金伸缩杆、杆端摄像系统与远程控制摄像系统的手持式电脑等组成。该套系统较为轻便，单人可以背负运输，如图 4-88 所示，现场只需要将设备安装在防撞护栏上，就可以通过下降到梁底的摄像头旋转来完成图像采集，而后进行人工的识别与测量。图 4-89 为特希达智视系统设备对赣州赣江公路大桥的桥底进行检测。图 4-90 为同一桥梁同时用桥梁检测车和特希达智视系统设备对桥底进行检测。

图 4-88　特希达智视系统的运输携带

图 4-89 特希达智视系统对赣州赣江公路大桥进行检测

图 4-90 桥梁检测车与特希达智视系统同时对桥底进行检测

二、设备组成

“特希达智视 BIS-V2.0”桥梁安全视频快速检查系统是通过视频完成对桥梁上、下部结构关键构件(如梁板、支座、盖梁等)的目视检查,对桥梁可见病害生成完整的信息并记录,建立全程的病害档案数据库管理,并自动生成巡检报告的桥梁智能化检测系统,它的工作运行照片如图 4-91 所示。设备硬件部分包含了架台部、云台部、操作部三大部分,如图 4-92～图 4-94 所示。

图 4-91 特希达智视系统工作运行图

图 4-92 架台部整体照片

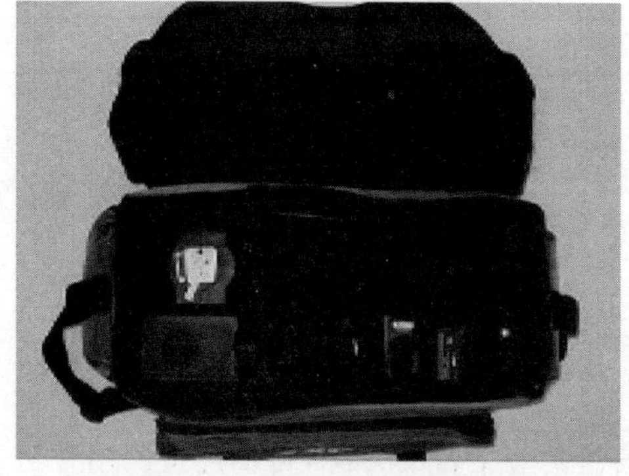

图 4-93 云台部整体图

图 4-94 操作部整体图

(一)架台部

考虑到桥梁结构多变的实际工程情况，本系统将架台部分为向上、向下伸展两种。借鉴桥检车的设计思路，主要作用是在桥面上或桥下合适位置架设架台部，将云台部送至桥梁适宜检查点，以便遥测，进行桥梁上下部结构的检查。

1.上升式支架

上升式支架顾名思义是在桥下合适位置进行架设来完成桥梁的智能化检测，主要用来进行较宽桥面的桥底检测以及各种桥梁的支座、桥墩等的检测。上升式支架主要由可伸缩三脚支架、用于固定云台的C架以及建立操作部与云台部通信联系的网桥等设备组成，如图4-95～图4-97所示。

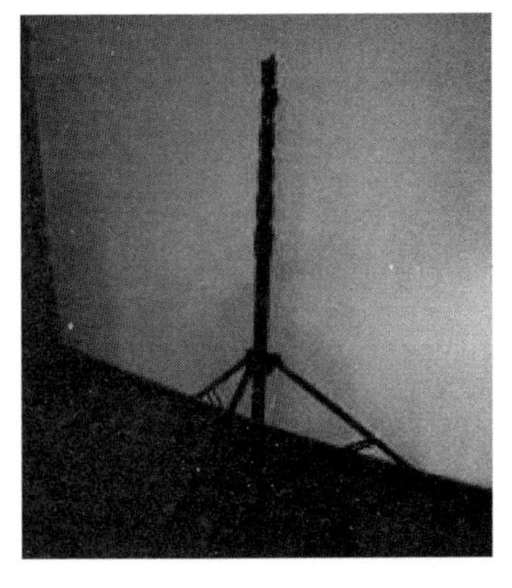

图4-95　三脚支架

图4-96　固定云台的C架

图4-97　建立通信联系的网桥及辅具

检测人员通过手动控制支架的上升、下降来调整支架，将云台伸缩到指定检查位置，自动连接无线网络并进行初始化，检测人员在操作部界面上通过软件控制云台进行相关检测工作。上升式支架相关参数如表4-6所示，它的构造原理如图4-98所示，现场检测工作情况如图4-99所示。

上升式支架相关参数　　表4-6

架设位置	伸展方式	伸展方向	伸缩套管
桥下地面	手动	垂直向上	6节
收纳长度	伸展长度	架台质量	材质
1.7m	7.3m	7.0kg	铝合金

2.下探式架台

下探式架台与上升式支架互为补充，它是将架台固定在桥面栏杆上，通过伸缩杆将云台部送到桥面下合适位置进行桥梁检测，主要进行桥梁侧面、桥底、桥墩、支座等的检测。下探式架台主要由固定于桥梁栏杆上的架台、连接架台安全挂环与桥梁栏杆或汽车拖拽钩的安全绳以及预防突发事件的应急摇柄组成，如图4-100～图4-102所示。

检测人员在检测现场将云台部组装完成后，再与架台组装，并将安全绳固定于架台和栏杆上，沿选定的桥梁栏杆卡放固定架台，然后运用按钮调节架台的升降，自动连接网络并进行初始化，在操作部界面上通过软件控制云台进行相关桥梁检测工作。下探式架台的相关参数见

表 4-7；构造原理如图 4-103 所示，现场检测工作情况如图 4-104 所示。

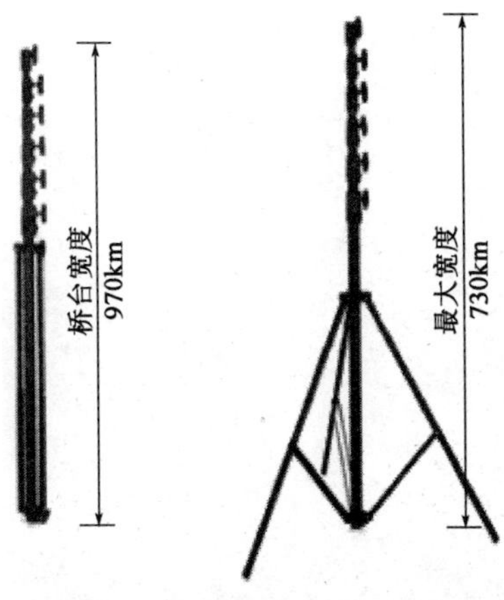

图 4-98 上升式支架构造原理图

图 4-99 现场检测图

图 4-100 架台

图 4-101 安全绳

图 4-102 应急摇柄

下探式架台相关参数 表 4-7

架设位置	伸展方式	伸展方向	伸缩套管
桥面护栏	电动	垂直向下	5 节
收纳长度	伸展长度	架台质量	电池供电
1.35m	4.5m	11.5kg	12V

(二)云台部

云台部是图像采集、病害记录的关键部件，综合运用了高清流化图像采集、激光测量、WLAN 通信以及高精度全向云台控制等多种技术手段，实现了多设备、多技术的兼容，是产品集成化系统中重要的组成部分。云台部主要由可实现 360°旋转的摄像头、远光/近光照明灯、激光测距仪和云台电池等组成，其整体效果图及各部分配件标注如图 4-105 所示。在桥梁检测过程中，主要通过架台部的伸缩杆将云台输送到待检测部位进行桥梁检测，可以说云台部是“特希达智视 BIS-V2.0”桥梁安全视频快速检查系统的眼睛，通过它来发现桥梁上存在的各种问题。

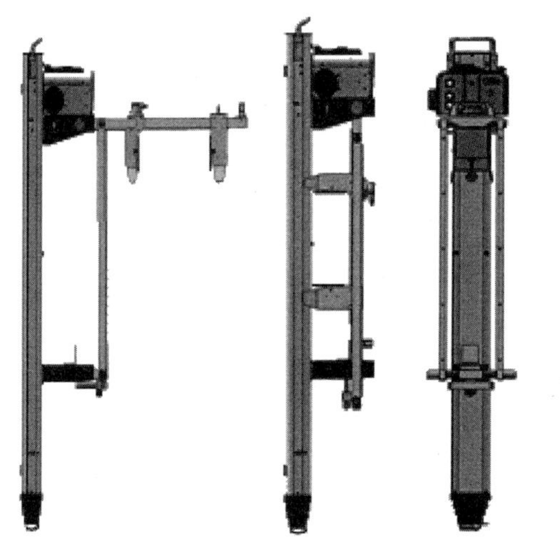

图 4-103　下探式架台构造原理图

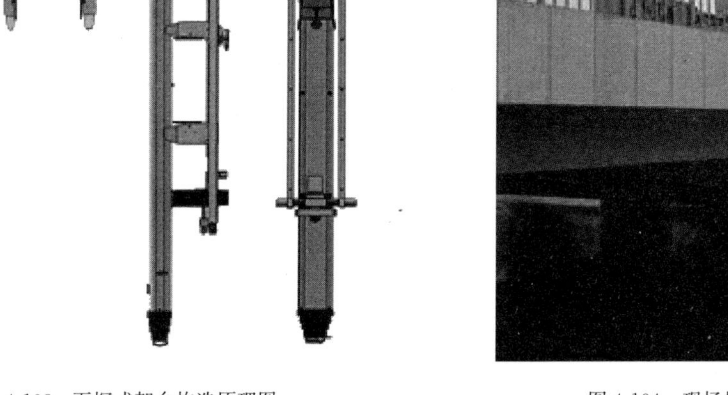

图 4-104　现场检测图

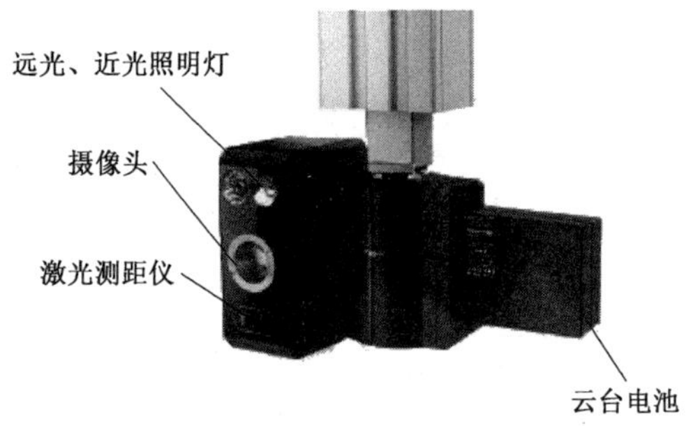

图 4-105　云台整体图

数字化全向云台精确度高、运行稳定，可无级变速，并即时反馈方位坐标信息，结合激光测距、姿态仪等装置可完成病害尺寸的测量、病害定位、病害自动复查等相关工作。云台部相关参数如表 4-8 所示。

云台部相关参数　　表 4-8

水平转动	俯仰转动	转动精度	激光测距精度
360°	360°	2"	1mm
远光、近光照明	光学变焦	云台质量	空间测量精度
250 流明×2	30x	2.3kg	5cm
高清视频	图片像素	工作温度	电池供电
1280×720	1280×720	−10～50℃	12V

(三)操作部

操作部主要是对整个设备系统进行操作的部分，相当于“特希达智视 BIS-V2.0”桥梁安全

视频快速检查系统的神经系统，通过它来发出指令，完成各步骤的操作。操作终端采用平板超极本，外观简单、轻便、易携，全触摸屏操作，界面简洁，检查流程清晰。系统开发基于 windows8 系统、数据通信采用无线 wifi 技术，操作者可以手持平板超级本，在桥面上任意安全位置对桥梁上、下部结构进行视频检查。运用平板超级本进行桥梁检测，现场检测如图 4-106 所示。

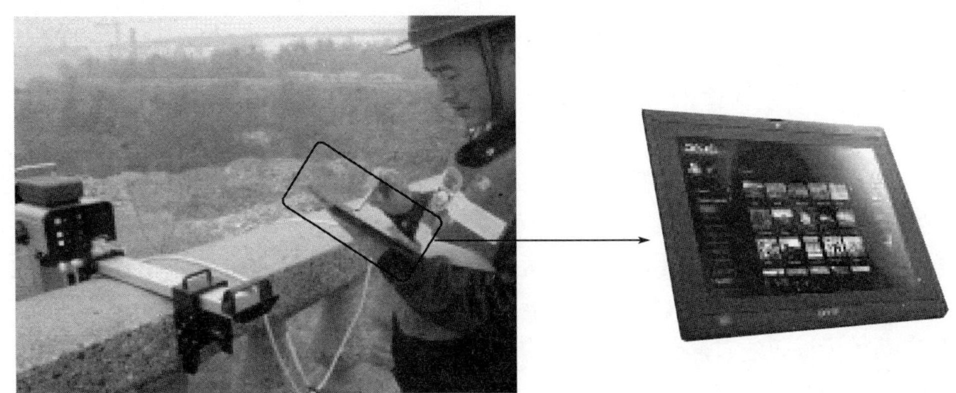

图 4-106 运用平板超级本进行桥梁检测

"特希达智视 BIS—V2.0"桥梁安全视频快速检查系统能够在满足国家日常巡检规范的基础上，进一步完善病害信息采集完整度。现场采集五位一体的病害记录(病害照片、病害构件、病害类型、病害位置、病害尺寸)，建立病害信息准确、即时、完整的桥梁健康档案。

三、系统检测原理

(一)系统用途和特点

"特希达智视 BIS-V2.0"系统的设计思想是针对桥梁日常安全检查工作内容而开发的，主要应用于交通基础设施中桥梁、涵洞等结构物的目视检查。该系统设备既可作为养护单位的常规辅助工具，也可作为桥梁应急检查的辅助手段；它通过使用高效快速检查专项工具，落实桥梁安全预警，同时提供全面数据支持，提高工作管理水平。

"特希达智视 BIS-V2.0"系统具有体积小、质量轻、携行便利、单人操作、使用简单、作业安全、通行影响小、全面信息记录、全程病害档案、集中数据管理等特点，主要应用于高速公路桥梁、公路桥梁、市政桥梁、难检桥梁(高墩桥、跨线桥、跨河桥、拱桥、小跨径桥梁)等的检测；也可广泛应用于铁路桥梁和市政桥梁的日常巡检作业，桥梁新建、维修工程的质量验收，以及自然灾害、意外事故后的桥梁快速应急检查。

(二)系统操作逻辑说明

由于该系统是针对桥梁日常安全检查工作内容而开发的，它涉及了安全观察位置控制、成像操控、激光测距和测量、数据记录管理等方面的具体工作步骤，由架台部、云台部、操作部等部分在系统软件的数字化操作下，通过无线通信方式进行遥视检查，从而实现日常安全巡检的目标。

因此，在具体说明系统各部分使用方法前，首先要确认整体操作步骤的逻辑，并遵循各步骤进行的实际检查工作，步骤上的颠倒或混乱将导致检查工作的失败；其次要明确作业流程，以更好地提高工作效率，最终落实好检查工作的全面性。

上、下探式架台操作逻辑(除上、下探式架台及云台固定方式不同外,其他步骤均相同)

步骤1:桥梁基本信息录入。通过操作终端完成检查目标桥梁的建模工作,包括桥梁的全部详细信息和各部构件详细信息。

步骤2:硬件设备现场组装。包括云台部组装(云台及云台电池组装,并打开电源)、架台部组装(架台、架台电池、架台天线组装)。

步骤3:组装完成的架台及云台的固定。首先将安全绳连接在架台的安全挂环上,并将另外一端连接在桥梁栏杆上或汽车拖拽钩上;使用架台提带将架台拎起,沿选定的桥梁栏杆卡放固定。

步骤4:调整架台伸缩到指定检查位置。按住架台上升、下降按钮调节具体位置;打开架台电源,建立操作部与云台部的通信联系。

步骤5:设备调整初始化。设备自动搜索无线网络,自动连接,点击确认后自动初始化。

步骤6:控制检查成像。在操作部界面上,通过软件控制云台。

步骤7:病害标注。通过软件完成指定构件、病害定义、病害定位、病害测量操作;通过新建档案、附加档案等操作完成病害比对工作。

步骤8:病害记录。针对病害构件、病害定义、病害定位、病害尺寸相关记录,通过照片形式形成完整的病害记录。

步骤9:收纳设备。点击软件"收纳"键,按下架台"回位"按钮,完成设备收纳。

随后在同一桥梁上进行检查工作可以进入到步骤5,如全部检查工作完成,可将设备各部分分解,收纳于携行工具包中。其具体操作逻辑流程如图4-107所示。

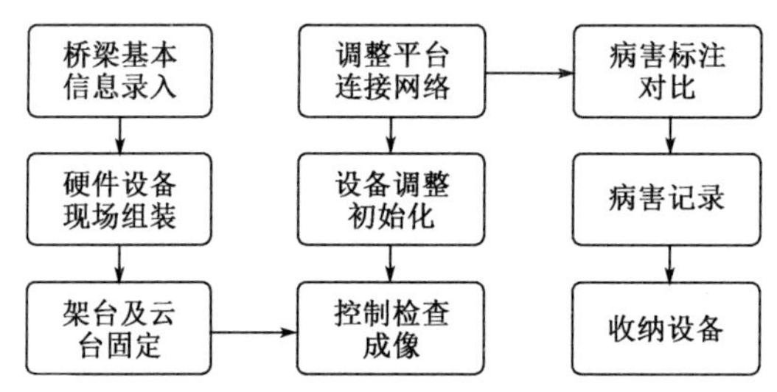

图4-107 架台操作逻辑流程图

(三)系统作业流程指南

步骤1:确定检查方向。沿道路顺序逐桥、逐跨进行单侧半幅(依据日照方向选取顺光桥侧)检查。

步骤2:设立检查位置。单跨跨径在25m以内的桥梁可在跨中设立检查位置;单跨跨径在25m以上的桥梁可设立多个检查位进行检查。

步骤3:逐项检查。在选定检查位置架设完毕后可逐项进行检查。

(1)盖梁检查:调整云台,使盖梁垂直方向全部置于画面视野中,控制云台由桥外侧至内侧,以中速左右旋转完成盖梁检查。

(2)支座检查:调整云台,使桥外侧支座全部置于画面视野中,控制云台由桥外侧至内侧,以低速左右旋转完成支座检查。检查过程中可通过调焦实现支座细部观察。

(3)墩台检查:调整云台至中焦,使墩台上部置于画面视野中,控制云台,以中速上下旋转

完成墩台检查。

(4)梁板检查:将架台伸展至适宜位置,调整云台使2～4片梁板置于画面视野中,控制云台,选择"扫描"模式由桥外侧至内侧,以中速左右旋转完成梁板检查。

(5)其他构件检查:通过控制云台方向、调整云台焦距,完成其他构件检查。

步骤4:完成全桥检查。逐跨完成全桥检查作业后,沿道路行进方向至下一桥,按以上步骤重复进行检查。

四、现场操作流程

(一)仪器的携带

"特希达智视BIS-V2.0"系统和非接触检测仪一样,同样具有体积小、质量轻、携行便利、收纳简单、单人操作即可完成的特点。检测人员整装待发的状态,如图4-88所示,将架台部放在一个长方形的双肩背包中,云台部和操作部放在一个手提包中,干净利落,方便携带。

(二)确定检查方向及检查位置

当检测人员到达待检桥梁现场后,根据桥梁实际尺寸、周围地理环境以及自然环境,确定桥梁的检查形式和检查方向,并设立相应的检查位置进行设备的架设。若是采用下探式架台方式进行桥梁检测,则只需确定好检查路线及架设点,就可以开始在桥面栏杆上固定架台进行有序检查;若是同时采用上升式支架方式和下探式架台方式,则两种方式的检查路线都需要事先规划好,并确定相应的架设点进行设备的架设。

(三)现场仪器组装

1.下探式架台现场组装

(1)从工具包里取出架台并水平放置于地面上。打开工具包取出架台平放在地面上,如图4-108所示。注意整个过程要轻拿轻放,以延长设备使用寿命。

图4-108 取出架台平放于地面

(2)安装架台电池。架台电池的安装位置在伸缩管的顶端,在安装电池时要先抬起架台的顶端,然后将电池通过滑槽安装,如图4-109所示。检测人员可以通过按电池本体侧面的CHECK按钮来确认电池的余量。注意:若遇到如下情况时请及时卸下电池:①装置出现异常时;②不使用装置时。

a)

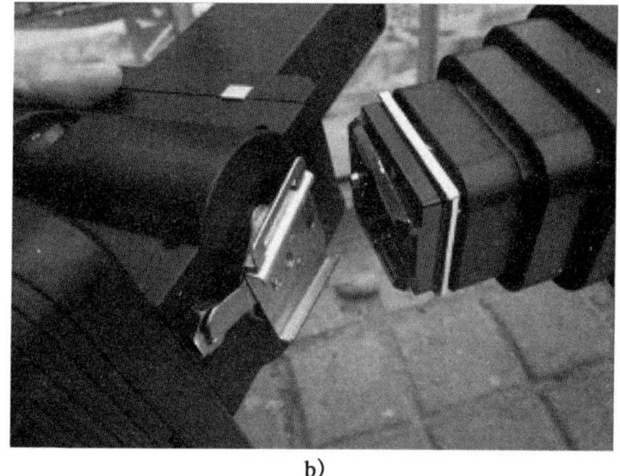
b)

图 4-109　安装架台电池

(3)固定云台部。在架台部伸缩杆的末端以及云台部顶端均有一块宽窄不一的嵌块,从云台锁头幅度宽的一侧向架台快接接头幅度窄的一侧滑入嵌合,插到架台组件侧的底部,可以通过人工拉动来确认锁针确实在锁孔上固定牢固,以确保在检测过程中云台部的安全稳定。确认云台与架台稳固连接之后,打开云台的电源开关,即云台上的红色按钮,过程如图 4-110 所示。

a)

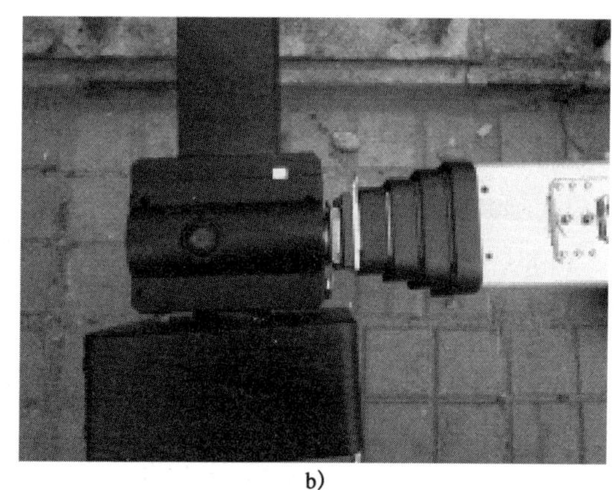
b)

图 4-110　固定云台部

2. 上升式支架现场组装

(1)架设支架。从工具包中取出三脚支架,撑开固定于地面上保持稳定,如图 4-111所示。

(2)连接 C 架与支架。三脚支架架设稳定后,将支架顶端的螺丝旋松,取出 C 架并将 C 架安装在支架最后一节伸缩管的顶端,旋紧螺丝以保证云台不会出现意外坠落情况,如图 4-111 右 c)所示。

(3)连接云台与 C 架。同上,从云台锁头幅度宽的一侧向支架快接接头幅度窄的一侧滑入嵌合,插到支架组件侧的底部,将云台安装在已组装完成的 C 架上,并确认锁针确实在锁孔上固定牢固,如图 4-112 所示。

(4)安装网桥。将网桥、网桥天线与网桥电源连接起来,如图 4-113 所示,以便实现计算机与云台的无线连接,运行软件进行桥梁检测。

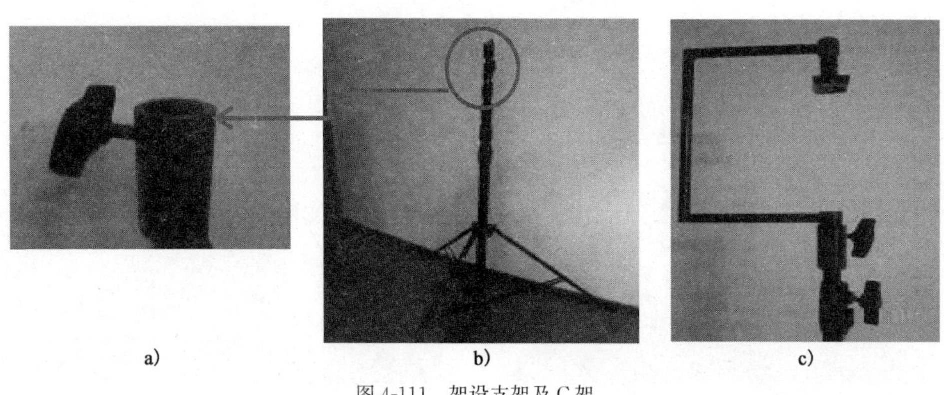

a) b) c)

图 4-111 架设支架及 C 架

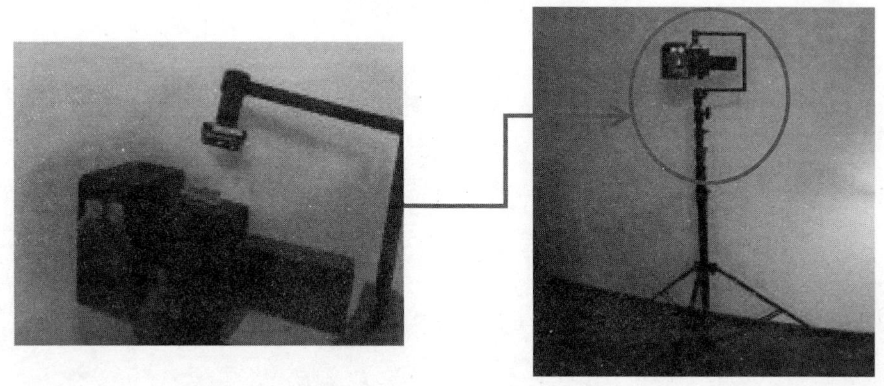

图 4-112 连接云台与 C 架

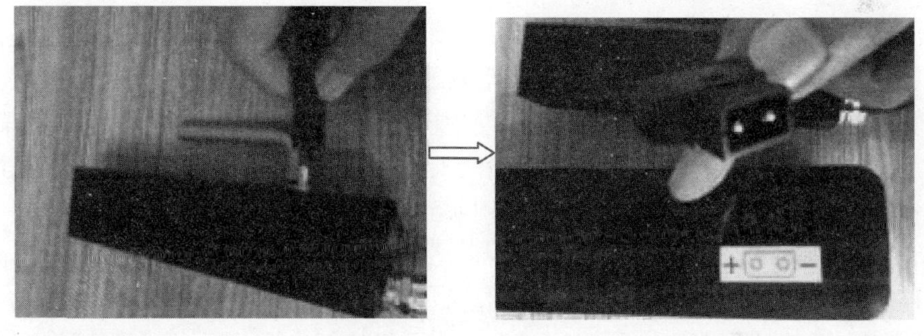

图 4-113 安装网桥

(四)现场仪器操作步骤

1. 下探式架台现场操作步骤

(1)连接安全绳。取出下探式架台后,先将安全绳的一端连接在架台上,将安全绳的另一端连接在桥面护栏上,如图 4-114 所示。

(2)打开主臂吸锁。拿出下探式架台后,整个架台属于折叠状态,这时要打开折叠状态中主臂上的吸锁,它是一个磁铁锁具。打开磁铁锁具后,主臂上会出现一条 5mm 的缝隙,因而在后续提升过程中,主臂会打开,如图 4-115 所示。

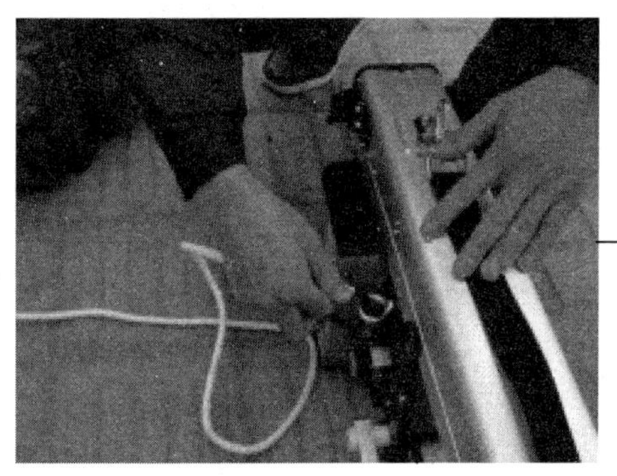

图 4-114　连接安全绳

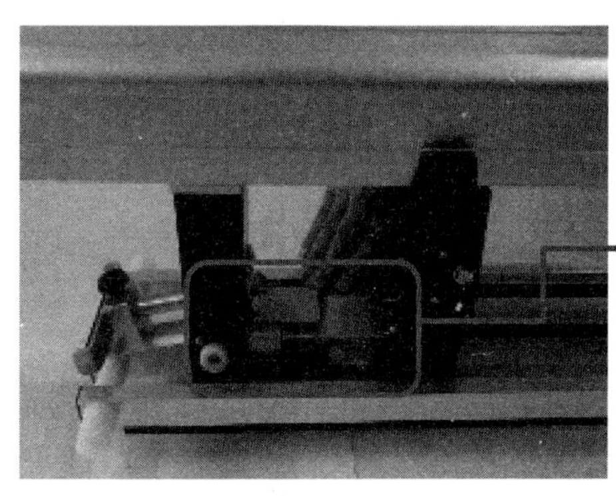

图 4-115　打开主臂吸锁

(3)固定架台。提带安全绳连接牢固、磁铁锁具打开后,检测人员握住提带垂直向上提起设备,将设备外框放至桥面上的护栏上。然后检测人员一手握住套杆上端的提手,另一只手握住主臂前端的提手,让设备外框贴着护栏慢慢地向下滑行,向栏杆外侧缓慢地放下架台,直到主臂与栏杆表面紧紧贴靠保持水平。最后检测人员向前滑动锁块,使前后锁块夹紧桥面护栏,推顶后滑动锁块使其锁牢,继而推顶前滑动锁块到位并锁牢。这样就可以将下探式架台固定于桥面护栏上进行检测,如图 4-116 所示。

(4)控制架台。首先打开电源开关,按驱动组件的下降按钮,将套杆伸出,将云台推送到指定位置进行检查;在下降过程中,可以通过上升或下降按钮来调整云台的具体检查位置,在套杆上下移动调整位置的过程中,LED 电机指示灯闪烁,如图 4-117 所示。注意:若是在按动操作按钮后,架台没有反应,则连接应急摇柄,实施应急操作(向右摇转时套杆上升)。

2. 升式支架现场架设步骤

(1)支架组装。根据事先确定的检测位置,将已组装好的支架安放到指定的区域,查看病害的位置。注意在这个过程中尽量保证移动平稳,以确保 C 架上的云台安全。

(2)调整支架。支架架设稳固后,打开支架上的旋紧螺丝,提拉套管至合适的高度,以获得最佳视角来观察病害,最后旋紧螺丝,如图 4-118 所示。注意,上升式支架的最大伸展长度是 7.3m,要根据现场情况来确定伸出套管的长度。

图 4-116　固定架台

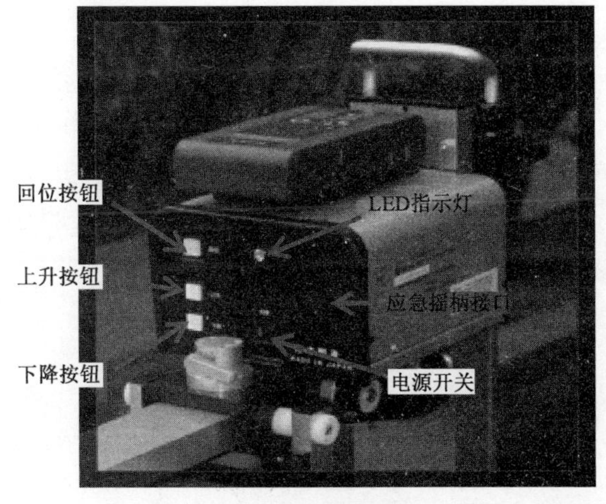

图 4-117　架台按键详图

图 4-118　支架伸缩套管

(3)连通网桥。支架高度调整好后，打开之前组装好的网桥电源，让计算机与云台进行无线连接，运行软件开始进行桥梁检测。

针对不同的桥梁结构特点，结合相应的检测需求，不同构件选用不同的检测方式进行检测。检测设备现场安装架设过程并无任何复杂烦琐的步骤或程序，一般检测人员均可胜任，检测完毕后根据与安装顺序相反的逆序进行有序拆卸、存放，以待下次检测。

五、数据记录

将特希达智视桥梁检测软件成功安装并登录后，进入主界面(图 4-119)。整个检测软件分为桥梁检测、桥梁信息、作业管理、检测报告、病害检索、系统日志和用户管理七大模块，如图 4-119所示。

图 4-119　桥梁检测软件主界面

(一)桥梁信息输入

录入桥梁结构化数据，建立数字化桥梁信息数据库并生成相关构件编码，为桥梁常规检测工作及其对服役状况的比对分析提供有效支撑。

单击“桥梁信息”按钮进入桥梁信息编辑界面，如图 4-120 所示。点击右上角“＋”按钮可以新增桥梁名称，以便开始新桥梁的检测工作；点击表格中的相应桥梁名称，可以查看该桥之前的相关检测信息，也可以根据实际情况修改相应的桥梁信息。点击左上角返回按钮，返回到主界面。

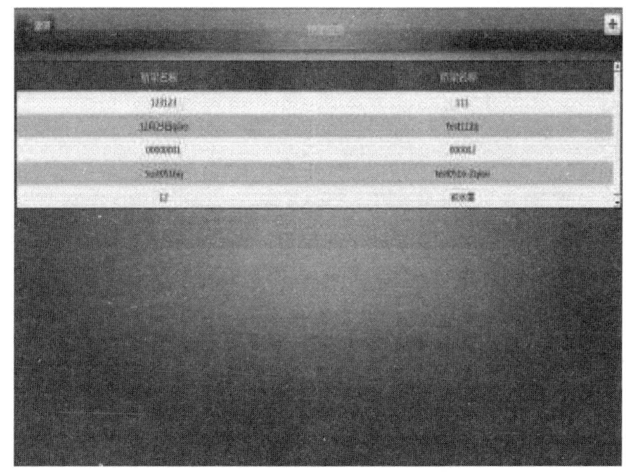

图 4-120　桥梁信息编辑界面

点击相应的“桥梁名称”按钮进入该桥信息界面，如图 4-121 所示，根据基本信息界面中的提示分别输入桥梁对应信息。在桥梁基本信息界面中，可以看到有“跨数”和“墩号规则”两个框，点击后又可以建立详细的“跨信息”和“墩信息”，如图 4-122、图 4-123 所示。

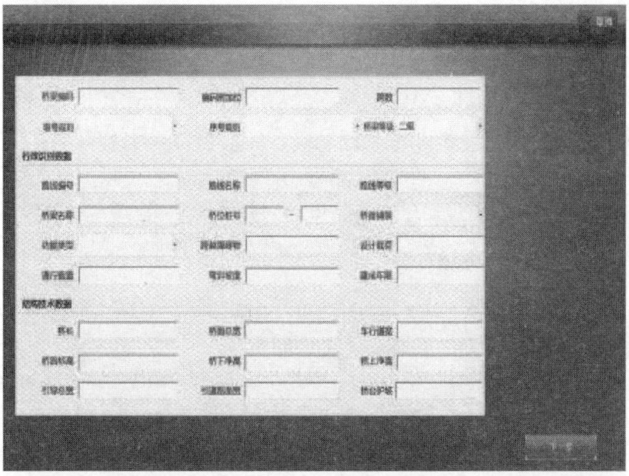

图 4-121 基本信息界面

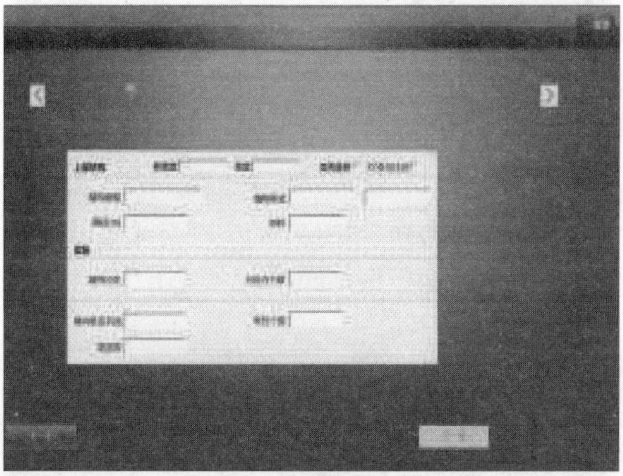

图 4-122 跨信息界面

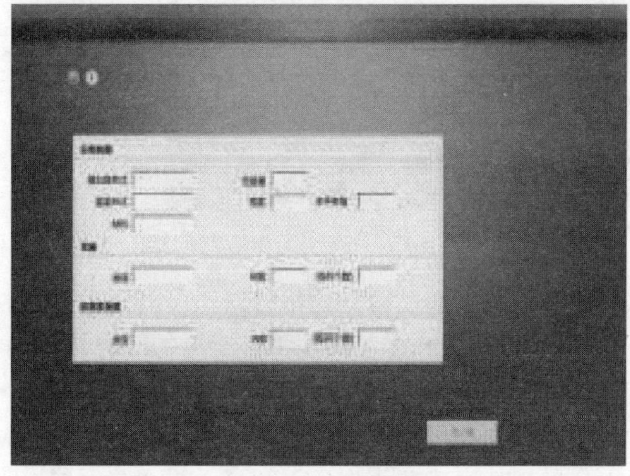

图 4-123 墩信息界面

待桥梁相关信息录入完毕后，点击“下一步”按钮，进入下一步操作。

(二)桥梁检测操作

1. 桥梁基本检测信息确认

确认建立完成新的桥梁基本信息栏后，返回桥梁检测软件主界面，点击“桥梁检测”按钮进入桥梁检测信息界面中，选择刚刚建立的桥梁名称或桥梁编码等信息开始进入新的桥梁检测作业，编辑桥梁检测数据信息，如图 4-124 所示。

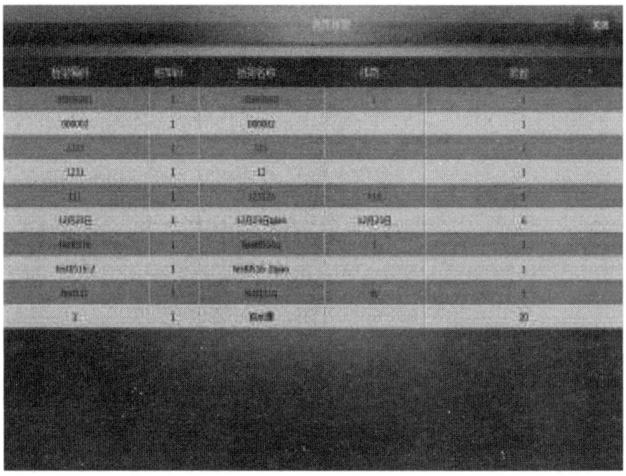

图 4-124　选择桥梁界面

进入新的桥梁数据库后，根据实际检测需求选择当前的桥梁检查状态，检测类型分为复查和经常检查两类，点击左上角的“+”按钮，填写相应信息，完成新增检测准备作业，如图 4-125 所示。当然，如果查看已有的桥梁检测数据，也可以根据左上角的“已完成”和“未完成”按钮来选择需要的相关信息。

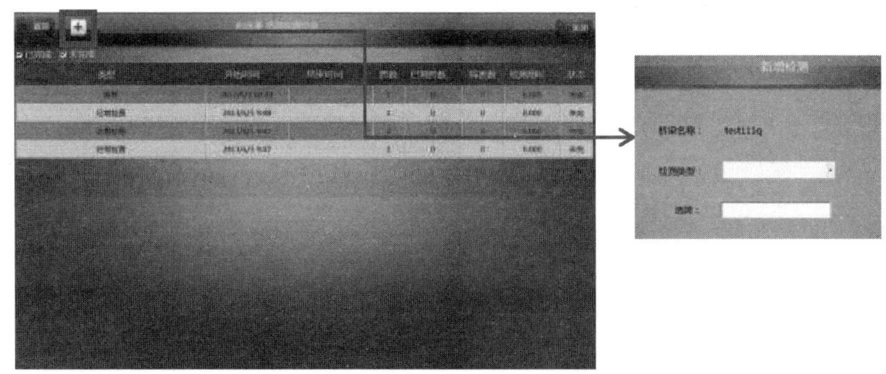

图 4-125　桥梁检测作业界面

新增桥梁数据录入完毕后，根据当前检测的是桥墩还是桥跨选择相应的操作。下面以检测桥跨为例，选择“跨”操作：在“跨”操作界面中选择需要检查的跨，然后单击右侧对应的“进入工作”按钮进入检查工作，如图 4-126 所示。

选跨结束后，系统自动检测当前可用无线网络，在检查无线网络连接正常后，系统自动初始化并读取相关设备信息，各项信息确认无误后系统自动弹出提示“请注意设备即将运转，请

注意设备安全”对话框，确定当前设备安全后点击“确认”按钮，云台运转进行找零，找零完毕后读取罗盘角度值，进入遥测界面，如图 4-127 所示。

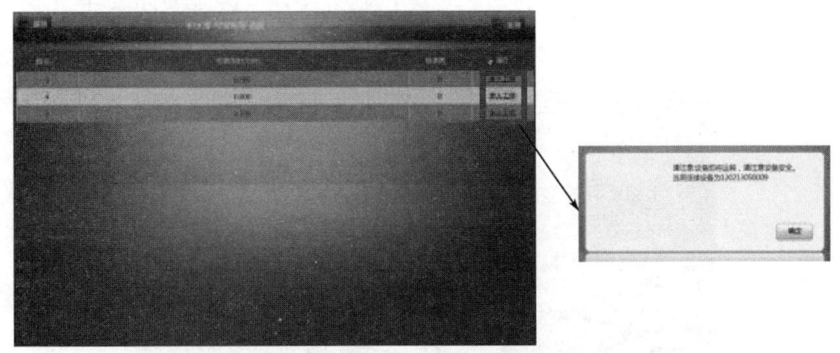

图 4-126　“跨”操作界面

图 4-127　遥测界面

2. 病害定位

在桥梁检查时，设备架设完毕或设备改变位置后，首先设置基准点进行病害定位，再进行后续操作。点击右侧“基准点选项”按钮后会弹出基准点选择的对话框（图 4-127），根据需要选择基准点；然后点击“定位”按钮，相应的定位信息将显示在对话框的左下角，并弹出定位成功显示框。

基准点的使用：0 号墩 1 侧、0 号墩 2 侧、1 号墩 1 侧、1 号墩 2 侧，这 4 个参照点是在建立桥梁模型后，自动生成，可直接使用；跨中参照点 1、跨中参照点 2 使用在单跨较大的桥梁，可设置 1 次，不可更改，设定后使用；动态参照点使用在单跨较大的桥梁，可多次设置，保留最后一次的设定值，设定后使用。

3. 测量病害

单击“测量”按钮，在信息显示区显示测量界面，“测量”支持 4 种测量方式，即折线、三角形、矩形和圆形。在进行现场检查时可根据病害形状选择相应的测量方式。

4. 照片采集

获取清晰稳定的待检桥梁结构画面后，点击“拍照”按钮进行照片的采集，其运行界面如图4-128所示。点选左下角的“病害”按钮，可创建1张病害图；勾选“添加标尺”前的方框，创建1张带有标尺的病害图；点选“全景照”可创建左、中、右三张图片，以便从不同角度来看桥梁运营状况。

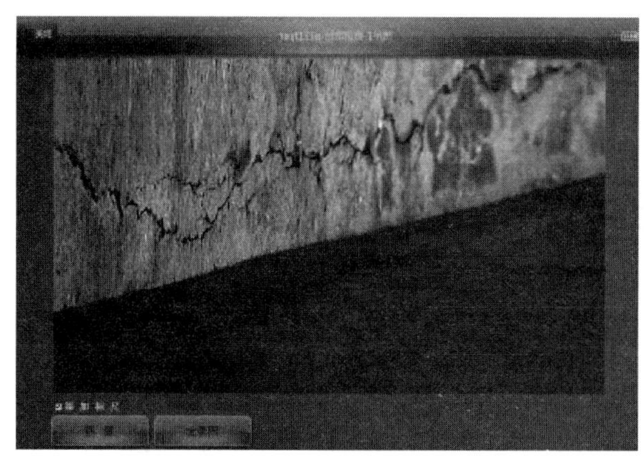

图4-128　照片采集

5. 病害标注

在检查作业中，对桥梁构件病害完成定位、测量、拍照后进行病害标注。病害标注分为指定构件、病害定义、病害比对、病害补拍、病害备注以及完成六大步骤。（注：指定构件与病害定义、病害比对为必选项，如不完善相关信息，检测无法继续进行）。

六、检测报告及后期管理

（一）检测报告

当前面一系列的准备工作和检测工作都已完成后，返回主界面，单击“检测报告”按钮，进入检测报告模块。然后根据之前新增的桥梁名称去选择已检测桥梁，最后选择检测作业，随后会弹出一个对话框：“您确定要结束此检测，打印检测记录么？”在提示中选择“是”则进入报告打印预览界面，如图4-129所示；选择“否”则退出选择界面。

图4-129　检测报告打印预览界面

(二)病害检索

返回主界面点击“病害检索”进入桥梁病害检索模块。通过输入桥梁名称或桥梁编码的方式进行相应桥梁的病害检索查询,进入后可以查看病害照片、病害构件、病害数据等相关信息。在病害统计数据库中,分部位统计病害数量,点击相应部位的统计数字,查看对应病害的详细记录内容,如图 4-130 所示。

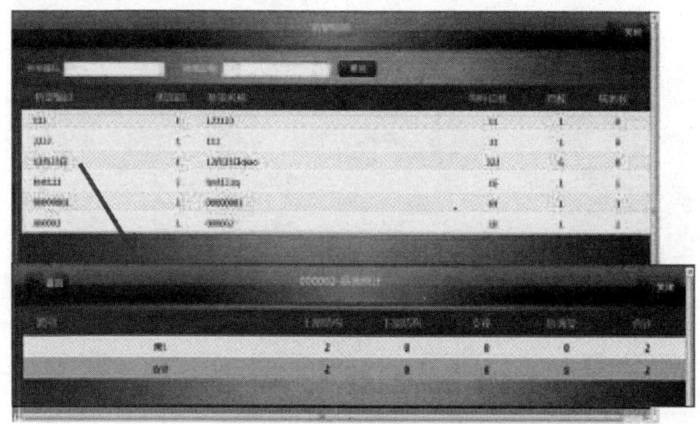

图 4-130 病害检索界面

(三)作业管理

为便于后续对桥梁安全检查工作进行跟踪,该系统专门设置了“作业管理”模块,可作为管理工作的辅助工具。单击“作业管理”图标进入作业管理模块,这里将之前记录的桥梁检测数据分成三大类:“我的已完成”“我的未完成”和“全部未完成”,分别表示已经完成的检测作业、未完成的检测作业和所有未完成的检测作业,如图 4-131 所示。检测人员可以根据作业管理平台来查看桥梁检测的进度。

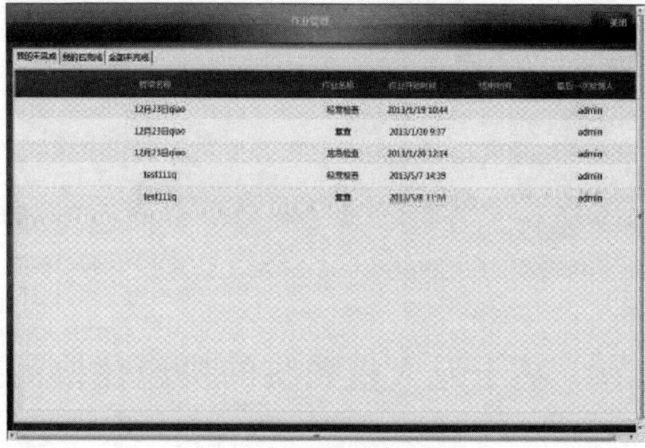

图 4-131 作业管理界面

(四)系统日志

“系统日志”模块的主要作用是记录桥梁检测过程中检测人员的操作信息。点击主界面的“系统日志”进入检测日志查询模块。日志查询根据提供的要素选择查询方式,要素包括:操作人员、操作时间与操作种类(登陆时间、退出时间、生成桥梁信息、桥梁检测、添加病害信息、添加修改用户信息、病害检索、作业管理等)。进入后界面中会提供相关的详细记录信息，如图4-132所示。

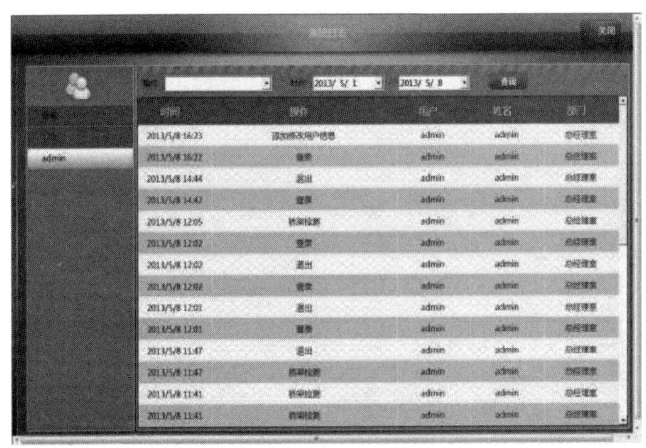

图4-132　系统日志界面

(五)用户管理

“用户管理”支持修改用户登录名、密码、设置操作权限等功能。从主界面点击“用户管理”进入用户管理模块，其基本信息包括姓名与所属部门，登录软件使用的用户名及登录密码等内容；通过点选“权限名称”前的选项钮，设定用户的使用权限，如图4-133所示。

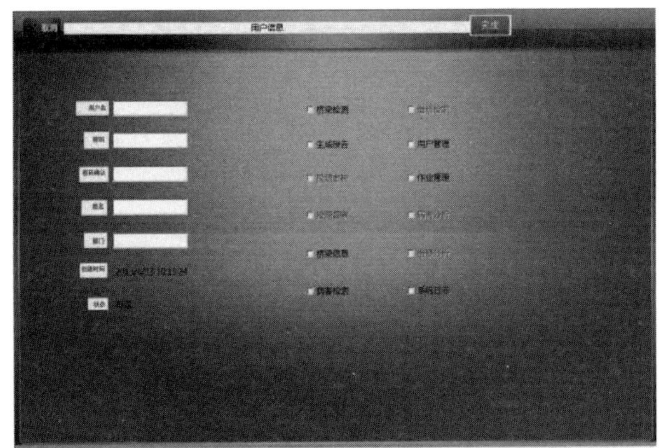

图4-133　用户管理界面

第六节　基于无人机系统的快速化检测技术

一、引言

基于无人机系统的快速化检测技术主要是以多旋翼无人机飞行器作为平台，其上搭载摄像机、测距仪等设备，使之能够到达待测结构表面近距离获取构件表观数据信息，为桥梁的快速检测提供第一手资料数据。随着新材料、飞控技术、遥感技术以及计算机技术的飞速发展，无人机飞行器逐渐受到国内外学者的广泛关注，因其结构简单、携带方便、操作性强、实用性强、趣味性好，能完成拍照、摄像、飞行、编辑、分享等操作，可以实现航迹规划、自主飞行、智能避障、定点悬停等功能而被深入研究，并且被广泛应用于各行各业。在桥梁检测领域，已有部分成功案例，图 4-134 为国内使用无人机对悬索桥桥塔进行检测，图 4-135 为美国明尼苏达州运用无人机飞行器进行桥梁检测。

图 4-134 使用无人机飞行器进行桥塔检测

图 4-135 美国明尼苏达州运用无人机飞行器进行桥梁检测

二、设备组成

本节中以大疆创新科技有限公司研发的四旋翼无人机飞行器为例，来进行详细介绍说明。无人机飞行器主要由飞行器、遥控器、云台相机以及配套使用的 APP 组成，其现场操作运行情况，如图 4-136 和图 4-137 所示。一整套无人机飞行器的所有构件及其配件都可以安放在一个带有手提拉环的小型泡沫盒中，所有平铺的配件如图4-138所示。

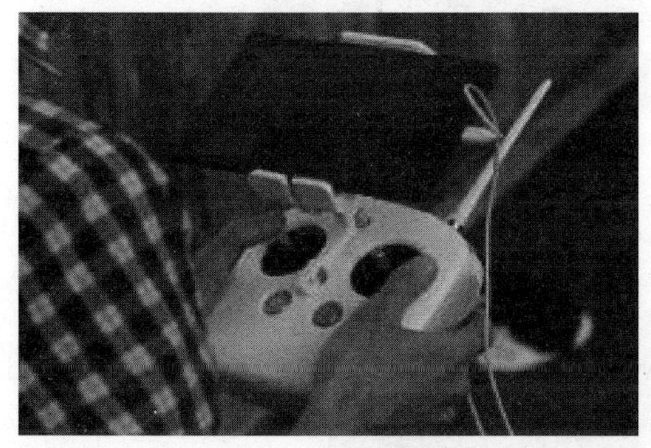

图 4-136 飞行器遥控器

图 4-137 使用飞行器进行桥底图像采集

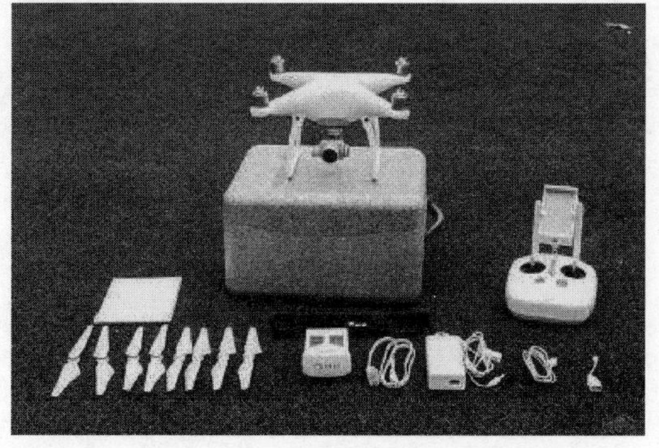

图 4-138 飞行器所有配件平铺图

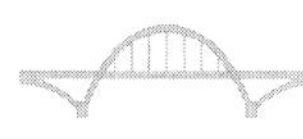

(一)飞行器

无人机飞行器的机身相当于是我们人体的躯干一样,是所有行动的载体,它越是轻便、小巧,它的行动就越是敏捷、迅速。它主要由旋翼、电机、指示灯、外壳、电池、云台相机和支架组成,其正视图、后视图、侧视图、俯视图以及相应部件名称分别如图 4-139～图 4-142 所示。

(1)飞行器头部指示灯(图 4-139):用于指示飞行器的机头方向,飞行器启动后将会显示红灯常亮。

(2)障碍物感知系统:利用双目测距法实现自动避障功能。具体表现为:若机头前方 15m 处检测出障碍物,飞行器将减速至悬停位置,然后又将自行上升以躲避障碍物,当上升至障碍物上方 5m 处后,飞行器停止上升并且退出上升状态,继续飞行。障碍物系统的观测范围为 120°。如有障碍物处于该观测范围以外则飞行器无法有效躲避障碍物,此时应谨慎飞行。

图 4-139　飞行器正视图

图 4-140　飞行器后视图

尾部飞行器状态指示灯(图 4-140):与飞行器头部指示灯不同,尾部的飞行器状态指示灯指示当前飞行控制系统的状态。表 4-9 中列出不同的闪灯方式所表示的飞行控制系统状态。

飞行器状态指示灯说明　　表 4-9

正常状态		
红、绿、黄	红绿黄连续闪烁	系统自检
黄、绿	黄绿灯交替闪烁	预热
绿	绿灯慢闪	可安全飞行(P 模式,使用 GPS 定位)
绿、绿	绿灯双闪	可安全飞行(P 模式,使用视觉定位系统定位)
黄	黄灯慢闪	可半安全飞行(A 模式,无 GPS 无视觉定位)
警告与异常		
黄	黄灯快闪	遥控器信号中断
红	红灯慢闪	低电量报警
红	红灯快闪	严重低电量报警
红	红灯间隔闪烁	放置不平或传感器误差过大
红	红灯常亮	严重错误
红、黄	红黄灯交替闪烁	指南针数据错误,需校准

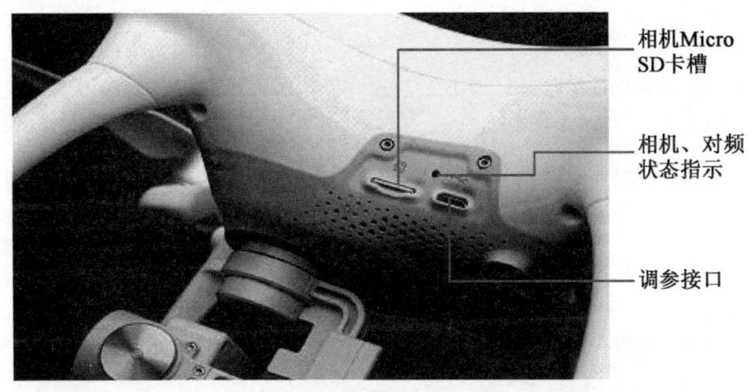

图 4-141　飞行器侧视图

图 4-142　飞行器俯视图

出厂时，遥控器与飞行器内置的接收机已完成对频，通电后即可使用。如果更换遥控器，需要重新对频才能使用(图 4-141)。

(1)视觉定位系统(图 4-142)：该款无人机飞行器的视觉定位系统为超声波与图像双结合的定位系统，通过超声波判断当前高度，同时利用摄像头以获取飞行器位置信息，从而使飞行器精确定位。它位于飞行器底部，由两边的 2 个摄像头和中间的 2 个超声波传感器模块组成。视觉定位系统除了定位功能外，也能提供飞行器对地高度参考。

(2)散热孔：桨叶快速转动、电机运作都会发热，在旋翼的下方设置散热孔，既能及时散热，也能避免因飞行时下雨而导致散热孔进水问题。

(二)遥控器

无人机飞行器的遥控器就跟电视机的遥控器一样，是通过某种手段建立遥控器与被遥控目标之间的联系，然后进行远程控制。只是一般的遥控器均是针对静止目标或是短距离缓慢移动的目标，而无人机飞行器的遥控器是远程控制距离较远、速度较快且要求较高的目标。随着对 GPS 信号的增强与优化，以及更多人性化的功能按键的设置，无人机飞行器的遥控器外观越来越小巧精致，功能越来越丰富，操作也越来越简单。遥控器主要由天线、摇杆、支架、按键、指示灯、开关等部分组成，其正视图、部分细节图及其部件名称分别如图 4-143～图 4-145 所示。

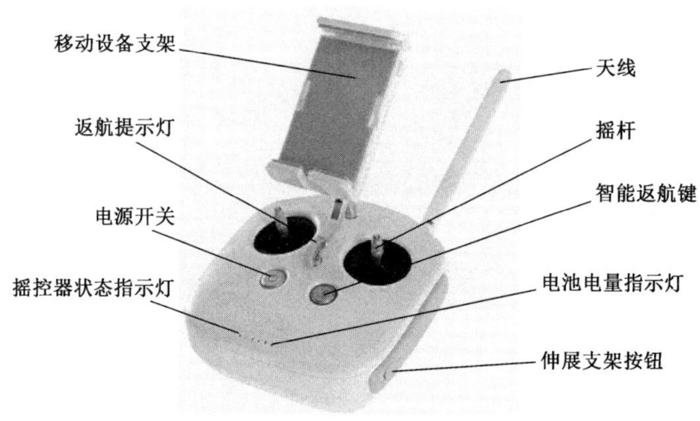

图 4-143 遥控器正视图

(1)天线：用来传输飞行器控制信号和图像信号。

(2)移动设备支架：用于安装固定移动设备，如手机、平板超级本等。

(3)摇杆：用于控制飞行器的飞行状态。

(4)智能返航键：长按智能返航键可进入智能返航模式。长按该键直至蜂鸣器发出“嘀嘀”音激活智能返航；返航指示灯白灯常亮表示飞行器正在进入返航模式，飞行器将返航至最近记录的返航点；短按一次该键将结束返航。

(5)返航提示灯：提示飞行器进入返航状态。

(6)电池电量指示灯：显示当前电池用量。

(7)遥控器状态指示灯：显示遥控器连接状态。当指示灯常亮表示连接成功。

(8)电源开关:开启/关闭遥控器电源。①短按一次电源按键可查看当前电量;②短按一次电源按键,接着长按电源按键 2s 可以开启遥控器;③使用完毕后重复②以关闭遥控器。

(9)伸展支架按钮:伸展移动设备支架,放置移动设备。

遥控器状态指示灯与返航提示灯的相关详细说明如表 4-10 和表 4-11 所示。

遥控器状态指示灯说明 表 4-10

遥控器状态指示灯状态	提示音	遥控器状态
红灯常亮	开机音	遥控器未与飞行器连接
绿灯常亮	开机音	遥控器与飞行器连接正常
红灯慢闪	嘀—嘀—嘀……	遥控器错误
红绿/红黄交替闪烁	无	图传信号受到干扰

注:当遥控器电池电量严重不足时,遥控器状态指示灯红灯闪烁并且会发出报警提示音。

返航提示灯说明 表 4-11

返航提示灯	提示音	飞行器状态
白灯常亮	启动音	长按以开启自动返航功能
白灯闪烁	嘀,嘀,……	请求返航
白灯闪烁	嘀—嘀,嘀—嘀,……	返航正在生效或飞行器自动下降中

该飞行器遥控器内置容量为 6000mA·h 的大容量可充电电池,可通过电池电量指示灯来查看当前电量。由于无人机飞行器的续航时间有限,为提高使用性能及飞行时间,在努力提高电池容量的同时,也为无人机准备了 2 块备用电池,大约每块电池充电时间为 1h,能正常飞行 25min 左右。但是注意不要同时对遥控器与智能飞行电池进行充电。

(1)录影按键(图 4-144):启动或停止云台相机录影。按下录影按键开始录影,再次按下该键停止录影。

(2)云台俯仰控制拨轮:通过控制拨轮来调整云台的俯仰角度进行拍摄。

(3)飞行模式切换开关:3 个档位依次为 A 模式(姿态)、S 模式(运动)以及 P 模式(定位)。

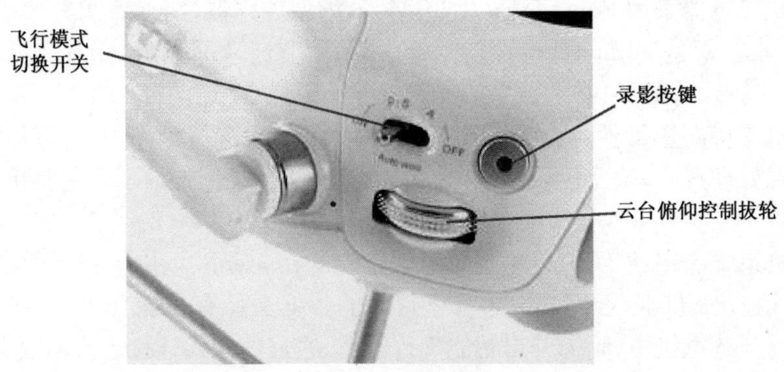

图 4-144 遥控器左上角细节图

该无人机飞行器支持三种飞行模式，并可通过飞行模式切换开关进行任意切换。三种飞行模式分别为：

(1)P 模式(定位)。使用 GPS 模块或视觉定位和前视障碍物感知系统，以实现飞行器精确悬停，指点飞行以及高级模式等。该模式下飞行器的感度值被适当调低。

(2)S 模式(运动)。使用 GPS 模块或视觉定位以实现精确悬停，该模式下飞行器的感度值被适当调高，操作者务必格外谨慎操控飞行。飞行器最大水平飞行速度可达 20m/s，最高垂直上升速度为 6m/s，下降速度 4m/s，最大倾斜角为 45°，可以实现多种飞行姿态。

(3)A 模式(姿态)。不使用 GPS 模块与视觉定位系统进行定位，仅提供姿态增稳，若 GPS 卫星信号良好可实现返航。

注意：在使用 S 模式飞行时，前视障碍物感知系统不会生效，飞行器无法主动制动和躲避障碍物，操作者务必留意周围环境，操控飞行器躲避飞行路线上的障碍物。在此飞行模式中飞行器的姿态控制灵敏度更高，具体表现为遥控器上小幅度的操作会导致飞行器产生大幅度的飞行动作，因此在实际飞行中操作者应预留足够的飞行空间以保障安全飞行。在无风环境下飞行时，操作者还需预留至少 50m 的制动距离，以保障飞行安全。

(1)云台拍照按键(图 4-145)：实现拍照功能。按下该键可以拍摄单张照片。

(2)相机设置转盘：通过控制转盘来调整相机设置，选择回放相片与视频。

(3)智能飞行暂停按键：控制飞行器退出智能飞行后飞行器将与原地悬停。

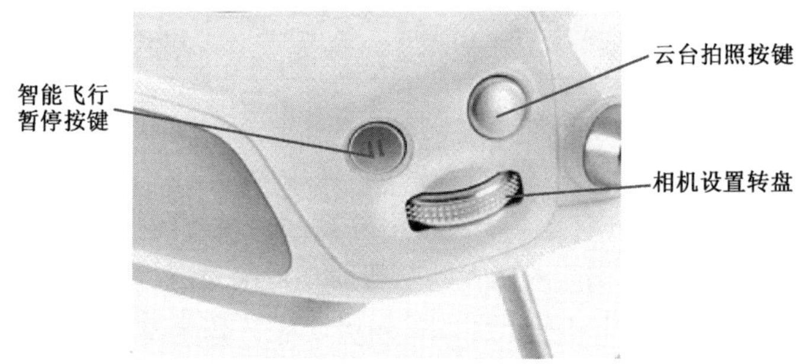

图 4-145　遥控器右上角细节图

(三)云台相机

该款无人机飞行器采用 Sony Exmor R CMOS 影像传感器，CMOS 尺寸为 1/2.3in，分辨率为 1200 万像素。配备 20mm 低畸变广角镜头，采用蓝玻璃滤光片，能有效提升画质，标配 UV 镜片以保护镜头，如图 4-146 所示。

该云台相机支持高达每秒 30 帧的 4K 超高清视频录像，支持最高 1200 万像素静态拍照，应用先进的图像处理技术，输出优质图片。同时，它还支持多种拍摄模式，包括单拍、多张连拍和定时拍摄。

为保证相机系统稳定性，可以将单次录像时长限制在 30min 以内。在飞行器电源开启状态下不要插入或拔出 SD 卡，否则拍摄过程中得到的数据文件有可能会丢失。若要将相机中的数据文件拷贝到计算机中，则需开启智能飞行电池，通过数据线连接来传输数据。

开启飞行器智能飞行电池后，相机状态指示灯将亮起，操作者可以通过相机状态指示灯来判断当前相机的状态，其具体情况如表 4-12 所示。

图 4-146　飞行器云台相机

相机状态指示灯情况说明　　表 4-12

相机状态指示灯	状态	相机状态指示灯	状态
绿灯快闪	系统启动	红灯快闪	SD 卡故障
绿灯单闪	单张拍照	红灯双闪	相机过热
绿灯连续 3 次闪烁	连拍	红灯常亮	严重故障
红灯慢闪	录影	绿黄灯交替闪烁	固件正在升级

(四)APP 移动应用

该款无人机飞行器设计了一个用于触屏操控飞行器的 APP 移动应用，它可以安装在智能手机、平板超级本、计算机等移动设备上，操作者可以通过点击 APP 来操作飞行器上的云台和相机，控制拍照、录影以及设置飞行参数。为配合高清图传使用，推荐在平板超级本设备或大屏幕手机上安装使用，以获得最佳的视觉体验效果，它的运行界面如图 4-147 所示。

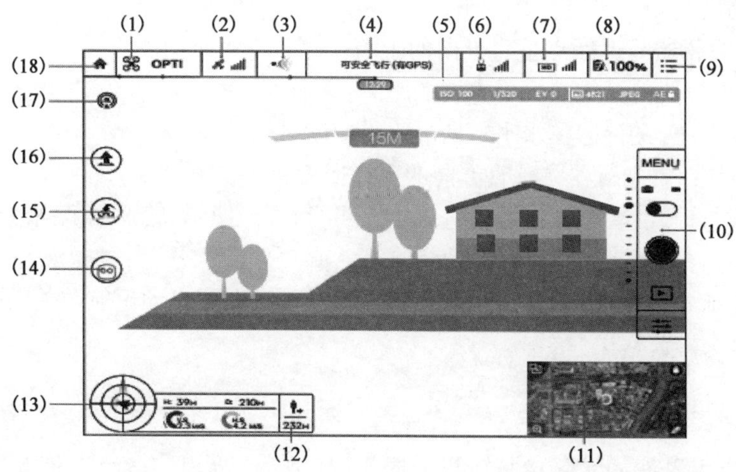

图 4-147　飞行器 APP 移动应用界面简图

图 4-147 中的(1)～(18)具体解释如下：

(1)飞行模式：显示当前飞行模式，点击按键进入主控设置菜单，可进行飞行器限低、限高、限远设置及感度参数调节等。在首次使用 APP 时，飞行器处于“新手模式”，新手模式下，飞行器限高、限远飞行都为30m。

(2)GPS状态:用于显示GPS信号强弱,当卫星图标变成绿色时,飞行器进入可安全飞行状态。

(3)障碍物感知系统状态:轻触该按钮可以设置障碍物感知系统。

(4)飞行器状态提示栏:显示飞行器的飞行状态以及各种警示信息。

(5)智能飞行电池电量:实时显示当前智能飞行电池剩余电量及可飞行时间。

(6)遥控链路信号强度:显示遥控器与飞行器之间信号程度。

(7)高清图传链路信号强度:显示飞行器与遥控器之间高清图传链路信号的良好程度。

(8)电池设置按键:实时显示当前智能飞行电池剩余电量。点击可设置低电量报警阈值,并查看电池信息,也可设置存储自放电启动时间。当飞行时发生电池放电电流过高、放电短路、放电温度过高或过低、电芯损坏等异常情况,界面会实时提示,并可在历史记录中查询最近的异常记录。

(9)通用设置按键:点击可设置参数单位、相机设置复位、快速预览、云台调节、航线显示等。

(10)相机控制栏:拍照与设置区域。最上面的MENU按键可设置录影与拍照的各项参数;接着往下就是拍照和摄影转换按键,拍照时默认为单张拍照模式,长按可进入二级菜单,从该菜单中可选择定时拍照等高级拍照模式;录影模式中视频上方会显示时间码,表示当前录影的时间长度;中间的大圆圈即为开始/停止按钮,继续往下的方框按钮即为回放按键,点击可以查看已拍摄的照片及视频;最下面的按键依次是设置相机的ISO、快门、曝光补偿参数。该部分类似于智能手机上的拍照/摄影模块。

(11)地图缩略图标:点击该图标可快速切换至地图界面。

(12)视觉定位系统状态:用于显示飞行器与返航点之间的距离。

(13)飞行状态参数:显示悬停高度图标,开启视觉定位系统后,悬停高度图标用于实时显示飞行器悬停高度。相关飞行参数如下。

①高度 H:飞行器与返航点垂直方向的距离;

②距离 D:飞行器与返航点水平方向的距离;

③水平速度 V. S:飞行器在水平方向的飞行速度;

④垂直速度 V. H:飞行器在垂直方向的飞行速度。

(14)智能飞行模式:轻触该按键以进入指点飞行、智能跟随、普通以及高级模式(后面将详细介绍)。

(15)智能返航:轻触此按键,飞行器将终止航线任务,即可自动返航并关闭电机。

(16)自动起飞/降落。

(17)直播。

(18)主界面。

APP移动应用界面的实际运行效果如图4-148所示,界面中各个图标都清晰可见,还可以通过调节显示屏右侧的滑动按钮来调节屏幕的清晰度,确定好目标物后,点击显示屏中间的"GO"按钮开始进入飞行状态。若是APP上操作不习惯或者灵敏度不够,飞行器遥控器上也都有相应的按键可以完成同样的任务。因此,是在APP界面上操作,还是运用遥控器进行操作,可根据个人喜好自行选择。

图 4-148 APP 移动应用界面的实际运行效果图

三、飞行器功能介绍

(一)飞行器概述

该款四旋翼无人机飞行器主要由飞控系统、通信系统、定位系统、动力系统以及智能飞行电池组成。飞控系统支持三种飞行模式,分别为 P 模式(定位)、S 模式(运动)、A 模式(姿态),前面已经有细致描述,在此不再阐述。

(二)自动返航功能

在前面已提到,该款无人机飞行器有自动返航功能,在遥控器上也有智能返航键,因此,下面将详细介绍飞行器的自动返航功能。

若飞行器在起飞成功前记录了返航点,则当遥控器与飞行器之间失去了通信信号时,飞行器将自动返回返航点并降落,以防止意外发生。该飞行器为操作者提供了三种不同的返航方式,分别为失控返航、智能返航和智能低电量返航。

1. 失控返航

当 GPS 信号良好,指南针工作正常,且飞行器成功自动或手动记录返航点后,如无线信号(遥控器信号或图像信号)中断超过 3s,飞控系统将接管飞行器控制权,控制飞行器飞回最近记录的返航点。如果在返航过程中,无线信号恢复正常,返航过程仍将继续,但操作者可以通过遥控器控制飞行航向,且可短按遥控器智能返航按键以取消返航。

注意:当 GPS 信号欠佳或者 GPS 不工作时,无法实现返航;失控返航过程中,在飞行器上升至预设返航高度前,飞行器不可控,但是操作者仍可以通过夺回控制权,取消上升过程。

返航过程图解如图 4-149 所示。

2. 智能返航

智能返航模式可通过遥控器智能返航键或 APP 中的相机界面启动,其返航过程与失控返航一致,区别在于操作者可通过打杆控制飞行器航向躲避障碍物。启动飞行器状态指示灯仍按照当前飞行模式闪烁。智能返航过程中,操作者仍能控制飞行器航向,通过遥控器上的智能返航按键或 APP 退出智能返航后,操作者可重新获得控制权。

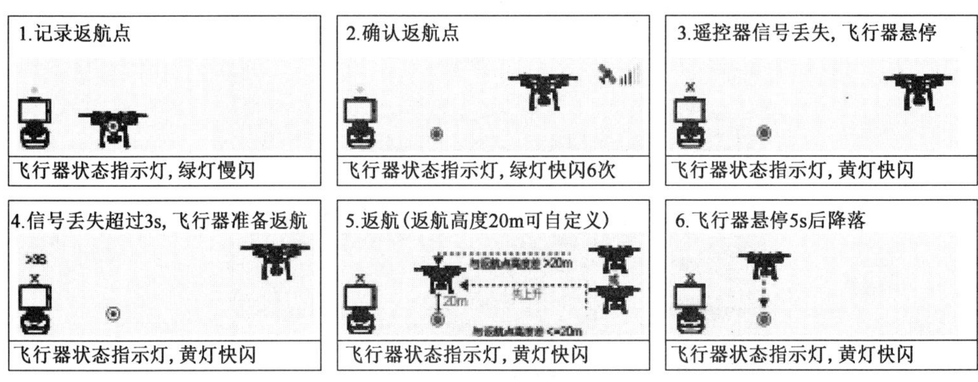

图 4-149　返航过程图解

3. 智能低电量返航

智能飞行电池电量过低时，没有足够的电量返航，此时用户应尽快降落飞行器，否则飞行器将会直接坠落，导致飞行器损坏或者引发其他危险。

为防止因电池电量不足而出现不必要的危险，无人机飞行器将会根据飞行的位置信息，智能判断当前电量是否充足。若当前电量仅足够完成返航过程，飞行器将提示操作者是否需要执行返航。若操作者在 10s 内不做选择，则 10s 后飞行器将自动进入返航。返航过程中可短按遥控器智能返航键取消返航。智能低电量返航在同一次飞行过程中仅出现一次。

若当前电量仅足够实现降落，飞行器将强制下降，不可取消。返航和下降过程中均可通过遥控器(若遥控器信号正常)控制飞行器。电量指示含义如表 4-13 所示。

电量指示含义说明　　表 4-13

电量指示	含义	飞行器状态指示灯	APP 界面提示	飞行
智能低电量返航	剩余电量仅足够安全返航	红灯慢闪	提示是否自动返航降落，若不做选择，10s 后飞行器将默认返航	选择执行后，飞行器将自主返航降落并停止运行电机，更换电池后即可重新飞行
智能低电量降落	剩余电量仅足够从当前高度降落	红灯快闪	提示用户正强制降落，不可取消	飞行器将缓慢自主降落并停止运行电机
预计剩余飞行时间	当前电量所能支持的剩余飞行时间	无	无	无

4. 返航避障

当光照条件满足视觉定位系统工作时，飞行器可实现返航避障。具体过程如下：

(1)若机头前方 15m 处检测出障碍物，飞行器将减速。

(2)减速至悬停后，飞行器将自行上升以躲避障碍物。在上升至障碍物上方 5m 处后，飞行器停止上升。

(3)退出上升状态，飞行器继续飞往返航点。

其返航避障过程简图如图 4-150 所示。

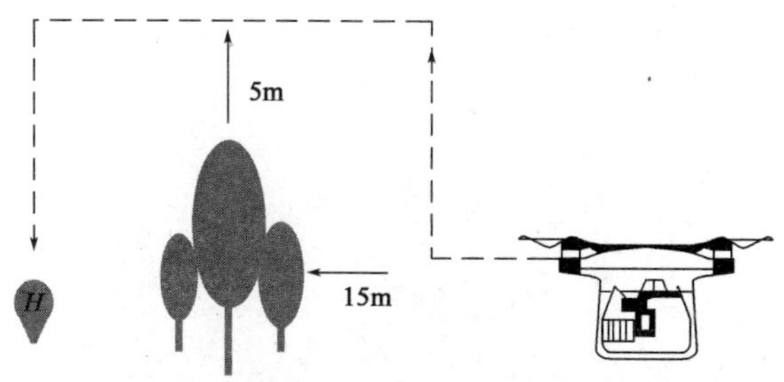

图 4-150 返航避障图解

(三)指点飞行功能

该款无人机不仅可以通过遥控器实现无人机的操控,还可以通过移动设备上的 APP 应用来完成“指点飞行”模式,从视觉上直接控制飞行器的飞行方向,前进、后退、向左、向右等简单操作逻辑符合大众的思维,简单极易上手。操作者可通过点击 APP 中的相机界面的实景图,指定飞行器需要飞往的方向,飞行器将自行沿着指点选取的方向飞行。飞行器在自行飞往指点方向的过程中可以躲避障碍物或悬停,可进一步提升飞行安全。具体操作步骤如下:

(1)准备工作。在使用“指点飞行”模式之前,先要确认遥控器与飞行器连接正常,APP 移动应用运行正常,飞行器电量充足,飞行模式处于 P 模式状态中。

(2)启动飞行。一切准备就绪后启动飞行器飞行,使飞行器飞至离地面 3m 以上的高度。

(3)进入“指点飞行”模式。点击移动设备 APP 进入相机界面,轻触屏幕左下角的“指点飞行”图标并阅读注意事项,然后选定目标区域直到出现圆形的“GO”图标,点击之后飞行器自行飞往目标方向,其流程示意图如图 4-151 所示。

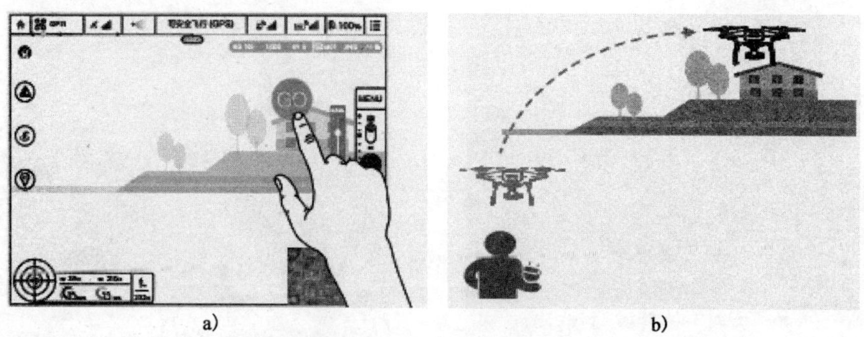

a) b)

图 4-151 进入“指点飞行”模式

(4)飞行过程。飞行器在自行飞往目标的过程中,操作者可以设置最大的巡航速度,但是飞行器会根据环境自动调节合适的巡航速度;若是飞行过程中遇到障碍物,飞行器会根据当前飞行状态判断是否需要避障或悬停;若飞行器在飞行过程中遥控器信号中断,飞行器会立刻退出“指点飞行”模式并进入失控返航状态。

(5)退出。可以通过三种方式来退出“指点飞行”模式,一是点击屏幕上的“stop”按钮,二是向后掰动遥控器的右摇杆,三是按下遥控器上的“智能飞行暂停按钮”。退出指点飞行后,飞行器将于原地悬停。这时操作者可重新选定指点飞行的目标继续飞行。若操作者启动智能返航或自动降落功能时,飞行器将退出“指点飞行”,立刻执行返航或降落。

在"指点飞行"过程中,不要将目标物设置为人、动物、细小物体(如树枝、电线杆等)或是透明物体(如玻璃、水面等)。其实际运行界面如图 4-152 所示。

图 4-152 "指点飞行"模式实际效果图

四、现场操作流程

(一)设备的携带

四旋翼无人机飞行器质量轻、结构简单、外观小巧、包装简洁,飞行器和遥控器以及包括 3 块电池在内的各种配件都可以放置在一个小型的泡沫小提箱中,出行携带非常方便,如图 4-153所示。

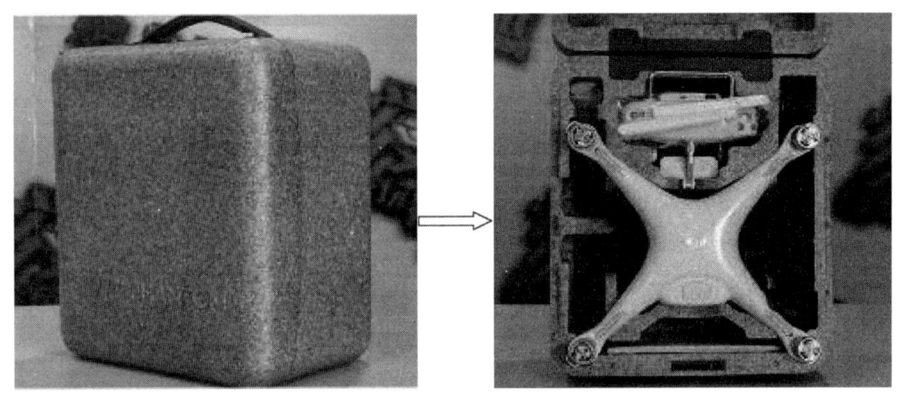

图 4-153 飞行器的携带

(二)制订飞行计划

由于无人机飞行器受外界影响较大,因此在进行实际飞行之前,要根据桥梁周围自然环境、地理位置以及当时的天气情况进行综合考虑来拟订飞行计划。对于飞行器的飞行任务,最好选择光照充足、视野宽阔、无障碍物、风速一般的时间、地点来完成,并确定好起飞地点和返航地点;而飞行器遥控器操作者要选择一个地势较好、视野开阔、光线充足、能够看到整个飞行路线的地方进行操控,以确保飞行器在视线内控制。当然,也可以选择在 APP 上进行指点飞行以实现更加流畅的飞行操作。在进行实际飞行之前,最好先在小范围内试飞一下,以感受一

下自然条件对飞行器飞行的影响，从而更贴近实际，制订最终飞行路线。

注意：在恶劣天气下，如大风（风速五级以上）、下雪、下雨、雾霾天气等，最好不要飞行；也不要在有高压线、通信基站或发射塔等区域内飞行，以免遥控器受到干扰。

（三）飞行器现场组装

1. 安装螺旋桨

从泡沫手提箱中取出飞行器机身和桨叶，然后准备一对有黑圈的螺旋桨和一对有银圈的螺旋桨，将印有黑圈的螺旋桨安装至带有黑点的电机桨座上。将桨帽嵌入电机桨座并按压到底，沿锁紧方向旋转螺旋桨至无法继续旋转，松手后螺旋桨将弹起锁紧，同理将印有银圈的螺旋桨安装至白色的电机桨座上，如图 4-154 所示。

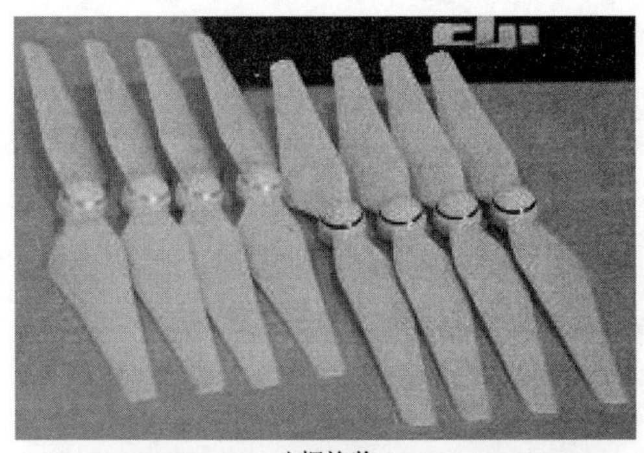

a）螺旋桨

b）黑色螺旋桨与电机桨座对应

c）安装固定螺旋桨

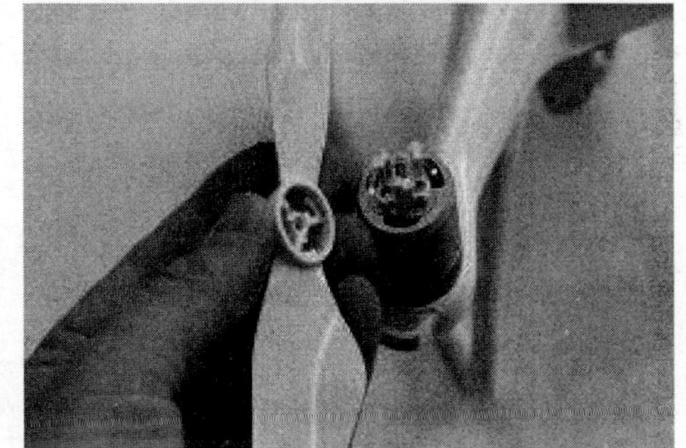

d）银色螺旋桨与电机桨座对应

图 4-154　安装螺旋桨

2. 安装智能飞行电池

将电池从手提箱中取出，按照图 4-155b）所示的方向将电池推入电池仓，直到“咔”的一声，以确保电池卡紧在电池仓内，如图 4-155 所示。如果电池没有卡紧，有可能导致电源接触不良，就可能影响飞行的安全性，甚至无法起飞。

3. 固定云台相机

将飞行器机身轻轻拿起，移除云台锁扣，然后将云台相机一端的接头通过旋钮的方式安装在机身云台接口处，通过拨动遥控器上的云台俯仰控制拨轮来查看云台相机能否正常转动，以确保云台相机在飞行器飞行过程中能够正常拍照，如图 4-156 所示。

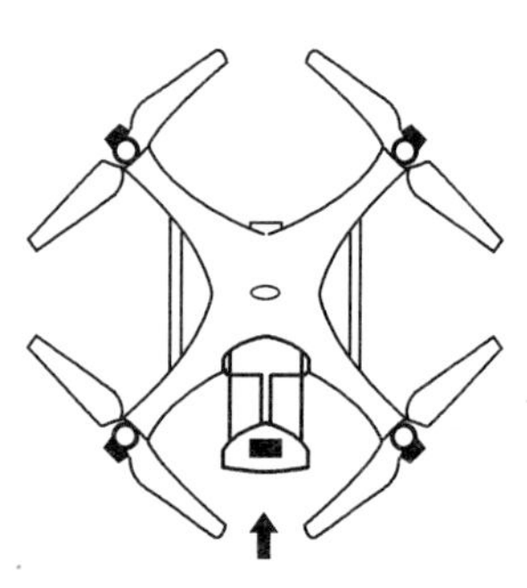
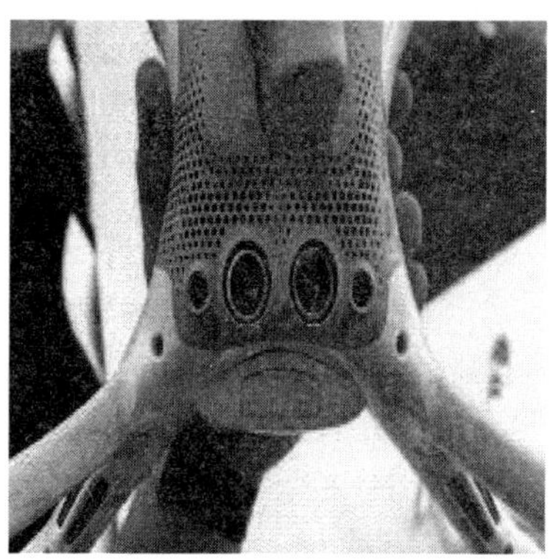
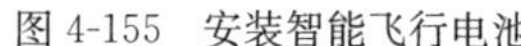

a)飞行器电池　b)电池安装方向　c)飞行器电池安装成功

图 4-155　安装智能飞行电池

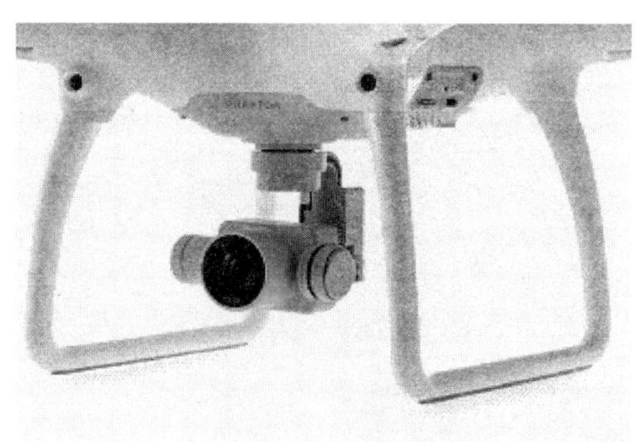

图 4-156　固定云台相机

4. 连接遥控器

将飞行器遥控器从手提箱中取出后，按照以下步骤来展开遥控器上的移动设备支架并调整天线位置。

(1)按下移动设备支架侧边的按键以伸展支架，放置移动设备。

(2)调整支架确保夹紧移动设备，同时调整一下天线位置。

(3)使用移动设备数据线，将设备与遥控器 USB 接口连接。

(4)遥控器状态指示灯显示绿灯常亮，且听到开机音，则表明遥控器与飞行器连接成功。

5. 开始飞行

前面都准备好后，再关注一下电池电量指示灯，确定电量充足。然后可以进行试飞，以查看飞行器的飞行状态以及飞行器、遥控器的连接状态是否都正常，测试目前自然环境对飞行器飞行的影响。待一切都准备好后，就可以按照之前规划好的飞行模式、飞行路线进行飞行。当然，在飞行途中若是遇到其他偶然情况，也可以采取相应的措施进行调整，如模式切换、智能返航、定点悬停等，根据实际情况尽快采取有效措施。

6. 返航

飞行任务结束后，可选择“自动返航”按钮完成飞行器的自动返航飞行。按照有序步骤拆卸无人机飞行器，清点好各部件，整理好全部归位后，即可完成本次飞行任务。

7. 后期数据处理

将飞行过程中采集的桥梁表观图像数据拷贝到计算机中，进行后续的图像处理操作。若是有自动识别系统，则进行自动识别操作；若是无自动识别系统，则人工进行图像识别。

第七节　展　　望

桥梁应急检测是应急救援单位进行桥梁通过性判别以及桥梁抢修的必备条件，常规的检测技术与手段存在环境适应性差、作业时间长的显著缺点，不能满足应急救援单位应急检测的需求。尽管国内外研究与开发的一些便携式检测设备，可能适合桥梁的应急检测，但是这些设备在开发过程中设置的使用环境背景，并不是针对战时或抢险救灾时的桥梁应急检测，因此在功能上还存在许多缺点：如非接触检测仪尽管适合单人携带，但是并没有配置单人携带的背包；无论是非接触检测仪还是智视系统，对于支座等隐蔽位置的检测难度较大；无人机系统尽管可以实现隐蔽部位的检测，但是不具备空间定位与测量等功能；所有设备还均不具备通过计算机对图像进行病害与毁伤自动识别、测量与出具检测报告的能力，检测效率较低。因此，结合应急救援单位应急检测的实际需求，开展对以上设备的深化研究，还是非常有必要的。

第五章　桥梁损毁形式及通过性快速评估方法

第一节　基 本 概 念

一、桥梁损毁形式

桥梁的损毁形式是指桥梁遭受自然灾害或战争损毁后的破坏形态，一般情况下有混凝土开裂、局部破损与凹坑、梁体与桥墩的贯穿成洞、梁体断裂坍塌、梁体移位、墩台倾斜及倒塌等。

桥梁损毁形式与桥梁遭受灾害的种类有关系，同时也与桥梁本身的结构形式有关系。

二、桥梁通过性快速评估方法

对于正常使用的桥梁，在某些特殊状态下需要通行特殊的车辆或车队，如部队行进车队、地方运输变压器等的超限挂车等，这类荷载在设计时并未考虑到，属于超限车辆，此时就需要对桥梁的通过性进行评估，判断桥梁在这些车辆荷载的作用下是否会出现破坏。在自然灾害或战争状态下，部队行进车队或者大型工程车辆等需要通过桥梁时，如果这些荷载在设计时并未考虑到，那么需要对桥梁的通过性进行评估。如果桥梁已经遭受到自然灾害或者因战争造成部分破坏，对桥梁的通过性进行评估就更为必要。

桥梁通过性快速评估就是为保障重型非常规荷载安全通过桥梁，在较短时间内对桥梁承载能力状况进行评估，从而决定是否需要采取临时加固或其他补强措施的过程。桥梁的通过性快速评估技术，成为桥梁交通运输中的一项关键技术。

第二节　应急状态下的作用效应与组合

桥梁的作用是指桥梁在施工与运营过程中引起桥梁结构反应的各种因素的统称。这些因素既有自身的因素，如桥梁的自重、混凝土徐变收缩等，也有外部的因素，如车辆、人群荷载、温度、风荷载以及地震等。引起结构反应的因素可以按照其性质分为截然不同的两类，一类是施加于结构上的外力，如车辆、人群、结构自重等，它们与重力、机械力等有密切关系，可用“荷载”这一术语来概括；另外一类并不以外力的形式施加于结构上，如温度、基础变位、混凝土收缩徐变等，尽管它们也能够产生与外力相同的结构反应，但是不是以力的形式直接作用到桥梁结构上。“作用”则包含了这两类不同性质的因素。在桥梁设计过程中，一般都全面考虑各种常规荷载和作用的组合。

公路桥梁在一些特殊情况下往往也需要通行特殊的车辆或车队。这些车辆或车队在轴

数、轴重、轴距以及车辆距离，在行进速度、纵横向排列等方面均与设计荷载存在明显差异，而且往往为超限车辆，构成了桥梁的特殊荷载。因此在这些荷载通过公路桥梁安全性验算时，桥梁作用效应的组合方式将有别于设计阶段的作用效应组合。

一、军用车辆荷载通行公路桥梁时的作用效应组合

我军的军用车辆荷载虽然种类相对较少，但其绝对数量、规格、品种庞大(例如全军汽车就有 40 多种，共约 36 万辆)，且不断更新、变化，仅根据理论编制还不足以反映实际情况。21 世纪初对我军的车辆装备进行过详细调查，先后在 4 个军区、6 个集团军及有关部队、研究单位，统计了现有车辆(包括火炮、坦克、工程机械)的数量、规格及各种技术参数(自重、载重、轴重、轴距、长度、行军间距)，共得到近 50 个团、4 万多台车辆数据，得到了最新装备部队的车辆数据。根据调查结果，结合近几年的变化情况，归纳了 16 种典型的车辆荷载(轮式 10 种、履带式 6 种)，主要参数见表 5-1。

军用车辆荷载分类表　　表 5-1

<table>
<tr><th>序号</th><th>荷载分类</th><th>分级(t)</th><th>总重(t)</th><th>前轴重(t)</th><th>中、后轴重(t)</th><th>轴距或履带接地长(m)</th></tr>
<tr><td>1</td><td rowspan="7">轮式荷载</td><td><5</td><td>1.955</td><td>0.877</td><td>1.068</td><td>2.3</td></tr>
<tr><td>2</td><td>5～10</td><td>9.31</td><td>2.45</td><td>6.86</td><td>4.0</td></tr>
<tr><td>3</td><td rowspan="2">10～15</td><td>13.95</td><td>4.72</td><td>9.23</td><td>4.0</td></tr>
<tr><td>4</td><td>14.72</td><td>7.3</td><td>7.42</td><td>2.6</td></tr>
<tr><td>5</td><td rowspan="2">15～20</td><td>17.66</td><td>5.425</td><td>12.235</td><td>3.8</td></tr>
<tr><td>6</td><td>18.00</td><td>8.15</td><td>9.85</td><td>3.96</td></tr>
<tr><td>7</td><td>20～25</td><td>22.46</td><td>6.95</td><td>15.51</td><td>4.205</td></tr>
<tr><td>8</td><td rowspan="3">火炮</td><td>10～15</td><td>11.8</td><td>2.82</td><td>5.48+3.5</td><td>4.225+5.7</td></tr>
<tr><td>9</td><td>20～25</td><td>20.88</td><td>5.29</td><td>9.87+5.72</td><td>3.8+6.22</td></tr>
<tr><td>10</td><td>25～30</td><td>28.1</td><td>7.0</td><td>13.16+6.3</td><td>4.525+6.91</td></tr>
<tr><td>11</td><td rowspan="6">履带荷载</td><td>10～15</td><td>12.8</td><td></td><td></td><td>3.096</td></tr>
<tr><td>12</td><td>20～25</td><td>21.0</td><td></td><td></td><td>3.53</td></tr>
<tr><td>13</td><td>30～35</td><td>31.5</td><td></td><td></td><td>3.84</td></tr>
<tr><td>14</td><td>35～40</td><td>36.0</td><td></td><td></td><td>3.84</td></tr>
<tr><td>15</td><td>40～45</td><td>44.0</td><td></td><td></td><td>4.586</td></tr>
<tr><td>16</td><td>45～50</td><td>46.0</td><td></td><td></td><td>4.3</td></tr>
</table>

由于军用车辆的轴数、轴重与轴距与地方车辆存在明显差异，如图 5-1 所示为军用车辆荷载等级，其中炮车与挂车在公路设计车队中均没有出现。同时部队在公路线路上正常行驶时，一般有较为明确的行进队列规定，往往规定的车辆间距也大于公路设计车队中的车辆间距。如装甲师在公路线路上行进时，团与团的间距为 20～25km，团的纵向长为 30km，营与营的间距 2～3km，坦克的间距为 50～100m；摩托化师在公路线路上行军时，车与车的间距则规定为 30～50m。因此当军用车辆通过公路桥梁时遵循以下组合原则进行车辆荷载的纵向和横向布

置：当桥梁的单跨长度不大于 50m 时，只考虑单台车辆荷载的作用，大于 50m 时，应考虑车辆荷载车队的作用；单车选取可以选择行进车队中单车最重的履带荷载或轮式荷载，可以结合表 5-1 进行选取；车队按同级履带式车辆或轮式车辆考虑，对于一般中小桥梁，轮式车辆荷载距离取 30m；对于悬索桥，轮式车辆荷载距离取 50m；对于履带车，顺桥纵向可考虑多辆行驶，但两车间距不得小于 50m，同时履带车通过桥涵时，应靠中以慢速行驶，不考虑冲击力和其他非经常作用在桥上的各种外力。于是军用车辆通过公路桥梁进行安全性验算，其作用效应可以按式(5-1)进行组合：

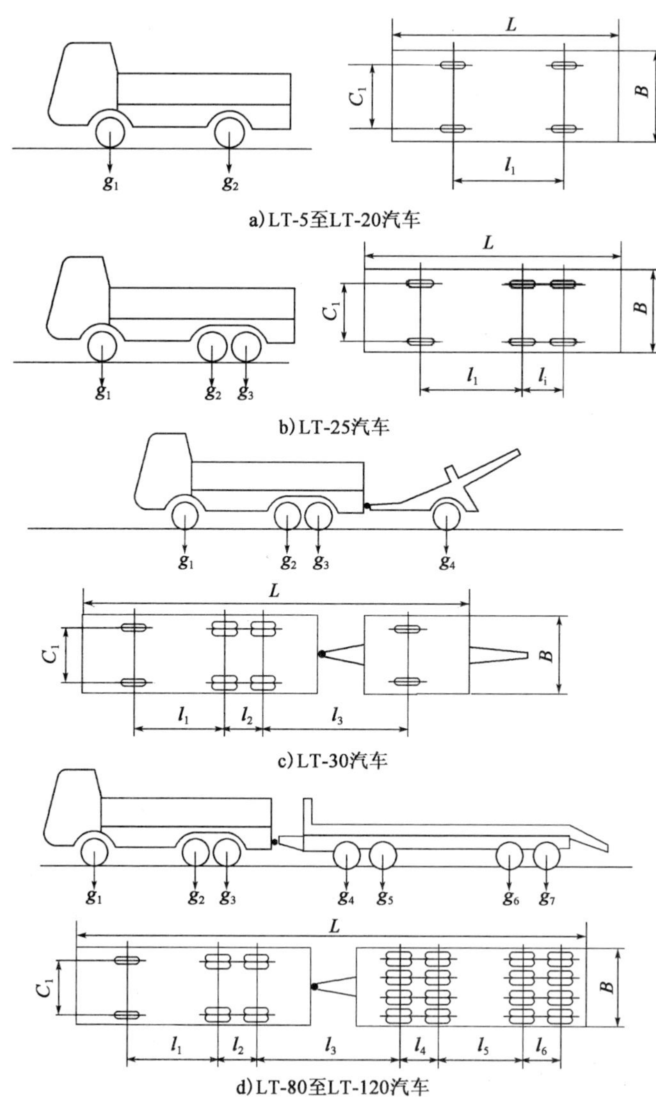

图 5-1 军用轮式车辆示意图

g_i-轮式车辆第 i 轴的轴压力；l_i-轮式车辆第 i 轴和第 $i+1$ 轴的中心距；C_1-轮式车辆前轮中心距

$$V_0 S_{ud} = V_0 (V_{Gi} S_{Gik} + V_{Q1} S_{Q1k}) \tag{5-1}$$

式中：V_0——结构重要度系数；

S_{ud}——荷载效应组合；

V_{Gi}——永久荷载分项系数；

V_{Q1}——荷载超载安全系数。

由于战时公路桥梁的重要性均已降低，V_0 可以一律取 0.9；V_{Gi}按设计规范进行取值；由于 V_{Q1}为荷载超载安全系数，在进行桥梁安全性验算时，荷载数值是明确的，不存在荷载出现大于验算取值的可能性。因此 $V_{Q1}=1$。

横向按照通行时实际的车队位置进行布载。当桥梁横向布置车队数大于 2 时，不考虑计算荷载效应的横向折减。

二、民用非标准车辆通行公路桥梁时的作用效应组合

这里的民用非标准车辆主要是指公路上进行大件运输的车辆多，例如运输进口车辆制造设备、水泥生产设备以及大型变压设备等的挂车，这些车辆最大特点是单车车辆的质量大。一般车辆达到几百吨，而且在轴重、轴距与总长等均有别于桥梁的设计与验算荷载。

民用非标准车辆基本上是多轴超重的轮式荷载，荷载模型可采用参数化表达方式，利用荷载的轴距、轴数、轴重作为输入参数建立荷载模型，两个典型参数化模型见图 5-2。在非标准荷载通过公路桥梁时一般采用以下控制措施：

(1)超重车辆单车过桥，不得有其他车辆与人群过桥。

(2)超重车辆沿桥面中心过桥。

(3)超重车辆过桥时以 5km/h 的低速过桥，并严禁在桥上变速制动。

因此验算时，不考虑冲击力和其他非经常作用在桥上的各种外力，横向分布系数按荷载置于横断面中心线进行计算。于是民用非标准车辆通过公路桥梁时的作用组合一般只考虑桥梁自重与民用非标准车辆两种：

$$V_0 S_{ud}=V_0(V_{Gi}S_{Gik}+V_{Q1}S_{Q1k}) \tag{5-2}$$

式中符号含义同式(5-1)。

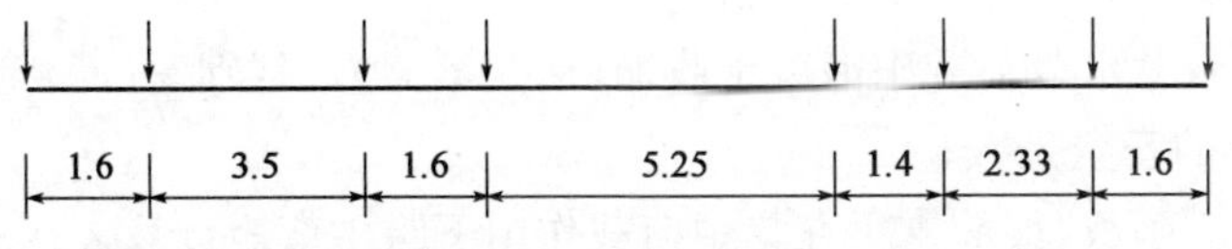

图 5-2　某部队超重装备运输车辆的参数化模型图(尺寸单位：m)

由于平时桥梁的重要性等同于设计要求，V_0 按照设计要求进行取值；V_{Gi}按设计规范进行取值；由于 V_{Q1}为荷载超载安全系数，在进行桥梁安全性验算时，荷载数值是明确的，不存在荷载出现大于验算取值的可能性，因此 $V_{Q1}=1$；超重车辆一般限速通行，因此活荷载 S_{Q1k}不考虑冲击系数的影响。

某钢厂 3800 轧机机架，外形尺寸为 13020mm×4700mm×2000mm，质量为 300t，件数 2 件。牵引车采用玛斯牵引车，自重约 20t。330t 全挂液压平板拖车技术参数：载质量 330t，拖车自重 70t，拖车总长 24m，轴数 15，轴距 1.6m，轮胎数 120 只(8 只/轴)，装载后拖车总重 380t，车宽 3.4m。要求通行宽度 5m，每轴负荷 25.4t，单个轮胎负荷 3.17t。根据具体保障荷

载的特点建立适用于结构分析的荷载模型，如图 5-3 所示。

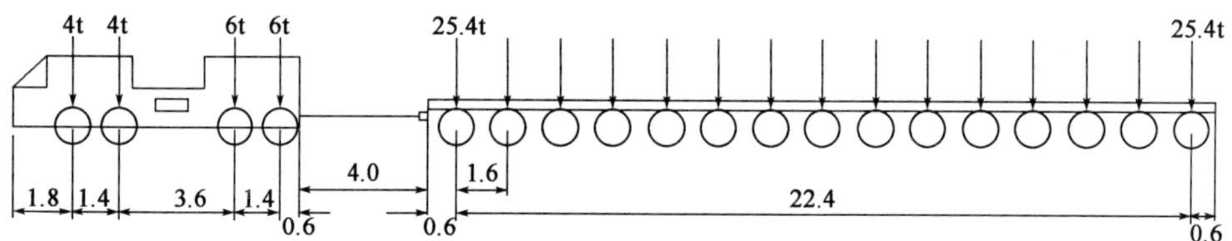

图 5-3 某钢厂轧机机架运输车辆荷载模型图(尺寸单位:m)

第三节 完好桥梁通过性快速评估方法

公路桥梁是按照一定的设计荷载进行设计的，使其满足桥梁结构安全性、适用性与耐久性要求。但是在战争、自然灾害等紧急状态下，军用车辆、地方超限车辆等民用非标准荷载往往需要通行公路桥梁，这些民用非标准荷载在总重、轴数、轴重与轴距等方面均与标准的设计荷载等级存在区别，难以将需要通行的车辆荷载与设计荷载直接进行对比来判断车辆能否安全通行所需要通行的桥梁。因此在这些紧急状况下需要提供一定的方法判断公路桥梁能否安全保证军用车辆与地方超限车辆的通行。

公路桥梁在设计阶段的功能要求相对较严格，不仅需要保证桥梁在运营阶段的设计荷载下的安全性，而且还需保证桥梁运营阶段的适用性与耐久性以及施工阶段的安全性等。在紧急状态下快速保证车辆安全通过桥梁往往成为桥梁保障的唯一任务，往往不要求车辆行驶具有舒适性、桥梁不发生局部损伤等具体要求，安全性判别是进行桥梁结构检验的最主要任务，而保证桥梁安全性的主要原则就是作用导致的桥梁结构效应小于桥梁结构的抗力，即满足三种极限状态设计法中的承载能力极限状态设计法，按式(5-3)计算：

$$S_d(\gamma_g G;\gamma_q \sum Q)\leqslant \gamma_b R_d\left(\frac{R_c}{\gamma_c};\frac{R_s}{\gamma_s}\right) \tag{5-3}$$

式中：G——永久荷载(结构重力)；

γ_g——永久荷载(结构重力)安全系数；

Q——可变荷载及永久荷载中混凝土收缩、徐变影响力，基础变位影响力；

γ_q——荷载 Q 的安全系数；

S_d——荷载效应函数，如简支梁在集中荷载作用下跨中弯矩计算表达式；

R_c——混凝土强度设计采用值；

γ_c——在混凝土强度设计值基础上的混凝土安全系数；

R_s——预应力钢筋或非预应力钢筋强度设计采用值；

γ_s——在钢筋强度设计值基础上的钢筋安全系数；

R_d——结构抗力函数，如一个简支梁跨中截面所能够承受的最大弯矩值；

γ_b——结构工作条件系数。

在桥梁设计之初，桥梁在设计荷载作用下上式是满足的，但是当桥梁通行特殊荷载或桥梁长期使用后，桥梁在实际荷载下的内力以及截面的承载力均不同于设计之初的内力值与承载力，因而上式不一定成立。

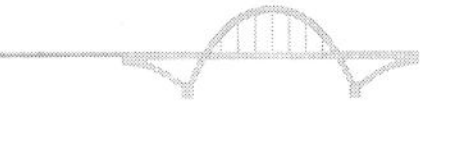

于是国内根据承载能力极限状态设计要求，提出了多种进行快速判别的基本方法，主要有计算分析法、等代荷载法、查表法以及荷载试验法等。

一、计算分析法

计算分析法的原理相当简单，就是通过简单的结构分析，计算得到设计荷载与实际荷载分别作用下的桥梁结构内力，并比较其在最不利截面上的大小关系来判断实际荷载能否通行的一种方法。如果设计荷载在桥梁最不利截面上导致的内力 $S_{设}$ 大于实际荷载导致的结构内力 $S_{实}$，即：

$$S_{设} \geqslant S_{实} \tag{5-4}$$

则实际荷载能够安全通过桥梁，反之则不能。该方法隐藏的基本假定是桥梁的承载力没有明显降低，在实际应用时也不需要进行桥梁结构承载力的检验。于是由公式(5-3)与公式(5-4)整合后，按式(5-5)计算：

$$S_{实}(\gamma_g G; \gamma_q \sum Q_{实}) \leqslant \gamma_b R_d \left(\frac{R_c}{\gamma_c}; \frac{R_s}{\gamma_s}\right) \tag{5-5}$$

即在实际荷载作用下，满足桥梁极限状态设计要求。

为此，要验算判定桥梁能否通行特殊车辆，须考虑特殊车辆的纵向不利位置，算出结构的最大弯矩和剪力值，并考虑桥梁横向分布的影响，即乘以横向分布系数，然后再与桥梁原设计荷载等级(设计的活载弯矩和剪力)进行比较，如小于设计值，则证明可安全通过超载车辆，如大于设计值，则证明桥梁需通过加固等措施后方可通行重型车辆。桥梁结构内力计算往往是将空间问题转化为平面问题，在计算得到单根梁的最不利荷载后再乘以荷载横向分布系数，如图 5-4 和图 5-5 所示，单根梁的活荷载内力按式(5-6)计算：

$$S_p = (1+\mu) \cdot \xi \cdot \sum m_i P_i y_i \tag{5-6}$$

式中：S_p——桥梁中单根梁的最不利截面的内力值；

μ——活荷载的动力冲击系数；

ξ——汽车荷载的横向折减系数；

m_i——荷载的横向分布系数；

y_i——最不利截面的内力影响线竖坐标值；

P_i——外荷载。

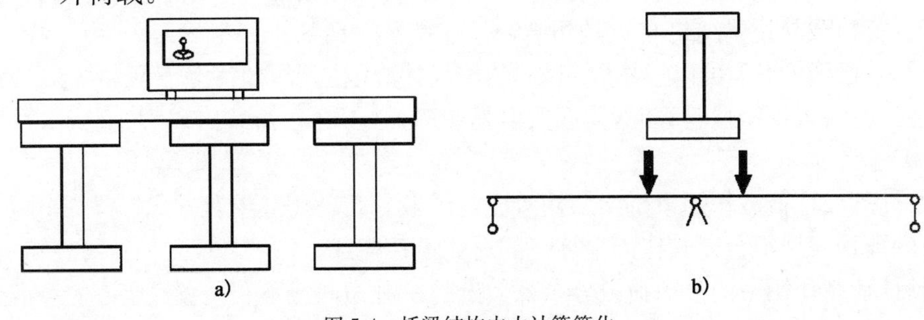

图 5-4　桥梁结构内力计算简化

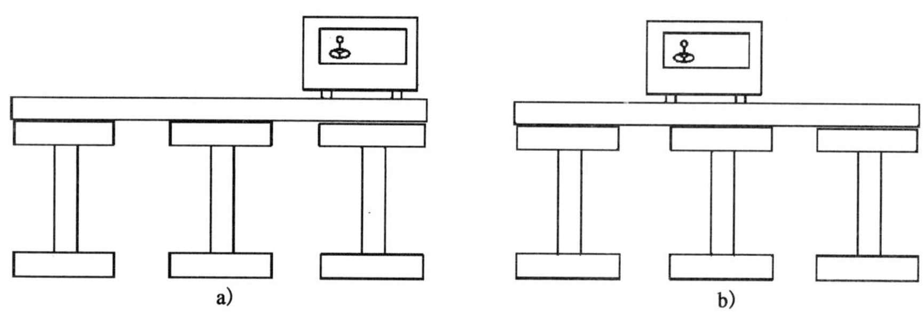

图 5-5　横向最不利荷载位置

桥梁的荷载横向分配系数具体计算方法可以见相关的桥梁工程教材，表 5-2 给出了大件运输时常用平板车通行预应力空心板梁与钢筋混凝土 T 梁的横向分布系数参考数值表，在实际工程中可以直接使用。

平板车过桥横向分布系数参考数值表　　表 5-2

梁形式	预应力空心板梁					钢筋混凝土 T 梁			
横向跨径(mm) / 分布系数 / 平板车荷载(kN)	8	10	13	16	20	10	13	16	20
400	0.146	0.141	0.136	0.133	0.129	0.256	0.224	0.215	0.205
600	0.148	0.144	0.137	0.133	0.129	0.258	0.230	0.218	0.205
1000	0.146	0.140	0.136	0.132	0.142	0.263	0.224	0.215	0.205
1500	0.148	0.142	0.137	0.138	0.128	0.263	0.226	0.220	0.205
2000	0.146	0.141	0.136	0.133	0.129	0.245	0.223	0.213	0.205
3000	0.147	0.139	0.136	0.133	0.128	0.251	0.221	0.214	0.204

注：平板车荷载资料系由上海市交通运输局提供。

如果为了充分挖掘桥梁的承载能力，在重型车辆通行桥梁进行承载力验算时可以考虑以下几个有利因素，以提高桥梁通行荷载的能力：

(1)采取单车过桥和靠中行驶措施的计算。由于重型车辆过桥时不变速、不制动，限速 5km/h，所以计算时可按履带荷载考虑，并不计入冲击振动的影响。

(2)在计算实际荷载作用的荷载效应时，荷载组合应该按照基本组合方式进行计算，即只考虑实际通行荷载与桥梁结构自重的组合：$V_0 S_{ud} = V_0 (V_{Gi} S_{Gik} + V_{Q1} S_{Q1k})$。由于战时公路桥梁的重要性均已降低，$V_0$ 可以一律取 0.9；V_{Gi}按设计规范进行取值；由于 V_{Q1} 为活荷载超载安全系数，在进行桥梁安全性验算时，荷载数值是明确的，不存在荷载出现大于验算取值的可能性。因此 $V_{Q1}=1$。

(3)在计算设计荷载作用下桥梁结构效应时一般有几种荷载组合方式，选择其中导致结构内力最大的那种荷载组合方式作为验算时的对比设计荷载。

(4)设计荷载作用下的横向荷载分布系数选择一种横向最不利位置进行布置，而超重荷载一般按照荷载实际的作用位置进行计算。

二、等代荷载法

尽管计算分析法原理简单，且不需要对桥梁结构承载力进行检验，效率相对较高，但是仍然需要进行复杂的结构分析。为了进一步提高紧急状态下的桥梁通过安全性判断速度，人们利用设计荷载与使用荷载的等代荷载直接进行比较，从而提出了等代荷载法。该方法的基本前提也是桥梁没有发生明显的损伤，即使桥梁经过长期使用，在设计荷载作用下公式(5-3)也是成立的。在这一基本前提下，其基本原理与计算分析法类似，即如果实际荷载导致桥梁的内力小于设计内力，那么实际荷载导致的结构内力自然小于结构的设计(实际)抗力，于是结构可以安全承受实际荷载的作用。

(一)等代荷载的概念

所谓等代荷载，是一种与一组集中荷载或一段均布荷载起等同作用的，经过换算而求得的均布荷载。等代荷载有反力作用相同的等反力等代荷载、弯矩相同的等弯矩等代荷载、剪力相同的等剪力等代荷载和挠度相同的等挠度等代荷载等，即在同一根梁上，集中荷载(或一段均布荷载)在此梁上产生的最大反力、弯矩、剪力、挠度，与另一种在它影响线全部长度上的均布荷载在此梁上产生的最大反力、弯矩、剪力、挠度相等。

(二)等代荷载的求法

下面以一组集中力的等弯矩等代荷载为例说明等代荷载的性质与求法。简支梁的跨中截面是最不利截面，一组集中力的等代荷载意思是：存在一均布荷载 K_e，该荷载在跨中产生的弯矩与该组集中力在跨中产生的弯矩相等，该均布荷载 K_e 称为该组集中力的等代荷载。跨中截面的影响线为三角形，其面积为 Ω，如图 5-6 所示。

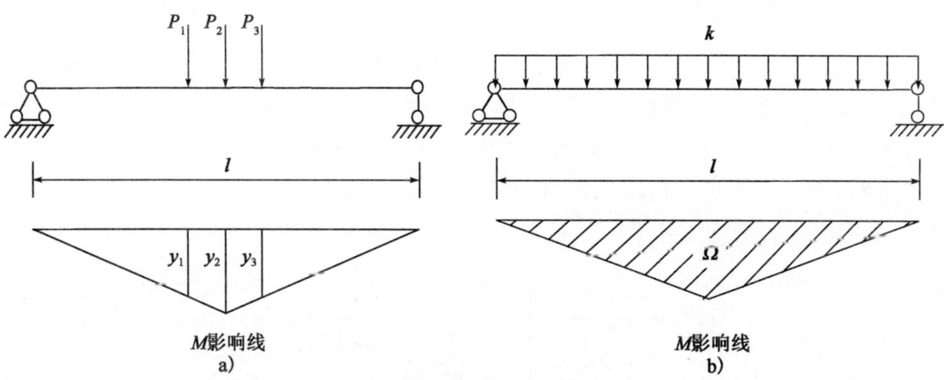

图 5-6　三角形影响线集中载的等代荷载

由一组集中荷载产生的最大弯矩，按式(5-7)计算：

$$M_{max}=P_1y_1+P_2y_2+P_3y_3+\cdots=\sum P_iy_i \tag{5-7}$$

由等代的均布荷载 K_e 产生的最大弯矩，按式(5-8)计算：

$$M_{max}=K_e\Omega \tag{5-8}$$

根据它们作用相等的概念，可得：

$$K_e\Omega=\sum P_iy_i \tag{5-9}$$

所以：

$$K_e = \frac{\sum P_i y_i}{\Omega} \tag{5-10}$$

若上述荷载为一段均布荷载时，其对应下的影响线面积为 ω，如图 5-7 所示。由一段均布荷载产生的最大弯矩 $M_{max}=q\Omega$，同理可得：

$$K_e\Omega = q\omega \tag{5-11}$$

其他各量值的等代荷载，这里就不一一赘述。根据等代荷载的概念，各种等代荷载是不难求出的。

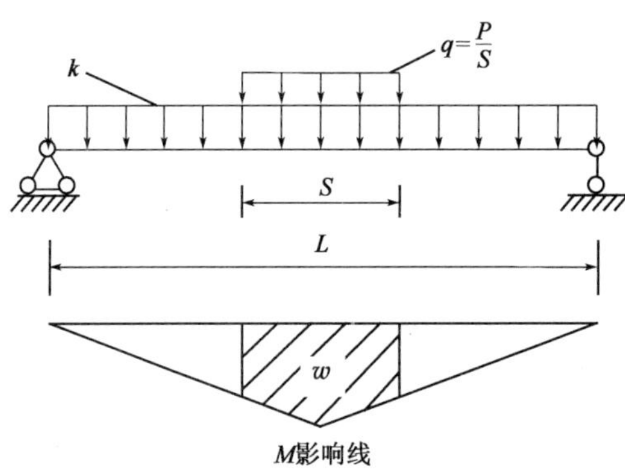

图 5-7　三角形影响线一段均布荷载等代荷载

(三)影响等代荷载的因素

在一组集中荷载或一段均布荷载作用下，等代荷载是根据影响线的尺寸及形状而求得的。影响线一般有下列 4 个主要因素：一是底边长度；二是纵坐标值；三是顶点位置；四是形状（三角形或曲线，曲线又有凸曲线和凹曲线）。这 4 个因素对所要求的等代荷载的关系如下：

(1)等代荷载的数值，随着影响线长度的增加而减小，这是因为影响线面积增大的缘故。

(2)在其他因素不变的情况下，等代荷载的数值与影响线的纵坐标值无关。如图 5-8 所示的两个三角形影响线，其底边长度及顶点位置均相同，但纵坐标值不同，设其比值为 c，即 $y'=cy$，故影响线的面积为 $\Omega'=c\Omega$，其等代荷载为：

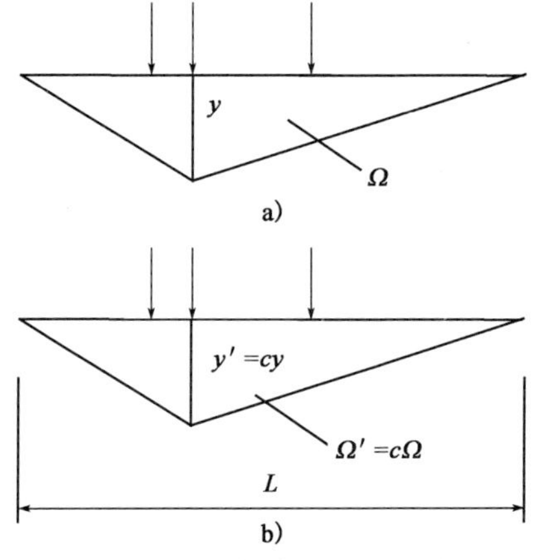

图 5-8　纵坐标值不同的影响线

$$K_e=\frac{\sum py}{\Omega} \tag{5-12}$$

$$K_e'=\frac{\sum py'}{\Omega'} \tag{5-13}$$

因此有：

$$K_e'=\frac{\sum py'}{\Omega'}=\frac{c\sum py}{c\Omega}=\frac{\sum py}{\Omega}=K_e \tag{5-14}$$

在其他因素相同的情况下，一组集中荷载的等代荷载数值与影响线的顶点位置有关，随着影响线顶点向跨中移动，等代荷载值将逐渐减小一些。如图5-9所示，3个不同顶点的三角形影响线，在两个相同的集中荷载作用下，顶点在端点时，其影响量值最大，故其等代荷载也最大，这是由于顶点在端点时影响线之坡度较缓，y_2 值较大的缘故。但一段均布荷载的等代荷载数值则与影响线顶点位置无关。如图5-10所示，两个顶点位置不同的三角形影响线，在一段均布荷载作用下，其影响值是一样的，由几何关系可以证明：

$$\omega_1=\omega_2=\frac{1}{2}\left[y_{\max}+\frac{y_{\max}(L-S)}{L}\right]S=y_{\max}\left(1-\frac{S}{2L}\right)S \tag{5-15}$$

因此，等代荷载值与顶点位置无关。

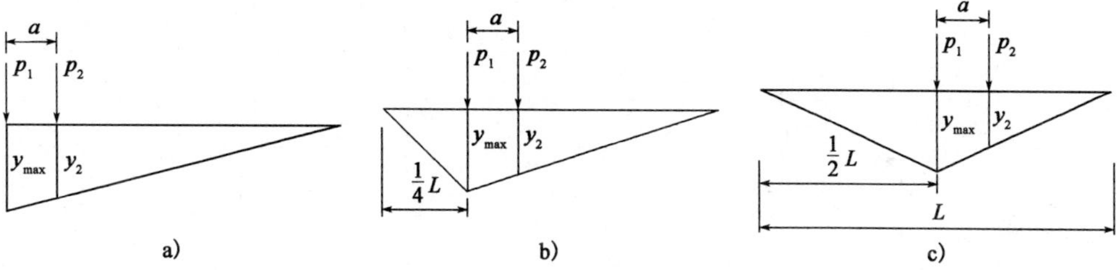

图5-9　顶点位置不同的影响线

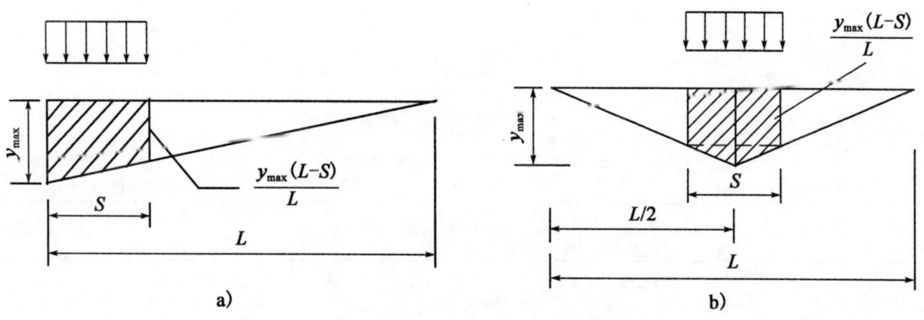

图5-10　一段均布载下影响线

曲线形影响线所求的等代荷载，与三角形影响线所求的等代荷载是有些差别的。如底边长度相等，影响线为凹曲线者，其等代荷载之值比三角形的大些；而影响线为凸曲线的，其等代荷载值较三角形的要小些。这是因为凹曲线的面积比三角形的面积小，故其等代荷载值要大些；而凸曲线的面积比三角形的面积大，故其等代荷载要小些，以上结论由图5-11可以看出。

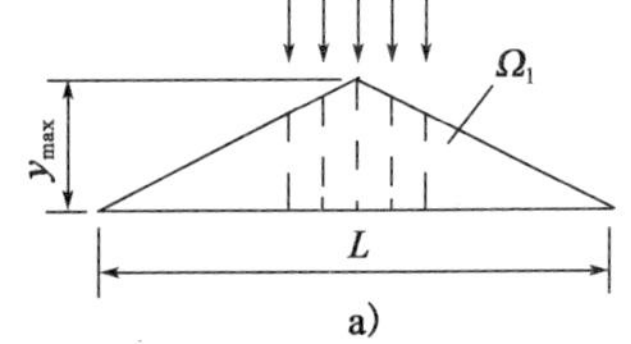

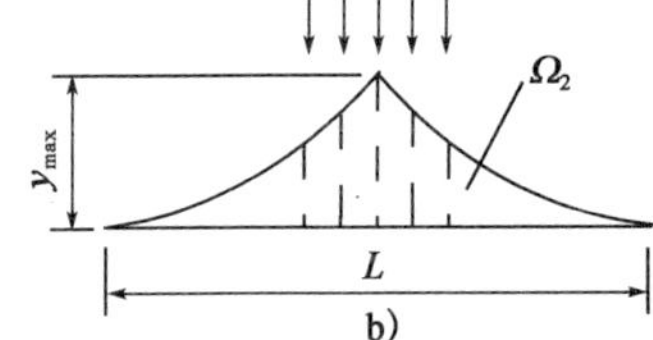

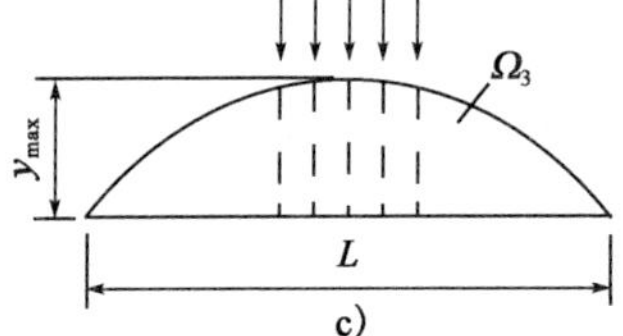

图 5-11　三角形和曲线影响线

公路桥梁设计荷载，现已制成表(表 5-3～表 5-5)，详细说明可见《公路设计手册》等资料，设计时直接查用。军用桥梁尚未制成表，可根据等代荷载的概念进行求值。

汽车—10 级的换算荷载(t/m、车列)　表 5-3

跨径或荷载长度(m)	影响线顶点位置									
	标准车列					无加重车车列				
	端部	1/8 处	1/4 处	3/8 处	跨中	端部	1/8 处	1/4 处	3/8 处	跨中
1	20.00	20.00	20.00	20.00	20.00	14.00	14.00	14.00	14.00	14.00
2	10.00	10.00	10.00	10.00	10.00	7.00	7.00	7.00	7.00	7.00
3	6.67	6.67	6.67	6.67	6.67	4.67	4.67	4.67	4.67	4.67
4	5.00	5.00	5.00	5.00	5.00	3.50	3.50	3.50	3.50	3.50
6	3.89	3.73	3.52	3.33	3.33	2.67	2.57	2.44	2.33	2.33
8	3.13	3.04	2.92	2.75	2.50	2.13	2.07	2.00	1.90	1.75
10	2.60	2.54	2.47	2.36	2.20	1.76	1.73	1.68	1.62	1.52
13	2.15	2.04	1.99	1.93	1.94	1.40	1.37	1.35	1.31	1.25
16	1.89	1.80	1.69	1.73	1.70	1.16	1.14	1.13	1.10	1.06
20	1.71	1.60	1.58	1.61	1.52	0.98	0.93	0.92	0.90	0.88
26	1.46	1.39	1.38	1.40	1.34	0.91	0.82	0.74	0.71	0.70
30	1.33	1.27	1.26	1.27	1.23	0.86	0.79	0.70	0.64	0.61
35	1.25	1.15	1.14	1.14	1.11	0.79	0.74	0.68	0.63	0.56
40	1.18	1.08	1.07	1.05	1.02	0.75	0.69	0.64	0.60	0.54
45	1.10	1.03	1.02	1.00	0.97	0.73	0.66	0.61	0.58	0.56
50	1.05	0.97	0.97	0.95	0.93	0.73	0.65	0.58	0.55	0.51
60	0.98	0.90	0.87	0.87	0.87	0.67	0.62	0.57	0.55	0.56

汽车—15 级的换算荷载(t/m、车列)　表 5-4

跨径或荷载长度(m)	影响线顶点位置									
	标准车列					无加重车车列				
	端部	1/8 处	1/4 处	3/8 处	跨中	端部	1/8 处	1/4 处	3/8 处	跨中
1	26.00	26.00	26.00	26.00	26.00	20.00	20.00	20.00	20.00	20.00
2	13.00	13.00	13.00	13.00	13.00	10.00	10.00	10.00	10.00	10.00
3	8.67	8.67	8.67	8.67	8.67	6.67	6.67	6.67	6.67	6.67
4	6.50	6.50	6.50	6.50	6.50	5.00	5.00	5.00	5.00	5.00

续上表

跨径或荷载长度(m)	影响线顶点位置									
	标准车列					无加重车车列				
	端部	1/8 处	1/4 处	3/8 处	跨中	端部	1/8 处	1/4 处	3/8 处	跨中
6	5.11	4.89	4.59	4.33	4.33	3.89	3.73	3.52	3.33	3.33
8	4.13	4.00	3.83	3.60	3.25	3.13	3.04	2.92	2.75	2.50
10	3.44	3.36	3.25	3.10	2.88	2.60	2.54	2.47	2.36	2.20
13	2.95	2.75	2.64	2.55	2.59	2.07	2.04	1.99	1.93	1.83
16	2.60	2.47	2.30	2.35	2.30	1.72	1.70	1.67	1.63	1.56
20	2.37	2.20	2.17	2.21	2.07	1.45	1.39	1.37	1.34	1.30
26	2.02	1.93	1.91	1.93	1.85	1.35	1.21	1.09	1.06	1.04
30	1.87	1.76	1.74	1.76	1.70	1.28	1.17	1.01	0.95	0.91
35	1.77	1.60	1.59	1.58	1.53	1.18	1.11	1.01	0.93	0.83
40	1.67	1.52	1.50	1.45	1.42	1.12	1.04	0.96	0.90	0.81
45	1.56	1.45	1.43	1.39	1.34	1.10	0.98	0.91	0.86	0.84
50	1.49	1.37	1.36	1.33	1.29	1.07	0.96	0.87	0.82	0.86
60	1.39	1.28	1.23	1.22	1.22	1.01	0.92	0.85	0.82	0.84

汽车—20 级的换算荷载(t/m、车列)　　表 5-5

跨径或荷载长度(m)	影响线顶点位置									
	标准车列					无加重车车列				
	端部	1/8 处	1/4 处	3/8 处	跨中	端部	1/8 处	1/4 处	3/8 处	跨中
1	26.00	26.00	26.00	26.00	26.00	26.00	26.00	26.00	26.00	26.00
2	15.60	14.40	13.00	13.00	13.00	13.00	13.00	13.00	13.00	13.00
3	12.27	11.73	11.02	10.00	8.67	8.67	8.67	8.67	8.67	8.67
4	9.90	9.60	9.20	8.64	7.80	6.50	6.50	6.50	6.50	6.50
6	7.27	6.93	6.76	6.51	6.13	5.11	4.89	4.59	4.33	4.33
8	5.96	5.74	5.45	5.16	4.95	4.13	4.00	3.83	3.60	3.25
10	5.02	4.88	4.69	4.43	4.37	3.42	3.36	3.25	3.10	2.88
13	4.03	3.95	3.84	3.63	3.60	2.75	2.70	2.64	2.55	2.41
16	3.37	3.31	3.24	3.14	3.11	2.28	2.25	2.21	2.15	2.06
20	2.92	2.72	2.67	2.61	2.59	1.93	1.84	1.81	1.78	1.72
26	2.51	2.38	2.39	2.26	2.14	1.79	1.61	1.45	1.41	1.37
30	2.27	2.18	2.24	2.15	1.99	1.70	1.56	1.39	1.26	1.21
35	2.09	1.99	2.05	1.98	1.87	1.57	1.47	1.34	1.24	1.11
40	2.00	1.89	1.83	1.75	1.49	1.49	1.38	1.27	1.20	1.08
45	1.90	1.84	1.77	1.69	1.68	1.46	1.31	1.20	1.15	1.12
50	1.80	1.77	1.70	1.64	1.63	1.42	1.28	1.16	1.10	1.14
60	1.69	1.63	1.57	1.53	1.52	1.34	1.22	1.13	1.09	1.12

【例题】 设计荷载为履带荷载，求主桁的弯矩、等挠度等代荷载，计算简图如图 5-12 所示。

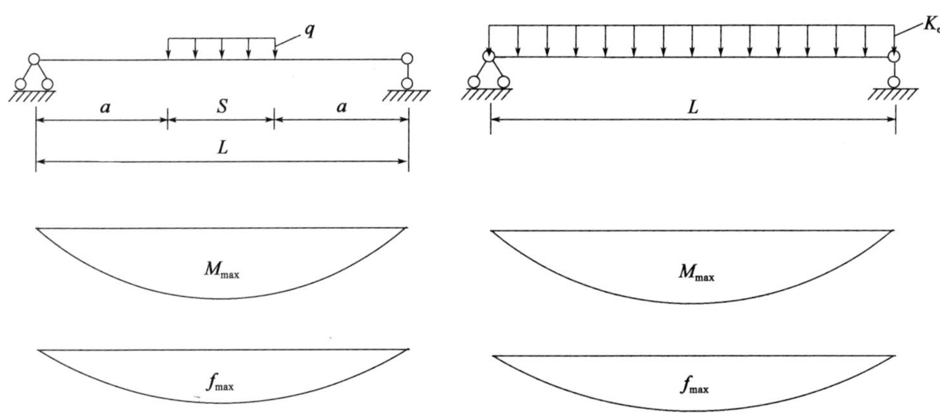

图 5-12　计算简图

解：查《公路设计手册(下册)》桥涵基本资料，或者查《建筑结构静力计算手册》，在一段均布荷载作用下，产生的最大弯矩为：

$$M_{max}=\frac{qSL}{8}\left(2-\frac{S}{L}\right)$$

最大挠度为：

$$f_{max}=\frac{qSL^3}{384EI}\left[8-4\left(\frac{S}{L}\right)^2+\left(\frac{S}{L}\right)^3\right]$$

在等代的均布荷载 K_e 作用下，产生的最大弯矩：

$$M_{max}^{K_e}=\frac{K_eL^2}{8}$$

在等代的均布荷载 K_e 作用下，产生的最大挠度：

$$f_{max}^{K_e}=\frac{5}{384}\cdot\frac{K_eL^4}{EI}$$

根据它们作用相等的概念，令 $M_{max}=M_{max}^{K_e}$，即可求得等弯矩的等代荷载：

$$K_e=\frac{qS}{L}\left(2-\frac{S}{L}\right)$$

令 $f_{max}=f_{max}^{K_e}$，即可求得等挠度的等代荷载：

$$K_e=\frac{qS}{5L}\left[8-4\left(\frac{S}{L}\right)^2+\left(\frac{S}{L}\right)^3\right]$$

式中：S——履带的接地长度；

L——主桁的计算跨度；

q——履带荷载的荷载集度，$q=\frac{P}{S}$；

P——履带荷载的全重。

(四)通过安全性判别的等代荷载法

采用等代荷载能迅速进行重型车辆过桥的可行性判别，这是一种比较实用的方法。由于

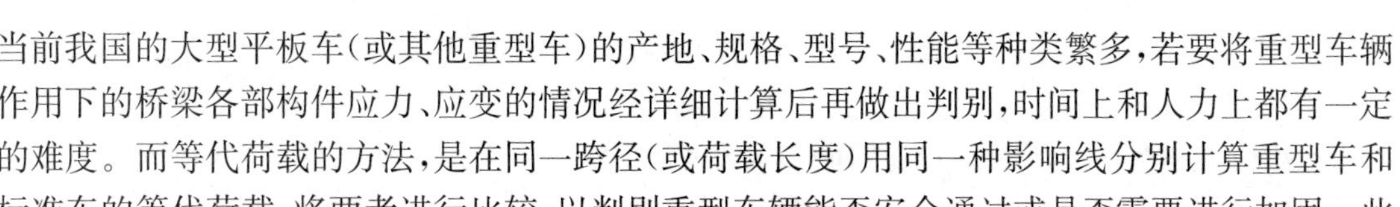

当前我国的大型平板车(或其他重型车)的产地、规格、型号、性能等种类繁多,若要将重型车辆作用下的桥梁各部构件应力、应变的情况经详细计算后再做出判别,时间上和人力上都有一定的难度。而等代荷载的方法,是在同一跨径(或荷载长度)用同一种影响线分别计算重型车和标准车的等代荷载,将两者进行比较,以判别重型车辆能否安全通过或是否需要进行加固。此法可简化计算步骤,节约时间。

现有桥梁的实际载重能力,均可用一定的标准荷载等级表示。老的石拱桥,可根据多年来实际通过的车辆荷载和桥梁现有技术状况来确定其比较接近的荷载等级。对于各种不同形式的荷载以及各种类型的桥梁,虽然其结构体系(静定或超静定)、影响线形、结构设计的荷载标准等各不相同,但只要按照相同跨径(或荷载长度)和同类影响线形换算成均布荷载,就可进行比较。

三角形影响线是最单位的影响线形。当加载长度和三角形顶点位置相同时,无论最大纵坐标的数值如何,两个三角形的性质彼此相同。利用三角形影响线的等代荷载计算其他线形影响线的等代荷载时,其换算系数在同一荷载长度时是定值。所以在比较同一荷载长度的两个其他线形影响线等代荷载的大小时,只要直接比较同一荷载长度的两个三角形等代荷载的大小即可。利用等代荷载比较判定时,可按式(5-16)计算:

$$\mu=\frac{K_{实}-K_{控}}{K_{控}}\times 100\% \tag{5-16}$$

式中:$K_{实}$——重型车等代荷载;

$K_{控}$——桥梁现有承载能力等代荷载。

当 $\mu\leqslant 0$ 时,重型车辆可安全通过;当 $0<\mu\leqslant 5\%$时,容许重型车通过;当 $5<\mu\leqslant 25\%$时,应根据桥梁具体情况,在采取必要的加固措施和妥善的行车措施的条件下,谨慎通过;当 $\mu>25\%$时,不允许重型车通行。如必须通过时应采取加固或改建措施。

三、表格法

无论是计算分析法还是等代荷载法,都要求桥梁结构的设计荷载等级已知,但是我国早期建设的一些桥梁由于资料缺损,并不知道其设计等级。于是人们建立了一些经验判别方法——表格法来识别桥梁的承载力。下面以钢筋混凝土梁来说明其基本原理,钢筋混凝土梁的正截面承载力,按式(5-17)计算:

$$M_{u}=\frac{R_{g}A_{g}}{\gamma_{s}}\left(h_{0}-\frac{R_{g}A_{g}}{2R_{a}b}\right) \tag{5-17}$$

式中:R_a——混凝土轴心抗压设计强度;

R_g——钢筋抗压设计强度;

A_g——钢筋横截面面积;

b——截面宽度;

h_0——截面有效高度;

γ_s——钢筋的材料安全系数。

由图 5-13 和式(5-17)可见,梁的承载力与钢筋抗拉强度、混凝土抗压强度、钢筋面积以及梁的高度、宽度等参数有关。如果知道以上参数就可以明确梁的截面承载力,再根据梁的长度加以适当的结构分析,就可以判断梁能够承受的荷载等级。桥梁的几何参数很容易获取,但是梁体的材料强度与钢筋面积往往需要复杂现场检测才可以获得,于是实际应用时常采用折中方法:对于材料强度采用标准较低但固定的数值,几何参数采取实测的数值,建立桥梁设计荷载等级与桥梁几何参数相关的表格,在紧急状态作为判断桥梁承载力的依据。目前国内仅仅针对石拱桥、钢筋混凝土双曲拱桥以及 20 世纪 70 年代以前的一些标准钢筋混凝土 T 梁桥与板梁桥等建立了这样的表格。

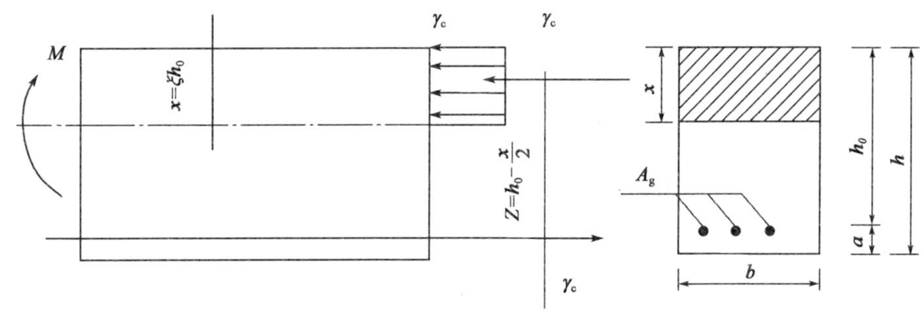

图 5-13　钢筋混凝土梁极限状态下正截面受力特点

x-混凝土受压区计算强度;γ_c-为混凝土材料安全系数;其他符号代表意义见式(5-17)

(一)石拱桥载重量的判定

拱圈是石拱桥的主要承重结构,其承载能力与拱圈的净跨径、矢跨比及厚度有关,可按图 5-14 进行判定。当拱圈厚度大于或等于图上厚度时,即可通过相对应的荷载。

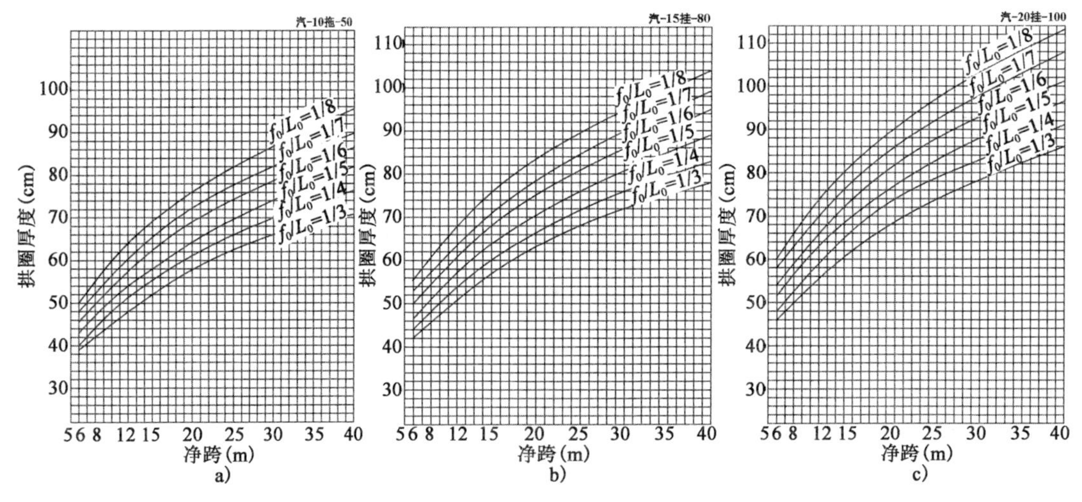

图 5-14　石拱桥载重量判定

例如:某石拱桥净跨径 15m,净矢高 3m,拱圈厚度 58cm,质量良好,试判定这种拱桥能通过的最大荷载。

石拱桥的矢跨比为 3/15＝1/5。按图 5-14a)进行判定:先在图的横坐标上找到跨径为 15m 的点,沿垂线向上;再在纵坐标上找出拱圈厚度 58cm 的点,沿水平线向右,两线相交于矢跨比 1/5 的曲线上,说明此桥可以通过纵列为汽—10 的车队或履带式荷载为 500kN 的单车。

(二)双曲拱桥载重量的判定

双曲拱桥的拱圈是拱桥的主要承重结构,它的载重能力在不同跨径的情况下与拱圈的厚度及矢跨比有关,可按图5-15进行判定。其图解判定方法与石拱桥相同。

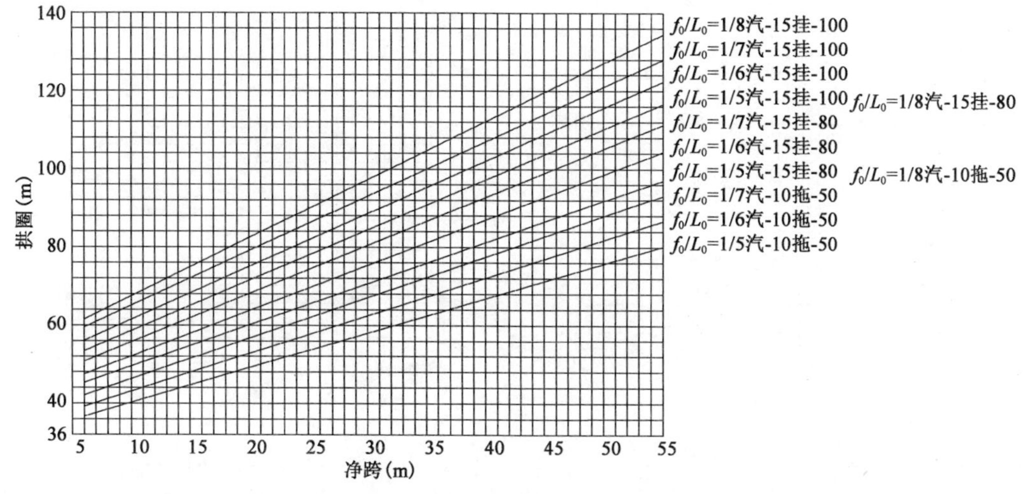

图5-15　双曲拱桥载重量判定

(三)钢筋混凝土梁式桥载重量的判定

钢筋混凝土梁式桥是公路上常见的桥梁类型,其载重量的判定可分别利用图5-16、图5-17进行。图解判定的方法与拱桥图解判定方法相同:

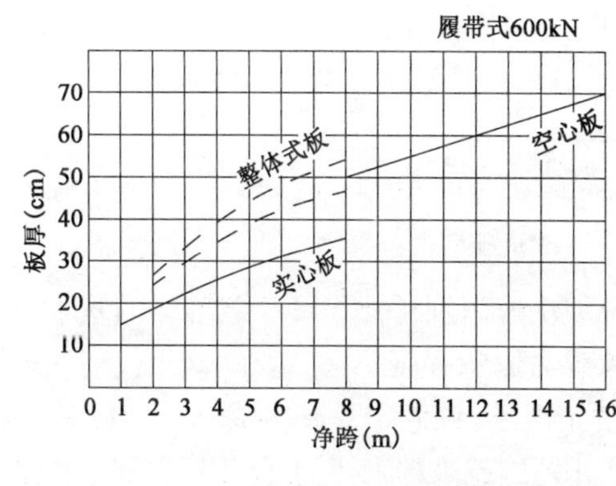

图5-16　板梁桥载重量判定图

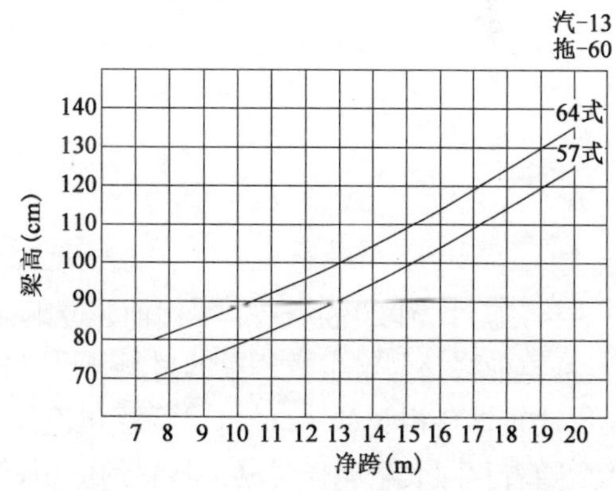

图5-17　57式、67式T形梁桥载重量判定

(1)钢筋混凝土板梁桥载重量按图5-16判定。

(2)图5-17为57式T形梁桥及64式T形梁桥载重量判定图。由于设计年代不同,这两种T形梁桥在结构上有微小的差别。57式T形梁在桥垮内通常布置4～5片主梁,64式则布置4～7片;主梁轴线间的距离,57式为1.40m,64式为1.60m;主梁腹板宽度,57式为15cm,64式为16cm及18cm;主梁横隔板距离均为2.7m。

(3)图5-18为73式T形梁桥的载重量判定图。73式T形梁桥的主要特点:桥垮内梁数为5～7片,两片主梁间加强横向联系的横隔板间距为4.0m。

(4)现浇整体式肋梁桥载重量判定按图5-19进行。这种桥型主要修建在中华人民共和国成立初期,通常为二梁式或四梁式,为现场浇筑而成。设计荷载分为履带式荷载400kN、600kN两种。

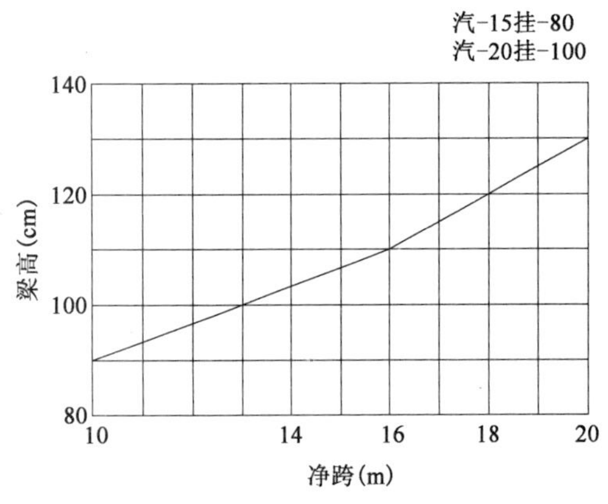

图5-18 73式T形梁桥载重量判定

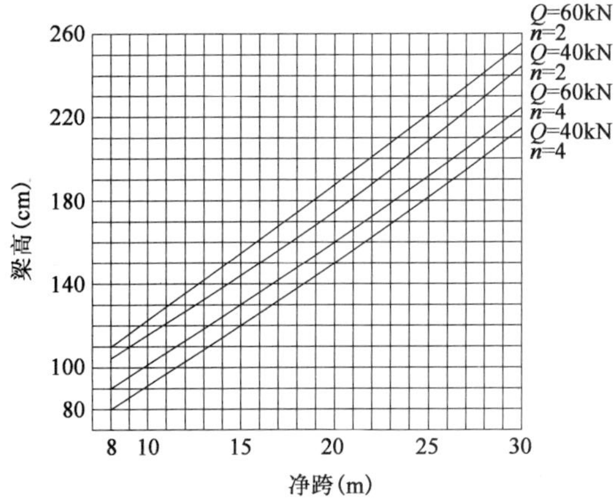

图5-19 现浇整体式肋梁桥载重量判定

(5)少筋微弯板组合梁桥载重量判定:这种梁桥为组合式体系,测量梁的高度应包括微弯板的高度。其载质量的判定按图5-20进行。

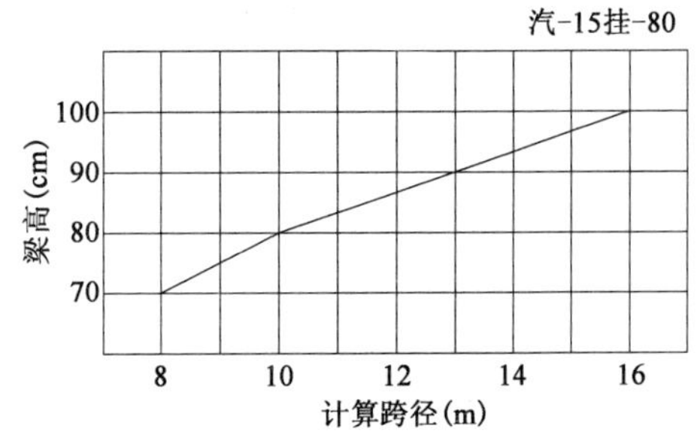

图5-20 少筋微弯板组合梁桥载重量判定

表格法是我国20世纪70年代前建立起来的一种快速识别桥梁设计荷载等级的基本方法,其基本前提是假定组成桥梁的材料强度对桥梁承载力影响程度不大,这在70年代前国内所使用建筑材料相对单一,材料强度变化范围不大的情况下,该假定是基本成立的。但是80年代后随着我国大量高强混凝土材料的应用,材料变化范围越来越大,其变化幅度引起的桥梁承载力的变化已经不能忽略,因此建立综合考虑材料强度、配筋率与构件几何参数的承载力快速判别方法越来越必要,而且随着混凝土强度与钢筋数量检测仪器的快速发展,建立这样的方法已经成为可能。

四、荷载试验法

荷载试验法就是在桥梁一定位置上,按照某种方法施加一定数量的荷载,实测桥梁某些部位的响应信息,通过实测信息与规范限值、理论计算值进行比较,从而判断桥梁的实际承载等级的方法。从该方法的定义可以看出,要完成一个桥梁的荷载试验,必须完成荷载准备、测试

系统准备、荷载施加、响应信息采集以及数据处理与分析等关键环节，才可以判别桥梁实际的承载能力。该方法力学概念直观，判别结果可信度高，是平时进行桥梁承载力评估的常用方法。具体可参照本书第三章相关内容实施。

五、评估方法对比

现介绍四种进行桥梁安全性判别的方法，每种方法的适用条件与特点均有所区别，在实际应用中可以根据实际情况进行选择使用，方法对比见表 5-6。如桥梁设计荷载等级明确，而且观察桥梁外观没有明显损伤，可以使用计算分析法或等代荷载法进行快速判别；而对于即使桥梁设计荷载等级已经知道，但是桥梁可见明显损伤的情况，一般需要进行荷载试验，明确桥梁实际承载力后，再进一步利用计算分析法判断实际荷载能否通过桥梁。

四种桥梁安全性判别方法对比　　表 5-6

方法名称	适 用 场 合	特　　点
计算分析法	桥梁设计荷载等级与承载力均明确	需要进行结构分析，计算得到桥梁设计荷载与实际通行荷载作用下的桥梁内力，判别速度快。但是对评估人员要求高，并不适用于承载力下降的桥梁
等代荷载法	桥梁设计荷载等级与承载力均明确	直接利用等代荷载比较，有部分制式表格可以使用，使用简单，判别速度快，但是理论体系不完整，适用范围有限，不适用承载力下降的桥梁
表格法	桥梁设计荷载等级或承载力均不明确	利用制式表格查询承载力，使用简单，判别效率高，但目前只对少数桥型建立了理论方法，适用范围有限，而且不适用承载力下降的桥梁
荷载试验法	桥梁设计荷载等级或承载力均不明确	适用范围广，既适用于承载力正常的桥梁，也适用于承载力下降的桥梁，但是荷载试验过程复杂、周期长，不适合应急状态使用

第四节　应急状态下桥梁常见损毁形式

战争对桥梁结构的毁伤与自然灾害毁伤有显著区别。地震与洪水等自然灾害导致的桥梁毁伤先以桥墩与桥台为主，梁体一般会发生整体偏移或脱落，出现局部损伤也是由于基础的限位或变位引起的。战争时一般大多是梁体会遭到导弹攻击，当然斜拉桥、悬索桥桥塔等也易遭受攻击，在受到攻击的部位引起孔洞、断裂等局部破坏，进而可能导致桥梁发生坍塌等整体破坏。

一、地震作用下桥梁的毁伤形式

（一）挡块开裂

在地震作用下，支座两侧对主梁进行横向限位作用的挡块出现开裂，但并未完全毁坏，主梁尚未出现移位，如图 5-21 所示。

（二）挡块毁坏、梁体横向移位

在地震作用下，支座垫石两侧的挡块全部破坏，梁体横向移位，如图 5-22 所示。

a)

b)

图 5-21 挡块开裂

a)

b)

c)

d)

图 5-22 挡块毁坏、梁体横向移位

(三)梁体移位导致的支座破坏

在地震作用下，主梁发生超过设计范围的纵、横向位移，这将导致支座发生过大滑移，板式橡胶支座被挤出(图 5-23)；或者支座下的锚栓被剪断(图 5-24)。

(四)梁体纵向位移过大

地震作用使得主梁发生超过设计范围的纵向位移，导致相邻跨的主梁撞在一起，造成主梁端部和桥面系等上部结构的损坏，如图 5-25 所示。

(五)纵横向位移过大导致落梁

地震作用使得主梁发生超过设计范围的纵、横向位移，进而导致落梁(图 5-26)。

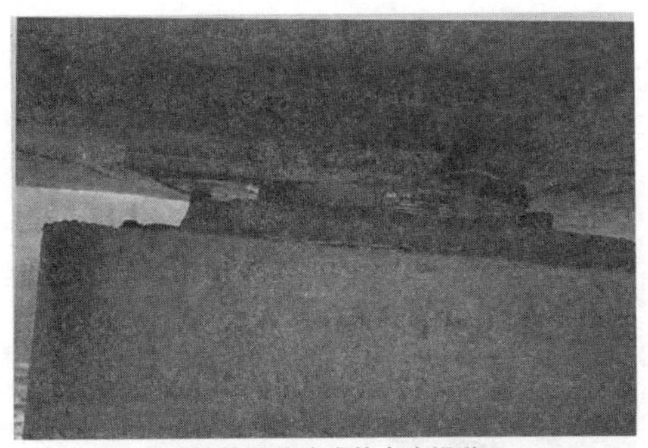

a)梁体滑移造成的支座滑移

b)板式橡胶支座被挤出

图 5-23　梁体滑移造成的支座滑移或者板式橡胶支座挤出

a)简支梁钢支座下锚栓被剪

b)连续梁盆式橡胶支座下锚栓被剪断

图 5-24　地震作用使锚栓被剪断

a)

b)

图 5-25　梁体纵向位移过大

a)

b)

图 5-26　地震作用下的落梁

(六)桥墩弯剪破坏

地震作用使得桥墩在弯矩或剪力的作用下发生破坏，如图 5-27 所示。

a)

b)

c)

d)

e)

f)

图 5-27　地震作用下的桥墩弯剪破坏

(七)横向系梁的破坏

横向地震作用使得系梁和桥墩组成的框架发生剪切变形，横向系梁发生剪切破坏，如图 5-28所示。

图 5-28　地震作用下的横向系梁破坏

(八)桥墩破坏(强度破坏、变位等)导致梁体开裂或坍塌

地震作用使桥墩破坏(强度破坏、变位等)后，主梁梁体会出现开裂(图 5-29)，或坍塌(图5-30)。

(九)桥台的局部毁坏

地震作用下，桥台的挡墙、锥体等可能出现斜向、水平向的各种裂缝，如图 5-31 所示。另外，也可能出现桥头路基和挡墙垮塌，桥台背后暴露的情形，如图 5-32 所示。

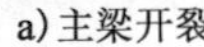

a）主梁开裂

b）桥墩破坏

图 5-29　桥墩破坏引起主梁开裂

a）

b）

图 5-30　桥墩破坏引起主梁坍塌

a）

b）

图 5-31　桥台裂缝

a)

b)

图 5-32　桥头路基和挡墙垮塌，桥台背后暴露

二、战争中桥梁的毁伤形式

(一)桥面局部破损及凹坑

弹片或破坏力较小的炸弹等命中桥面产生破坏作用，不足以对桥梁主体承重结构产生贯穿性的破坏，可使桥面出现局部破损及凹坑，如图 5-33 所示。这一般不会影响主体结构的承载，仅仅会影响车辆通过时的快捷性。

图 5-33　桥面的局部破损及凹坑

(二)梁式桥主梁与拱式桥主拱的破坏

战争中桥梁的梁体、主拱等如果遭到导弹直接穿击，发生贯穿的可能性比较大。箱梁可能发生的破坏主要有局部贯穿成洞(图 5-34)。洞体周围严重变形或混凝土碎裂(图 5-35)。贯穿成洞的位置可能有桥面部分、箱梁底板、箱梁腹板、纵向肋板与横向肋板。当混凝土破损发生在预应力钢筋附近时，预应力钢筋可能发生断裂与移位，锚固板破损等，严重时可以导致桥梁坍塌。腹拱、立柱破坏形式主要有腹拱、立柱局部弹坑或断裂破坏，以及拱板被炸断等。拱肋及拱圈破坏形式可能有拱肋局部受损但未被炸断，拱肋无明显下垂，或拱圈发生坍塌、影响相邻跨稳定等，如图 5-36 所示。

在爆炸冲击波的作用下，可能产生主梁、主拱混凝土裂缝，进而导致承载力下降或者坍塌。在巨大爆炸冲击波作用下，上述构件可能直接被炸断，完全丧失承载能力，导致桥梁整体断裂、多跨坍塌等，如图 5-37 所示。

a)

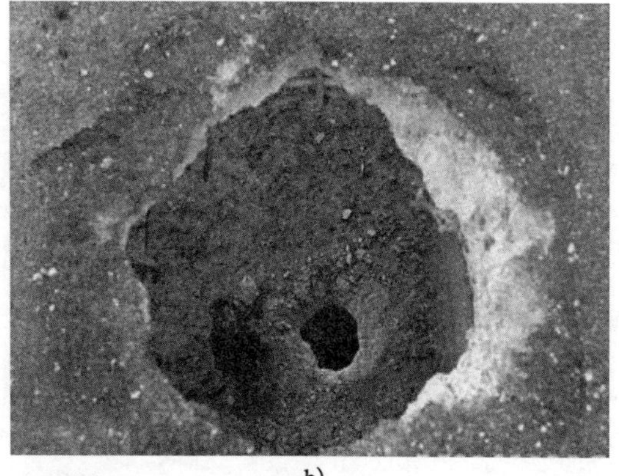

b)

图 5-34　梁体贯穿成坑洞

a)

b)

图 5-35　混凝土破碎

图 5-36　被炸毁的石拱桥

(三)产生桥墩、桥台等裂缝或完全断裂、坍塌

战争中桥梁的桥墩、桥台等如果遭到导弹被直接穿击,可能会发生局部贯穿成洞。桥墩、桥台等贯穿成洞之后承载能力将大幅下降,难以承受上部结构的重量,可能发生墩台倾斜,进而导致桥梁的立刻坍塌或者在通载时的坍塌。在爆炸冲击波的作用下,桥墩及桥台都可能发生破坏,完全丧失承载能力,导致桥梁整体断裂、多跨坍塌等,如图 5-38 所示。

a)

b)

图 5-37 桥梁被炸断坍塌

a)

b)

图 5-38 桥墩被炸坏的桥梁坍塌

(四)缆索承重式桥梁主塔、主缆、吊杆、悬索等断裂破坏

斜拉桥和悬索桥一般为大跨度桥梁，具有结构体系复杂、构件类型与建造材料多的特点，因而可能发生的破坏形式相对而言，较为复杂并难以预计。主缆、吊杆、悬索可能发生的破坏形式有：

(1)主缆的主鞍座与散索鞍被导弹命中，可能出现主缆局部断丝、主鞍座破坏与移位。

(2)吊杆和斜拉索局部由于被弹片击中导致的破损及断裂。

当断裂较为严重时主梁将在重力的作用下发生坍塌，如图 5-39 所示。

a)

b)

图 5-39 斜拉桥主缆被炸断导致的桥梁坍塌

主塔可能发生的破坏形式主要有桥塔表面的局部破损与凹坑，塔柱与横梁局部贯穿成洞，主塔局部被炸毁并在重力与主缆或拉索的压力共同作用下坍塌等。

(五)燃烧引起的破坏

钢筋混凝土梁因火灾发生燃烧或车辆燃烧引起局部破坏(如表面混凝土开裂、钢筋软化等)，或战争中遭敌燃烧弹打击，发生大面积燃烧，材料弹性模量迅速降低，导致钢筋混凝土梁承载力急剧下降，直至彻底破坏。

三、洪水作用下桥梁的毁伤形式

洪水作用下桥梁的毁伤形式主要有两种：一是，冲刷造成桥墩沉陷和倾覆，最终导致桥梁倒塌；二是，洪水对主梁冲刷导致主梁受损或垮塌。在有流冰、漂木、泥石流等漂浮物的河流中，桥梁的损坏会更加严重。

(一)桥墩沉陷和倾覆

对桥梁使用和安全危害最大的是洪水对桥梁墩台附近及桥下断面的冲刷。当洪水较大时，冲刷可能造成桥墩下陷(图 5-40)或倾斜(图 5-41)，导致桥梁成为危桥，影响承载力。在严重的情况下，桥墩会发生沉陷和倾覆，最终导致桥梁倒塌，如图 5-42 所示。

a)

b)

图 5-40　桥墩下陷

a)

b)

图 5-41　桥墩倾斜

a)

b)

图 5-42　桥墩倾覆导致桥梁倒塌

(二)桥台边坡滑坡

在洪水的浸泡下，桥台两边的土质边坡逐渐软化成为饱和土，黏结强度大幅度降低，进而在重力作用和水的冲刷作用下发生滑坡，导致桥台垮塌，引发桥梁垮塌，如图 5-43 所示。

图 5-43　桥台边坡滑坡引起桥梁垮塌

(三)桥梁主梁、桥面系、护栏等上部结构被冲走

洪水水位达到桥梁上部结构的高度时，洪水对上部结构的直接冲刷能够导致主梁、桥面系等上部结构受损或垮塌，如图 5-44 所示。

a)

b)

图 5-44　桥梁的主梁被洪水冲断

(四)桥墩、桥梁上部结构等被漂浮物或船舶撞击破坏

在有流冰、漂木、泥石流等漂浮物的河流中，发生洪水时漂浮物撞击桥梁，使桥梁的损坏更加严重。船舶由于自重较大，发生撞桥事故时对于桥梁的破坏作用也很严重，如图 5-45 所示。根据撞击部位的不同，有桥墩破坏、桥身上部结构破坏等破坏形式。这些破坏形式不同程度地影响桥梁的承载力，在极端情况下，可以直接引起桥梁结构的垮塌。

a)

b)

图 5-45　船舶撞击桥墩导致桥梁垮塌

第五节　损毁桥梁通过性快速评估方法

一、引言

在自然灾害或战争中发生损毁的桥梁，其承载能力与通行车辆的速度都会受到不同程度的影响，而损毁桥梁通过性快速评估就是指快速评估损毁桥梁在承载能力与通行速度上能否满足应急救援单位执行抢险救灾与军事任务的通行需求。但是由于桥梁结构的多样性、损毁形式的不确定性以及投入有限等多方面原因，相关的科学理论研究严重滞后于实际需求，目前还没有任何一个损毁桥梁承载力的系统快速化评估方法，因此在损毁桥梁通过性快速评估方面也没有成熟的理论方法被建立。本节主要介绍桥梁损毁程度快速化评估的定性分类方法，并对桥梁通过性快速评估方法未来可能的发展方向做部分探讨。

二、桥梁损毁程度的快速评估

桥梁损毁程度的快速评估尚无定量方法，可通过桥梁受损后的外观情况将桥梁在遭受自然灾害或战争情况下的破坏程度定性划分为轻度破坏、中度破坏、重度破坏。尽管目前对桥梁损毁程度划分没有统一的标准，但是对于桥梁承载力的影响应作为划分破坏程度的主要依据，因此，轻度破坏一般是指对于桥梁承载能力无显著影响的破坏形式，通常损毁发生在桥面铺层、人行道、栏杆与挡块等桥梁附属构件上，或者尽管发生在桥面板、主梁、横梁或主拱、主塔等承力构件上，但是破坏形式并没有导致主承载构件的承载能力下降。中度破坏一般是指桥梁损毁发生在桥面板、主梁、主拱、主塔、桥墩或桥台、支座等主要承载构件上，尽管损毁导致承载构件承载力发生显著下降，但是这些构件没有完全丧失承载力或功能，采用在原构件上临时支撑、内部填充或环向约束等手段可以快速恢复其承载能力。重度破坏一般是指承载构件已经发生严重变形、倾斜或完全坍塌，承载力与功能完全丧失，必须采用构件替换的方式才可以恢复其承载能力与功能。根据以上定义，下面对经常出现的破坏形式及破坏程度的划分（轻度、中度与重度）进行定性描述。

（一）轻度破坏

（1）桥面铺装、桥面板或栏杆等受到局部毁坏（图 5-46、图 5-47），但没有伤及主梁或主拱等主要承载构件，不需要抢修或者简单覆盖坑洞位置，就可以保障车辆通行。

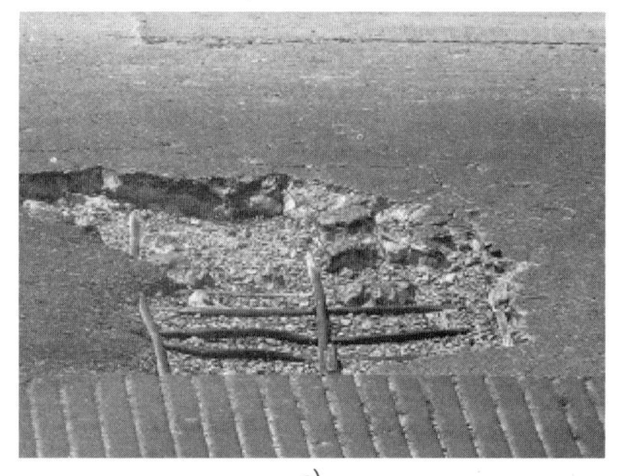

a)

b)

图 5-46　桥面铺装发生局部毁坏，但主拱没有受到损伤的桥梁

a)

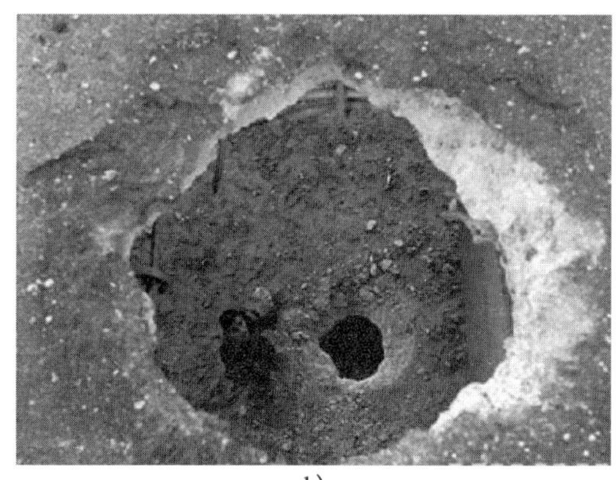

b)

图 5-47　栏杆或桥面板局部损毁，但主拱没有破坏的桥梁

（2）梁体翼缘局部出现贯穿现象，面积较小，梁体也无明显下挠变形，不影响梁体的整体承载力；梁体在跨中底板出现横向裂缝，支座位置出现斜裂缝等结构性开裂，但是这些裂缝宽度一般小于 0.3mm，而且梁体也无明显下挠变形，承载力无显著下降，如图 5-48 所示。

（3）挡块开裂，如图 5-49 所示，但梁体并未发生横向与纵向移位。

（4）重力式桥台的台身、台帽或侧墙局部出现裂缝，但是结构整体没有出现大变位、倾斜与坍塌等，因此一般不影响整体承载力，如图 5-50 所示。

（5）桥台锥坡与路基边坡等局部出现滑坡，如图 5-51 所示，但没有导致台身或侧墙出现大面积倾斜，一般不影响整体承载力。

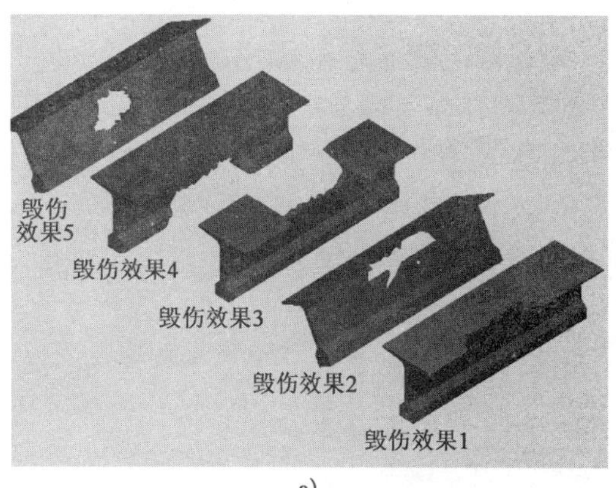

a)

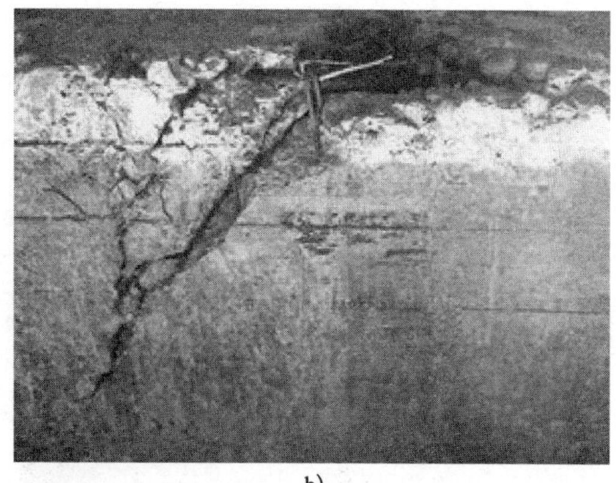

b)

图 5-48　毁伤效果 1 中的翼缘局部破碎

a)

b)

图 5-49　挡块开裂且梁体未移动

a)

b)

图 5-50　台身开裂但无倾斜、移位

(6)战争以及地震、洪水等自然灾害作用下，桥墩和基础局部开裂或破损，出现混凝土保护层剥离，造成截面削弱，但未导致桥墩和基础倾斜，且主钢筋与螺旋钢筋均没有出现断裂、变位以及钢筋混凝土基本完好(图 5-52、图 5-53)，可采用早强快凝混凝土快速修补。

(7)桥梁护栏等附属结构破损或被洪水冲走。

(8)少部分吊杆或斜拉索遭到破坏(轻微松动或个别断丝)，但对承载力影响不大。

图 5-51　桥台局部滑坡

a)

b)

c)

图 5-52　保护层脱落，但钢筋完好的钢筋混凝土桥墩及基础

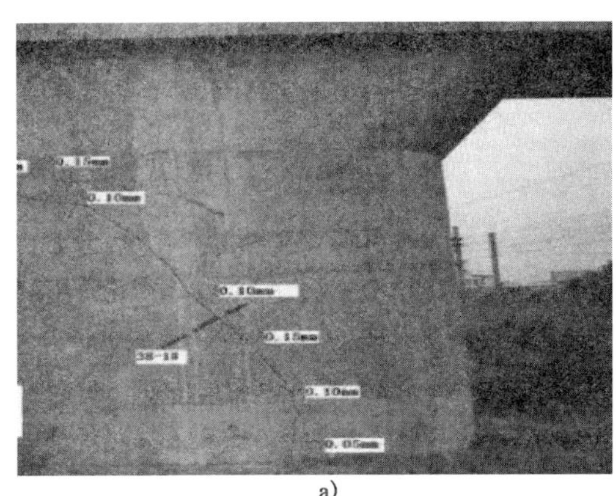

a)

b)

图 5-53　混凝土开裂，但无错位的重力式桥墩

(9)桥梁索塔、横梁轻微擦伤、破损，对桥塔承载力影响不大。

(10)斜拉桥散索鞍发生局部坍塌，但坍塌导致的水平变位小于 50cm，竖向变位小于 100cm，不足以影响桥梁承载力。

(二)中度破坏

(1)整体桥面铺装与桥面板局部出现大面积毁坏,并未造成梁体出现明显下挠或翘起的变形,但是需要对桥面板进行抢修或经评估安全后从侧车道通行,如图 5-54 和图 5-55 所示。

a)

b)

图 5-54　整体面板局部大面积坍塌

a)

b)

图 5-55　次受力构件桥面板坍塌、主受力桁架或主拱没有受损

(2)桥面出现较大面积燃烧,铺装层严重受损,主梁或钢箱梁出现较大裂缝及较明显变形,丧失部分承载力甚至断裂、坍塌,如图 5-56 所示。

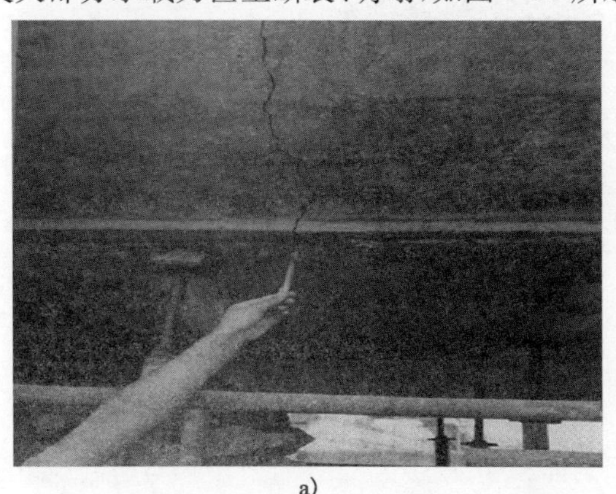

a)

b)

图 5-56　严重开裂,并伴有变形较大的梁体

(3)多个梁体开裂或出现贯穿现象,并出现明显下挠变形或断裂,如图 5-57 所示。

a)

b)

c)

图 5-57　梁体多处贯穿,并伴有严重开裂

(4)挡块毁坏、梁体横向移位(图 5-58),有发生掉落危险。

图 5-58　梁体明显横向移位

(5)梁体移位导致支座发生破坏,如图 5-59 所示,支座支撑梁体的面积明显变小,或者支撑梁体位置发生明显的变化,这些都会导致梁体承载力下降。

(6)梁体纵向位移过大,支撑在支座或墩帽上的面积明显变小,梁体有发生掉落危险,如图 5-60 所示。

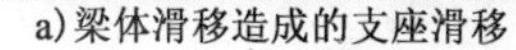

a)梁体滑移造成的支座滑移

b)板式橡胶支座被挤出

图 5-59　梁体滑移造成的支座滑移或者板式橡胶支座挤出

a)

b)

图 5-60　梁体纵向位移过大

(7)梁体局部出现贯穿、大面积破碎现象，钢筋或预应力体系局部受损，或局部梁体有较明显下挠变形或断裂，如图 5-61 所示。

a)

b)

图 5-61　梁体大面积破损

(8)主桥箱梁顶板有较大弹坑与空洞，不仅导致车辆无法通行，而且梁体受压区面积变小，导致梁体承载力下降；纵隔板和横隔板被贯穿或炸毁，导致横向分配能力下降或丧失，全桥承载能力下降，如图 5-62 所示。

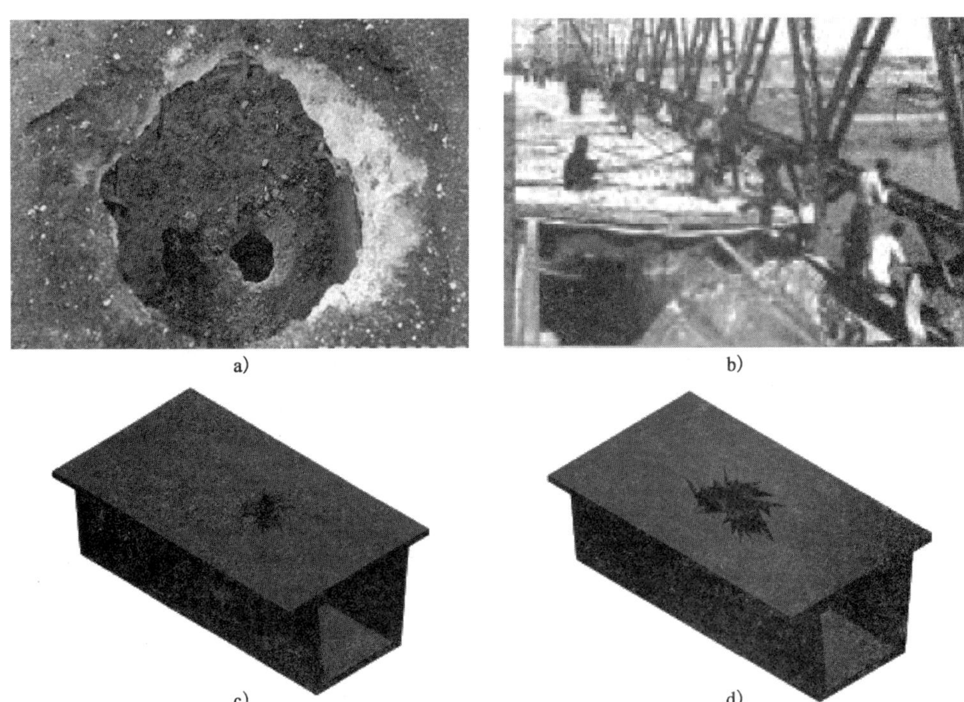

图 5-62 钢箱梁在弹药打击下的中度破坏

(9)一定数量的吊杆或斜拉索遭到破坏,桥面横向出现轻微扭转。

(10)桥梁索塔、横梁受到弹片局部较重损伤、破坏,丧失部分承载力,破坏部位处于容易抢修的部位。

(11)主缆发生较严重断丝,丧失部分承载力。

(12)锚碇局部弹坑过大,导致散索鞍水平变位大于 50cm、小于 100cm,竖向变位大于 100cm、小于 200cm。

(13)单个桥墩出现由于飞石或弹片导致的局部坑洞,截面削弱导致桥墩有轻微倾斜,或者即使没有桥墩倾斜,但是肉眼可见主钢筋压溃或拉断,螺旋钢筋拉断等;单个桥墩出现目测可见的局部坍塌、系梁断裂等导致桥墩承载力下降,如图 5-63~图 5-67 所示。

a)

b)

图 5-63 飞石导致桥墩坑洞

a)

b)

图 5-64 弹片导致桥墩坑洞

a)

b)

图 5-65 地震导致保护层脱落、钢筋压溃屈服

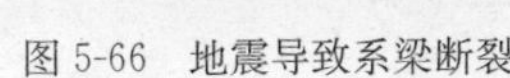
图 5-66 地震导致系梁断裂

图 5-67 导弹导致桥墩局部坍塌

(14)桥台局部出现台身、侧墙倾斜等破坏，尽管没有发生不可修复的严重垮塌，梁体处于完整状态(图 5-68)，但是车辆无法通行，通过抢修才可以恢复通载。

(三)重度破坏

重度破坏一般是指地基基础由于地震出现大范围沉陷、液化(图 5-69)，尽管墩身没有破坏，但是出现大幅沉降或倾斜，基本失去承载能力，并难以复位；或者桥墩由于地震力的作用，导致桥墩完全压溃或断裂，基本丧失承载能力（图5-70）；梁体发生严重断裂或严重错位（图5-71），尽管梁体没有塌落，但是基本没有剩余承载力。

a)

b)

图5-68　桥台局部出现严重垮塌

图5-69　地震导致地基沉陷、液化，从而引起桥墩大幅度的沉陷、倾斜

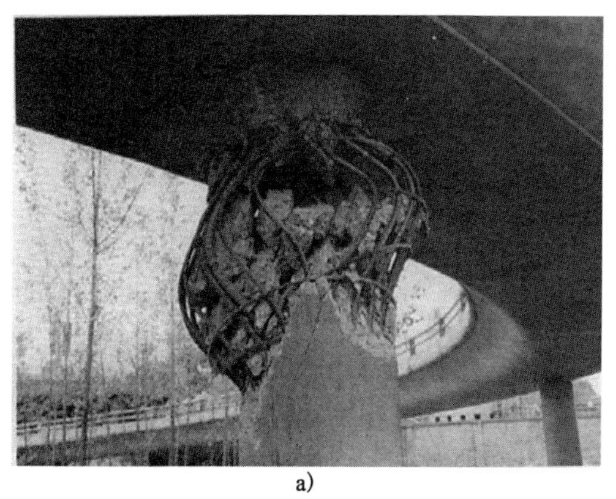
a)

b)

图5-70　地震导致桥墩压溃

（1）最直观的重度破坏就是出现大量的梁体由于导弹打击或自然灾害破坏造成断裂后坍塌，如图5-72所示。

a)

b)

图 5-71　梁体出现明显断裂与错位，基本丧失承载能力

a)

b)

图 5-72　导弹打击或自然灾害力作用下梁体坍落

(2)由于桥墩倾斜、断裂导致梁体坍落，如图 5-73 所示。

a)

b)

图 5-73　导弹打击下坍塌

(3)尽管桥墩完好，但是在地震水平力作用下梁体纵向移位过大导致的坍落，如图 5-74 所示。

(4)洪水作用下坍落，如图 5-75 所示。

(5)大量吊杆或斜拉索遭到破坏，导致箱梁严重变形甚至处于悬挂状态(图 5-76)，或桥面横向出现较大扭转。

a)

b)

图 5-74　地震造成水平移位过大导致的落梁

a)

b)

图 5-75　洪水冲击下桥台或桥墩倒塌导致的上部结构坍塌

图 5-76　大量吊杆或斜拉索遭到破坏

(6)主塔塔身遭到严重破坏，截面削弱导致塔墩严重变形或坍塌。

(7)索塔的横梁断裂或坍塌，导致索塔产生严重变形。

(8)散索鞍下混凝土局部或整体坍塌，主缆严重移位。

(9)主缆断丝严重并产生变位，或主缆完全断开导致桥体崩溃。

(10)锚碇体大面积崩塌与严重倾斜(散索鞍水平变位超过100cm或沉降超过200cm)。

(四)不同损毁程度下的应急处置措施

桥梁轻度破坏下，桥梁承载力基本没有下降，同时通过对桥梁其他部位或部件进行全面检查，进行初步检定，如不存在其他隐患，可以不抢修，直接按照前面所提出的计算分析法、表格法与等代荷载法进行桥梁通过性判别。当然有时为了增强桥梁通过的安全性，可以对一些轻度破坏的桥梁采取边通行边加固的方法。车辆需谨慎通行。

桥梁中度破坏下，桥梁的承载能力会显著下降，而且不明确，因此采用前面所提出的计算分析法、表格法与等代荷载法进行桥梁通过性判别都已经不适用，在判断桥梁是否能够通行军用或抢险车辆及机械设备前，必须先要确定桥梁的实际承载力。需要说明的是并不是发生中度破坏的桥梁就必须进行抢修，一般需要根据承载力下降程度与通行车辆吨位来综合确定，因为公路桥梁绝大多数是根据多车道的车队进行设计的；而通行军用或抢险车辆时，是可以限制车队的数量，甚至桥梁上的车辆数，因此有时通过限制行驶车道与通行车辆数等措施就可以通行抢险或军用车辆。

桥梁重度破坏下，主要承载构件一般完全丧失了承载力，采用在原构件上进行加固的方式进行抢修难度很大，在时间可能的情况下，可以采用制式钢制构件进行替换，如果没有足够数量或长度、高度的制式构件进行替换，应急状态下将不予组织抢修，需采用替代方案(如轮渡、搭建装配式公路钢桥、绕行等方法)通行。

当遇到损毁桥梁时，必须对桥梁检测评估和加固、另行开辟通道、绕行等各种方案所需时间进行评估，选取最优方案。如无可绕行或另行开辟通道的可能，只能采取抢修加固且时间又较长时，应当借助直升机和大型飞机配合的方法，最大程度减少灾区人员伤亡和财产损失。

总之，对于受到损伤、破坏的桥梁，无论是何种原因和损伤严重程度如何，都需要对整桥做出全面细致的检查，并采用适当的方法进行评估，以鉴别桥梁的剩余承载力，确保救援人员不成为被救援对象。

三、损毁桥梁通过性快速评估方法探讨

从表5-6可知，即使是承载力没有显著变化的桥梁，其通过性判别方法的理论体系也是不完善的：计算分析法的评估过程需要知道桥梁设计荷载等级、建立复杂的结构分析计算模型，应急救援单位一般工程技术人员难以掌握；等代荷载法与表格法尽管方法简单，但是理论体系不完善，很多新型桥梁以及按照1985年与2004年设计规范设计建设的桥梁均没有相应的表格可供查询使用，适用范围非常有限；荷载试验法的适用性最广泛，但是试验过程涉及大量专业器材使用与复杂的结构计算分析，一般工程技术人员掌握难度大，另外周期长，时间上也难以满足应急状态下的评估需求。总而言之，即使对于桥梁完好、设计荷载等级已知的桥梁，桥梁通过性的快速评估方法还有待深化研究后，才可以建立适合应急救援单位一般工程技术人员使用的理论体系与方法。

而对于发生轻度损毁的桥梁，可以认为桥梁承载力没有明显变化，于是可以沿用表5-6的相关方法。至于桥梁承载力有显著变化的重度损毁形式，一种思路是提出可以对桥梁剩余承

载力进行快速评估的方法，而后通过结构计算分析来确定军用或抢险车辆能否通行；另外一种思路就是直接根据需要通行的车辆荷载进行荷载试验，来确定能否通行军用或抢险车辆。第一种思路不仅需要提出损毁桥梁剩余承载力快速评估方法，而且需要提出可以便于应急救援单位一般工程技术人员掌握的结构计算分析方法。第二种思路下如果延续平时的桥梁荷载试验方法，不仅试验周期长、危险大，而且需要工程技术人员掌握大量专业设备与复杂的结构计算，因此也需要更为简洁的试验方法。

附录 A 测区混凝土强度换算表

测区混凝土强度换算表见表 A-1。

测区混凝土强度换算表 表 A-1

平均回弹值 R_m	测区混凝土强度换算系数 $f^{c}_{cu,i}$(MPa)												
	平均碳化深度 d_m(mm)												
	0	0.5	1.0	1.5	2.0	2.5	3.0	3.5	4.0	4.5	5.0	5.5	≥6.0
20.0	10.3	10.1	—	—	—	—	—	—	—	—	—	—	—
20.2	10.5	10.3	10.0	—	—	—	—	—	—	—	—	—	—
20.4	10.7	10.5	10.2	—	—	—	—	—	—	—	—	—	—
20.6	11.0	10.8	10.4	10.1	—	—	—	—	—	—	—	—	—
20.8	11.2	11.0	10.6	10.3	—	—	—	—	—	—	—	—	—
21.0	11.4	11.2	10.8	10.5	10.0	—	—	—	—	—	—	—	—
21.2	11.6	11.4	11.0	10.7	10.2	—	—	—	—	—	—	—	—
21.4	11.8	11.6	11.2	10.9	10.4	10.0	—	—	—	—	—	—	—
21.6	12.0	11.8	11.4	11.0	10.7	10.2	—	—	—	—	—	—	—
21.8	12.3	12.1	11.7	11.3	10.8	10.5	10.0	—	—	—	—	—	—
22.0	12.5	12.2	11.9	11.5	11.0	10.6	10.2	—	—	—	—	—	—
22.2	12.7	12.4	12.1	11.7	11.2	10.8	10.4	10.0	—				
22.4	13.0	12.7	12.4	12.0	11.4	11.0	10.7	10.3	10.0	—			
22.6	13.2	12.9	12.5	12.1	11.6	11.2	10.8	10.4	10.2	—			
22.8	13.4	13.1	12.7	12.3	11.8	11.4	11.0	10.6	10.3	—	—	—	—
23.0	13.7	13.4	13.0	12.6	12.1	11.6	11.2	10.8	10.5	10.1	—	—	—
23.2	13.9	13.6	13.2	12.8	12.2	11.8	11.4	11.0	10.7	10.3	10.0	—	—
23.4	14.1	13.8	13.4	13.0	12.4	12.0	11.6	11.2	10.9	10.4	10.2	—	—
23.6	14.4	14.1	13.7	13.2	12.7	12.2	11.8	11.4	11.1	10.7	10.4	10.1	—
23.8	14.6	14.3	13.9	13.4	12.8	12.4	12.0	11.5	11.2	10.8	10.5	10.2	—
24.0	14.9	14.6	14.2	13.7	13.1	12.7	12.2	11.8	11.5	11.0	10.7	10.4	10.1
24.2	15.1	14.8	14.3	13.9	13.3	12.8	12.4	11.9	11.6	11.2	10.9	10.6	10.3
24.4	15.4	15.1	14.6	14.2	13.6	13.1	12.6	12.2	11.9	11.4	11.1	10.8	10.4
24.6	15.6	15.3	14.8	14.4	13.7	13.3	12.8	12.3	12.0	11.5	11.2	10.9	10.6
24.8	15.9	15.6	15.1	14.6	14.0	13.5	13.0	12.6	12.2	11.8	11.4	11.1	10.7
25.0	16.2	15.9	15.4	14.9	14.3	13.8	13.3	12.8	12.5	12.0	11.7	11.3	10.9

续上表

平均回弹值 R_m	测区混凝土强度换算系数 $f^{c}_{cu,i}$(MPa)												
	平均碳化深度 d_m(mm)												
	0	0.5	1.0	1.5	2.0	2.5	3.0	3.5	4.0	4.5	5.0	5.5	≥6.0
25.2	16.4	16.1	15.6	15.1	14.4	13.9	13.4	13.0	12.6	12.1	11.8	11.5	11.0
25.4	16.7	16.4	15.9	15.4	14.7	14.2	13.7	13.2	12.9	12.4	12.0	11.7	11.2
25.6	16.9	16.6	16.1	15.7	14.9	14.4	13.9	13.4	13.0	12.5	12.2	11.8	11.3
25.8	17.2	16.9	16.3	15.8	15.1	14.6	14.1	13.6	13.2	12.7	12.4	12.0	11.5
26.0	17.5	17.2	16.6	16.1	15.4	14.9	14.4	13.8	13.5	13.0	12.6	12.2	11.6
26.2	17.8	17.4	16.9	16.4	15.7	15.1	14.6	14.0	13.7	13.2	12.8	12.4	11.8
26.4	18.0	17.6	17.1	16.6	15.8	15.3	14.8	14.2	13.9	13.3	13.0	12.6	12.0
26.6	18.3	17.9	17.4	16.8	16.1	15.6	15.0	14.4	14.1	13.5	13.2	12.8	12.1
26.8	18.6	18.2	17.7	17.1	16.4	15.8	15.3	14.6	14.3	13.8	13.4	12.9	12.3
27.0	18.9	18.5	18.0	17.4	16.6	16.1	15.5	14.8	14.6	14.0	13.6	13.1	12.4
27.2	19.1	18.7	18.1	17.6	16.8	16.2	15.7	15.0	14.7	14.1	13.8	13.3	12.6
27.4	19.4	19.0	18.4	17.8	17.0	16.4	15.9	15.2	14.9	14.3	14.0	13.4	12.7
27.6	19.7	19.3	18.7	18.0	17.2	16.6	16.1	15.4	15.1	14.5	14.1	13.6	12.9
27.8	20.0	19.6	19.0	18.2	17.4	16.8	16.3	15.6	15.3	14.7	14.2	13.7	13.0
28.0	20.3	19.7	19.2	18.4	17.6	17.0	16.5	15.8	15.4	14.8	14.4	13.9	13.2
28.2	20.6	20.0	19.5	18.6	17.8	17.2	16.7	16.0	15.6	15.0	14.6	14.0	13.3
28.4	20.9	20.3	19.7	18.8	18.0	17.4	16.9	16.2	15.8	15.2	14.8	14.2	13.5
28.6	21.2	20.6	20.0	19.1	18.2	17.6	17.1	16.4	16.0	15.4	15.0	14.3	13.6
28.8	21.5	20.9	20.2	19.4	18.5	17.8	17.3	16.6	16.2	15.6	15.2	14.5	13.8
29.0	21.8	21.1	20.5	19.6	18.7	18.1	17.5	16.8	16.4	15.8	15.4	14.6	13.9
29.2	22.1	21.4	20.8	19.9	19.0	18.3	17.7	17.0	16.6	16.0	15.6	14.8	14.1
29.4	22.4	21.7	21.1	20.2	19.3	18.6	17.9	17.2	16.8	16.2	15.8	15.0	14.2
29.6	22.7	22.0	21.3	20.4	19.5	18.8	18.2	17.5	17.0	16.4	16.0	15.1	14.4
29.8	23.0	22.3	21.6	20.7	19.8	19.1	18.4	17.7	17.2	16.6	16.2	15.3	14.5
30.0	23.3	22.6	21.9	21.0	20.0	19.3	18.6	17.9	17.4	16.8	16.4	15.4	14.7
30.2	23.6	22.9	22.2	21.2	20.3	19.6	18.9	18.2	17.6	17.0	16.6	15.6	14.9
30.4	23.9	23.2	22.5	21.5	20.6	19.8	19.1	18.4	17.8	17.2	16.8	15.8	15.1
30.6	24.3	23.6	22.8	21.9	20.9	20.2	19.4	18.7	18.0	17.5	17.0	16.0	15.2
30.8	24.6	23.9	23.1	22.1	21.2	20.4	19.7	18.9	18.2	17.7	17.2	16.2	15.4
31.0	24.9	24.2	23.4	22.4	21.4	20.7	19.9	19.2	18.4	17.9	17.4	16.4	15.4
31.2	25.2	24.4	23.7	22.7	21.7	20.9	20.2	19.4	18.6	18.1	17.6	16.6	15.7
31.4	25.6	24.8	24.1	23.0	22.0	21.2	20.5	19.7	18.9	18.4	17.8	16.9	15.8
31.6	25.9	25.1	24.3	23.3	22.3	21.5	20.7	19.9	19.2	18.6	18.0	17.1	16.0

续上表

平均回弹值 R_m	测区混凝土强度换算系数 $f^{c}_{cu,i}$(MPa)												
	平均碳化深度 d_m(mm)												
	0	0.5	1.0	1.5	2.0	2.5	3.0	3.5	4.0	4.5	5.0	5.5	≥6.0
31.8	26.2	25.4	24.6	23.6	22.5	21.7	21.0	20.2	19.4	18.9	18.2	17.3	16.2
32.0	26.5	25.7	24.9	23.9	22.8	22.0	21.2	20.4	19.6	19.1	18.4	17.5	16.4
32.2	26.9	26.1	25.3	24.2	23.1	22.3	21.5	20.7	19.9	19.4	18.6	17.7	16.6
32.4	27.2	26.4	25.6	24.5	23.4	22.6	21.8	20.9	20.1	19.6	18.8	17.9	16.8
32.6	27.6	26.8	25.9	24.8	23.7	22.9	22.1	21.3	20.4	19.9	19.0	18.1	17.0
32.8	27.9	27.1	26.2	25.1	24.0	23.2	22.3	21.5	20.6	20.1	19.2	18.3	17.2
33.0	28.2	27.4	26.5	25.4	24.3	23.4	22.6	21.7	20.9	20.3	19.4	18.5	17.4
33.2	28.6	27.7	26.8	25.7	24.6	23.7	22.9	22.0	21.2	20.5	19.6	18.7	17.6
33.4	28.9	28.0	27.1	26.0	24.9	24.0	23.1	22.3	21.4	20.7	19.8	18.9	17.8
33.6	29.3	28.4	27.4	26.4	25.2	24.2	23.3	22.6	21.7	20.9	20.0	19.1	17.8
33.8	29.6	28.7	27.7	26.6	25.4	24.4	23.5	22.8	21.9	21.1	20.2	19.3	18.0
34.0	30.0	29.1	28.0	26.8	25.6	24.6	23.7	23.0	22.1	21.3	20.4	19.5	18.2
34.2	30.3	29.4	28.3	27.0	25.8	24.8	23.9	23.2	22.3	21.5	20.6	19.7	18.4
34.4	30.7	29.8	28.6	27.2	26.0	25.0	24.1	23.4	22.5	21.7	20.8	19.8	18.6
34.6	31.1	30.2	28.9	27.4	26.2	25.2	24.3	23.6	22.7	21.9	21.0	20.0	18.8
34.8	31.4	30.5	29.2	27.6	26.4	25.4	24.5	23.8	22.9	22.1	21.2	20.2	19.0
35.0	31.8	30.8	29.6	28.0	26.7	25.8	24.8	24.0	23.2	22.3	21.4	20.4	19.2
35.2	32.1	31.1	29.9	28.2	27.0	26.0	25.0	24.2	23.4	22.5	21.6	20.6	19.4
35.4	32.5	31.5	30.2	28.6	27.3	26.3	25.4	24.4	23.7	22.8	21.8	20.8	19.6
35.6	32.9	31.9	30.6	29.0	27.6	26.6	25.7	24.7	24.0	23.0	22.0	21.0	19.8
35.8	33.3	32.3	31.0	29.3	28.0	27.0	26.0	25.0	24.3	23.3	22.2	21.2	20.0
36.0	33.6	32.6	31.2	29.6	28.2	27.2	26.2	25.2	24.5	23.5	22.4	21.4	20.2
36.2	34.0	33.0	31.6	29.9	28.6	27.5	26.5	25.5	24.8	23.8	22.6	21.6	20.4
36.4	34.4	33.4	32.0	30.3	28.9	27.9	26.8	25.8	25.1	24.1	22.8	21.8	20.6
36.6	34.8	33.8	32.4	30.6	29.2	28.2	27.1	26.1	25.4	24.4	23.0	22.0	20.9
36.8	35.2	34.1	32.7	31.0	29.6	28.5	27.5	26.4	25.7	24.6	23.2	22.2	21.1
37.0	35.5	34.4	33.0	31.2	29.8	28.8	27.7	26.6	25.9	24.8	23.4	22.4	21.3
37.2	35.9	34.8	33.4	31.6	30.2	29.1	28.0	26.9	26.2	25.1	23.7	22.6	21.5
37.4	36.3	35.2	33.8	31.9	30.5	29.4	28.3	27.2	26.5	25.4	24.0	22.9	21.8
37.6	36.7	35.6	34.1	32.3	30.8	29.7	28.6	27.5	26.8	25.7	24.2	23.1	22.0
37.8	37.1	36.0	34.5	32.6	31.2	30.0	28.9	27.8	27.1	26.0	24.5	23.4	22.3
38.0	37.5	36.4	34.9	33.0	31.5	30.3	29.2	28.1	27.4	26.2	24.8	23.6	22.5
38.2	37.9	36.8	35.2	33.4	31.8	30.6	29.5	28.4	27.7	26.5	25.0	23.9	22.7

续上表

平均回弹值 R_m	测区混凝土强度换算系数 $f^{c}_{cu,i}$(MPa)												
	平均碳化深度 d_m(mm)												
	0	0.5	1.0	1.5	2.0	2.5	3.0	3.5	4.0	4.5	5.0	5.5	≥6.0
38.4	38.3	37.2	35.6	33.7	32.1	30.9	29.8	28.7	28.0	26.8	25.3	24.1	23.0
38.6	38.7	37.5	36.0	34.1	32.4	31.2	30.1	29.0	28.3	27.0	25.5	24.4	23.2
38.8	39.1	37.9	36.4	34.4	32.7	31.5	30.4	29.3	28.5	27.2	25.8	24.6	23.5
39.0	39.5	38.2	36.7	34.7	33.0	31.8	30.6	29.6	28.8	27.4	26.0	24.8	23.7
39.2	39.9	38.5	37.0	35.0	33.3	32.1	30.8	29.8	29.0	27.6	26.2	250	24.0
39.4	40.3	38.8	37.3	35.3	33.6	32.4	31.0	30.0	29.2	27.8	26.4	25.2	24.2
39.6	40.7	39.1	37.6	35.6	33.9	32.7	31.2	30.2	29.4	28.0	26.6	25.4	24.4
39.8	41.2	39.6	38.0	35.9	34.2	33.0	31.4	30.5	29.7	28.2	26.8	25.6	24.7
40.0	41.6	39.9	38.3	36.2	34.5	33.3	31.7	30.8	30.0	28.4	27.0	25.8	25.0
40.2	42.0	40.3	38.6	36.5	34.8	33.6	32.0	31.1	30.2	28.6	27.3	26.0	25.2
40.4	42.4	40.7	39.0	36.9	35.1	33.9	32.3	31.4	30.5	28.8	27.6	26.2	25.4
40.6	42.8	41.1	39.4	37.2	35.4	34.2	32.6	31.7	30.8	29.1	27.8	26.5	25.7
40.8	43.3	41.6	39.8	37.7	35.7	34.5	32.9	32.0	31.2	29.4	28.1	26.8	26.0
41.0	43.7	42.0	40.2	38.0	36.0	34.8	33.2	32.3	31.5	29.7	28.4	27.1	26.2
41.2	44.1	42.3	40.6	38.4	36.3	35.1	33.5	32.6	31.8	30.0	28.7	27.3	26.5
41.4	44.5	42.7	40.9	38.7	36.6	35.4	33.8	32.9	32.0	30.3	28.9	27.6	26.7
41.6	45.0	43.2	41.4	39.2	36.9	35.7	34.2	33.3	32.4	30.6	29.2	27.9	27.0
41.8	45.4	43.6	41.8	39.5	37.2	36.0	34.5	33.6	32.7	30.9	29.5	28.1	27.2
42.0	45.9	44.1	42.2	39.9	37.6	36.3	34.9	34.0	33.0	31.2	29.8	28.5	27.5
42.2	46.3	44.4	42.6	40.3	38.0	36.6	35.3	34.3	33.3	31.5	30.1	28.7	27.8
42.4	46.7	44.8	43.0	40.6	38.3	36.9	35.5	34.6	33.6	31.8	30.4	29.0	28.0
42.6	47.2	45.3	43.4	41.1	38.7	37.3	35.9	34.9	34.0	32.1	30.7	29.3	28.3
42.8	47.6	45.7	43.8	41.4	39.0	37.6	36.2	35.2	34.3	32.4	30.9	29.5	28.6
43.0	48.1	46.2	44.2	41.8	39.4	38.0	36.6	35.6	34.6	32.7	31.3	29.8	28.9
43.2	48.5	46.6	44.6	42.2	39.8	38.3	36.9	35.9	34.9	33.0	31.5	30.1	29.1
43.4	49.0	47.0	45.1	42.6	40.2	38.7	37.2	36.3	35.3	33.3	31.8	30.4	29.4
43.6	49.4	47.4	45.4	43.0	40.5	39.0	37.5	36.6	35.6	33.6	32.1	30.6	29.6
43.8	49.9	47.9	45.9	43.4	40.9	39.4	37.9	36.9	35.9	33.9	32.4	30.9	29.9
44.0	50.4	48.4	46.4	43.8	41.3	39.8	38.3	37.3	36.3	34.3	32.8	31.2	30.2
44.2	50.8	48.8	46.7	44.2	41.7	40.1	38.6	37.6	36.6	34.5	33.0	31.5	30.5
44.4	51.3	49.2	47.2	44.6	42.1	40.5	39.0	38.0	36.9	34.9	33.3	31.8	30.8
44.6	51.7	49.6	47.6	45.0	42.4	40.8	39.3	38.3	37.2	35.2	33.6	32.1	31.0
44.8	52.2	50.1	48.0	45.4	42.8	41.2	39.7	38.6	37.6	35.5	33.9	32.4	31.3

续上表

平均回弹值 R_m	测区混凝土强度换算系数 $f^c_{cu,i}$(MPa)												
	平均碳化深度 d_m(mm)												
	0	0.5	1.0	1.5	2.0	2.5	3.0	3.5	4.0	4.5	5.0	5.5	≥6.0
45.0	52.7	50.6	48.5	45.8	43.2	41.6	40.1	39.0	37.9	35.8	34.3	32.7	31.6
45.2	53.2	51.1	48.9	46.3	43.6	42.0	40.4	39.4	38.3	36.2	34.6	33.0	31.9
45.4	53.6	51.5	49.4	46.6	44.0	42.3	40.7	39.7	38.6	36.4	34.8	33.2	32.2
45.6	54.1	51.9	49.8	47.1	44.4	42.7	41.1	40.0	39.0	36.8	35.2	33.5	32.5
45.8	54.6	52.4	50.2	47.5	44.8	43.1	41.5	40.4	39.3	37.1	35.5	33.9	32.8
46.0	55.0	52.8	50.6	47.9	45.2	43.5	41.9	40.8	39.7	37.5	35.8	34.2	33.1
46.2	55.5	53.3	51.1	48.3	45.5	43.8	42.2	41.1	40.0	37.7	36.1	34.4	33.3
46.4	56.0	53.8	51.5	48.7	45.9	44.2	42.6	41.4	40.3	38.1	36.4	34.7	33.6
46.6	56.5	54.2	52.0	49.2	46.3	44.6	42.9	41.8	40.7	38.4	36.7	35.0	33.9
46.8	57.0	54.7	52.4	49.6	46.7	45.0	43.3	42.2	41.0	38.8	37.0	35.3	34.2
47.0	57.5	55.2	52.9	50.0	47.2	45.2	43.7	42.6	41.4	39.1	37.4	35.6	34.5
47.2	58.0	55.7	53.4	50.5	47.6	45.8	44.1	42.9	41.8	39.4	37.7	36.0	34.8
47.4	58.5	56.2	53.8	50.9	48.0	46.2	44.5	43.3	42.1	39.8	38.0	36.3	35.1
47.6	59.0	56.7	54.3	51.3	48.4	46.6	44.8	43.7	42.5	40.1	38.4	36.6	35.4
47.8	59.5	57.1	54.7	51.8	48.8	47.0	45.2	44.0	42.8	40.5	38.7	36.9	35.7
48.0	60.0	57.6	55.2	52.2	49.2	47.4	45.6	44.4	43.2	40.8	39.0	37.2	36.0
48.2	—	58.0	55.7	52.6	49.6	47.8	46.0	44.8	43.6	41.1	39.3	37.5	36.3
48.4	—	58.6	56.1	53.1	50.0	48.2	46.4	45.1	43.9	41.5	39.6	37.8	36.6
48.6	—	59.0	56.6	53.5	50.4	48.6	46.7	45.5	44.3	41.8	40.0	38.1	36.9
48.8	—	59.5	57.1	54.0	50.9	49.0	47.1	45.9	44.6	42.2	40.3	38.4	37.2
49.0	—	60.0	57.5	54.4	51.3	49.4	47.5	46.2	45.0	42.5	40.6	38.8	37.5
49.2	—	—	58.0	54.8	51.7	49.8	47.9	46.6	45.4	42.8	41.0	39.1	37.8
49.4	—	—	58.5	55.3	52.1	50.2	48.3	47.1	45.8	43.2	41.3	39.4	38.2
49.6	—	—	58.9	55.7	52.5	50.6	48.7	47.4	46.2	43.6	41.7	39.7	38.5
49.8	—	—	59.4	56.2	53.0	51.0	49.1	47.8	46.5	43.9	42.0	40.1	38.8
50.0	—	—	59.9	56.7	53.4	51.4	49.5	48.2	46.9	44.3	42.3	40.4	39.1
50.2	—	—	—	57.1	53.8	51.9	49.9	48.5	47.2	44.6	42.6	40.7	39.4
50.4	—	—	—	57.6	54.3	52.3	50.3	49.0	47.7	45.0	43.0	41.0	39.7
50.6	—	—	—	58.0	54.7	52.7	50.7	49.4	48.0	45.4	43.4	41.4	40.0
50.8	—	—	—	58.5	55.1	53.1	51.1	49.8	48.4	45.7	43.7	41.7	40.3
51.0	—	—	—	59.0	55.6	53.5	51.5	50.1	48.8	46.1	44.1	42.0	40.7
51.2	—	—	—	59.4	56.0	54.0	51.9	50.5	49.2	46.4	44.4	42.3	41.0
51.4	—	—	—	59.9	56.4	54.4	52.3	50.9	49.6	46.8	44.7	42.7	41.3

续上表

平均回弹值 R_m	测区混凝土强度换算系数 $f^c_{cu,i}$(MPa)												
	平均碳化深度 d_m(mm)												
	0	0.5	1.0	1.5	2.0	2.5	3.0	3.5	4.0	4.5	5.0	5.5	≥6.0
51.6	—	—	—	—	56.9	54.8	52.7	51.3	50.0	47.2	45.1	43.0	41.6
51.8	—	—	—	—	57.3	55.2	53.1	51.7	50.3	47.5	45.4	43.3	41.8
52.0	—	—	—	—	57.8	55.7	53.6	52.1	50.7	47.9	45.8	43.7	42.3
52.2	—	—	—	—	58.2	56.1	54.0	52.5	51.1	48.3	46.2	44.0	42.6
52.4	—	—	—	—	58.7	56.5	54.4	53.0	51.5	48.7	46.5	44.4	43.0
52.6	—	—	—	—	59.1	57.0	54.8	53.4	51.9	49.0	46.9	44.7	43.3
52.8	—	—	—	—	59.6	57.4	55.2	53.8	52.3	49.4	47.3	45.1	43.6
53.0	—	—	—	—	60	57.8	55.6	54.2	52.7	49.8	47.6	45.4	43.9
53.2	—	—	—	—	—	58.3	56.1	54.6	53.1	50.2	48.0	45.8	44.3
53.4	—	—	—	—	—	58.7	56.5	55.0	53.5	50.5	48.3	46.1	44.6
53.6	—	—	—	—	—	59.2	56.9	55.4	53.9	50.9	48.7	46.4	44.9
53.8	—	—	—	—	—	59.6	57.3	55.8	54.3	51.3	49.0	46.8	45.3
54.0	—	—	—	—	—	—	57.8	56.3	54.7	51.7	49.4	47.1	45.6
54.2	—	—	—	—	—	—	58.2	56.7	55.1	52.1	49.8	47.5	46.0
54.4	—	—	—	—	—	—	58.6	57.1	55.6	52.5	50.2	47.9	46.3
54.6	—	—	—	—	—	—	59.1	57.5	56.0	52.9	50.5	48.2	46.6
54.8	—	—	—	—	—	—	59.5	57.9	56.4	53.2	50.9	48.5	47.0
55.0	—	—	—	—	—	—	59.9	58.4	56.8	53.6	51.3	48.9	47.3
55.2	—	—	—	—	—	—	—	58.8	57.2	54.0	51.6	49.3	47.7
55.4	—	—	—	—	—	—	—	59.2	57.6	54.4	52.0	49.6	48.0
55.6	—	—	—	—	—	—	—	59.9	58.0	54.8	52.4	50.0	48.4
55.8	—	—	—	—	—	—	—	—	58.5	55.2	52.8	50.3	48.7
56.0	—	—	—	—	—	—	—	—	58.9	55.6	53.2	50.7	49.1
56.2	—	—	—	—	—	—	—	—	59.3	56.0	53.5	51.1	49.4
56.4	—	—	—	—	—	—	—	—	59.7	56.4	53.9	51.4	49.8
56.6	—	—	—	—	—	—	—	—	—	56.8	54.3	51.8	50.1
56.8	—	—	—	—	—	—	—	—	—	57.2	54.7	52.2	50.5
57.0	—	—	—	—	—	—	—	—	—	57.6	55.1	52.5	50.8
57.2	—	—	—	—	—	—	—	—	—	58.0	55.5	52.9	51.2
57.4	—	—	—	—	—	—	—	—	—	58.4	55.9	53.3	51.6
57.6	—	—	—	—	—	—	—	—	—	58.9	56.3	53.7	51.9
57.8	—	—	—	—	—	—	—	—	—	59.3	56.7	54.0	52.3
58.0	—	—	—	—	—	—	—	—	—	59.7	57.0	54.4	52.7

续上表

平均回弹值 R_m	测区混凝土强度换算系数 $f^c_{cu,i}$(MPa)												
	平均碳化深度 d_m(mm)												
	0	0.5	1.0	1.5	2.0	2.5	3.0	3.5	4.0	4.5	5.0	5.5	≥6.0
58.2	—	—	—	—	—	—	—	—	—	—	57.4	54.8	53.0
58.4	—	—	—	—	—	—	—	—	—	—	57.8	55.2	53.4
58.6	—	—	—	—	—	—	—	—	—	—	58.2	55.6	53.8
58.8	—	—	—	—	—	—	—	—	—	—	58.6	55.9	54.1
59.0	—	—	—	—	—	—	—	—	—	—	59.0	56.3	54.5
59.2	—	—	—	—	—	—	—	—	—	—	59.4	56.7	54.9
59.4	—	—	—	—	—	—	—	—	—	—	59.8	57.1	55.2
59.6	—	—	—	—	—	—	—	—	—	—	—	57.5	55.6
59.8	—	—	—	—	—	—	—	—	—	—	—	57.9	56.0
60.0	—	—	—	—	—	—	—	—	—	—	—	58.3	56.4

注:本表是按全国统一曲线制订。

附录B 专用测强曲线的制订方法

(1)制订专用测强曲线的试件应与欲测结构或构件在原材料(含品种、规格)的成型工艺与养护方法等方面条件相同。

(2)试件的制作养护应符合的规定:

①按最佳配合比设计5个强度等级,每一强度等级、每一龄期制作6个边长为150mm的立方体试件,同一龄期试件宜在同一天成型完成。

②在成型后的第二天,应将试件移至与被测结构或构件相同的条件下养护,试件拆模日期宜与结构或构件的拆模日期相同。

(3)试件的测试应符合以下规定:

①到达龄期的试件表面应擦净,将浇筑侧面的两个相对面置于压力机的上下承压板之间,加压30~80kN(低强度试件取低值加压)。

②在试件保持30~80kN的压力下,用符合第四章第三节规定的标准状态的回弹仪和规定的操作方法,在试件的另外两个相对侧面上分别选择均匀分布的8个点按要求进行弹击。

③从每一试件的16个回弹值中分别剔除3个最大值和3个最小值,然后再求余下的10个回弹值的平均值,计算精确至0.1,即得该试件的平均回弹值R_m。

④将试件加荷直至破坏,然后计算试件的抗压强度值f_{cu}(MPa),精确至0.1MPa。

(4)专用测强曲线的计算应符合以下规定:

①专用测强曲线的回归方程式,应按每一试件求得的R_m和f_{cu}(MPa)数据(可由养护单位提供),采用最小二乘法原理计算。

②回归方程宜采用下式:

$$f_{cu}^{c}=AR_{m}^{b}$$

③用下式计算回归方程式的强度平均相对误差δ和强度相对标准差e_r,δ和e_r符合平均相对误差(δ)不大于±12.0%,相对标准差(e_r)不大于±14.0%规定时,可采用。

$$\delta=\pm\frac{1}{n}\sum_{i=1}^{n}\left|\frac{f_{cu,i}}{f_{cu,i}^{c}}-1\right|\times100$$

$$e_r=\sqrt{\frac{1}{n}\sum_{i=1}^{n}\left(\frac{f_{cu,i}}{f_{cu,i}^{c}}-1\right)^2}\times100$$

式中:δ——回归方程的强度平均相对误差(%),精确至0.1;

e_r——回归方程的强度相对标准差(%),精确至0.1;

$f_{cu,i}$——由第i个试件抗压试验得出的混凝土抗压强度值(MPa),精确至0.1MPa;

$f_{cu,i}^{c}$——由同一试件的平均回弹值 R_m 按回归方程式计算出的混凝土的强度换算值(MPa),精确至0.1MPa;

n——制订回归方程式的试件数。

(5)当需制订具有较宽龄期范围的专用测强曲线时,应在试验及回归分析时引入碳化深度变量,并求得碳化深度修正系数。

附录 C　泵送混凝土测区混凝土强度换算值的修正值

泵送混凝土测区混凝土强度换算值的修正值见表 C-1。

泵送混凝土测区混凝土强度换算值的修正值　　表 C-1

碳化深度	抗压强度值(MPa)				
0.0;0.5;1.0	f_{cu}^{c}(MPa)	≤40.0	45.0	50.0	55.0～60.0
	K	+4.5	+3.0	+1.5	0.0
1.5;2.0	f_{cu}^{c}(MPa)	≤30.0	35.0	40～60	
	K	+3.0	+1.5	0.0	

附录 D　非水平状态检测时的回弹值修正值

非水平状态检测时的回弹值修正值见表 D-1。

非水平状态检测时的回弹值修正值　　表 D-1

R_m	检测角度							
	向上				向下			
	90°	60°	45°	30°	90°	60°	45°	30°
20	−6.0	−5.0	−4.0	−3.0	+2.5	+3.0	+3.5	+4.0
21	−5.9	−4.9	−4.0	−3.0	+2.5	+3.0	+3.5	+4.0
22	−5.8	−4.8	−3.9	−2.9	+2.4	+2.9	+3.4	+3.9
23	−5.7	−4.7	−3.9	−2.9	+2.4	+2.9	+3.4	+3.9
24	−5.6	−4.6	−3.8	−2.8	+2.3	+2.8	+3.3	+3.8
25	−5.5	−4.5	−3.8	−2.8	+2.3	+2.8	+3.3	+3.8
26	−5.4	−4.4	−3.7	−2.7	+2.2	+2.7	+3.2	+3.7
27	−5.3	−4.3	−3.7	−2.7	+2.2	+2.7	+3.2	+3.7
28	−5.2	−4.2	−3.6	−2.6	+2.1	+2.6	+3.1	+3.6
29	−5.1	−4.1	−3.6	−2.6	+2.1	+2.6	+3.1	+3.6
30	−5.0	−4.0	−3.5	−2.5	+2.0	+2.5	+3.0	+3.5
31	−4.9	−4.0	−3.5	−2.5	+2.0	+2.5	+3.0	+3.5
32	−4.8	−3.9	−3.4	−2.4	+1.9	+2.4	+2.9	+3.4
33	−4.7	−3.9	−3.4	−2.4	+1.9	+2.4	+2.9	+3.4
34	−4.6	−3.8	−3.3	−2.3	+1.8	+2.3	+2.8	+3.3
35	−4.5	−3.8	−3.3	−2.3	+1.8	+2.3	+2.8	+3.3
36	−4.4	−3.7	−3.2	−2.2	+1.7	+2.2	+2.7	+3.2
37	−4.3	−3.7	−3.2	−2.2	+1.7	+2.2	+2.7	+3.2
38	−4.2	−3.6	−3.1	−2.1	+1.6	+2.1	+2.6	+3.1
39	−4.1	−3.6	−3.1	−2.1	+1.6	+2.1	+2.6	+3.1
40	−4.0	−3.5	−3.0	−2.0	+1.5	+2.0	+2.5	+3.0
41	−4.0	−3.5	−3.0	−2.0	+1.5	+2.0	+2.5	+3.0
42	−3.9	−3.4	−2.9	−1.9	+1.4	+1.9	+2.4	+2.9
43	−3.9	−3.4	−2.9	−1.9	+1.4	+1.9	+2.4	+2.9
44	−3.8	−3.3	−2.8	−1.8	+1.3	+1.8	+2.3	+2.8
45	−3.8	−3.3	−2.8	−1.8	+1.3	+1.8	+2.3	+2.8

续上表

R_m	检测角度							
	向上				向下			
	90°	60°	45°	30°	90°	60°	45°	30°
46	−3.7	−3.2	−2.7	−1.7	+1.2	+1.7	+2.2	+2.7
47	−3.7	−3.2	−2.7	−1.7	+1.2	+1.7	+2.2	+2.7
48	−3.6	−3.1	−2.6	−1.6	+1.1	+1.6	+2.1	+2.6
49	−3.6	−3.1	−2.6	−1.6	+1.1	+1.6	+2.1	+2.6
50	−3.5	−3.0	−2.5	−1.5	+1.0	+1.5	+2.0	+2.5

注：1. R_m 小于 20 或大于 50 时，均分别按 20 或 50 查表。

2. 表中未列入的相对于 R_m 的修正值 R_m，可用内插法求得，精确至 0.1。

附录 E　不同浇筑面的回弹值修正值

不同浇筑面的回弹值修正值见表 E-1。

不同浇筑面的回弹值修正值　　表 E-1

R_m^t 或 R_m^b	表面修正值(R_a^t)	底面修正值(R_a^b)	R_m^t 或 R_m^b	表面修正值(R_a^t)	底面修正值(R_a^b)
20	+2.5	−3.0	36	+0.9	−1.4
21	+2.4	−2.9	37	+0.8	−1.3
22	+2.3	−2.8	38	+0.7	−1.2
23	+2.2	−2.7	39	+0.6	−1.1
24	+2.1	−2.6	40	+0.5	−1.0
25	+2.0	−2.5	41	+0.4	−0.9
26	+1.9	−2.4	42	+0.3	−0.8
27	+1.8	−2.3	43	+0.2	−0.7
28	+1.7	−2.2	44	+0.1	−0.6
29	+1.6	−2.1	45	0	−0.5
30	+1.5	−2.0	46	0	−0.4
31	+1.4	−1.9	47	0	−0.3
32	+1.3	−1.8	48	0	−0.2
33	+1.2	−1.7	49	0	−0.1
34	+1.1	−1.6	50	0	0
35	+1.0	−1.5			

附录 F 用实测空气声速法校准超声仪

1. 空气中声速的测试步骤

取常用平面换能器一对，接于超声波仪器上，开机预热 10min。在空气中将两个换能器的辐射面对准，依次改变两个换能器辐射面之间的距离 l(如 50，60，70，80，90，100，110，120，…，单位 mm)，在保持首波幅度一致的条件下，读取各间距所对应的声时值 t_1，t_2、t_3，…，t_n。同时测量空气温度 T_k，精确至 0.5℃。

2. 测量时应该注意下列事项

(1)两个换能器辐射面的轴线始终保持在同一直线上；

(2)换能器辐射面间距的测量误差应不超过±1%，且测量精度为 0.5mm；

(3)换能器辐射面宜悬空相对放置；若置于地板或桌面上，必须在换能器下面垫以吸声材料。

3. 实测空气中声速可采用的计算方法

(1)以换能器辐射面间距为纵坐标，声时读数为横坐标，将各组数据点绘在直角坐标图上，穿越各点形成一直线，计算出该直线的斜率，即为空气中声速实测值 v^0。

(2)以各测点的测距 l 和对应的声时 t 求回归直线方程 $l=a+bt$，回归系数 b 便是空气中声速实测值 v^0。

(3)空气中声速计算值 v_k 可按式(2-22)计算。

4. 误差计算

空气中声速计算值 v_k 与空气中声速实测值 v^0 之间的相对误差 e_r，可按下式计算：

$$e_r=\frac{v_k-v^0}{v_k}\times 100\%$$

按上式计算所得的 e_r 值不应该超过±0.5%。否则，检查仪器各部位的连接后重测，或更换超声波检测仪。

附录 G　空洞尺寸估算方法

如图 G-1 所示，设检测距离为 l，空洞中心（在另一对测试面上声时最长的测点位置）距一个测试面的垂直距离为 l_h，声波在空洞附近无缺陷混凝土中传播的时间平均值为 m_{ta}，绕空洞传播的时间（空洞处最大的声时）为 t_h，空洞半径为 r，设 $X=t_h-m_{ta}/m_{ta}\times100\%$；$Y=l_h/l$；$Z=r/l$。根据 X、Y 值，可由表 G-1 查得空洞半径 r 与测距 l 的比值 Z。再计算空洞的大致直径 r。

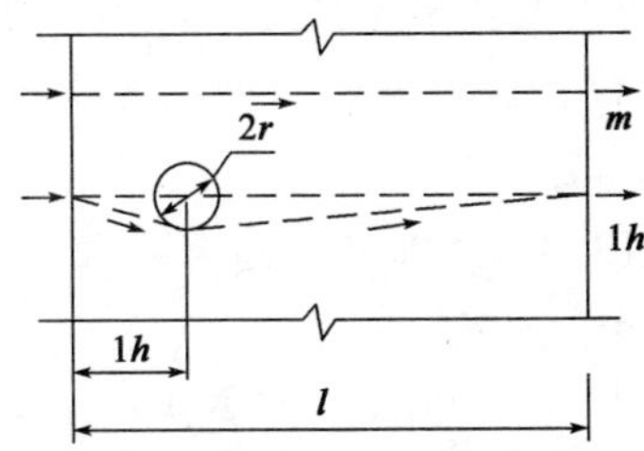

图 G-1　空洞尺寸估算方法

比　值　Z　　　表 G-1

X \ Z / Y	0.05	0.08	0.10	0.12	0.14	0.16	0.18	0.20	0.22	0.24	0.26	0.28	0.30
0.10(0.90)	1.42	3.77	6.26										
0.15(0.85)	1.00	2.56	4.06	5.97	8.39								
0.20(0.80)	0.78	2.02	3.18	4.62	6.36	8.44	10.9	13.9					
0.25(0.75)	0.67	1.72	2.69	3.90	5.34	7.03	8.98	11.2	13.8	16.8			
0.30(0.70)	0.60	1.53	2.40	3.46	4.73	6.21	7.91	9.38	12.0	14.4	17.1	20.1	23.6
0.35(0.65)	0.55	1.41	2.21	3.19	4.35	5.70	7.25	9.00	10.9	13.1	15.5	18.1	21.0
0.40(0.60)	0.52	1.34	2.09	3.02	4.12	5.39	6.84	8.48	10.3	12.3	14.5	16.9	19.6
0.45(0.55)	0.50	1.30	2.03	2.92	3.99	5.22	6.62	8.20	9.95	11.9	14.0	16.3	18.8
0.50	0.50	1.28	2.00	2.89	3.94	5.16	6.55	8.11	9.84	11.8	13.3	16.1	18.6

当被测部位只有一对可供测试的表面时，只能按空洞位于测距中心考虑，空洞尺寸可按式（G-1）计算：

$$r=\frac{l}{2}\cdot\sqrt{\left(\frac{t_h}{m_{ta}}\right)^2-1} \tag{G-1}$$

式中：r——空洞半径（mm）；

l——T、R 换能器之间的距离（mm）；

t_h——缺陷处的最大声时值（μs）；

m_{ta}——无缺陷区的平均声时值（μs）。

参考文献

[1] 中华人民共和国行业推荐性标准. JTG/T J21—2011 公路桥梁承载能力检测评定规程[S]. 北京:人民交通出版社,2011.

[2] 中华人民共和国行业推荐性标准. JTG/T J21-01—2015 公路桥梁荷载试验规程[S]. 北京:人民交通出版社股份有限公司,2015.

[3] 中华人民共和国行业标准. JTT J11—2004 公路桥涵养护规范[S]. 北京:人民交通出版社,2004.

[4] 中华人民共和国行业推荐性标准. JTG/T H21—2011 公路桥梁技术状况评定标准[S]. 北京:人民交通出版社,2011.

[5] 张宇峰,朱晓文. 桥梁工程试验检测技术手册[M]. 北京:人民交通出版社,2009.

[6] 中华人民共和国行业标准. JGJ/T 23—2011 回弹法检测混凝土抗压强度技术规程[S]. 北京:中国建筑工业出版社,2011.

[7] 中华人民共和国行业标准. CECS 02:2005 超声回弹综合法检测混凝土强度技术规程[S]. 北京:中国建筑工业出版社,2005.

[8] 中华人民共和国行业标准. CECS 21:2000 超声法检测混凝土缺陷技术规程[S]. 北京:中国建筑工业出版社,2000.

[9] 何玉珊,章关永. 公路工程试验检测人员考试用书(桥梁)[M]. 北京:人民交通出版社股份有限公司,2014.

[10] 方志,张志勇. 斜拉桥的索力测试[J]. 中国公路学报,1997,10(1):18-21.

[11] 中华人民共和国国家标准. GB 50204—2002 混凝土结构工程施工质量验收规范[S]. 北京:中国建筑工业出版社,2002.

[12] 中华人民共和国国家标准. GB/T 50344—2004 建筑结构检测技术标准[S]. 北京:中国建筑工业出版社,2004.

[13] 中华人民共和国行业标准. JTG D62—2004 公路钢筋混凝土及预应力混凝土桥涵设计规范[S]. 北京:人民交通出版社,2004.

[14] 中华人民共和国行业标准. JTG D60—2015 公路桥涵设计通用规范[S]. 北京:人民交通出版社股份有限公司, 2015.

[15] 中华人民共和国国家标准. GB/T 50152—2012 混凝土结构试验方法标准[S]. 北京:中国建筑工业出版社,2012.

[16] 中华人民共和国行业标准. CJJ/T 233—2015 城市桥梁检测与评定技术规范[S]. 北京:中国建筑工业出版社,2015.

[17] 交通部公路研究所. 大跨径混凝土桥梁试验方法[M]. 北京:人民交通出版社,1982.

[18] 王建华,孙胜江. 桥涵工程试验检测技术[M]. 北京:人民交通出版社,2004.

[19] 宋一凡,贺拴海. 公路桥梁荷载试验与结构评定[M]. 北京:人民交通出版社,2004.

[20] 李鹏飞,吴太成. 桥梁健康监测技术研究综述[J]. 预应力技术,2011(01):29-33.

[21] 刘美丽. 基于小波变换的图像去噪方法的研究[D]. 长春:长春工业大学,2010.

[22] 张士萍,刘加平.边缘检测算子及其在裂缝图像中的应用[J].混凝土,2010(06):25-27.

[23] Song Qiang,Lin Guoying,Ma Jingqi,et al. An Edge－Detection Method Based on Adaptive Canny Algorithm and Iterative Segmentation Threshold[C]. 2016 2nd international Conference on Control Science and Systems Engineering,2016:64-67.

[24] 尹冠生,赵振宇,徐兵.基于图像处理的桥梁裂缝检测技术[J].四川建筑科学研究,2013(02): 125-128.

[25] 闫茂德,伯绍波,贺昱曜.一种基于形态学的路面裂缝图像检测与分析方法[J].图学学报,2008(02):142-147.

[26] 王道峰,周传林.图像分析技术在混凝土桥梁裂缝识别与计算中的应用[J].筑路机械与施工机械化,2015(11):79-83.

[27] 张仙艳.数字图像处理在裂缝识别与检测中的应用[D].西安:长安大学,2013.

[28] 赵英策,高鹏,徐嵩基.混凝土裂缝产生机理、分类与成因综述[J].工程与建设,2006(05):407-409.

[29] 李鸿晶,陆鸣,温增平,等.汶川地震桥梁震害的特征[J].南京工业大学学报(自然科学版),2009,31(01):24-29.

[30] 赵国辉,刘健新.汶川地震桥梁震害分析及抗震设计启示[J].震灾防御技术,2008,3(04):363-369.

[31] 郑鸿强.典型战斗部作用下桥梁易损性研究[D].北京:北京理工大学,2016.

[32] 袁辉,黄亚新,王建平.钢筋混凝土桥跨主梁战时毁伤模式初探[J].解放军理工大学自然科学版, 2004,5(01):64-67.

[33] 董朝宁,王闪.大件运输中桥梁通过性快速评定方法研究[J].建筑工程技术与设计,2016(16).

[34] 邢文榜.大件运输中桥梁通过性快速评定方法研究[J].中外公路,2011(03):217-220.

[35] 陈晓华, 李海超, 刘锡鑫. 中小跨度桥梁重装备通过性快速检测评估研究[J].军事交通学院学报,2013,15(9):10-14.

[36] 李亚东.既有桥梁评估方法研究[J].铁道学报,1997(3):109-115.

[37] 江克斌.军用桥梁结构设计原理[M].北京:国防工业出版社,2013.

[38] 李青.基于战术研究的桥梁毁伤评估模型[A]//江苏省系统工程学会第十一届学术年会论文集[C],2010.

[39] 王勇,袁浩,向桂锋,等.受损桥梁大件运输安全性能评定方法研究[J].铁道建筑,2013(11):19-22.

[40] 王建平,王瑾.桥梁设计中军用车辆荷载与民用规范对比研究[J].兵器装备工程学报,2015,36(3) :151-155.

[41] 毛瑞祥,程翔云.公路桥涵设计手册[M].北京人民交通出版社,1993.

[42]《建筑结构静力计算手册》编写组.建筑结构静力计算手册[M].北京:中国建筑工业出版社,1998.

[43] 李鸿晶,陆鸣,温增平,等.汶川地震桥梁震害的特征[J].南京工业大学学报(自然科学版),2009, 31(1) :24-29.